一个人遇到好老师是人生的幸运，一个学校拥有好老师是学校的光荣，一个民族源源不断涌现出一批又一批好老师则是民族的希望。

——习近平

国家级一流本科课程配套教材

高等院校教师教育公共课教材

教师职业道德与教育政策法规

主编　许映建　丁锦宏

中国教育出版传媒集团

高等教育出版社·北京

内容简介

　　本教材是国家级一流本科课程（线上一流课程）"教师职业道德与教育政策法规"的配套教材。教材内容以习近平总书记关于教育的重要论述和习近平法治思想为指导，分为三篇十章：第一篇教师职业道德，包括教师职业道德概述、好老师的要求、教师职业道德规范、教师职业行为准则四章；第二篇教育政策与法规，包括教育政策与法规概述、学校政策与法规、教师政策与法规、学生的权利与保护四章；第三篇教师职场中的师德与法规实践，包括教育教学中的师德与法规实践、教师人际交往中的师德与法规实践两章。本教材旨在帮助学生掌握教师职业道德与教育政策法规的基本要求，坚定做新时代"大先生"的教育信念，培养法治思维与精神，以德育德，明德尚法。

　　教材中设计了微课视频、考纲链接、拓展阅读、推荐阅读、思考与练习等栏目，并用二维码关联了丰富的教学资源，为学习者进行深度学习提供支持。

　　本教材适合各级各类高等学校教师教育类专业学生使用，也可作为中小学、幼儿园教师资格考试和教师岗位应聘考试的复习参考书，还可供中小学、幼儿园教师继续教育使用。

图书在版编目（CIP）数据

　　教师职业道德与教育政策法规 / 许映建，丁锦宏主编． -- 北京 ： 高等教育出版社，2025．2． -- ISBN 978-7-04-064239-1

　　Ⅰ．G451.6；D922.16

　　中国国家版本馆 CIP 数据核字第 2025ZS5878 号

Jiaoshi Zhiye Daode yu Jiaoyu Zhengce Fagui

| 策划编辑 | 魏延娜 韩奕帆 | 责任编辑 | 魏延娜 韩奕帆 | 封面设计 | 李树龙 | 版式设计 | 徐艳妮 |
| 责任绘图 | 邓 超 | 责任校对 | 王 雨 | 责任印制 | 刘思涵 | | |

出版发行	高等教育出版社	网　址	http://www.hep.edu.cn
社　址	北京市西城区德外大街 4 号		http://www.hep.com.cn
邮政编码	100120	网上订购	http://www.hepmall.com.cn
印　刷	高教社（天津）印务有限公司		http://www.hepmall.com
开　本	787 mm×1092 mm　1/16		http://www.hepmall.cn
印　张	20.5		
字　数	510 千字	版　次	2025 年 2 月第 1 版
购书热线	010-58581118	印　次	2025 年 2 月第 1 次印刷
咨询电话	400-810-0598	定　价	46.80 元

前言

加强师德师风建设，培养高素质教师队伍，是党的二十大立足新时代教育高质量发展作出的重大部署，也是教师教育应有的使命担当。教师是立教之本、兴教之源，强国必先强教，强教必先强师。2024 年 8 月，《中共中央 国务院关于弘扬教育家精神加强新时代高素质专业化教师队伍建设的意见》明确了新时代教师队伍建设的总体要求，指出新时代教师队伍建设要坚持以习近平新时代中国特色社会主义思想为指导，深入贯彻党的二十大和二十届二中、三中全会精神，坚持党对教育事业的全面领导，贯彻新时代党的教育方针，落实立德树人根本任务。新时代教师队伍建设要以教育家精神铸魂强师，提升教师教书育人能力，健全师德师风建设长效机制，深化教师队伍改革创新，加快补齐教师队伍建设突出短板，强化高素质教师培养供给，优化教师资源配置，打造一支师德高尚、业务精湛、结构合理、充满活力的高素质专业化教师队伍。2024 年 9 月，习近平总书记在全国教育大会上强调，要紧紧围绕立德树人根本任务，朝着建成教育强国战略目标扎实迈进，要实施教育家精神铸魂强师行动，加强师德师风建设，提高教师培养培训质量，培养造就新时代高水平教师队伍。

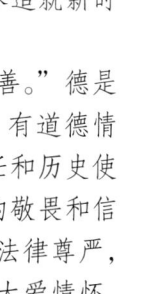

[微课视频]
课程简介

"明德"，语出《大学》："大学之道，在明明德，在亲民，在止于至善。"德是立身之本，师德是教育之要。习近平总书记寄语教师，要有理想信念、有道德情操、有扎实学识、有仁爱之心。人民教师要牢记党和国家赋予的政治责任和历史使命。"尚法"，即崇尚法律，不仅是对法律条文的认知，更是对法律精神的敬畏和信仰。教师只有在内心深处认知、认同法律，尤其是教育法律，才能捍卫法律尊严，自觉依法执教。明德尚法是指教师要具备高尚的品德和法律信仰，拥有大爱情怀，承担起教书育人的责任。

2019 年 1 月，由南通大学许映建教授主持的"教师职业道德与教育政策法规"课程被教育部认定为国家精品在线开放课程；2020 年，被教育部认定为国家级一流本科课程（线上一流课程）；2023 年，被教育部认定为国家级一流本科课程（线上线下混合式一流课程）。该课程基于如何进一步贯彻习近平总书记关于教育的重要论述和习近平法治思想，落实《中共中央 国务院关于弘扬教育家精神加强新时代高素质专业化教师队伍建设的意见》等相关文件精神，培养教师职业道德与法治素养，在课程思政、课程体系建构、教学设计和课程资源建设等方面进行了深入的研究与探索。该课程已在中国大学 MOOC 平台上线，本教材是该课程配套教材。

[考纲链接]
考试大纲

一、教材编写依据

本教材编写本着深入学习贯彻习近平总书记关于"三个牢固树立"、"四有"好老师、"四个引路人"、"四个相统一"等重要论述精神，依据教育部中小学、幼儿园教师专业标准，《教师教育课程标准（试行）》，《普通高等学校师范类专业认证实施办法（暂行）》，师范生教师职业能力标准，《中小学教师培训课程指导标准（师德修养）》，中小学、幼儿园教师资格考试大纲设计内容。

二、教材内容

本教材分为三篇十章：第一篇为教师职业道德，包括教师职业道德概述、好老师的要求、教师职业道德规范、教师职业行为准则四章；第二篇为教育政策与法规，包括教育政策与法规概述、学校政策与法规、教师政策与法规、学生的权利与保护四章；第三篇为教师职场中的师德与法规实践，包括教育教学中的师德与法规实践、教师人际交往中的师德与法规实践两章。

本教材适合各级各类高等学校教师教育类专业学生使用，也可作为中小学、幼儿园教师资格考试和教师岗位应聘考试的复习参考书，还可供中小学、幼儿园教师继续教育使用。

三、教材特点

（一）突出课程思政和实践取向

本教材力求新、精、实。"新"是指教材内容体现最新的研究成果和该研究领域未来的发展方向。"精"是指致力于打造精品教材，力求为读者呈现最有价值的教师职业道德与教育政策法规的理论知识。"实"是指教材内容具有实践价值与借鉴意义，能对我国教师职业道德与教育政策法规的理论与实践产生积极的影响。

（二）多元立体的新形态教材，支持线上线下混合式教学

本教材紧跟"互联网＋现代教育技术"的时代要求，为实现知识课堂向思政课堂和能力课堂的转变、灌输课堂向研讨课堂的转变、封闭课堂向开放的数字课堂的转变，进行了职前学生学习探究与职后教师培训一体化的网络课程教学设计。

本教材在内容和呈现方式上力求充分体现以学生为本的教育理念，在体系框架、栏目设计等方面开拓创新，从能用、好用上升到教师和学生喜欢用。本教材设置了微课视频、考纲链接、拓展阅读、推荐阅读、思考与练习等栏目，提供了丰富的资源，可以满足线上线下混合式教学的需要。

本教材践行现代课程资源建设理念，按照文本教材、数字资源、网络课程同步建设的思路构建立体化教材，整合文本教材、教学课件、微课视频和其他教学辅助资源，以二维码链接的形式呈现在读者面前。本教材提供了多元立体式的教学服务。

四、编写分工

教材编写分工如下：第一章，丁锦宏（南通大学）；第二、四章，蔡俊（泰州

学院）和钱明明（南通市教育科学研究院）；第三章，陈玉祥（盐城师范学院）和陈震（江苏省南通市如东县教育局）；第五章，吴延溢（南通大学）和许映建（南通大学）；第六、七章，何杰（嘉兴学院）和许映建；第八章，许映建和常栖（泰州学院）；第九章，朱水萍（南通大学）、陈震、许映建、许铁梅（南通大学）和钱小龙（南通大学）；第十章，徐志刚（南通大学）、姜永杰（南通大学）、严奕峰（南通大学）和吉兆麟（南通大学）；附录，吴东照（南通大学）和许映建。刘霞（南通大学）和张吉（南通市实验小学）参与了部分教材内容整理和数字资源建设。全书由许映建和丁锦宏负责统稿。在此向各位参与本教材编写和数字资源建设的老师、同学们谨致谢忱！高等教育出版社的领导和编辑对本教材的编写给予了重要指导，在此深表感谢！

　　本教材在编写过程中参考和引用了相关的学术文献和研究成果，在此特致谢意。由于编者水平限制，教材中难免存在不足之处，敬请读者批评指正。

许映建　丁锦宏

2024 年 11 月

目 录

第三篇　教师职场中的师德与法规实践

第一篇

教师职业道德

［考纲链接］
教师职业
道德规范

第一章　教师职业道德概述

　　只要中华民族一代接着一代追求美好崇高的道德境界，我们的民族就永远充满希望。①

——习近平

---

① 习近平. 习近平谈治国理政：第 1 卷［M］. 2 版. 北京：外文出版社，2018：106.

学习目标

1. 理解教师职业道德的内涵、特点和建设意义。

2. 了解教师职业道德规范的发展历程，形成对教师职业正确的态度与行为。

3. 通过观摩和参与实践，体会教师职业道德的重要性和必要性，从而更好地理解新时代教育发展的要求，学会分析和解决教师职业道德问题，践行教师职业道德规范的要求。

知识导图

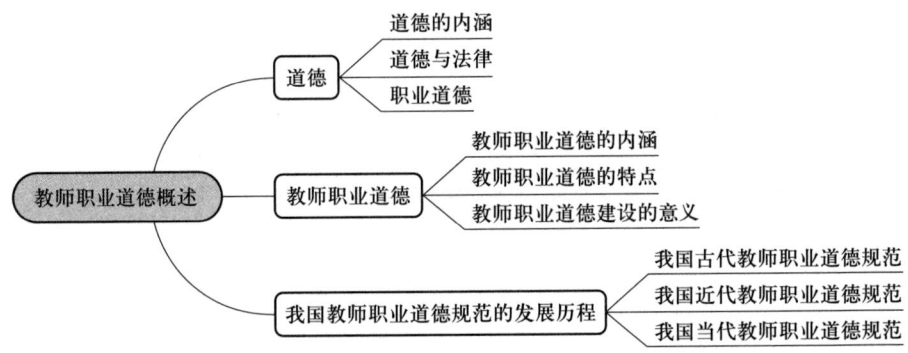

第一节 道　德

　　道德是一种社会意识形态，是指以善恶评价的方式调整人与人之间、个人与社会之间相互关系的标准、原则和规范的总和，也指那些与此相应的行为、活动。职业活动是社会生活的组成部分，了解道德的内涵和外延，有助于理解职业道德的概念。

一、道德的内涵

　　我国古代的"道"（）和"德"（德）是两个独立的概念。道的原意指道路，"周道如砥，其直如矢"，此后被引申为人们必须普遍遵循的行为法则、规矩和规范。德在卜辞中从直从心，是指人做事要站得直，把心放得端正就是有"德"。老子在《道德经》中说："道生之，德畜之，物形之，势成之。是以万物莫不尊道而贵德。道之尊，德之贵，夫莫之命而常自然。"其中，"道"是指自然运行与人世共通的真理。东汉时期，刘熙在《释名》中把"德"解释为"德者，得也，得事宜也"。道德是一种社会意识形态，它是人们共同生活及其行为的准则与规范。夫罪莫大于无道，怨莫深于无德。[1]

[微课视频]
道德的内涵

　　许慎在《说文解字》中更明确地把"德"解释为"德，外得于人，内得于己也"，其中"己"包含明确的为人处世、正确处理人际关系和自我修养的含义。但这里的"得"不是指认识上的"得"，而是指实践意义上的"得"。正如王夫之所说："盖尝论之，何以谓之德？行焉而得之谓也。"他认为，只有通过道德实践而有得于心，才可谓之德。因此，只有认识上的"德"，并不是真正的"得"，必须通过行动、实践了的"德"才是真正的"得"，其真正内化于个人素质和品性中。

　　我国最早把"道德"两字连用是在春秋战国时期的《管子·君臣下》和《荀子·劝学》中。管子说："君之在国都也，若心之在身体也。道德定于上，则百姓化于下矣。"意思是说，只要统治者把道德确定为第一要事，老百姓就会接受教化。荀子说：《礼》者，法之大分、类之纲纪也。故学而至乎《礼》而止矣。夫是之谓道德之极。"后两句话的意思是只要学习了《礼》，并且按照《礼》的要求去做，就可视为达到了道德的最高境界。此后，我国历代许多思想家都对道德做出了各种解释，其基本含义一方面是指个人的道德修养和基本品质，另一方面是指正确调节人际关系的行为准则和基本规范。

　　在西方文化中，"道德"一词起源于拉丁文 mores，原意是指社会公认的风尚、习俗，后来演变为品质、内在本性、行为规范、品德和对是非善恶的评价等。到公元 4 世纪时，又衍生出专指"道德"的拉丁文 moralities，在英文中则写作

① 丁锦宏. 品格教育论［M］. 北京：人民教育出版社，2005：61—70.

morality。

马克思和恩格斯在《德意志意识形态》中指出，"观念、思维、人们的精神交往在这里还是人们物质关系的直接产物。表现在某一民族的政治、法律、道德、宗教、形而上学等的语言中的精神生产也是这样"，"因此，道德、宗教、形而上学和其他意识形态"是"物质生活过程的必然升华物"。[①] 在这里，马克思和恩格斯阐明了作为意识形态的道德的起源和本质在于社会物质生活条件之中。道德是一种在实际生活中逐步形成的、具有普遍约束力的规范，具有良好的社会基础，往往流传较为广泛，是群体成员的共识。一个社会一般有公认的道德规范。只涉及个人、家庭等私人关系的道德，称为私德；涉及社会公共关系的道德，称为公德。

道德包含客观和主观两方面。在客观方面，道德是指一定的社会关系对社会成员的客观要求，包括道德关系、道德理想、道德标准、道德原则和规范等。它贯穿社会生活的各个领域，表现为政治道德、职业道德、婚姻家庭道德和社会公共生活准则等。在主观方面，道德包括道德行为或道德活动主体的道德意识、道德判断、道德信念、道德情感、道德意志、道德修养和道德品质等。这方面的内容构成了道德原则和规范，它要求转化为个人道德的实践，实现这个转化过程，需要通过道德教育和社会舆论，提高个人对道德理想、道德原则和规范的认识，从而逐渐形成个人的道德信念、道德修养和道德品质。正如法国社会学家涂尔干所说："道德不只是一个习惯行为体系，而是一个命令体系。"[②] 实际上，职业道德并不是孤立地存在于个人的素质中，它是以更为深厚的伦理观念为背景的，因此，职业道德的培养是与伦理观念的培养同步而行的。

道德相对主义者认为，道德和文化有密切的关系。虽然人类的道德在某些方面有共性，但是在不同的时代和不同的社会，往往有一些不同的道德观念。不同的文化中所重视的道德元素及其优先性、所持的道德标准常常有所差异。同一种道德，在不同社会文化背景中的外在表现形式、风俗习惯往往相去甚远。马克思主义认为，道德是一种社会意识形态，它是人们共同生活及其行为的准则和规范。不同时代、不同阶级有不同的道德观念，没有任何一种道德是永恒不变的。

二、道德与法律

法律是国家制定或认可的，由国家强制力保证其实施的行为规范的总和。法律是政治上的正义，是世所公认、公正不偏的权衡标准，是一个合同式的契约。法律是建立在正义基础之上的，由正义延伸出法律。

（一）道德与法律的区别

道德与法律虽然都是行为规范，但是法律具有国家强制力保证，而道德是一种

① 马克思，恩格斯. 马克思恩格斯选集：第1卷［M］. 北京：人民出版社，1972：30-31.
② 涂尔干. 道德教育［M］. 陈光金，沈杰，朱谐汉，译. 上海：上海人民出版社，2001：33.

风俗、习惯、舆论等社会契约,需要人们自觉遵守,约束力比法律弱,要靠舆论和良心来实现道德的力量。从形成过程来看,道德是在生活中逐步确立的风俗规则,法律则是由国家制定,被国家所有适用对象执行。两者代表的利益有所不同,法律一般是统治阶级管理的有力工具,而道德是群众在生活中的利益体现。

从调整范围来看,道德不仅规范人们的行为,还规范人们的思想;而法律只是行为层面的规范。例如,张三觉得李四不顺眼,心里想:"真想狠狠地揍他一顿。"这是一种不好的想法,属于道德层面的问题,最多也只是不道德。但是,如果张三真的狠狠地打了李四一顿,这就属于法律层面的问题:如果张三打得比较轻,则可能属于《中华人民共和国治安管理处罚法》调整的范围;如果构成重伤,则是涉嫌故意伤害的刑事犯罪,就会受到刑法的约束和刑罚的制裁。

（二）道德与法律的联系

法律的外延是一种社会规则,法律的内涵则是最低限度的道德。一个人如果违犯了法律,一定就违反了道德。一个人如果违反了道德,不一定就违犯了法律。由此可见,法律比道德更庄重、更严格、力度更大。习近平总书记说:"法律是成文的道德,道德是内心的法律。法律和道德都具有规范社会行为、调节社会关系、维护社会秩序的作用,在国家治理中都有其地位和功能。法安天下,德润人心。法律有效实施有赖于道德支持,道德践行也离不开法律约束。法治和德治不可分离、不可偏废,国家治理需要法律和道德协同发力。"①

三、职业道德

（一）职业道德的内涵

恩格斯说:"实际上,每一个阶级,甚至每一个行业,都各有各的道德。"② 职业道德是人们在一定的职业活动中形成并遵循的、具有自身职业特征的道德规范,以及与之相应的道德观念、道德情操、道德品质。它是针对特定职业的道德原则和规范,并表现为从业人员的职业信念、职业态度、职业纪律和作风。

我国古代就有关于职业道德的记载。《孙子兵法》中提出"将者,智、信、仁、勇、严也",其中"智、信、仁、勇、严"被中国古代兵家称为"将之五德"。清代于成龙提出封建官吏道德修养的六条标准,即"勤抚恤、慎刑法、绝贿赂、杜私派、严征收、崇节俭"。"疾小不可云大,事易不可云难,贫富用心皆一,贵贱使药无别",则是我国古代医学界长期流传的医德格言。

[微课视频]
职业道德的
内涵

一定社会的职业道德是受该社会的分工状况和经济制度所决定和制约的。许多国家和地区成立行业协会,制定协会章程,确立行业宗旨和"行规"。在已有的将德、官德、医德、师德等的基础上进一步丰富和完善,出现了各行各业的职业道德,例如,企业道德、商业道德、律师道德、科学道德、体育道德,等等。

---

① 习近平. 习近平谈治国理政:第2卷 [M]. 北京:外文出版社,2017:133.
② 马克思,恩格斯. 马克思恩格斯文集:第4卷 [M]. 北京:人民出版社,2009:294.

　　社会主义社会的职业道德是适应社会主义物质文明和精神文明建设的需要，在共产主义道德原则的指导下，批判继承优秀职业道德传统的基础上发展起来的。社会主义社会的各行各业没有高低贵贱之分，在职业内部的从业人员之间、不同职业之间以及职业集团与社会之间没有根本的利害冲突，因此，不同职业的人们可以形成共同的道德理想，树立热爱本职工作的责任感和荣誉感。我国各行各业制定的职业公约，如商业和其他服务行业的服务公约、科技工作者的科学道德规范以及工厂企业职工条例中的一些规定，都属于社会主义职业道德的内容，它们在职业生活中发挥了巨大的作用。

（二）职业道德的特点

　　较之一般的社会道德，职业道德具有以下特点：

　　从形成过程来看，职业道德是在特定的职业环境中产生和发展起来的，是世代相承的职业传统和比较稳定的职业心理和职业行为习惯，具有较强的连续性。

　　从内容方面来看，职业道德是职业义务、职业责任、职业行为等方面的道德准则，体现行业风貌和特征，具有稳定性。

　　从表现形式来看，职业道德比较具体、灵活、多样。一般都是从职业行为的实际出发，通常以规章制度、工作守则、服务公约、劳动规程、行为须知，甚至承诺、誓言、口号等形式表现出来。例如，教师职业道德中的"教书育人"、医生职业道德中的"救死扶伤"等。

　　从作用范围来看，职业道德反映着特定的职业关系，具有特定的职业特征，因而它的作用范围往往局限于特定的职业活动中，只对从事特定职业的人们具有约束力。

　　从产生效果来看，职业道德是维护职业信念和尊严的基础，与职业心理和行为习惯融为一体。因此，职业道德往往会表现为职业人格特征。例如，某人一看就像医生或者教师，原因在于其行为、气质等方面表现出了医生或者教师的职业特征。

　　对于每一个生命个体来说，都存在公德和私德两个领域。同时，从事某种职业的人还必须遵守职业道德。职业道德属于道德的组成部分，是特殊的道德。

　　图1-1展示了公德、私德、职业道德三者的关系，三者之间既有交叉，又彼此独立。公德是指公共领域的道德。社会中的每个人都可能与社会的其他成员、组织等打交道，公共生活中的每个人都必须遵守公共规则，也就是公德。

　　职业道德与公德、私德之间存在交叉关系。作为从事某一职业的个体，社会对其职业角色的期待是全面的。也就是说，个体首先应该遵守公德和私德的规范要求，同时，当个体在从事职业活动时，还要遵守所从事职业的道德规范，即个体行为符合职业规范的要求。

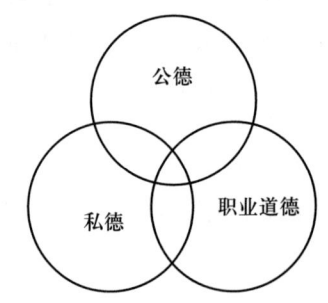

图1-1 公德、私德、职业道德关系

第二节 教师职业道德

教师是人类灵魂的工程师，提高教师职业道德对深化教育教学改革，尤其是在加强教师队伍建设、提高教师国民素质上，具有深远的影响。在当今如此重视精神文明建设的背景下，以"合乎道德"作为教师职业道德规范的总体要求并不影响对教师提出德性上的要求，甚至应该把教师的道德追求界定为道德崇高。

一、教师职业道德的内涵

教师职业道德属于行业道德，简称师德，是指教师在人才培养的各个环节应遵守的行为规范和准则。教师职业道德品质是指教师对职业规范的认同、内化而成为个人的道德观念和行为品质。作为职业规范的教师职业道德，体现的是外在规定对教师职业行为的约束性，即教师职业道德具有他律性。道德行为规范和准则内化而成的教师的道德观念和行为品质，又体现了教师个体内在的主动性和自觉性，即教师职业道德具有自律性。教师职业道德的他律性和自律性的统一说明在教育实践中，教师不仅要了解教师职业道德是外在的行为规范和准则，而且要将这些行为规范和准则内化为道德观念和行为品质，实现两者的统一。我国著名德育专家王逢贤认为，教师职业道德"不仅含有道德，也含有世界观、人生观、价值观、政治立场和态度、法纪观念和行为等。师德不限于教育活动的需要，也是作为社会的公民和先进分子所应具备的素质"[①]。

[微课视频]
教师职业
道德的内涵

二、教师职业道德的特点

（一）特殊性

教师职业道德与其他职业道德相比，有其自身的特殊性。教师职业道德比其他职业道德有更高的要求，有更广泛、更深远的影响。必须科学合理地对教师提出职业道德要求，从而为其自觉地遵循教师职业道德要求、履行教师职业道德义务奠定科学的、理性的基础。所谓教师职业道德影响的广泛性，是指教师职业道德不仅直接作用于每个学生，而且会通过学生影响到学生所在的家庭和整个社会。所谓教师职业道德影响的深远性，是指教师职业道德直接关系学生人格的塑造，影响学生的个性品质，进而影响整个社会的前途和未来。教育是一项面向未来的事业，教师职业道德水平将直接关系教育劳动成果，影响学生思想道德素质和科学文化素质的发展。

（二）先进性

教师是社会中具有较高科学文化素质的成员，他们在社会中享有良好的社会声

---

① 王逢贤. 师德建设的理论思考［J］. 中国教育学刊，1997（4）：8–12.

誉，其道德无疑承担着对其他社会成员的引导作用，这既是教师职业功能的需要，也是社会发展对教师职业道德的要求。新时期教师职业道德具有先进性的特点，社会主义社会的教师职业道德只有体现出教师个人利益、集体利益和社会利益的一致性，才能体现出自觉明确的目的性。就道德现实而言，教师是社会的一员，必须遵守社会的各项道德要求，同时也要遵守教师职业道德要求。就道德理想而言，教师是人类灵魂的工程师，为人类现在与未来架设桥梁，教师应该努力实现道德超越，吸收人类道德的宝贵遗产，开辟道德建设的新天地。教师以具有先进性的道德规范去教育学生，使他们成为品德高尚的人和对社会、对人民有益的人。在实现中华民族伟大复兴的中国梦的征程中，教师只有永葆其道德的先进性，才能真正做到现实性与理想性的统一，才能真正实现教师职业道德的价值引领作用。

（三）示范性

［拓展阅读］教师职业的形成与发展

教师的劳动对象是世界观、人生观、价值观都处于形成阶段的学生，学校教育时期是学生渴求知识、完善自我、确立人生目标最重要的时期，教师在他们心目中占有重要的地位，这就决定了教师在道德行为上与从事其他职业的人相比，具有更强的示范性。教师如何塑造自己，就是如何塑造学生。因此，教师应当特别注意自己的行为，应该以自己良好的道德行为为学生树立榜样。教师高尚的道德行为对学生是一种期望、一种召唤，是引导和激励学生完善品德、积极向上的一种精神力量。教师应该成为有修养、爱劳动、热爱自己事业的道德卓越的人。

（四）发展性

［拓展阅读］教师职业道德与专业伦理

教师职业道德是一个完整的、统一的规范体系，集中表现为教师职业道德的发展性。教师职业道德作为一种意识形态，继承了不同社会历史阶段中教师职业道德规范的一些基本内容，如为人师表、爱生敬业等。同时，在新的历史发展阶段，教师职业道德必定融入新的时代要求。习近平总书记要求广大教师落实立德树人根本任务，成为"四有"好老师、"四个引路人"，做到"四个相统一"，这就是新时代教师职业道德内涵的新发展。

教育是一种以人格培育人格，以灵魂塑造灵魂的劳动。存在主义哲学家雅斯贝尔斯在《什么是教育》中说："所谓教育，不过是人对人的主体间灵肉交流活动（尤其是老一代对年轻一代），包括知识内容的传授、生命内涵的领悟、意志行为的规范，并通过文化传递功能，将文化遗产教给年轻一代，使他们自由地生成，并启迪其自由天性。"[1] 檀传宝也认为：经验型教师向专业型教师的转变是人类教育生活历史性进步的一个重要表征。由一般性的教师职业道德向教师专业道德的方向观念转移实际上是经验型教师向专业型教师转变的一个重要方面。专业道德概念的建立和教师专业化运动具有相同的历史必然性。顺应时代发展，我们应当从专业生活质量提高和教师专业发展的角度专业性地推进教师的专业道德建设。[2]

---

① 雅斯贝尔斯. 什么是教育［M］. 邹进，译. 北京：生活·读书·新知三联书店，1991：3.
② 檀传宝. 论教师"职业道德"向"专业道德"的观念转移［J］. 教育研究，2005（1）：48-51.

三、教师职业道德建设的意义

加强教师职业道德建设，切实遵守和履行教师职业道德规范，对教师自身专业化成长、学生培养、学校精神文明建设，以及整个社会的发展等都具有积极意义。

（一）教师职业道德是教师专业化成长的核心，是教师职业幸福感的源泉

教师职业道德建设的过程本身就是教师专业化成长的过程，师德是成为好老师的先决条件。幸福感是一种主观感受，职业幸福感是个体在从事职业活动中对职业认同而产生的热爱、自豪等综合感受。习近平总书记对广大教师提出的"四有"好老师要求，与教师职业道德要求一脉相承，是好老师的核心素养，也是一名教师真正获得职业幸福感的源泉。

（二）教师职业道德是无声的教育资源，潜移默化地影响学生

教师的榜样作用不言而喻。拥有良好职业道德的教师，能够将自身的职业素养和勤俭钻研的态度运用到教育教学过程中，从而使学生感受到导向、示范和激励，并在教师的影响下不断成长。教师良好的道德品质和专业精神，能深刻影响学生的道德品质和身心发展。

（三）教师职业道德是校风的重要组成部分，是学校精神文明建设的重要体现

学校风气简称校风。校风体现在学校各类人员的精神面貌上，体现在学生的学风、班级的班风、教师的教风、学校干部的作风上，还存在于学校的各种事物和环境之中，是学校精神文明建设的集中体现。学校教育的主要载体是课堂教学，因此，教风和学风是校风的主体，而教风又是学风的制约力量，教师认真备课、严谨教学、循循善诱、一视同仁等专业伦理状况就成了学校风气和校园文化的"晴雨表""风景线"。教师表现出来的师德师风，形成了一所学校的品位和品格。

[拓展阅读]
南通大学的
大爱传承

（四）教师职业道德是社会道德的重要组成部分，有利于促进社会精神文明建设

教师职业道德是社会道德的重要组成部分，教师与社会公共生活领域的各个方面都存在着千丝万缕的联系。

教师职业道德与社会生活的稳定和谐发展有直接密切的关系。随着我国社会主义市场经济的逐步深入发展，社会生活领域的进一步开放，以及素质教育的实施，人们活动与交往的范围逐步扩大，广大教师会更多地参与到社会公共生活领域中。因此，加强教师职业道德建设，对人们社会生活的正常运行和社会发展起到了重要的保障作用。

教师在社会中发挥了重要的作用，受到社会民众的广泛尊敬，"学高为师，身正为范"，教师职业道德要求教师在日常生活中对自己严格要求。许多教师热爱教育事业，淡泊名利，无私奉献，甘当"蜡烛""春蚕"，有理想信念、有道德情操、有扎实学识、有仁爱之心。教师是太阳底下最光辉的职业，其职业的光辉性不仅是社会道德的重要组成部分，而且还是影响源，影响和带动整个社会道德水平的提升。

第三节　我国教师职业道德规范的发展历程

教师是社会文明的建设者和传播者，是青年一代成长的引路人。教师职业道德不仅关系到教师自身品格的完善，而且具有强烈的示范性，教师是学生最直接的道德榜样，起着"以身立教"的作用。教师职业道德关系全民族思想道德素质，关系社会进步和国家未来，其影响广泛而深远。

一、我国古代教师职业道德规范

［微课视频］
我国古代教师
职业道德规范

"师"最初是官名，"太师"是周代国君辅弼之官。《周礼》中的"师"为教国子之"官"、国君之"师"或"傅"。周代也称乐官为"太师"或"师"。"师"后来引申为带领或教导众人的师长的称谓，进而将专门教授各项知识、技艺和伦理道德的人，称为"师"。"师也者，教之以事而喻诸德者也"（《礼记·文王世子》）。这一时期教师不是独立的职业，官师不分，以吏为师，"官德"就是教师职业道德。

春秋战国时期，官学衰微，私学兴起，民间出现了专门的教师职业。孔子基于儒家哲学思想，并结合教学实践，对教师提出了比较全面的要求，包括"博学多识，终身学习""执着教育，诲人不倦""因材施教，有教无类""积极乐观，意志坚定""诚信为人，以身作则""严于律己，宽以待人""爱生如子，尊重学生"等。

孟子进一步发展和完善孔子的教师职业道德思想，提出要"以其昭昭，使人昭昭"，而不可"以其昏昏，使人昭昭"（《孟子·尽心下》），强调"教者必以正"，教师要以身作则，以"慎独"的方法提高自身的道德修养。

荀子强调教师应注重德行，加强自身的素质修养。"礼者，所以正身也；师者，所以正礼也"（《荀子·修身》）。他提出了成为教师的四个必备条件："尊严而惮""耆艾而信""诵说而不陵不犯""知微而论"（《荀子·致士》）。这四个条件包括教师的德行、信仰、能力、知识及其在学生中的威望等方面，是对教师职业的全面要求。

［拓展阅读］
《师说》

汉唐时期，儒家思想占主导地位，统治者把教育看成巩固"大一统"的重要工具，"德教为先"的理念受到推崇。这一时期代表性的教育家有董仲舒、韩愈等。董仲舒把"三纲五常"的道德教条作为教师职业道德的核心要求，提出教师要"既美其道，有慎其行"（《春秋繁露·玉杯》）。韩愈针对"师道之不传也久矣"，在《师说》中明确提出了教师的任务，"师者，所以传道受业解惑也"。

宋元明清时期，以朱熹、王守仁等为代表的教育家，对教师职业道德提出了更为全面和具体的要求，强调教师应该知行合一、言传身教。南宋教育家朱熹创办白鹿洞书院，并制定《白鹿洞书院教条》。《白鹿洞书院教条》是学生求知问学的条规，也是教师从事教育教学工作的规范，是我国古代第一次用学规的形式对教师和学生提出的规范要求。

《白鹿洞书院教条》中的"博学之，审问之，慎思之，明辨之，笃行之"是师生共勉的道德规范。同时，朱熹认为"学之之博，未若知之之要；知之之要，未若行之之实"（《朱子语录》第十三卷）。他强调教师应注意自己的道德修养，要使道德修养达到目标，"工夫全在行上"（《朱子语录》第十三卷）。

明代王守仁又在此基础上提出了"致知力行""知行合一"的主张，认为教师传道授业，应教学生求真知，注重知行并进。"知是行的主意，行是知的功夫；知是行之始，行是知之成。若会得时，只说一个知，已自有行在，只说一个行，已自有知在。""未有知而不行者。知而不行，只是未知。"（《王文成公全书》卷一）

明清两代，书院教育有了较大发展，渐渐成为当时教育的重要形式。清代豫南书院对教师职业道德订有四条规范：其一，敦德行以端本原也；其二，勤研讨以践实学也；其三，重师友以求夹持也；其四，谨交游以遵礼法也。其中第三条，还特别要求教师能够与学生"同堂共学，朝夕追随，赏奇析疑，互征心得"，强调教师与学生相互切磋，教学相长。

二、我国近代教师职业道德规范

近代一批教育家如蔡元培、陶行知、张謇等人提倡新学，反对旧学，兴办新教育。在办学过程中，他们结合当时的社会情况，提出了一系列教师职业道德要求。

时任北大校长的蔡元培提出"兼容并包"的办学思想。他认为，第一，教师应该人格健全，表现在：① 有智慧，"教员者，启学生之知识者也"；② 有道德，教员又是"学生之模范"；③ 有立场，"独立不惧之精神"；④ 有责任担当，"委身于教育，则必于淡泊宁静之中，独有无穷之兴趣，虽高官厚禄，不与易焉"，并且时刻保持对自己所从事事业的热情，"要拿出全副的热情来教育学生"。第二，教师还应该具有"学问家"精神，教师应"以学术为唯一之目的"。蔡元培认为"教育家最重要的责任，就在创造文化"，教师"不仅仅是授课，还要不放过一切有利于自己研究的机会"，教员"不但是求有学问的，还要求于学问上很有研究的兴趣，并能引起学生的研究兴趣的"[①]。

[微课视频]
我国近代
教师职业
道德规范

教育家陶行知十分重视教师职业道德，他认为，教师职业道德体现在 7 个方面：①"捧着一颗心来，不带半根草去"的奉献精神；②"人民第一""爱满天下"的爱心精神；③"千教万教教人求真，千学万学学做真人"的求真精神；④"敢入未开化的边疆，敢探未发明的新理"的创新精神；⑤"共学，共事，共修养"的和谐精神；⑥"活到老，学到老，教到老，做到老"的好学精神；⑦"学高为师，身正为范"的自律精神。[②]

[拓展阅读]
陶行知

中国近代实业家、教育家张謇也十分重视教师职业道德。他认为，教师不仅要有渊博的知识、精湛的业务，更重要的是要有"热爱教育、献身教育的人生理想""勤勉节俭、任劳耐苦的美德""严谨治学、严格管理的责任意识""关爱学生、

---

① 蔡元培. 蔡元培教育论著选［M］. 北京：人民教育出版社，2017.
② 张伦贤. 陶行知师德观的内涵及启示［J］. 中国德育，2011（8）：57-60.

有教无类的仁爱精神"。① 张謇创办的通州师范学校的校训是"坚苦自立，忠实不欺"，南通大学农科校训为"勤苦俭朴"，南通大学纺科校训为"忠实不欺，力求精进"，南通大学医科校训为"祈通中西，以宏慈善"。这些校训反映了张謇先生的办学思想和对教育、教师、学生的要求。

三、我国当代教师职业道德规范

（一）中小学教师职业道德规范的修订

我国先后于 1984 年、1991 年、1997 年和 2008 年修订颁布了《中小学教师职业道德规范》，其中，教育部颁布的《中小学教师职业道德规范（2008 年修订）》规定，教师应做到爱国守法、爱岗敬业、关爱学生、教书育人、为人师表、终身学习，体现了国家对中小学教师品德和行为规范的要求。具体解读见本教材第三章。

（二）教师职业行为十项准则的颁布

2018 年 1 月，教育部印发《新时代高校教师职业行为十项准则》《新时代中小学教师职业行为十项准则》《新时代幼儿园教师职业行为十项准则》，既有对教师职业的高线引领，又有底线要求。具体解读见本教材第四章。

（三）习近平总书记关于教师职业道德的重要论述

党的十八大以来，习近平总书记曾在不同场合、不同时间深刻表达和阐明了对我国教育事业发展的关心和对新时代加强教师队伍建设的重视，为新时代加强教师队伍建设提供了强大的思想武器和理论支持。习近平总书记提出了"四有"好老师、"四个引路人""四个相统一"等系列重要论述，在党的二十大报告中明确提出"加强师德师风建设，培养高素质教师队伍"，为新时代师德师风建设指明了方向。2014 年 9 月 9 日，习近平总书记在同北京师范大学师生代表座谈时强调广大教师要做有理想信念、有道德情操、有扎实学识、有仁爱之心的"四有"好老师，努力为发展具有中国特色、世界水平的现代教育，培养社会主义事业建设者和接班人作出更大贡献。②

2018 年 9 月 10 日，习近平总书记出席全国教育大会并发表重要讲话。他强调，长期以来，广大教师贯彻党的教育方针，教书育人，呕心沥血，默默奉献，为国家发展和民族振兴作出了重大贡献。教师是人类灵魂的工程师，是人类文明的传承者，承载着传播知识、传播思想、传播真理、塑造灵魂、塑造生命、塑造新人的时代重任。全党全社会要弘扬尊师重教的社会风尚，努力提高教师政治地位、社会地位、职业地位，让广大教师享有应有的社会声望，在教书育人岗位上为党和人民事业作出新的更大的贡献。习近平总书记在 2018 年全国教育大会上指出：建设社会主义现代化强国，对教师队伍建设提出新的更高要求，也对全党全社会尊师重教提出新的更高要求。人民教师无上光荣，每个教师都要珍惜这份光荣，爱惜这份职

① 吕安兴. 张謇教育伦理思想研究［J］. 学术论坛，2003（4）：109-112.
② 习近平. 做党和人民满意的好老师：同北京师范大学师生代表座谈时的讲话［M］. 北京：人民出版社，2014：3-4.

业，严格要求自己，不断完善自己。做老师就要执着于教书育人，有热爱教育的定力、淡泊名利的坚守。随着办学条件不断改善，教育投入要更多向教师倾斜，不断提高教师待遇，让广大教师安心从教、热心从教。对教师队伍中存在的问题，要坚决依法依纪予以严惩。

2022年10月16日，习近平总书记在党的二十大报告中提出要办好人民满意的教育。教育是国之大计、党之大计。培养什么人、怎样培养人、为谁培养人是教育的根本问题。育人的根本在于立德。全面贯彻党的教育方针，落实立德树人根本任务，培养德智体美劳全面发展的社会主义建设者和接班人。坚持以人民为中心发展教育，加快建设高质量教育体系，发展素质教育，促进教育公平。加强师德师风建设，培养高素质教师队伍，弘扬尊师重教社会风尚。推进教育数字化，建设全民终身学习的学习型社会、学习型大国。习近平总书记关于教育的重要论述，为全国教育系统落实立德树人根本任务提供了科学行动指南。习近平总书记关于立德树人与好老师标准的重要论述的具体解读见本教材第二章。

2023年9月9日，在全国第39个教师节前夕，习近平总书记提出了中国特有的教育家精神，赋予新时代人民教师崇高使命。习近平总书记从六个方面精辟概括了中国特有的教育家精神：心有大我、至诚报国的理想信念；言为士则、行为世范的道德情操；启智润心、因材施教的育人智慧；勤学笃行、求是创新的躬耕态度；乐教爱生、甘于奉献的仁爱之心；胸怀天下、以文化人的弘道追求。这一阐述立意深远、内容丰富，为我国今后加强教师队伍建设指明了奋进方向，提供了根本遵循，注入了磅礴动力。只有深入学习和完整准确把握教育家精神的时代价值和内涵特征，增强建设教育强国和实现强师计划的精神力量，将教育家精神的培育、弘扬和践行落实到教师队伍建设的全过程和各领域，引领我国教育事业高质量发展，才能为强国建设、民族复兴伟业作出新的更大贡献。

2024年9月，习近平总书记在全国教育大会上强调：要坚持不懈用新时代中国特色社会主义思想铸魂育人，实施新时代立德树人工程。不断加强和改进新时代学校思想政治教育，教育引导青少年学生坚定马克思主义信仰、中国特色社会主义信念、中华民族伟大复兴信心，立报国强国大志向、做挺膺担当奋斗者。注重运用新时代伟大变革成功案例，充分发挥红色资源育人功能，不断拓展实践育人和网络育人的空间和阵地。加大国家通用语言文字推广力度，促进铸牢中华民族共同体意识。习近平总书记指出，要实施教育家精神铸魂强师行动，加强师德师风建设，提高教师培养培训质量，培养造就新时代高水平教师队伍。提高教师政治地位、社会地位、职业地位，加强教师待遇保障，维护教师职业尊严和合法权益，让教师享有崇高社会声望、成为最受社会尊重的职业之一。

教师是立教之本、兴教之源。习近平总书记指出，强教必先强师，要把加强教师队伍建设作为建设教育强国最重要的基础工作来抓。长期以来，教师群体中涌现出一批教育家和优秀教师，展现了中国特有的教育家精神。做好老师，就要执着于教书育人，有热爱教育的定力、淡泊名利的坚守，就要有理想信念、有道德情操、有扎实学识、有仁爱之心。评价教师队伍素质的第一标准应该是师德师风。要引导广大教师以德立身、以德立学、以德施教，坚持教书和育人相统一，坚持言传和身教相统一，坚持潜心问道和关注社会相统一，坚持学术自由和学术规范相统一，成为塑造学生品格、品行、品位的大先生。要弘扬尊师重教社会风尚，提高教师政治地位、社会地位、职业地位，加强教师待遇保障，维护教师职业尊严和合法权益，让教师享有崇高社会声望、成为最受社会尊重的职业之一，推动形成优秀人才竞相从教、广大教师尽展其才、好老师不断涌现的良好局面。

（四）师德规范的专业标准与课程标准

［拓展阅读］
《教师教育
课程标准
（试行）》

［拓展阅读］
教师专业标准

教育部于 2011 年 10 月发布了《关于大力推进教师教育课程改革的意见》，制定了《教师教育课程标准（试行）》。在中学、小学和幼儿园教师教育课程"教育基础"学习领域的课程设置中凸显"职业道德与专业发展""教育政策法规"模块。

为构建教师专业标准体系，建设高素质专业化教师队伍，2012 年 2 月，教育部研究制定了《幼儿园教师专业标准（试行）》《小学教师专业标准（试行）》《中学教师专业标准（试行）》，提出四大基本理念：师德为先、学生为本、能力为重、终身学习。基本内容包括三个维度：专业理念与师德、专业知识、专业能力。突出师德为先，是国家对教师的基本专业要求，是教师实施教育教学行为的基本规范，是引领教师专业发展的基本准则，是教师培养、准入、培训、考核等工作的重要依据。

2017 年 10 月，教育部发布了《普通高等学校师范类专业认证实施办法（暂行）》，制定了《中学教育专业认证标准》《小学教育专业认证标准》《学前教育专业认证标准》，对教育专业办学提出了基本要求。专业认证标准提出了毕业要求四项指标：践行师德、学会教学、学会育人、学会发展。其中，"践行师德"居于首位，并从"师德规范"和"教育情怀"两方面提出具体要求。

为培养高素质专业化教师队伍，规范和指导五年一周期教师全员培训工作，提高教师培训的针对性和实效性，2020 年，教育部组织研制了《中小学教师培训课程指导标准（师德修养）》，明确以培养有理想信念、有道德情操、有扎实学识、有仁爱之心的"四有"好老师为目标导向，建设系统、连贯、融通的中小学教师师德教育内容框架和培训课程体系，注重遵循师德养成的内在规律，着力提升教师师德培训的科学性、针对性和实效性。

2021 年 4 月，教育部研究制定了《中学教育专业师范生教师职业能力标准（试行）》《小学教育专业师范生教师职业能力标准（试行）》《学前教育专业师范生教师职业能力标准（试行）》《中等职业教育专业师范生教师职业能力标准（试行）》《特殊教育专业师范生教师职业能力标准（试行）》等五个文件，明确了四项职业能力：师德践行能力、教学实践能力、综合育人能力、自主发展能力。其中第一项就是师德践行能力，突出师德师风第一标准。

（五）关于师德师风建设的一系列政策法规文件要求

中华人民共和国成立后，党和国家特别重视教师，也特别重视教师职业道德建设。为贯彻国家对教育实行调整、巩固、充实、提高的方针，1963 年，教育部根据中共中央的指示起草了《全日制中学暂行工作条例（草案）》《全日制小学暂行工作条例（草案）》，1978 年，经过讨论修改，教育部颁发了《全日制中学暂行工作条例（试行草案）》《全日制小学暂行工作条例（试行草案）》，对教师职业道德提出了明确的要求。

1993 年，《中华人民共和国教师法》颁布，第一次全面地对教师的权利和义务、资格和任用、待遇、奖励等方面作出了法律上的规定。

党和政府高度重视师德师风建设，有关部门每年部署师德工作，全社会也十分关注师德问题。《教育部关于进一步加强和改进师德建设的意见》《教育部关于建立健全中小学师德建设长效机制的意见》《教育部关于印发〈中小学教师违反职业道德行为处理办法〉的通知》《严禁教师违规收受学生及家长礼品礼金等行为的规定》《严禁中小学和在职中小学教师有偿补课的规定》，均对加强中小学教师师德师风建设作出了明确的规定。2018 年，教育部印发《中小学教师违反职业道德行为处理办法（2018 年修订）》，明确将对中小学教师违反职业道德的 11 种行为进行处理。这些重要文件显示了国家对加强师德师风建设的重视，从政策层面突出了师德师风建设在当前教师队伍建设中的重要意义。

[拓展阅读] 关于师德师风建设的一系列政策法规文件

2018 年，中共中央、国务院印发的《关于全面深化新时代教师队伍建设改革的意见》强调，教师是教育发展的第一资源，是国家富强、民族振兴、人民幸福的重要基石，师德修养在教师素质中居于核心地位，强调在教师队伍建设中要突出师德，把提高教师思想政治素质和职业道德水平摆在首要位置，突出全员全方位全过程师德养成。中共中央、国务院印发的《关于深化教育教学改革全面提高义务教育质量的意见》提出，按照"四有"好老师标准，建设高素质专业化教师队伍。

2019 年 11 月，教育部等七部门印发《关于加强和改进新时代师德师风建设的意见》，对加强师德师风建设的总体要求、全面加强教师队伍思想政治工作、大力提升教师职业道德素养、将师德师风建设要求贯穿教师管理全过程、着力营造全社会尊师重教氛围、推进师德师风建设任务落到实处等提出了明确的要求。

2021 年 4 月，教育部印发《关于在教育系统开展师德专题教育的通知》，面向广大教师组织开展师德专题教育，引导广大教师坚定理想信念、厚植爱国情怀、涵养高尚师德。教育部教师工作司整理汇总了师德专题教育学习资料（电子版），包括《习近平总书记关于师德师风的重要论述摘编》《"四史"学习教育资料汇编》《师德优秀典型先进事迹》《新时代师德规范》《违反教师职业行为十项准则典型案例》等，供广大教师参考。

2021 年 7 月，《教育部办公厅关于开展中小学有偿补课和教师违规收受礼品礼金问题专项整治工作的通知》明确要求：以习近平新时代中国特色社会主义思想为指导，全面贯彻落实习近平总书记关于师德师风的重要指示批示精神，坚持教育与实践相结合、治标与治本相结合、全面整改与长效机制相结合的原则，强化责任、形成震慑，坚持依法依规、德法并举，通过 9 个月的专项整治，有效遏制中小学教师"课上不讲课下讲""组织开办校外培训班""到校外培训机构兼职""同家长搞利益交换"等突出问题，治理和查处侵害群众利益的不正之风和腐败问题，努力建设一支政治素质过硬、业务能力精湛、育人水平高超的高素质教师队伍，营造风清气正的育人环境。

[拓展阅读] 中小学有偿补课和教师违规收受礼品礼金问题线索情况统计表

［拓展阅读］
基础教育规范
管理主要依据
清单、基础教
育规范管理负
面清单

［拓展阅读］
《中共中央
国务院关于弘
扬教育家精神
加强新时代高
素质专业化教
师队伍建设的
意见》

2024年5月，为全面贯彻党的教育方针，进一步依法依规加强中小学幼儿园办学行为管理，提升基础教育治理水平，提高人民群众教育满意度，教育部决定组织开展基础教育"规范管理年"行动，旨在使基础教育战线干部队伍和广大教师、教研员的政治意识、法律意识、规矩意识进一步增强，基础教育领域存在的违法违规、违背教育规律和教育功利化短视化行为得到进一步清理整治，依法管理、从严管理、规范管理的长效机制进一步建立健全，学校管理能力和教书育人水平进一步提高，人民群众对基础教育的满意度、获得感进一步提升。规范整治的重点为安全底线失守、日常管理失序、师德师风失范，重点整治一些教师违背中小学幼儿园教师职业行为准则，背离育人为本要求，作风不良、品行不端，不平等对待学生甚至侵害学生合法权益，严重影响学生健康成长等师德师风失范行为。

2024年8月，为深入贯彻落实习近平总书记关于教育的重要论述，出台《中共中央 国务院关于弘扬教育家精神加强新时代高素质专业化教师队伍建设的意见》（以下简称《意见》），这是对弘扬教育家精神、打造支撑教育强国的高素质专业化教师队伍作出的全面系统部署，是在我国由教育大国向教育强国系统性跃升的关键历史节点上，进行新时代新征程强教强师的纲领性文件。《意见》明确了新时代教师队伍建设的总体目标要分为两个阶段达成。第一个阶段是，经过3至5年努力，教育家精神得到大力弘扬，高素质专业化教师队伍建设取得积极成效，教师立德修身、敬业立学、教书育人呈现新风貌，尊师重教社会氛围更加浓厚。第二个阶段是，到2035年，教育家精神成为广大教师的自觉追求，实现教师队伍治理体系和治理能力现代化，数字化赋能教师发展成为常态，教师地位巩固提高，使教师成为最受社会尊重和令人羡慕的职业之一，形成优秀人才争相从教、优秀教师不断涌现的良好局面。《意见》就以教育家精神引领高素质专业化教师队伍建设提出了五方面重要举措。

一是加强教师队伍思想政治建设。加强理想信念教育，加强教师队伍建设党建引领，坚持不懈用习近平新时代中国特色社会主义思想凝心铸魂。

二是涵养高尚师德师风。坚持师德师风第一标准，引导教师自律自强，加强师德师风培养，坚持师德违规"零容忍"，引导广大教师自觉践行教育家精神。

三是提升教师专业素养。健全中国特色教师教育体系，提高教师学科能力和学科素养，提升教师教书育人能力，优化教师管理和资源配置，营造教育家成长的良好环境。

四是加强教师权益保障。加大各级各类教师待遇保障力度，维护教师合法权益，为新时代高素质专业化教师队伍建设提供有力保障。

五是弘扬尊师重教社会风尚。厚植尊重教文化，加大教师荣誉表彰力度，创新开展教师宣传工作，讲好中国教育家故事，形成优秀人才争相从教、优秀教师不断涌现的良好局面。

《意见》对各地各校抓好新时代教师队伍建设提出了明确要求，要求各级党委和政府高度重视教师队伍建设，形成齐抓共管工作格局，各级各类学校要将高素质专业化教师队伍建设作为学校发展的关键基础性工作，健全工作机制，强化工作保障。各级领导干部要深入学校了解教师情况，为广大教师办实事、解难事。

💬 思考与练习

一、简答题

1. 简述道德的内涵。

2. 简述道德与法律的区别与联系。

3. 简述职业道德的特点。

4. 试述教师职业道德的内涵、特点与意义。

5. 新时代为了加强师德师风建设，教育部发布了哪些教育行政规章等政策文件？

答案

二、单项选择题

请你扫描二维码，查看本章的单项选择题，测一测学习效果。

单项选择题

三、案例分析题

请你扫描二维码，查看本章的案例分析题，测一测学习效果。

案例分析题

📄 推荐阅读

第一章推荐
阅读书目

第二章　好老师的要求

古人说:"师者,人之模范也。"在学生眼里,老师是"吐辞为经、举足为法",一言一行都给学生以极大影响。教师思想政治状况具有很强的示范性。要坚持教育者先受教育,让教师更好担当起学生健康成长指导者和引路人的责任。[①]

——习近平

[①] 习近平. 在北京大学师生座谈会上的讲话 [M]. 北京:人民出版社,2018:8-9.

学习目标

1. 理解立德树人的内涵与意义，努力成为有理想信念、有道德情操、有扎实学识、有仁爱之心的"四有"好老师。

2. 强化职业认同、从教信念和大爱情怀，培育师德、师智、师能。

3. 通过观摩和参与师德实践，体会立德树人和做"四有"好老师的重要性和必要性，从而更好地理解立德树人、"四有"好老师、"四个引路人"和"四个相统一"的基本要求。

知识导图

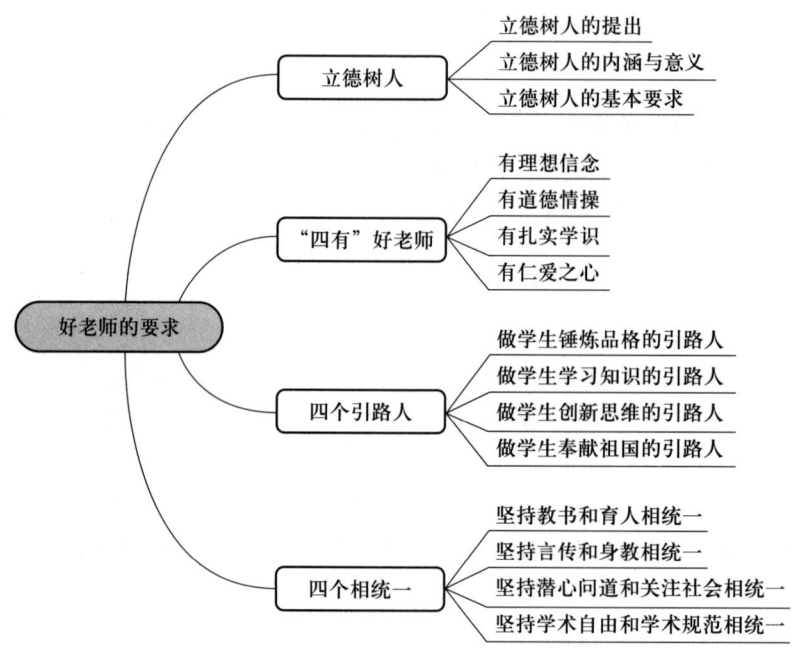

第一节　立德树人

党的十八大以来，习近平总书记通过讲话、参加座谈会、给师生回信等方式发表了许多关于立德树人的重要论述，深刻分析并阐释了立德树人的科学内涵与精神实质，强调立德树人的重要地位和作用，指出要把立德树人作为教育的根本任务。

一、立德树人的提出

2016 年 9 月，习近平总书记在北京市八一学校考察时指出，基础教育是立德树人的事业，要旗帜鲜明加强思想政治教育、品德教育，加强社会主义核心价值观教育，引导学生自尊自信自立自强。2017 年 9 月，中共中央办公厅、国务院办公厅印发了《关于深化教育体制机制改革的意见》，提出健全立德树人系统化落实机制。2018 年 5 月，习近平总书记在北京大学师生座谈会上提出，要把立德树人的成效作为检验学校一切工作的根本标准。2019 年 6 月，中共中央、国务院印发的《关于深化教育教学改革全面提高义务教育质量的意见》再次强调，落实立德树人根本任务，健全立德树人落实机制。2020 年 9 月，习近平总书记在教育文化卫生体育领域专家代表座谈会上指出，"要坚持社会主义办学方向，把立德树人作为教育的根本任务，发挥教育在培育和践行社会主义核心价值观中的重要作用"。

党的二十大报告指出，要办好人民满意的教育。教育是国之大计、党之大计。培养什么人、怎样培养人、为谁培养人是教育的根本问题。育人的根本在于立德。全面贯彻党的教育方针，落实立德树人根本任务，培养德智体美劳全面发展的社会主义建设者和接班人。

立德树人是学校的立身之本，贯穿学校教育的全过程。学校应坚守为党育人、为国育才的初心，既从优良教育传统中汲取养分，又着眼于新时代的要求进行理论与实践创新。要把立德树人成效作为检验学校一切工作的根本标准。

二、立德树人的内涵与意义

立德树人是对"培养什么人、怎样培养人、为谁培养人"的教育根本问题的生动回答，具有鲜明的时代意义，为广大教师开展教育工作提供了明确的方向。立德树人体现了党和国家对教育事业的高度重视与殷切期盼，是关于教育理论的守正创新。

（一）立德树人的内涵

1. "立德"的内涵

国无德不兴，人无德不立。《左传》载："太上有立德，其次有立功，其次有立言，虽久不废，此之谓不朽。"在"三不朽"中把"立德"摆在第一位。唐代孔颖达也谈道："立德，谓创制垂法，博施济众，圣德立于上代，惠泽被于无穷。"

"培养什么人，是教育的首要问题。"①在新的历史时期，"立德"具有新的内涵。习近平总书记在北京大学考察时指出，青年的价值取向决定了未来整个社会的价值取向，而青年又处在价值观形成和确立的时期，抓好这一时期的价值观养成十分重要。这就像穿衣服扣扣子一样，如果第一粒扣子扣错了，剩余的扣子都会扣错。人生的扣子从一开始就要扣好。②因此，培养人首先应该"立德"，即培养学生的道德品质。"立德"主要表现在以下四个方面：

第一，树立共产主义远大理想和中国特色社会主义共同理想。因此，要增强中国特色社会主义道路自信、理论自信、制度自信、文化自信，培养立志肩负民族复兴重任的接班人。要厚植爱国主义情怀，让爱国主义精神在学生心中牢牢扎根，培养学生能够自觉热爱和拥护中国共产党，听党话、跟党走，立志扎根人民、奉献国家，不断树立为共产主义远大理想和中国特色社会主义共同理想而奋斗的信念和信心。

第二，确立社会主义核心价值观。培育和践行社会主义核心价值观，塑造学生健全的人格、向善的人性和高尚的人品，让他们用智慧和能力服务于国家、民族和人民，引导广大学生树立正确的世界观、人生观、价值观。习近平总书记在全国高校思想政治工作会议上指出，"要坚持不懈培育和弘扬社会主义核心价值观，引导广大师生做社会主义核心价值观的坚定信仰者、积极传播者、模范践行者"③。

第三，弘扬中华优秀传统文化与中华传统美德。中华优秀传统文化是我们最深厚的文化软实力，也是中国特色社会主义植根的文化沃土，其具体表现包括讲仁爱、重民本、守诚信、崇正义、尚和合、求大同的理念等。中华传统美德是中华文化精髓，是中华民族在长期实践中培育和形成的独特价值理念和道德规范，其具体表现包括自强不息、尊老爱幼、扶危济困、惩恶扬善等。我们要继承和发扬中华优秀传统文化和中华传统美德，不断夯实中国特色社会主义的思想道德基础。

第四，既要立足民族，又要面向世界。以爱国主义为核心的民族精神和以改革创新为核心的时代精神，是中华民族生生不息、发展壮大的坚实的精神支撑和强大的道德力量。此外，当今世界处于百年未有之大变局，还要具备全球视野，共同构建人类命运共同体，建设持久和平、普遍安全、共同繁荣、开放包容、清洁美丽的世界。习近平总书记指出："中国的命运与世界的命运紧密相关。我们要把弘扬爱国主义精神与扩大对外开放结合进来，尊重各国的历史特点、文化传统，尊重各国人民选择的发展道路，善于从不同文明中寻求智慧、汲取营养，增强中华文明生机活力。"④

人才培养一定是育人和育才相统一的过程，而育人是本。人无德不立，育人的根本在于立德。这是人才培养的辩证法。办学就要尊重这个规律，否则就办不好

① 习近平. 习近平著作选读：第2卷［M］. 北京：人民出版社，2023：195.
② 习近平. 青年要自觉践行社会主义核心价值观：在北京大学师生座谈会上的讲话［M］. 北京：人民出版社，2014：9.
③ 习近平. 习近平谈治国理政：第2卷［M］. 北京：外文出版社，2017：377.
④ 习近平. 论党的宣传思想工作［M］. 北京：中央文献出版社，2020：179–180.

学。要把立德树人的成效作为检验学校一切工作的根本标准，真正做到以文化人、以德育人，不断提高学生思想水平、政治觉悟、道德品质、文化素养，做到明大德、守公德、严私德。要把立德树人内化到大学建设和管理各领域、各方面、各环节，做到以树人为核心，以立德为根本。①

2．"树人"的内涵

"树人"一词最早出现在《管子》中："一年之计，莫如树谷；十年之计，莫如树木；终身之计，莫如树人。""树人"，就是培养人才。2014 年，习近平总书记同北京师范大学师生代表座谈时指出，当今世界的综合国力竞争，说到底是人才竞争，教育的基础性、先导性、全局性地位和作用更加凸显。"两个一百年"奋斗目标的实现、中华民族伟大复兴中国梦的实现，归根到底靠人才、靠教育。因此，办好人民满意的教育，落脚点在人的培养。"树人"就是要全面实施素质教育，培养德智体美劳全面发展的社会主义建设者和接班人，让学生成为担当民族复兴大任的时代新人。新时代"树人"的内涵主要表现在以下三个方面：

第一，培养社会主义建设者和接班人。我国是中国共产党领导的社会主义国家，这就决定了我们的教育必须把培养社会主义建设者和接班人作为根本任务，培养一代又一代拥护中国共产党领导和我国社会主义制度、立志为中国特色社会主义奋斗终身的有用人才。②社会主义建设者和接班人必须树立共产主义远大理想和中国特色社会主义共同理想。

第二，培养德智体美劳全面发展的人。在 2018 年全国教育大会上，习近平总书记提出了六个"下功夫"，即在坚定理想信念上下功夫、在厚植爱国主义情怀上下功夫、在加强品德修养上下功夫、在增长知识见识上下功夫、在培养奋斗精神上下功夫、在增强综合素质上下功夫。培养德智体美劳全面发展的社会主义建设者和接班人，必须努力构建德智体美劳全面培养的教育体系，形成更高水平的人才培养体系。关于社会主义建设者和接班人如何培养的问题，会议明确了社会主义建设者和接班人在思想品德、知识学识、创新能力、动手能力、身体素质、艺术修养、人文气质、劳动技能方面的要求。

第三，培养担当民族复兴大任的时代新人。党的二十大报告指出："弘扬以伟大建党精神为源头的中国共产党人精神谱系，用好红色资源，深入开展社会主义核心价值观宣传教育，深化爱国主义、集体主义、社会主义教育，着力培养担当民族复兴大任的时代新人。"习近平总书记指出，"当今中国最鲜明的时代主题，就是实现'两个一百年'奋斗目标、实现中华民族伟大复兴的中国梦。当代青年要树立与这个时代主题同心同向的理想信念，勇于担当这个时代赋予的历史责任，励志勤学、刻苦磨炼，在激情奋斗中绽放青春光芒、健康成长进步"③。

综上，立德树人回答了"培养什么人、怎样培养人、为谁培养人"等当代教

①　习近平. 在北京大学师生座谈会上的讲话［M］. 北京：人民出版社，2018：7.

②　习近平. 习近平著作选读：第 2 卷［M］. 北京：人民出版社，2023：195.

③　习近平在中国政法大学考察时强调：立德树人德法兼修抓好法治人才培养，励志勤学刻苦磨炼促进青年成长进步［N］. 人民日报，2017-05-04（1）.

育发展的根本问题，提供了富有时代气息的答案：我国是中国共产党领导的社会主义国家，必须扎根中国大地办教育，培养德智体美劳全面发展的社会主义建设者和接班人，培养立志为中国特色社会主义奋斗终身、担当民族复兴大任的时代新人。

（二）立德树人的意义

立德树人根本任务旨在培养德智体美劳全面发展的社会主义建设者和接班人，培养担当民族复兴大任的时代新人，这是实现中华民族伟大复兴的重要保证。

1. 立德树人为教育事业指明了前进的方向

党的十八届三中全会提出："全面贯彻党的教育方针，坚持立德树人，加强社会主义核心价值体系教育，完善中华优秀传统文化教育，形成爱学习、爱劳动、爱祖国活动的有效形式和长效机制，增强学生社会责任感、创新精神、实践能力。强化体育课和课外锻炼，促进青少年身心健康、体魄强健。"党的二十大报告指出："教育是国之大计、党之大计。培养什么人、怎样培养人、为谁培养人是教育的根本问题。育人的根本在于立德。全面贯彻党的教育方针，落实立德树人根本任务，培养德智体美劳全面发展的社会主义建设者和接班人。"教育事业肩负着为党育人、为国育才的伟大历史使命，是实现由教育大国迈向教育强国的必然要求。只有落实立德树人根本任务，教育工作才不会出现方向性错误，才能培养出符合时代要求的人才。

2. 立德树人是教师履职尽责的强大动力

党的十八大以来，习近平总书记围绕新时代立德树人提出了一系列新思想、新观点、新论断，这些重要论述是中国特色社会主义教育理论发展的最新成果。广大教师必须深刻领会立德树人的内涵与意义，以立德树人根本任务的要求作为自己教育工作的目标与参照系，对标对表。习近平总书记指出："好老师应该懂得，选择当老师就选择了责任，就要尽到教书育人、立德树人的责任，并把这种责任体现到平凡、普通、细微的教学管理之中。"① 立德树人是对教育本质、教育目的、教育规律、教育方式等教育问题的深刻揭示，无疑为广大教师履行教师职责提供了强大动力。

3. 立德树人是实施教育教学的路径遵循

立德树人既是教育教学的根本任务，又是教育教学的路径遵循。教师只有在教育教学过程中坚持立德树人，只有面对每一位学生做到立德树人，只有在教育教学的每一个环节落实立德树人，只有让教育教学的每一个要素遵循立德树人，只有在教育全时空精准立德树人，做到全程、全员、全要素、全方位紧扣立德树人，立德树人才能大道直行，落地生根，教育事业也才能真正成为为党育人、为国育才的伟大事业。

---

① 习近平. 做党和人民满意的好老师：同北京师范大学师生代表座谈时的讲话［M］. 北京：人民出版社，2014：10.

三、立德树人的基本要求

2018年5月2日，习近平总书记在北京大学师生座谈会上指出："要把立德树人的成效作为检验学校一切工作的根本标准，真正做到以文化人、以德育人，不断提高学生思想水平、政治觉悟、道德品质、文化素养，做到明大德、守公德、严私德。"① 要落实立德树人根本任务，教师必须明确立德树人的基本要求。

（一）领会立德树人的内涵

广大教师要深刻领会立德树人根本任务的内涵，并以其作为工作的根本标准。立德树人所立之"德"，即要"做到明大德、守公德、严私德"②。关于树人，即"要全面贯彻党的教育方针，落实立德树人根本任务，发展素质教育，推进教育公平，培养德智体美劳全面发展的社会主义建设者和接班人"③。要在加强品德修养上下功夫，教育引导学生培育和践行社会主义核心价值观，踏踏实实修好品德，成为有大爱大德大情怀的人。④ 所以，立德树人所树之"人"，即培养社会发展、知识积累、文化传承、国家存续、制度运行所要求的人。⑤ 教师要着力构建落实立德树人根本任务新生态新格局，坚持不懈用习近平新时代中国特色社会主义思想铸魂育人，启动实施立德树人工程，以身心健康为突破点强化"五育"并举，引导学生坚定听党话、跟党走的政治信念。

（二）明确立德树人的主体

教师是立教之本、兴教之源。广义的教育包括社会教育、家庭教育、学校教育，其中学校教育作为特殊的育人环境，是有目的、有计划、有组织的专业化教育，承担着教育的主要职责，对学生产生直接、深刻的影响。落实立德树人根本任务，不断提升人才培养质量，对教师队伍建设提出了更高的要求。教师作为教书育人、为人师表的专业人员，必然成为落实立德树人根本任务的关键主体，这是其他职业所不能替代的。教师必须明确自己的职责定位，要有高度的责任感、使命感和荣誉感。教师应当加强理想信念教育，深入学习领会习近平新时代中国特色社会主义思想，树立正确的历史观、民族观、国家观、文化观，坚定中国特色社会主义道路自信、理论自信、制度自信、文化自信；准确理解和把握社会主义核心价值观的深刻内涵，增强价值判断、选择、塑造能力，带头践行社会主义核心价值观；充分认识中国教育辉煌成就，扎根中国大地，办好中国教育。

（三）坚持课堂教学主渠道

课堂是点亮思想火炬、启迪人生智慧的地方。2016年，习近平总书记在全国高校思想政治工作会议上强调，要用好课堂教学这个主渠道，思想政治理论课要坚持在改进中加强，提升思想政治教育亲和力和针对性，满足学生成长发展需求和期

---

① 习近平. 在北京大学师生座谈会上的讲话［M］. 北京：人民出版社，2018：7.
② 习近平. 在北京大学师生座谈会上的讲话［M］. 北京：人民出版社，2018：7.
③ 习近平. 习近平著作选读：第2卷［M］. 北京：人民出版社，2023：37.
④ 习近平. 习近平著作选读：第2卷［M］. 北京：人民出版社，2023：198–199.
⑤ 袁振国. 立德树人的理论内涵与落实机制建设［J］. 人民教育，2021（Z3）：41–44.

[拓展阅读]
《关于深化新时代学校思想政治理论课改革创新的若干意见》

待，其他各门课都要守好一段渠、种好责任田。教师要理直气壮地坚持课堂教学主渠道，用习近平新时代中国特色社会主义思想铸魂育人。在课堂上与学生进行对话，启智润心。

教师要不忘立德树人的初心。学为人师，行为世范，在学生眼里，教师"吐辞为经、举足为法"，所谓"言传身教"，教师的一言一行都会给学生以极大的影响。习近平总书记回忆起自己初中时的政治课老师时说："我为什么对焦裕禄那么一往情深，就是因为我在上初中一年级时，当时宣传焦裕禄的事迹，我的政治课老师在讲述焦裕禄的事迹时数度哽咽，一度讲不下去了，捂着眼睛抽泣，特别是讲到焦裕禄肝癌最严重时把藤椅给顶破了，我听了很受震撼。"[①] 教师在课堂上展现的情怀最能打动人，甚至会影响学生一生。

（四）形成立德树人共同体

落实立德树人根本任务，需要激发立德树人的协同动力，构建全方位、全过程、全员的"三全"育人体系。习近平总书记强调："要把立德树人融入思想道德教育、文化知识教育、社会实践教育各环节，贯穿基础教育、职业教育、高等教育各领域，学科体系、教学体系、教材体系、管理体系要围绕这个目标来设计，教师要围绕这个目标来教，学生要围绕这个目标来学。"[②]

立德树人要坚持德智体美劳五育并举，统筹推进学生培养工作。在坚持德育首位的前提下，德育与智育、体育、美育、劳动教育同频共振，有机融合。

坚持德育。树人必先树德。要根据学生的年龄特点，科学设计德育的目标、内容、方法、路径，推进德育工作具有亲和力、感染力。各类德育主体要守好一段渠、种好责任田，讲好大道理与小道理，使德育真正润物无声，入脑入心。

改进智育。注重学思结合。要勤学，下得苦功夫，求得真学问；要坚持知行合一，注重因材施教，注重运用现代信息技术。构建网络化、数字化、个性化、终身化的教育体系，传授知识，训练技能，发展能力，使学生更加智慧。

强化体育。学校体育是实现立德树人根本任务、提升学生综合素质的基础性工程，是加快推进教育现代化、建设教育强国和体育强国的重要工作，对于弘扬社会主义核心价值观，培养学生爱国主义、集体主义、社会主义精神和奋发向上、顽强拼搏的意志品质，实现以体育智、以体育心具有独特功能。要树立健康第一的教育理念，开齐开足体育课，帮助学生在体育锻炼中享受乐趣、增强体质、健全人格、锤炼意志。家庭、学校、社会都要为少年儿童增强体魄创造条件，让他们像小树一样健康成长，长大后成为建设祖国的栋梁之材。

重视美育。美是纯洁道德、丰富精神的重要源泉。美育是审美教育、情操教育、心灵教育，也是丰富想象力和培养创新意识的教育，能提升审美素养、陶冶情操、温润心灵、激发创新创造活力。要全面加强和改进学校美育，坚持以美育人、以文化人，提高学生审美和人文素养。

① 习近平. 论党的宣传思想工作［M］. 北京：中央文献出版社，2020：380.
② 教育部课题组. 深入学习习近平关于教育的重要论述［M］. 北京：人民出版社，2019：76.

关注劳动教育。劳动是人类的本质活动，劳动光荣、创造伟大是对人类文明进步规律的重要诠释。要教育学生从小热爱劳动、热爱创造，通过劳动和创造播种希望、收获果实。要在学生中弘扬劳动精神，教育引导学生崇尚劳动、尊重劳动，懂得劳动最光荣、劳动最崇高、劳动最伟大、劳动最美丽的道理，长大后能够辛勤劳动、诚实劳动、创造性劳动。①

（五）树立新型教育评价观

中共中央、国务院印发《深化新时代教育评价改革总体方案》提出，坚持立德树人，牢记为党育人、为国育才使命，把落实立德树人根本任务，培养德智体美劳全面发展的社会主义建设者和接班人，贯穿教育评价改革各项任务始终，引导确立科学的育人目标，确保教育正确发展方向，坚定不移地走中国特色社会主义教育发展道路。方案要求坚持科学有效，改进结果评价，强化过程评价，探索增值评价，健全综合评价，充分利用信息技术，提高教育评价的科学性、专业性、客观性。引导教师潜心育人的评价制度更加健全，促进学生全面发展的评价办法更加多元，社会选人用人方式更加科学，为提高立德树人的实效性提供坚实的基础。

［拓展阅读］
《深化新时代教育评价改革
总体方案》

第二节　"四有"好老师

2023 年 5 月 29 日，习近平总书记在中共中央政治局第五次集体学习时指出，要把加强教师队伍建设作为建设教育强国最重要的基础工作来抓。他强调，要引导广大教师坚定理想信念，陶冶道德情操，涵养扎实学识，勤修仁爱之心，树立"躬耕教坛、强国有我"的志向和抱负，坚守三尺讲台，潜心教书育人。

一、"四有"好老师的提出

师德是一个亘古不变的主题，《中庸》记载，"君子尊德性而道问学"，德性自古以来就被看作读书人的毕生追求，尤其是教师的修养追求。进入新时代，党和国家相关文件对教师职业道德修养提出了更高的要求。习近平总书记以高瞻远瞩的战略眼光，深刻论述了教育、教师和师德的内在关系，形成了系统的师德观。

2014 年 9 月 9 日，在第 30 个教师节即将到来之际，习近平总书记来到北京师范大学看望师生，观摩课堂教学，主持召开座谈会，向全国广大教师和教育工作者致以崇高的节日问候和祝贺，并以"做党和人民满意的好老师"为主题发表了重要讲话。习近平总书记强调，"教育是一门'仁而爱人'的事业，爱是教育的灵魂，没有爱就没有教育"②，要求全国广大教师做"有理想信念、有道德情操、有扎实学识、有仁爱之心"的"四有"好老师，为发展具有中国特色、世界水平的现代教

---

① 习近平. 习近平著作选读：第 2 卷［M］. 北京：人民出版社，2023：202.
② 习近平. 做党和人民满意的好老师：同北京师范大学师生代表座谈时的讲话［M］. 北京：人民出版社，2014：9.

育，培养社会主义建设者和接班人作出更大贡献。"四有"好老师的提出，在教育界引发热议，产生了深刻的影响，"四有"成为新时代好老师的标准，"四有"好老师成为新时代师德师风建设的重要遵循。

二、"四有"好老师的内涵

（一）有理想信念

有理想信念是好老师的首要标准。好老师要做共产主义远大理想、中国特色社会主义共同理想的坚定信仰者和忠实实践者。[①] 理想信念是关乎教育实践的"总开关"，是精神之钙、政治灵魂。理想因其远大而为理想，信念因其执着而为信念。理想是人们对未来的一种想象，具有面向未来的可能性；信念是人们对于世界和事物的一种坚信不疑的想法，常与信任、信心相联系。理想是指向未来的目标，信念则是对目标的聚焦与坚守。教师要帮助学生筑梦、追梦、圆梦，要培育学生坚定理想信念，教师自身必须具有坚定的理想信念。

有理想信念，是好老师的人格基石。教师是人类文明的传递者、学生人生道路的引路人。有什么样的老师，就有什么样的教育；有什么样的教育，就有什么样的学生。理想要以理想去点燃，信念要用信念去唤醒。只有教师抱有坚定的理想信念，才有可能在青少年学生心中播下理想信念的种子。

有理想信念的教师，心中装着国家和民族。纵观中国教育史，凡被人们称道、为历史铭记的好老师，无一例外的都是把教书育人事业与国家、民族的奋斗目标、前途命运联系在一起。习近平总书记在 2016 年教师节前夕的讲话中提到，希望广大教师认清肩负的使命和责任，教育和引导学生热爱祖国、热爱人民、热爱中国共产党，教育和引导学生心中要有国家和民族，意识到肩负的责任，牢固树立为祖国服务、为人民服务的意识，立志成为党和人民需要的人才。[②] 习近平总书记强调，正确理想信念是教书育人、播种未来的指路明灯。我们的教育是为人民服务、为中国特色社会主义服务、为改革开放和社会主义现代化建设服务的，党和人民需要培养的是社会主义事业建设者和接班人。好老师的理想信念应该以这一要求为基准。[③] 理想信念是教师的精神之钙，也是学生急需补充的思想之钙。教师要用自己的学识、阅历和经验点燃学生对真善美的向往之光，使社会主义核心价值观润物细无声地浸润学生的心田，转化为其日常行为，增强学生的价值判断能力、价值选择能力、价值塑造能力，引领学生健康成长。

（二）有道德情操

道德情操是好老师践行教育使命的重要品质。习近平总书记强调，教师是品行之师。"一个老师如果在是非、曲直、善恶、义利、得失等方面老出问题，怎么能

① 本书编写组. 习近平总书记教育重要论述讲义［M］. 北京：高等教育出版社，2020：207.
② 教育部课题组. 深入学习习近平关于教育的重要论述［M］. 北京：人民出版社，2019：131.
③ 习近平. 做党和人民满意的好老师：同北京师范大学师生代表座谈时的讲话［M］. 北京：人民出版社，2014：5.

担起立德树人的责任？"① 教师不仅要具有广博的知识，更要有高尚的道德情操。道德情操通常是指道德情感和职业操守的结合。教师的职业特性决定了教师必须是道德高尚的人群，教师具备高尚的道德情操是教师成功的重要条件，是引导和帮助学生扣好人生第一粒扣子的基础。

习近平总书记指出，合格的老师首先应该是道德上的合格者，好老师首先应该是以德施教、以德立身的楷模。师者为师亦为范，学高为师，德高为范。老师是学生道德修养的镜子。好老师应该取法乎上、见贤思齐，不断提高道德修养，提升人格品质，并把正确的道德观传授给学生。他强调，师德是深厚的知识修养和文化品位的体现。师德需要教育培养，更需要老师自我修养。好老师要有"捧着一颗心来，不带半根草去"的奉献精神，自觉坚守精神家园、坚守人格底线，带头弘扬社会主义道德和中华传统美德，以自己的模范行为影响和带动学生。② 习近平总书记关于道德情操的重要论述为广大教师提供了科学遵循。

有道德情操，还需要教师胸怀激情。教育是一项需要激情的事业，没有全身心的投入、没有无私奉献，就难以成为一名好老师。没有激情的教育，是难以形成教育震撼力的，影响不了学生，也发展不了学生。因为没有激情，教育就没有情感共鸣；因为没有激情，教育就缺乏生机活力；因为没有激情，教育就难以实现互动生成。我们要做一名有激情的教师，以情传情、以情激情。这样的教育才会绽放光彩、精彩纷呈。

（三）有扎实学识

知识是人类在实践中认识客观世界的成果，是人类从各个途径获得的、经过提升总结与凝练的系统的认识。在国际劳工组织制订的《国际标准职业分类》中，教师被列入"专家、技术人员和有关工作者"这一类别。《中华人民共和国职业分类大典（2022 年版）》中，各级各类教师被列入"专业技术人员"中的"教学人员"类别。《中华人民共和国教师法》中，把教师界定为"履行教育教学职责的专业人员。"扎实的知识是专业技术人员安身立命的依据之一。

好老师作为专业技术人员必须有扎实的学识。尽管人类已经迈入信息时代，教师也不再是学生获取知识的唯一来源，但这并不否定教师的知识价值。相反，教师具备扎实学识比以往更加重要。习近平总书记指出，"扎实的知识功底、过硬的教学能力、勤勉的教学态度、科学的教学方法是老师的基本素质，其中知识是根本基础。学生往往可以原谅老师严厉刻板，但不能原谅老师学识浅薄"。"知识储备不足、视野不够，教学中必然捉襟见肘，更谈不上游刃有余。""在信息时代做好老师，自己所知道的必须大大超过要教给学生的范围，不仅要有胜任教学的专业知识，还要有广博的通用知识和宽阔的胸怀视野。好老师还应该是智慧型的老师，具备学习、处世、生活、育人的智慧，既授人以鱼，又授人以渔，能够在各个方面给

① 习近平. 做党和人民满意的好老师：同北京师范大学师生代表座谈时的讲话［M］. 北京：人民出版社，2014：6.

② 习近平. 做党和人民满意的好老师：同北京师范大学师生代表座谈时的讲话［M］. 北京：人民出版社，2014：7.

学生以帮助和指导。"[①] 教师应当具有广博的科学文化知识、精深的专业知识、深刻的教育科学知识以及鲜活的实践性教育知识，唯其如此，才能担负起教书育人的使命。教师还要树立终身学习理念，不断更新充实知识，提升学识水平。

（四）有仁爱之心

师爱是教育的永恒主题，没有爱就没有教育。以"仁爱"为核心的中国传统伦理是中华优秀传统文化的生命底色，是当前道德建设的深厚基石。孔子思想中的核心概念之一的"仁"，是提倡从爱父母到爱天地万物。苏霍姆林斯基说："教育者最可贵的品质之一就是人性，对孩子的深沉的爱，兼有父母的亲昵、温存和睿智的严厉与严格要求相结合的那种爱。"[②] 爱是教育的润滑剂，师爱是理智与情感的统一，既体现在尊重学生上，又体现为对学生的严格要求；既表现在个别教育中，又融入集体教育中，平等关爱每一个学生。

习近平总书记强调："教育是一门'仁而爱人'的事业，爱是教育的灵魂，没有爱就没有教育。好老师应该是仁师，没有爱心的人不可能成为好老师。""教育风格可以各显身手，但爱是永恒的主题。爱心是学生打开知识之门、启迪心智的开始，爱心能够滋润浇开学生美丽的心灵之花。老师的爱，既包括爱岗位、爱学生，也包括爱一切美好的事物。""好老师对学生的教育和引导应该是充满爱心和信任的，在严爱相济的前提下晓之以理、动之以情，让学生'亲其师''信其道'。好老师要用爱培育爱、激发爱、传播爱，通过真情、真心、真诚拉近同学生的距离，滋润学生的心田，使自己成为学生的好朋友和贴心人。好老师应该把自己的温暖和情感倾注到每一个学生身上，用欣赏增强学生的信心，用信任树立学生的自尊，让每一个学生都健康成长，让每一个学生都享受成功的喜悦。""有爱才有责任。好老师应该懂得，选择当老师就选择了责任，就要尽到教书育人、立德树人的责任，并把这种责任体现到平凡、普通、细微的教学管理之中。""老师还要具有尊重学生、理解学生、宽容学生的品质。离开了尊重、理解、宽容同样谈不上教育。"[③] 具有仁爱之心是教师塑造人心灵的巨大内在动力，是教师成为学生良师益友的基础，是教师赢得社会尊重的底气。

三、"四有"好老师的基本要求

教师是教育发展的第一资源，是国家富强、民族振兴、人民幸福的重要基石。中共中央、国务院要求各级党委和政府要从战略和全局高度充分认识教师工作的重要性和紧迫性。师德修养在教师素质中居于核心地位。中共中央、国务院《关于全面深化新时代教师队伍建设改革的意见》强调在教师队伍建设中要突出师德，把提

---

① 习近平. 做党和人民满意的好老师：同北京师范大学师生代表座谈时的讲话［M］. 北京：人民出版社，2014：8-9.

② 苏霍姆林斯基. 把整个心灵献给孩子［M］. 唐其慈，毕淑芝，赵玮，译. 天津：天津人民出版社，1981：10.

③ 习近平. 做党和人民满意的好老师：同北京师范大学师生代表座谈时的讲话［M］. 北京：人民出版社，2014：9-10.

高教师思想政治素质和职业道德水平摆在首要位置，突出全员全方位全过程师德养成，推动教师成为先进思想文化的传播者、党执政的坚定支持者、学生健康成长的指导者。

为推动落实中共中央、国务院《关于全面深化新时代教师队伍建设改革的意见》，根据《小学教师专业标准（试行）》《中学教师专业标准（试行）》《关于建立健全中小学师德建设长效机制的意见》《新时代中小学教师职业行为十项准则》等相关文件精神，教育部制定了《中小学教师培训课程指导标准（师德修养）》（以下简称《指导标准》），主要目的是在新时代教师队伍建设中进一步突出师德建设，开创新时代师德教育新格局，激发中小学教师的道德自觉，提升中小学教师的师德修养水平，筑牢中小学教师的师德底线，提高教师培训的针对性和实效性，培育一大批"四有"好老师，造就党和人民满意的高素质专业化教师队伍。

［拓展阅读］
《中小学教师
培训课程指导
标准（师德
修养）》

《指导标准》基于中小学教师的工作与生活需要，着眼于中国学生发展核心素养和未来国民素养的形成与发展，明确以培养"有理想信念、有道德情操、有扎实学识、有仁爱之心"的"四有"好老师为目标导向，建设系统连贯融通的中小学教师师德教育的内容框架和培训课程体系，注重遵循师德养成的内在规律，着力提升教师师德修养培训的科学性、针对性和实效性。

中小学教师师德修养培训课程的框架以"理想信念""道德情操""扎实学识""仁爱之心"为一级指标，以党和国家对新时代教师队伍建设的要求为指导，以国内外中小学教师师德建设理论与实践成果为参考，共包含 12 个二级指标。

从二级指标中又分别或交叉细化出 28 个研修主题（详见表 2-1），教师培训机构可以围绕各研修主题设计相应的课程专题。《指导标准》强调以培育和造就新时代"四有"好老师为目标，设置具有中国特色的"科学、合理、管用、接地"的新时代师德修养培训课程体系。《指导标准》在各研修主题下列举了若干课程专题，供各省（自治区、直辖市）、地（市）、县（区）参照实施。

表 2-1　师德修养培训课程的框架内容与研修主题

一级指标	二级指标	研修主题
理想信念	爱国爱党	国家认同
		中华文化
		国际视野
	爱岗敬业	教育理想
		守护生命
	乐于奉献	诲人不倦
		生涯规划

续表

一级指标	二级指标	研修主题
道德情操	为人师表	榜样示范
		人文素养
	团结协作	集体意识
		师生平等
		同伴合作
		家校协同
	廉洁自律	遵纪守法
		诚实守信
		严于律己
扎实学识	严谨治学	实事求是
		精益求精
	科学施教	遵循规律
		因材施教
	与时俱进	勤于学习
		实践创新
仁爱之心	以人为本	尊重学生
		理解学生
	关爱学生	严慈相济
		关怀入微
	公平公正	一视同仁
		处事公正

　　从师德修养培训课程框架中，可以较为清晰地厘清对"四有"好老师的基本要求。

（一）关于"理想信念"的要求

　　师德修养培训课程框架中，"理想信念"指标包括"爱国爱党""爱岗敬业""乐于奉献"3个二级指标。据此，其所对应的要求如下：

　　做一名好老师必须爱国爱党。要忠诚于党和人民的教育事业，坚决拥护中国共产党的领导，理解中国特色社会主义道路与制度的内涵，深刻领会习近平新时代中国特色社会主义思想；传承与弘扬中华优秀传统文化，树立文化自信，践行社会主义核心价值观；增强国家意识，树立总体国家安全观，自觉维护国家主权、安全、发展利益，坚决反对一切分裂祖国、破坏民族团结和社会和谐稳定的行为；理解和尊重各民族的政治、经济、文化和传统习俗；要有法治精神与法治意识；明确中国方案、中国成就与世界发展的关系。

做一名好老师必须爱岗敬业。忠诚党和人民的教育事业，热爱教育，富有教育理想，有强烈的教育使命感、责任感和明确的职业发展目标；遵循教育规律和学生成长规律，恪尽职守，坚持立德树人，关爱生命成长，为学生的终身可持续发展奠基。

做一名好老师必须乐于奉献。把教育作为自己的事业追求，不断精进，能够从中体验到自信和快乐；以奉献为人生价值，能够将幸福感传递给学生。懂得教育作为一种需要奉献的职业，需要教师在深入认识自我的基础上，系统地做好教师自身职业生涯规划。

（二）关于"道德情操"的要求

师德修养培训课程框架中，"道德情操"指标包括"为人师表""团结协作""廉洁自律"3个二级指标。据此，其所对应的要求如下：

做一名好老师必须为人师表。布鲁纳曾说过："教师也是教育过程中最直接的有象征意义的人物，是学生可以视为榜样并拿来同自己作比较的人物。"[①] 教师的一言一行都会对学生产生深刻的影响，教师应引领道德风尚，彰显职业尊严，发挥示范、榜样作用，坚持以德育德。在教育教学中注意言行举止，不仅要有良好的师德修养、渊博的学科知识、严谨的治学态度，还要组织好自己的教学，学生只有佩服你，才能尊重你，教师对学生的教育影响才能体现出来。

做一名好老师必须团结协作。学生的全面成长，是多方教育者集体劳动的结晶，教育影响的一致性是教育活动应遵循的规律，这就要求教师必须与各方协同合作，形成教育合力，共同完成培养人的工作。教师应维护学校和集体荣誉，有集体意识，积极参与学校建设；能够以平等的方式、心态和情感去了解和对待学生，以礼相待；能够与同事友好相处，同事间形成开放、信赖、互助的工作关系；能够与家长积极沟通，乐于采纳家长的合理建议，并形成具有建设性的双向关系，帮助家长明确教育责任，改进教育方法，为学生健康成长共同努力。

做一名好老师必须廉洁自律。遵守国家法律法规，自觉学法、守法、用法、普法；遵守教育教学规范，切实做到依法执教；言行一致，信守承诺，积极承担责任、履行义务；严于律己，清廉从教，自觉抵制不良诱惑，始终以清廉纯洁的道德品行为学生和世人作出表率。

（三）关于"扎实学识"的要求

师德修养培训课程框架中，"扎实学识"指标包括"严谨治学""科学施

---

① 布鲁纳. 教育过程［M］. 邵瑞珍，译. 北京：文化教育出版社，1982：98.

教""与时俱进"3个二级指标。据此，其所对应的要求如下：

做一名好老师必须严谨治学。遵守学术规范，维护学术尊严，养成实事求是、严谨治学的品质与精神。坚定理想，刻苦钻研，追求卓越，能够在持续学习中保持积极的情感状态，持之以恒地投身教育教学实践。

做一名好老师必须科学施教。遵循学生身心发展规律与教育内在规律，尊重学生的主体性，关注学生的个性发展。能够根据学生的认知水平、学习能力以及个性特点，选择适合每个学生特点的教学方法，提高教育教学的效益和质量。

做一名好老师必须与时俱进。树立终身学习的理念，把握教育教学的理论前沿，不断更新专业知识，养成勤于学习、乐于反思和积极探究的态度与精神。能够根据社会和时代对人才培养的新要求、学生发展的新需求，积极探索，勇于创新，响应新时代的教育教学改革。

（四）关于"仁爱之心"的要求

师德修养培训课程框架中，"仁爱之心"指标包括"以人为本""关爱学生""公平公正"3个二级指标。据此，其所对应的要求如下：

做一名好老师必须以人为本。以宽容、体谅的态度对待学生，能够换位思考；尊重学生的文化、民族等成长背景的差异。能够深入认识和理解学生，采用积极发展的思想引导和培养学生。

做一名好老师必须关爱学生。爱字当头，严格要求，把严和爱统一起来。走进每一个学生的内心世界，实现个性化、细致化、全方位的指导。

做一名好老师必须公平公正。能够保护和尊重学生的各项基本权利；对学生一视同仁，处事公正。能够支持和帮助有特殊需要的学生，包容和谅解学生的缺点和不足，积极预防和正确处理学生的不当行为。

第三节　四个引路人

教师要铭记为党育人、为国育才使命，既要做好"经师"，又要做好"人师"，将为学、为文、为人统一起来，做学生的引路人，促进学生全面发展，争当中华民族"梦之队"的筑梦人。

一、"四个引路人"的提出

2016年9月9日，在第32个教师节来临之际，习近平总书记来到北京市八一学校看望慰问师生，并向全国广大教师和教育工作者致以节日祝贺与问候。习近平总书记指出，教育决定着人类的今天，也决定着人类的未来。基础教育在国民教育体系中处于基础性、先导性地位，必须把握好定位，全面贯彻落实党的教育方针，努力把我国基础教育越办越好。他强调，广大教师要做学生锤炼品格的引路人，做学生学习知识的引路人，做学生创新思维的引路人，做学生奉献祖国的引路人。

　　提出"四个引路人"是对新时代教师角色的肯定和期许，同时也意味着教师承载着时代重任与使命。厚重的使命感与良好的综合素质是教师成为引路人的条件，也为学生的心灵埋下了真善美的种子。从"四有"好老师到"四个引路人"，不难发现："四有"好老师是"四个引路人"的基础和条件；"四个引路人"则是"四有"好老师的职责和要求。

二、"四个引路人"的内涵

　　习近平总书记指出："一个人遇到好老师是人生的幸运，一个学校拥有好老师是学校的光荣，一个民族源源不断涌现出一批又一批好老师则是民族的希望。"[①] 为什么说学生遇到好老师是其"人生的幸运"？就在于好老师可以为其当好人生发展的"引路人"。由此可见，习近平总书记要求教师做好学生的"四个引路人"，内涵丰富、意蕴深远。

（一）做学生锤炼品格的引路人

　　立德树人是新时代教育的根本任务，这说明教育必须培养学生的德行。陶行知曾说过："道德是做人的根本。根本一坏，纵然使你有一些学问和本领，也无甚用处。"[②] 由此可知，道德是人之所以为人的根本，也可谓是人的安身立命之本。品格反映一个人的品性与风格，影响着学生的当下与未来发展。实现中华民族伟大复兴的中国梦需要学生具备坚忍不拔的意志精神与良好品质，树立远大的理想与坚定的信念。学生不能只是温室里的鲜花，他们要沐浴阳光，也要经历风雨。学生成长的道路不会一直平坦，会遇到坎坷与挑战，如果经受住考验，以后就会更加强大，成为社会的有用之才。

　　教师要成为学生锤炼品格的引路人，重在锤炼学生良好的品行。具体而言，教师要善于正面引导，让学生感受到良好品格的美好，认识到经过努力，品格可以不断得到升华。教师要成为学生的表率，以自身的人格魅力感染学生。2022年4月，习近平总书记在中国人民大学考察时强调，教师要"做学生为学、为事、为人的大先生"。教师要积极创设情境，让学生在实践中锻炼，潜移默化地得到成长。此外，要注意时时事事都是锤炼学生品格的契机，在学习、生活的多个方面渗透品格教育，及时对学生品格发展情况进行正确分析，积小进步为大进步。

（二）做学生学习知识的引路人

　　知识属于人们的认知经验，一般以经验或理论的形式存在于人们的头脑中，也可以物化于书本或存储在其他媒体中。知识可分为直接知识与间接知识，也可分为显性知识与隐性知识。知识在个体发展中起着基础性作用。

　　学生的知识学习从本质上讲不是为了升学等功利性目的，而是参与社会实践、实现人生抱负的载体。培养担当民族复兴大任的时代新人，需要教师悉心的指导与

---

① 习近平在北京市八一学校考察时强调：全面贯彻落实党的教育方针　努力把我国基础教育越办越好［N］. 人民日报，2016-09-10（1）.
② 陶行知. 中国教育改造［M］. 北京：商务印书馆，2017：241.

领航。国将兴，必贵师而重傅。教师作为学生学习知识的引路人，并不仅限于知识的传授，更是引导学生通过知识的学习，去实现人生的发展。也就是说，教师不仅要让学生掌握知识、理解知识的来源，更为重要的是让学生掌握学习的方法，形成主动学习的意识和自我学习的能力，进而树立正确的世界观、人生观、价值观。

教师做学生学习知识的引路人，就要真正做到以学生为中心，突出学生的主体地位，不断激发学生的学习求知欲、兴趣点；积极优化教学流程，改进教学方法，注重培养学生发现问题、分析问题、解决问题的能力，为学生全面发展保驾护航。教师还要点亮学生的知识火花，让学生徜徉在知识的海洋，从中感受到学习知识的乐趣。

（三）做学生创新思维的引路人

习近平总书记深刻地阐述了创新的巨大作用，他说："惟创新者进，惟创新者强，惟创新者胜。"① 与创新活动密切相关的是人的创新思维。创新思维是一种因时制宜、知难而进、开拓创新的科学思维，对开拓人类认识新领域、开创人类认识新成果有着积极意义。创新思维是学生思维的精华，是学生创新素养的核心要素。培养具有创新意识、创新思维和创新能力的学生，是促进他们成长为担当民族复兴大任的时代新人的前提。

教师做学生创新思维的引路人，首先要帮助学生形成创新意识，学会发现问题。问题是创新的起点，也是创新的动力源。问题作为一种客观存在，其内容和形式多种多样，有的浅显易懂，有的晦涩深奥，因此，只有具备强烈的创新意识，才能增强洞察问题的敏锐性和深刻性。其次要帮助学生形成良好的态度。历史在时刻提醒着我们，不创新就要落后，创新慢了也要落后。生活从不眷顾固守者和坐享其成者，机遇和成功往往留给具有创新思维的人们，学生要以时时创新、事事创新的科学态度推动自身的发展和社会的进步。最后，帮助学生明确自身责任。今天的中国迫切需要创新，以实现强起来的光明前景。勇做走在时代前列的奋进者、开拓者、奉献者，让创新成为青春远航的不竭动力和精神之源。

（四）做学生奉献祖国的引路人

伟大的精神支撑着伟大的梦想，在实现中国梦的伟大征程中，爱国主义精神始终是中华民族的精神支柱，是中国发展强大的不竭动力。热爱祖国、奉献祖国是时代最强音，引导学生奉献祖国是立德树人的真切体现。习近平总书记勉励青年学子时强调，"同人民一道拼搏、同祖国一道前进，服务人民、奉献祖国"②。

做学生奉献祖国的引路人，首先，教师要教育学生树立大格局，具备大视野，做对祖国、对社会、对人民有用的人。习近平总书记强调，"要时时想到国家，处处想到人民，做到'利于国者爱之，害于国者恶之'。爱国，不能停留在口号上，而是要把自己的理想同祖国的前途、把自己的人生同民族的命运紧密联系在一起，扎根人民，奉献国家"③。其次，教师要积极组织学生参加社会实践活动，在实践活

① 习近平. 习近平谈治国理政：第 1 卷［M］. 2 版. 北京：外文出版社，2018：59.
② 习近平给河北保定学院西部支教毕业生群体代表回信［N］. 人民日报，2014-05-04（1）.
③ 习近平. 在北京大学师生座谈会上的讲话［M］. 北京：人民出版社，2018：12.

动中树立社会主义核心价值观，形成个人发展与民族复兴、国家富强相结合的意识，努力让自己成为能够担当民族复兴大任的时代新人。

三、"四个引路人"的基本要求

（一）坚定理想信念，加强师德修养，坚守教育情怀

学生处于品格形成的关键时期，教师要锤炼学生具备高尚的品格，引导学生筑牢理想信念，努力践行社会主义核心价值观，传承中华优秀传统文化，关键在于教师作为引路人的潜移默化、言传身教的教育影响。研究表明，在实践中成长起来的优秀教师，其教育实践历程也是学高为师、身正为范、清明自己、照亮他人的优秀代表，具有明显的教师作为引路人的实践特征。[①] 学生的品格锤炼、知识学习、创新思维和家国情怀的形成，往往在很大程度上受教师自身的理想信念、师德修养、教育情怀所影响。要做好"四个引路人"，教师应做到以下三点。

第一，要有坚定的理想信念。理想信念对教师来说是精神之"钙"，是教师从事教育工作的终身课题。坚定理想信念必须将为党育人、为国育才铭记于心，忠诚于党和人民的教育事业，扎根中国大地，以立德树人为己任。坚定理想信念，要以科学的理论武装头脑，自觉增强政治定力，成为共产主义远大理想和中国特色社会主义共同理想的坚定信仰者和忠实实践者、社会主义核心价值观的带头践行者和传播者。坚定理想信念，要认真把握教育规律，认真分析当前的教育形势，以推进教育高质量发展为目标，办好人民满意的教育，增强教书育人的能力和水平，做好学生的引路人。广大教师只有树立远大理想、坚定崇高信念，才能够培养担当民族复兴大任的时代新人。

第二，要加强师德修养。教师职业具有示范性特点，如果教师的品德出现问题，就很难保证学生的品德高尚；如果教师的"三观"不正，就很难保证学生的"三观"正确。因此，教师必须坚持立德为先、修身为本，加强自身师德修养。做到"明大德、守公德、严私德，自觉崇德正心，注重品格塑造，涵养道德情操，清除思想邪气，滋养浩然正气，远离浅薄俗气，守住尊严骨气，使理想更坚定、追求更高尚、情趣更健康"[②]。只有这样，教师的人格魅力才能转化为强劲的教育力量。

第三，要坚守教育情怀。学生良好品德的培养是一项伴随教育始终的活动，是"抓反复"和"反复抓"的系统工程，绝非一朝一夕之事，必须绵绵用力、久久为功。这也在不断挑战着教师的毅力、恒心与勇气，要求教师能够持久地、耐心地给予学生品德教育。这份动力源自教师潜心向教的育人初心和静心引路的教育情怀。习近平总书记指出，"要在加强品德修养上下功夫，教育引导学生培育和践行社会主义核心价值观，踏踏实实修好品德，成为有大爱大德大情怀的人"[③]。显然，习近平总书记要求教师坚定理想信念，加强品德修养，树立仁爱之心，并且对此充

① 彬彬，孔凡哲. 立德树人视域下教师"四个引路人"的实践路径探析［J］. 教育导刊，2020（5）：5-11.
② 孙尧. 努力建设新时代高素质教师队伍［N］. 中国教育报，2018-10-22（1）.
③ 教育部课题组. 深入学习习近平关于教育的重要论述［M］. 北京：人民出版社，2019：10.

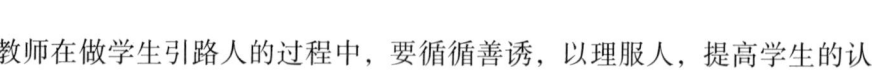

满期待。教师在做学生引路人的过程中，要循循善诱，以理服人，提高学生的认识，坚持尊重信任与严格要求相结合，坚持正面教育与纪律约束相结合。

（二）坚守生本观念，注重育人实践

在传统教育观念中，教师承担的是知识传授者、权威者的角色，教师的教育方式往往以灌输、说教为主。教师要做学生的"四个引路人"，就要求对教师角色进行重新定位。也就是说，教师不再是真理的化身，而是学生发展的引导者、促进者、合作者。教师完成引领者角色的转变，需要做到坚守生本观念，注重育人实践。

一方面，教师要坚守生本观念。观念是一种思想意识，是人们关于某个事物或某种现象的认识和觉悟。教育观念是人们关于教育活动或教育现象的认识和觉悟。教师当好学生的引路人，需要确立"主体生成性"的学生观。所谓"主体生成性"的学生观，是指教师在教育教学活动中，应着力弘扬学生主体精神，有效发挥学生的主观能动性，使教育教学活动在学生与自我的对话、与社会的相互作用中生成，从而促进学生成长与发展。这就需要教师相信学生的潜力，尊重学生的主体地位，更新教育观念，改变教学思路，锻炼学生独立思考问题、发现问题、分析问题和解决问题的能力。针对传统教育中学生能力往往被严重低估的情况，教师应做学生发展的引路人，引导学生进行自我思考、合理评估，启发学生自主探究，并注重不同学生的个性发展，因材施教，以"主体生成性"的学生观引导教育教学行为。

另一方面，教师要注重育人实践。缺乏观念的行为是盲目的行为，脱离行为的观念是空泛的观念。做学生的"四个引路人"，虽然离不开生本观念的引导，但更离不开育人实践。教师在实践的同时，要注重反思，不断提升教育理解的高度。在教育教学活动中充分挖掘学科育人功能，坚持走课程思政之路，教育教学实践坚持德育渗透与融合，有效发挥教师"四个引路人"的作用。例如，做学生创新思维的引路人，首先，教师自身要有一定的创新意识与能力，注重培养自身的创新思维。在教育教学活动中，要善于挖掘各种有利于创新的元素，渗透教育教学全过程，引导学生从思维定势中走出来，锻炼学生的创新思维，培养学生敢于质疑、理性分析等科学精神。其次，教师还应当具有容错意识，包容学生出现的偏差，能够辩证地接受学生提出的新观点、新思想，给予学生更多的创新空间。

（三）把握教育本质，提升专业素养

2019年3月，习近平总书记在主持召开学校思想政治理论课教师座谈会时强调"用真理的力量感召学生，以深厚的理论功底赢得学生"[①]。教师要成为"四个引路人"，必须要洞悉教育真谛、把握教育本质。所谓洞悉教育真谛、把握教育本质，是指教师要对教育有整体的把握与理解。教育是一项育人的事业，在教育教学活动中，教师应以立德树人为统领，从引路人的角度去实现立德树人，进而对自己正在教授的内容在整个学科体系中的位置和它们怎样整体地显现其教育的意义，以及教

---

① 习近平. 论党的青年工作［M］. 北京：人民出版社，2022：190.

育的意义怎样在学生身上得到实现等具有清醒的意识^①，在立德树人的视野中实施教育教学活动。

　　教师除了把握教育本质外，还要不断提升专业素养。众所周知，传授学生知识是教育活动的组成部分，也是教育活动的目的之一，教师要做"学生学习知识的引路人"，是以其自身的知识储备为前提条件的。教师的知识储备一般分为两类：一类是基础知识，也就是我们常说的通识性教育的知识；另一类是扎实的学科专业知识，这是教师成为某一学科领域专家的基础，往往决定着教师专业发展的高度。学科专业素养说到底是一种把握学科本质的能力，涉及学科知识的产生背景及价值、概念的来源及基本内涵、各知识点的结构与关联、知识背后的思想与方法，特别是知识的运用等。教师在素养导向的时代背景下做学生的引路人，说到底就是做学生素养发展的引路人，这对教师的学科专业素养提出了更高的要求。因此，教师要努力让自己成为学科专家，转变传统的"要给学生一杯水，教师要有一桶水"的教师知识观，要树立终身学习意识，在认真研讨国家课程方案、课程标准的同时，更要关注学科研究前沿，深入理解学科本质，以过硬的学科专业素养培养学生的学科核心素养。

　　教师在拥有扎实学识的同时，还要着力于教育教学素养的提升。教育教学素养是教师教育性要求的具体体现，教师的教育教学素养越高，其由学科教师转向教育专家的可能性就越大，这同样是提升学生核心素养的必要条件。教师的教育教学素养一般是由良好师生关系的构建能力、课堂教学能力和教学研究能力等构成。良好的师生关系是教师成为学生引路人的逻辑起点，也是决定着教与学效果的关键性因素之一。良好的师生关系能使师生相互信任、相互尊重，更易进入对方的内心世界。教育实践也表明，当某门学科教师与学生关系处于良好状态时，学生更容易对该学科学习感兴趣，学习热情更高、学业表现更好。课堂教学能力是教育教学素养中最为关键的能力，教学中"素养导向"的目的是在课堂教学中落实立德树人根本任务，促进学生发展核心素养，教师要注重教学改革，坚持"学为中心"。首先，教师在进行教学设计时思考的不是自己如何去教，而是学生的学情是什么，学生将如何展开自己的学习，教师又将如何服务于学生的学习。其次，教师要考虑到课堂中的每一位学生，要依据学生不同的学习起点，采取差异性策略，让每一名学生都有个性化的学习时间与空间，以保证每一名学生都有进步，实现课堂内的教育公平。最后，教师在课堂教学中不仅要关注教学预设，而且要关注教学生成，追求教学的灵动、多样，让课堂充满生命的活力。教学研究能力是教师面对教育教学活动中的现象或问题时，运用适切的方法进行理论或实证研究的能力。目前，"教师即研究者"的观念得到广泛的认同，研究是促进教师专业素养提升的必由之路，也是提高教师教学质量的必由之路。教师应注重对课程、教学、作业和考试评价等教育活动的研究，以便准确把握国家课程标准，不断更新教育理念，创新教育教学方

① 宁虹，王志江，等. 重新理解教育：来自教师发展学校的报告［M］. 北京：教育科学出版社，2011：71-72.

式，促进自身专业发展。

第四节 四个相统一

办好人民满意的教育，必须加强师德师风建设。习近平总书记提出的"四个相统一"，是新时代加强师德师风建设的基本要求。教师要以德立身、以德立学、以德施教，做教书育人的大先生。

一、"四个相统一"的提出

2016年12月，全国高校思想政治工作会议在北京举行。习近平总书记出席会议，在谈及教师队伍建设时，他指出，教师是人类灵魂的工程师，承担着神圣使命。传道者自己首先要明道、信道。高校教师要坚持教育者先受教育，努力成为先进思想文化的传播者、党执政的坚定支持者，更好担起学生健康成长指导者和引路人的责任。要加强师德师风建设，坚持教书和育人相统一，坚持言传和身教相统一，坚持潜心问道和关注社会相统一，坚持学术自由和学术规范相统一，引导广大教师以德立身、以德立学、以德施教。[①]

至此，习近平总书记明确提出了"坚持教书和育人相统一，坚持言传和身教相统一，坚持潜心问道和关注社会相统一，坚持学术自由和学术规范相统一"，即"四个相统一"的师德师风建设要求。这既是对高校教师提出的要求，同时也是对新时代整个教育系统的师德师风建设提出的要求。

二、"四个相统一"的内涵

（一）坚持教书和育人相统一

教书育人是教师的天职，教师承担着培根铸魂、启智润心的重任，教书与育人两者有机融合，密不可分。将教书与育人统一于中国特色社会主义教育事业的伟大实践中，是教师理所当然的职责。坚持教书和育人相统一，是由教育活动的基本属性所决定的。一方面，育人以教书为前提，否则育人就缺少载体，成为"空中楼阁"。教师承担着传道、授业、解惑的职责，这要求教师必须提高自身教学业务素质，启发学生积极主动学习。另一方面，教书以育人为归宿，在教学活动中要突出对学生品德的培育，进行正确的价值引领。坚持教书和育人相统一，即教师不仅要做"经师"，更要做"人师"，在教书中育人，在育人中教书。

（二）坚持言传和身教相统一

习近平总书记勉励广大教师："如果说今天的学生是未来实现中华民族伟大复

---

① 习近平. 习近平谈治国理政：第2卷［M］. 北京：外文出版社，2017：379.

兴中国梦的主力军，广大教师就是打造这支中华民族'梦之队'的筑梦人。"[1] 教师的一言一行都是显性或隐性的影响源，对学生产生多方面的影响。言传就是用言语传道授业，身教就是率先垂范、以身作则。

坚持言传和身教相统一，要做到教育者先受教育，努力成为先进思想文化的传播者、党执政的坚定支持者，更好地承担起学生健康成长指导者和引路人的责任。在教育教学过程中，教师要将积极向上的态度和精神渗透到言行之中，身体力行，成为学生习得道德、知识、本领的示范者，以润物细无声的方式滋养学生的心灵。教师要言行一致，做到"其身正，不令而行"，让学生在教师的言语与行为中受到潜移默化的影响。教师除了正面引导以外，还要通过实际行动为学生作出表率。例如，对于家国情怀、严谨自律、吃苦耐劳等优秀品质，教师不可能完全依靠说教传递给学生，还应运用榜样示范、言行合一等方式，让学生感悟、体会、践行。

（三）坚持潜心问道和关注社会相统一

潜心问道要求教师立足本职、严谨治学，简单地说，就是做好学问。这是教师落实立德树人根本任务的前提与基础。"潜心"就是能耐得住寂寞，经得起诱惑，做到埋头苦干，务实求真。"问道"就是探究事物发展的客观规律以及事物之间的联系。"问道"的根本目的是促进社会发展和进步，因此，潜心问道绝不意味着坐而论道，而是随着社会的发展观照现实。

习近平总书记强调，"学到的东西，不能停留在书本上，不能只装在脑袋里，而应该落实到行动上，做到知行合一、以知促行、以行求知，正所谓'知者行之始，行者知之成'"[2]。坚持潜心问道和关注社会相统一体现了教师的责任与担当。教师既要潜心问道，又要观照现实。问道必须关注社会，而不是埋头书斋，与社会割裂开来。教师在教学和科研活动中要牢固树立社会主义核心价值观，在中国特色社会主义理论的指引下，将个人理想与国家发展、社会需要相结合，做到个人价值与社会价值相统一。教师不仅自己要关注社会，还要引导学生学好知识、掌握真本领，为社会尽责，报效祖国。

（四）坚持学术自由和学术规范相统一

教师不仅是知识的传授者、学生的引导者和支持者，还应当是研究者。《中华人民共和国教师法》明确指出：教师享有"从事科学研究、学术交流，参加专业的学术团体，在学术活动中充分发表意见"的权利。从事学术研究是教师教书育人的必然要求。在教学中开展学术研究，用学术反哺教学是教师职业的应有之义。教师在开展学术研究活动中必须坚持学术自由和学术规范相统一。

学术活动是追求真理的活动。学术自由是理论创新的前提和基础，是理论繁荣的保障。但是，学术如果脱离道德与规范，就会产生无序与混乱。因此，学术是自由探索与规范约束的辩证统一。学术失范现象的发生有多种原因，但学术主体片面追求所谓的自由，缺乏学术规范的自我约束是重要原因之一。教师作为学术主体，

---

① 教育部课题组. 深入学习习近平关于教育的重要论述［M］. 北京：人民出版社，2019：78.
② 习近平. 在北京大学师生座谈会上的讲话［M］. 北京：人民出版社，2018：13.

既要正确行使自己正当的学术权利，又要承担相应的义务，坚持学术操守、遵守学术规范，这正是良好师德师风的生动体现。

三、"四个相统一"的基本要求

（一）树立正确的价值观念

"四个相统一"针对的主体是教师，教师职业的特殊性决定其不仅要"学高"，还要"身正"，即学高为师，身正为范，这样才能当好学生健康成长的引路人。教师做到"学高""身正"的前提是要有正确的价值观。教师的价值观通常隐含于其言行举止、教育活动之中，潜移默化地影响、教育着学生。为此，教师应做到以下方面：

1. 尊重育人规律，保持教育思想的先进性

教育是促进学生全面发展的重要途径，教师必须树立正确的教育观、教学观、学生观。思想不正确，方向就会出问题。因此，教师应保持教育思想的先进性，遵循党的教育方针，尊重教育基本规律和学生身心发展规律，坚持教书和育人相统一，促进学生全面发展、健康成长。

2. 坚持知行合一，树立以身立教的行为观

知行合一、言行一致强调的是思想与行为的一致性、品德与行为的一致性。判断一个人的思想品德如何，主要不是看他说了什么，而是看他做了什么。在教育活动中，学生往往会把教师视为知识的化身、行为的典范，会模仿教师的言谈举止，这就要求教师必须坚持言传和身教相统一，做到以身立教、为人师表，做学生的表率和榜样。

3. 遵循学术规范，树立科学严谨的学术观

教师不仅是科学文化知识的传播者，也是教育研究的重要参与者，其教学活动要与教育研究相结合、彼此促进。科学严谨的学术观是教师进行教育研究应有的价值观念；学以致用和坚持学术规范下的学术自由观，有助于教师顺利开展教育研究活动。

总之，教师坚持"四个相统一"，就是要深刻理解其内涵实质，遵循其行为要求，掌握其科学价值，将"四个相统一"的思想内化于心，外化于行，不断增强教师的责任感和使命感。

（二）强化教师的角色意识

优秀教师的角色形象有利于帮助教师树立正确的角色意识，满足社会的角色期望，用优秀教师的角色规范自身行为。我国有学者基于角色理论，通过对2010—2019年100位全国教书育人楷模事迹材料文本的内容分析，将卓越教师的角色形象主要划分为8种：家国使命践行者、立德树人引领者、教育情怀孕涵者、教育素养垂范者、教学创新示范者、学生品格影响者、科研事业排头兵、青年教师引路人。[①] 这8种教师的角色形象，是教师践行"四个相统一"的参照。教师强化自身

① 王梅，杨鑫. 角色理论视域下卓越教师形象研究：基于100位教书育人楷模事迹的内容分析［J］. 当代教育科学，2020（5）：30-36.

的角色意识，应做到：

1. 对教育事业有高度的责任感

教师承担着培养担当民族复兴大任的时代新人的伟大使命和历史重任，应拥有高度的责任感、使命感，拥有坚定的理想信念。习近平总书记明确指出，"正确理想信念是教书育人、播种未来的指路明灯。不能想象一个没有正确理想信念的人能够成为好老师"[①]。青年的理想信念决定着我国未来的发展方向，只有教师坚定理想信念，坚定社会主义正确方向，始终站稳人民立场，才能培养出合格的社会主义建设者和接班人。

2. 对教育对象有深切的关爱

教师对学生的关爱是教师的一种美德，也是教师职业道德的核心和灵魂所在。古今中外教育家的教育思想有所不同，但有一点是相同的，那就是"爱的教育"。离开了"爱"，教育都将成为无本之木、无源之水。教师只有在学生最需要关心和爱护的时候充分体现自己的关心和爱护，才能使学生收获自信和不断前行的动力。因此，教师在从事教育活动时，要把对学生的关爱作为教育活动的基础和前提，只有学生体会到这种关爱，才会达到"亲其师，信其道"的效果，实现"以情优教、以情树人"。

3. 对教师职业有坚定的自信心

教师在明确教师角色要求的同时，还需要有充分的职业追求与从业意愿，也就是对教师职业有坚定的自信心。这就要求教师对其职业有强烈的认同感，心怀教育期待，在自己的职业生涯中不断学习、研究。

（三）教师注重德行自律

长期以来，社会给予教师角色以极高的期盼与定位，因此，教师德行一直备受社会关注，"四个相统一"，从某种意义上讲也是对教师德行的规定。2018年9月10日，习近平总书记在全国教育大会上强调："人民教师无上光荣，每个教师都要珍惜这份光荣，爱惜这份职业，严格要求自己，不断完善自己。做老师就要执着于教书育人，有热爱教育的定力、淡泊名利的坚守。"教师德行是教师在教育活动中形成道德观念、道德情操、道德意志和道德行为的综合体。教师承担着传播知识、塑造灵魂、培育新人的时代重任，因此，教师应注重德行自律。

注重德行自律，首先要做到"求真"。陶行知曾说过："千教万教教人求真，千学万学学做真人。"现代教育理论认为，教育的本质是一种交往，"真"是人与人交往最基本的要求。教育活动如果没有了"真"，就没办法真实发生。"求真"是对教师德行的基本要求。

其次要做到"求善"。教育面对的是成长中的学生。教师要保持善良的心灵、纯洁的灵魂，这是教师人格化的道德信念和立场，是教师德行自律的源泉和主要形式。要在是非、美丑、善恶的问题上拥有明确的判断标准，这样为人才能充满正

① 习近平. 做党和人民满意的好老师：同北京师范大学师生代表座谈时的讲话［M］. 北京：人民出版社，2014：5.

义、拥有正能量，这是实现教师德行自律的保障。

最后要做到"求美"。教育既是一门科学，也是一门艺术。具体而言，教师在教育活动中要遵循教育法则和美学要求：追求教育的形式美。教师要灵活运用语言、表情、动作等；教育教学过程也是一种追求美的过程，在此过程中，教师传递给学生的知识是美好的、有趣的、充满创意的，师生关系是和谐的、愉悦的、平等的。更为重要的是，教师在教育教学过程中展示出来的价值观念、人生信仰、人格尊严、做事准则是积极向上、充满美感的。

（四）强化师德师风建设

习近平总书记指出："好老师不是天生的，而是在教学管理实践中、在教育改革发展中锻炼成长起来的。"[①] 这充分说明，优良的师德师风离不开教育教学活动中的建设。因此，要强化师德师风建设，践行"四个相统一"。

首先，要坚持用情教书、用心育人。将管理上的"严"、业务上的"精"、工作上的"细"与教育上的"爱"和责任上的"实"融为一体，做到用情教书，用心育人，使教书的过程就是传授知识的过程，育人的过程就是培养学生人格的过程，牢牢把握立德树人，实现全方位育人。

其次，要坚持学高为师、身正为范。教师在传授知识的过程中，注重以自己的行为影响学生，实现教师人格塑造与学生品德养成的统一。因此，教师要坚持"师德"与"师能"双修，以高尚的人格魅力、渊博的学识水准、优美的言行举止影响学生、教育学生。

再次，要坚持立学为民、治学报国。潜心问道、专心向学并不意味着不关心社会现实，教师问道、向学的根本在于研究社会之道、社会之学。教师应继承和弘扬我国知识分子的远大志向和优良传统，积极投身中华民族伟大复兴的征途中，做无愧于时代重托、经得起历史检验的"大学问""真学问"。

最后，要坚持守正创新、严于律己。以学术创新为基本前提，以学术规范为行为准则，坚持守正与创新的有机统一，既坚守学术品格，又严守学术规范；既潜心学术使命，又禁得住不良诱惑，以高尚的人格和不朽的学术"为天地立心，为生民立命"。

💬 思考与练习

答案

一、简答题

1. 简述立德树人的内涵、意义与基本要求。
2. 简述习近平总书记关于"四有"好老师的内容。
3. 简述习近平总书记关于教师要做"四个引路人"的内容。
4. 简述习近平总书记关于要加强师德师风建设，坚持"四个相统一"的内容。

---

① 习近平. 做党和人民满意的好老师：同北京师范大学师生代表座谈时的讲话［M］. 北京：人民出版社，2014：12.

二、单项选择题

请你扫描二维码，查看本章的单项选择题，测一测学习效果。

单项选择题

三、案例分析题

请你扫描二维码，查看本章的案例分析题，测一测学习效果。

案例分析题

推荐阅读

第二章推荐
阅读书目

第三章　教师职业道德规范

我们的教师队伍师德师风总体是好的，绝大多数老师都敬重学问、关爱学生、严于律己、为人师表，受到学生尊敬和爱戴。同时，也要看到教师队伍中存在的一些问题。对出现的问题，我们要高度重视，认真解决。要引导教师把教书育人和自我修养结合起来，做到以德立身、以德立学、以德施教。[①]

——习近平

[①] 习近平. 在北京大学师生座谈会上的讲话 [M]. 北京：人民出版社，2018：9.

🎬 学习目标

1. 理解《中小学教师职业道德规范（2008年修订）》中爱国守法、爱岗敬业、关爱学生、教书育人、为人师表、终身学习的内涵和要求。

2. 理解教师职业道德规范的意义，树立正确的学生观、教师观、教育观，涵养教育情怀。

3. 通过观摩和参与实践，体会教师职业道德规范的重要性和必要性，形成教师的专业情意。

📖 知识导图

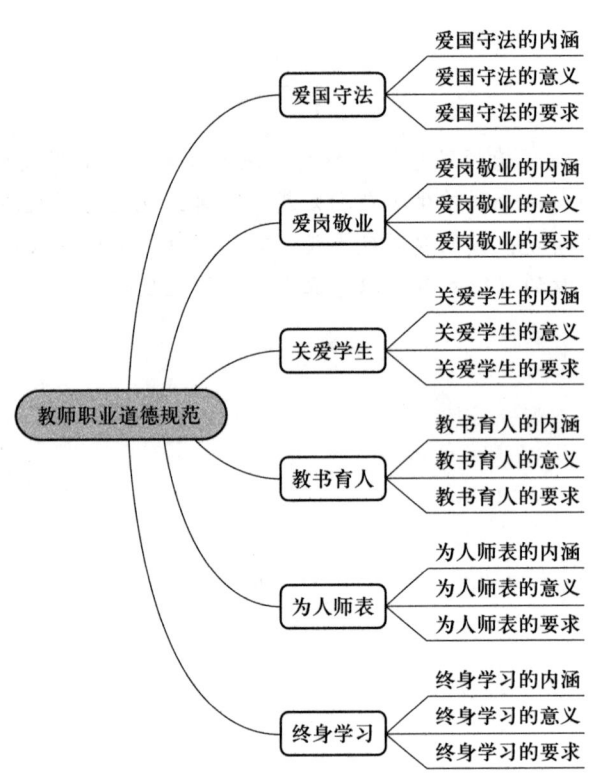

第一节 爱国守法

《中小学教师职业道德规范（2008 年修订）》对爱国守法的阐释为：热爱祖国，热爱人民，拥护中国共产党领导，拥护社会主义。全面贯彻国家教育方针，自觉遵守教育法律法规，依法履行教师职责权利。不得有违背党和国家方针政策的言行。

一、爱国守法的内涵

（一）爱国的内涵

爱国是指热爱和忠诚于自己祖国的思想、感情和行为。爱国主义是一个历史范畴，是在人类社会发展进程中形成和巩固起来的，融情感、理性和意志于一体的社会意识。

爱国作为公民的道德责任，反映了个人与国家关系的行为规范，反映了个人与国家的依存关系。爱国体现在对工作的尽职、对社会的尽心、对国家的尽力。列宁曾说："爱国主义就是千百年来巩固起来的对自己的祖国的一种最深厚的感情。"[①] 习近平总书记在主持十八届中共中央政治局第二十九次集体学习时强调，爱国主义是中华民族精神的核心。爱国主义精神深深植根于中华民族心中，是中华民族的精神基因，维系着华夏大地上各个民族的团结统一，激励着一代又一代中华儿女为祖国发展繁荣而不懈奋斗。5 000 多年来，中华民族之所以能够经受住无数难以想象的风险和考验，始终保持旺盛生命力，生生不息，薪火相传，同中华民族有深厚持久的爱国主义传统是密不可分的。[②]

（二）守法的内涵

守法包括履行法律义务和行使法律权利，两者密切联系，不可分割。守法是履行法律义务和行使法律权利的有机统一。狭义上的守法是指一切国家机关及其工作人员、政党、社会团体、企事业单位和全体公民自觉遵守法律的规定，将法律的要求转化为自己的行为，从而使法律得以实现的活动。

在我国，法律是工人阶级领导的全体人民的共同意志和根本利益的体现。认真遵守法律是广大人民群众实现自身根本利益的必然要求。只有严格遵守法律，才能使体现在法律中的人民的根本利益得到实现，才能真正实现立法的目的。

守法是公民基本道德规范，它要求每位公民不仅要知法、懂法，还要自觉依法行使法律权利、履行法律义务，使自己的言行举止合乎国家的法律规范。守法对教师来说，不仅是法律层面的要求，而且是道德层面的要求。教师在教育教学活

---

① 列宁. 列宁全集：第 28 卷［M］. 北京：人民出版社，1956：168.
② 习近平在中共中央政治局第二十九次集体学习时强调：大力弘扬伟大爱国主义精神 为实现中国梦提供精神支柱［N］. 人民日报，2015-12-31（1）.

动中，要严格遵守各项法律法规，特别是教育法律法规，使自己的教育教学活动合法、规范，时时事事处处做到依法执教。

守法也是爱国的体现。法律是实现国家长治久安的重要保证。严格守法，在法律允许的范围内办事，就是对国家稳定做贡献。每一位公民都有合法表达自己爱国情怀的权利，但前提是不能妨害公共秩序和国家利益，决不能因为个人的自由造成对公共秩序和国家利益的损害。

二、爱国守法的意义

在中国绵延五千年的历史进程中，爱国守法一直是仁人志士的追寻目标与自觉遵循。从司马迁的"常思奋不顾身，以徇国家之急"到陆游的"一身报国有万死，双鬓向人无再青"，从詹天佑的"各出所学，各尽所知，使国家富强不受外侮，足以自立于地球之上"到革命烈士陈辉的"男儿七尺躯，愿为祖国捐"的铮铮誓言，从鲁迅的"我以我血荐轩辕"到吉鸿昌的"国破尚如此，我何惜此头"的就义诗，爱国一直是响彻历史苍穹的主旋律。

关于守法，司马迁在《史记》中提到，"奉公如法，则上下平"；班固在《汉书》中告诫人们，"明慎所职，毋以身试法"；《吕氏春秋》中有言，"故凡举事必循法以动，变法者因时而化"；张居正认为，"法以画一而可守，令以坚信而不移"。亚里士多德认为，"法律所以能见成效，全靠民众的服从，而遵守法律的习性须经长期的培养"[①]。洛克在《政府论》中指出："法律一经制定，任何人也不能凭他自己的权威逃避法律的制裁；也不能以地位优越为借口，放任自己或任何下属胡作非为，而要求免受法律的制裁。"[②] 马克思指出："我们现在必须绝对保持党的纪律，否则将一事无成。"[③] 列宁在《致印度革命协会》中指出："劳动者的组织性、纪律性、坚毅精神以及同全世界劳动者的团结一致，是取得最后胜利的保证。"[④] 可见，公民遵纪守法是古今中外的一致要求。

爱国守法的意义，就国家而言，公民的爱国守法是国家正常运转的重要基石，是国家长治久安的重要前提，是国家凝心聚力的重要法宝；就个人来说，爱国守法既是一种责任，又是一种光荣；既是一种权利，又是一种义务；既是利国利民的善举，又是利家利己的德行。

三、爱国守法的要求

（一）爱国的要求

1. 公民应做到的爱国要求

爱国是每一个公民应有的行为，爱国的行为要体现在日常生活中。爱国的内容十分广泛，热爱祖国的山河，热爱民族的历史，关心祖国的命运都是爱国。爱国

① 亚里士多德. 政治学［M］. 吴寿彭，译. 北京：商务印书馆，2017：82.
② 洛克. 政府论：下篇［M］. 叶启芳，瞿菊农，译. 北京：商务印书馆，2017：58.
③ 马克思，恩格斯. 马克思恩格斯全集：第29卷［M］. 北京：人民出版社，1972：413.
④ 列宁. 列宁全集：第39卷［M］. 2版（增订版）. 北京：人民出版社，2017：111.

是一种凝聚力，当自然灾害来临时，中国人民牢牢地团结在一起，这就是爱国。爱国集中表现为民族自尊心和自信心，为保卫祖国和建设祖国而献身的奋斗精神。爱国在不同社会、不同时期有不同的内容和表现形式。热爱祖国是中华民族的优秀传统，在中国共产党的领导下，在革命战争和社会主义建设中继承、发展了这一优秀的传统。爱国的基本要求是：遵守宪法，忠诚于国家，保护国家利益，维护民族团结，捍卫国家领土和祖国统一。

2. 教师应做到的爱国要求

教师自身爱国只是尽了一个公民的责任，同时，教师还应当在教育教学过程中，积极实施爱国主义教育，把自己的爱国情怀传递给学生。具体要做到以下三点：

第一，要树立为祖国教育事业而献身的崇高理想。一位教师只有认识到自己所从事的工作的崇高，意识到自己肩上所担负的责任，才能树立献身教育的坚定信念，才能做到言行一致。

第二，要把爱国与爱教育统一起来。每一位教师都要不断地从爱国主义情怀中汲取力量，一位教师只有热爱祖国，才能把个人命运同国家前途和民族命运统一起来，从而更加热爱教育事业。因此，教师要把教育事业看成祖国社会主义事业的一部分，甘愿为此奋斗一生。教师要深刻地认识到自己的工作是和祖国的未来发展、国家的繁荣昌盛联系在一起的，日常平凡的工作不是简单的上课、批改作业，而是在为党育人、为国育才。广大教师要像陶行知那样把教育事业当作"一大事"，"为一大事来，做一大事去"。有了这种认识，教师就能自觉担负起教育职责与重任。

第三，要在教育教学工作中加强对学生的爱国主义教育。教师要让爱国主义精神进课堂、进教材、进头脑。每一门课都有对学生进行爱国主义教育的义务，道德与法治课、语文课、历史课和班会课更是重要的爱国主义教育实践场域。教师要紧紧抓住青少年阶段的"拔节孕穗期"开展爱国主义教育，推动爱国主义教育实践创新。要采用与中小学学生群体特征相适应的教学方法，让爱国主义教育既有思想性、理论性，又有亲和力、针对性。要将爱国主义教育与各门课程有机结合，深入挖掘各门课程所蕴含的爱国主义教育元素。学校的爱国主义教育要做好顶层设计，要充分利用好学校的德育教育基地，学校德育处、团委、少先队应利用集体活动的机会，有目的、有意识地组织学生到德育基地进行参观学习，用生动的事例激发学生的爱国主义情怀。

（二）守法的要求

守法由守法主体、守法范围、守法内容等要素构成。对教师来说，无论是在学校场合、社会场合还是在个人生活场合，都要做守法的楷模。在守法内容方面，教师要自觉依法行使权利、履行义务，要使自己的言行举止合乎国家法律规范，做到学法、知法、守法、用法。

第一，学法、知法。只有学法才能知法。教师要做到遵守国家宪法和其他一切法律法规，首先就要学法、知法，尤其是要认真学习有关教育、教师和未成年人保护等方面的法律法规。学习了解哪些法律法规是可以促进教师更好地行使权利和履行义务的，哪些法律法规是需要认真遵守以实现教育目标并促进学生健康成长的。通过学习各项教育法律法规，从而深刻理解、坚决贯彻、更好地践行依法执教。

第二，守法、用法。知法的目的是守法、用法。从某种意义上说，当教师的教育教学活动符合相关的教育法律法规时，就是在"守法、用法"。

守法、用法首先要做到不违法。不违法违规是对教师的最低要求。在教育教学过程中，个别教师会做出一些违法违规的行为，如体罚或变相体罚学生，侮辱、打骂学生，截留学生的信件，偷看学生的日记，为应付上级检查或评奖评优而弄虚作假，公开学生的隐私，进行有偿家教，代订复习资料并收取回扣等。对教师而言，还要特别注意不得有以下行为：

第一，不得在教育教学活动及其他场合中有损害党中央权威、违背党的路线方针政策的言行；

第二，不得通过课堂、论坛、讲座、信息网络及其他渠道发表、转发错误观点，或编造散布虚假信息、不良信息；

第三，不得损害国家利益、社会公共利益，或违背社会公序良俗。

第二节　爱 岗 敬 业

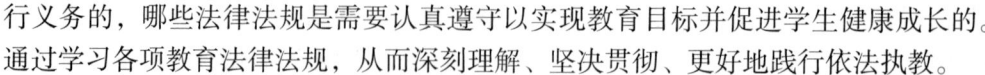

《中小学教师职业道德规范（2008年修订）》对爱岗敬业的阐释为：忠诚于人民教育事业，志存高远，勤恳敬业，甘为人梯，乐于奉献。对工作高度负责，认真备课上课，认真批改作业，认真辅导学生。不得敷衍塞责。

一、爱岗敬业的内涵

爱岗，就是热爱自己的工作岗位，热爱本职工作。教师的爱岗是指教师以正确的态度对待教育事业和教师岗位，努力培养对自己所从事工作的幸福感、荣誉感，进而产生出一种热爱情感和高度负责的工作态度。

敬业，是一个人对自己所从事的工作负责的态度。教师的敬业是指教师对教育工作负责的态度，表现为教师用认真的态度对待自己的工作，勤勤恳恳、兢兢业业、忠于职守、尽职尽责，对学生热情关怀、尽心尽力。

二、爱岗敬业的意义

爱岗敬业的意义主要体现在三个方面。

（一）为促进教育事业的持续发展添砖加瓦

教育事业的持续发展是一个持续投入、持续创新、持续发展的不间断的过程。在这一宏大叙事的进程中，每一位教师的爱岗敬业就如同涓涓细流汇聚成奔腾不息的历史洪流。也许一个人的爱岗敬业并不引人注目，但千千万万人的共同努力必将产生促进教育事业持续发展的巨大力量。

（二）为落实立德树人根本任务强化保障

要落实立德树人根本任务，必须强化保障。而教师的爱岗敬业正是完成立德树人根本任务的有力保障，这也正是爱岗敬业的意义所在。

（三）为推动教师自身成长提供支撑

教师自身成长与发展如同种子发芽一样，既需要阳光、雨露、沃土，更需要教师自身的努力。爱岗敬业为教师的自身成长创造了适宜的条件，提供了有力的支撑。

三、爱岗敬业的要求

爱岗敬业的要求可分为三个方面：一是对教育事业的忠诚；二是具有奉献精神；三是具体的行为要求。

（一）忠诚于人民教育事业，志存高远

忠诚于人民教育事业与热爱党和人民密不可分，唯有热爱才有忠诚。教师忠诚于人民教育事业就是要始终不渝地贯彻党的教育方针，坚持社会主义办学方向，就是要全面实施素质教育，落实立德树人根本任务，始终以学生为重、以教育事业为重。

做一名光荣的人民教师还需要有高远的志向。职业理想是人们在职业上依据社会要求和个人条件而确立的奋斗目标，即个人渴望达到的职业境界。它是人们实现个人生活理想、道德理想和社会理想的手段，并受社会理想的制约。职业理想是人们对职业活动和职业成就的超前反映，与人的价值观、职业期待、职业目标密切相关。有了崇高的职业理想，才能产生模范遵守职业道德的行为。习近平总书记指出，没有理想信念，就会导致精神上"缺钙"。[①]教师只有树立崇高的职业理想，才会愿意奉献于教育事业，将教育作为终身的事业去看待。

（二）甘为人梯，乐于奉献

甘为人梯是指自愿为帮助他人进步或成就某一事业而牺牲自我。人梯的境界在于给人支撑、助人向上，而自己却默默奉献、无怨无悔。学生的成长成才离不开教师甘为人梯。甘为人梯、乐于奉献是一种追求，是一种境界，更是一种精神。教育工作清贫且艰苦，教师往往奉献多而获取少，最能体现敬业奉献精神。孔子虽颠沛流离却教诲不辍，一生倾心执教，被后世颂为"万世师表"。那些专心教书、潜心育人、甘为人梯、淡泊名利的教师都具有崇高而伟大的敬业精神。相反，那些万事"私"字当头、斤斤计较，只关心个人名利得失、不肯奉献的人，是无法体会到教师工作的崇高和光荣的。

（三）认真备课上课，认真批改作业，认真辅导学生，不得敷衍塞责

1. 勤奋钻研，认真施教

勤奋钻研，认真施教是教师在教育教学过程中践行"爱岗敬业"的重要要求之一。教书育人有其自身的客观规律，教师对这些规律的认识、理解、把握和运

---

① 习近平. 习近平谈治国理政［M］. 北京：外文出版社，2014：50.

用的能力和水平，直接关系到教师的工作效率和育人成效。一位爱岗敬业的教师，不会仅依靠已有的教育经验，他会不断总结教育规律，发现真理，与时俱进，并按照教育规律的要求科学施教。无论是备课、上课还是批改作业、管理班级，教师都会将自己的教育行为在教育规律限定的范围内科学地规划、组织、实施。例如，在教学过程中，学生是主体，让学生学好知识是教师的职责。因此，在教学之前，教师要认真细致地研究教材，了解学生掌握知识的方法。通过钻研课程标准和教材，不断探索尝试各种教学方法，提高课堂教学质量。

在互联网时代背景下，知识更新日新月异，学生对教师教育教学方法和教学内容的新颖性要求不断提升，这要求教师不断地完善自身现有的知识体系、扩大知识面，通过勤奋钻研和科学施教，提高自己的业务水平。每一位教师，无论学历、天赋如何，只要勤奋钻研、虚心求教，不断总结经验教训，积累教育教学方法与技巧，就会不断提高自己的教学水平，从而实现科学施教。

2. 不敷衍塞责

这是教师爱岗敬业必备的工作态度，是对教师职业道德规范的底线要求。教师的勤恳敬业是爱岗敬业的具体表现，培养和造就时代需要的人才和企业生产"产品"是不一样的，没有现成的、严格的"工序"规定，教育是一种教师以人格魅力影响学生的活动。因此，每一名教师都要为学生的健康成长负责，为民族和国家的未来负责。每一名教师都应当认真对待学校的全部工作，勤恳敬业，不敷衍塞责，团结集体，精诚合作，共同做好教育工作。

任何一名教师的敷衍塞责，都会对教育事业和学生的成长发展造成损失。教师的敷衍塞责主要有两个表现：一是在教学工作中的敷衍塞责，比如有的教师在备课中做不到全面备课，课堂教学中不能体现新课程改革的精神，仍旧按原来的课程大纲和使用多年的教案授课；二是在育人工作中的敷衍塞责，最典型的就是个别教师只管教书不管育人，不愿意做班主任，不愿意承担育人的责任。

教师勤恳敬业，不敷衍塞责，就意味着需要付出更多的时间和精力，但是，教师付出过后因受到学生、家长和社会认可获得的幸福和快乐，也是常人难以体会到的。

第三节 关爱学生

《中小学教师职业道德规范（2008 年修订）》对关爱学生的阐释为：关心爱护全体学生，尊重学生人格，平等公正对待学生。对学生严慈相济，做学生良师益友。保护学生安全，关心学生健康，维护学生权益。不讽刺、挖苦、歧视学生，不体罚或变相体罚学生。

一、关爱学生的内涵

爱主要表现为对他人存在价值的肯定，并以此为基础表现出对爱的客体的关切、尊重、了解、珍视等积极的情感和能力，以期使爱的双方和谐相容。关爱学生就是指教师在教育教学活动中，关心爱护全体学生，尊重学生的人格，平等公平地对待学生。

教师关爱学生是一种"师爱"，这是一种"教育爱"。师爱是一种自觉而理智、纯洁而全面、普遍而持久的爱，是一种无私、高尚、伟大的爱。这种爱在整个教育过程中发挥着不可替代的重要作用；这种爱是博大的，惠及每一个学生；这种爱是神圣的，是教师教育学生的感情基础，学生一旦体会到这种感情，就会"亲其师"，从而"信其道"。师爱源于教师对社会主义教育事业的深刻了解和个人责任感，是在对学生价值高度认识的基础上产生的爱。师爱是一种源于教育者的责任和义务，并具有强烈社会性的教育爱，同时也是教师在教育过程中表现出来的促进教师与学生教学相长的积极的情感和能力。师爱具有职业性、广博性、原则性、服务性的特征。教师要以其职业精神、无歧视的公平观点、严守规则的态度、热诚照顾的心肠对待每一位学生。

个别教师认为，只要对学生"好"，就是爱生，其实这是片面的。俗话说，"严师出高徒""严是爱，松是害，不管不问要变坏"。严格要求也是师爱的一个重要表现。严是有标准的严，是有利于学生德智体美劳全面发展的严，不是摧残学生身心健康的严。教师要做到"严而有格""严而有理""严而有情""严而有方""严而有恒"，做到严出于爱，爱寓于严，爱而不纵，严而不凶。

总之，教师对学生的关爱具体体现在4个方面：学习上关注、发展上帮助、物质上资助、心理上援助。

二、关爱学生的意义

关爱学生的意义可以从三个方面来认识。

（一）关爱学生对学生成长的意义

教师对学生的爱引领学生健康成长，促进学生踔厉奋发，助力学生团结一心，纾解学生的焦虑困惑。在学生接受学校教育的过程中，教师是和学生日日相见、事事接触的第一人。由此，教师理所当然地成为对学生产生持久影响的重要他人。教师的关爱对学生成长具有不可替代的重要意义。

（二）关爱学生对教育效应的意义

亲其师，信其道。关爱学生的一个重要影响与效应是学生对教师由敬重而萌生热爱，由疏离而走向亲近。一旦师生之间相处和谐，教师的教育教学效率、效能、效益都将得到大幅度提升，从而有助于实现教育高质量发展。

（三）关爱学生对自身发展的意义

赠人玫瑰，手有余香。教师关爱学生，不只有付出，也有收获。这种收获是以教师灵魂的重塑、身心的修为、专业的提升、教育的进步为标志的。关爱学生的同时也促进了教师的具身认知，从而享有教师独有的职业幸福感。

三、关爱学生的要求

（一）关心爱护全体学生

关爱学生，首先，要了解学生。这是进行教育的前提，没有了解的爱，只是盲目的爱；没有了解的教育，只是主观主义教育。为此，教师要全面地了解学生，了解每个学生的过去和现在，了解学生成长的家庭环境和经常接触的各种人和事，了解学生表现在外的优点和缺点以及学生的内心世界。每个学生都是有思想、有情感、有个性的活生生的人，教师如果对学生的实际情况心中不明，缺乏深入、全面的了解，那么教师不但不能从学生的实际情况出发，在思想上、学习上全面关心学生、爱护学生，而且也不能真正做好教育教学工作。教师只有对学生了解得越深，才会爱得越深，师生之间的感情才会日益深厚。

其次，在教育教学过程中，教师要力求找到最好的教学方法，进行创造性的教育教学。同时，教师要关心全体学生。教师对学生的关心要像阳光普照大地，照耀每一个学生，要像甘露滋润庄稼，浸润每一个学生的心田。这种关心不因学生成绩、家庭、性格等方面的差异而有所改变。

再次，要真心关爱学生，教师必须付出很多，这种付出一般都会获得学生的真情回报，而且这种回报是无价的。其实，学生是最懂情、最讲情的，也是最容易动情的。教师对学生的真心关爱必然赢得学生对教师的真心喜爱，而且学生那份纯洁无瑕、无比真诚的爱足以温暖、震撼教师的心灵。无数成功的教育实例都说明，谁能成为孩子的朋友，谁能听到孩子心里的声音，谁能赢得孩子的心，谁就取得了教育的主动权，甚至可以说已经赢得了教育成功的一半。

最后，要关心爱护全体学生。每一个学生都应得到教师的关爱，这既是教育公平的要求，也是关爱学生的根本要义。如果教师只关爱少数人，就不是真正的爱生。

（二）尊重学生人格

尊重是现代教育的一个重要原则，没有尊重就没有教育。因为学生都有较强的自尊心和上进心，都希望得到教师、家长和他人的尊重。教师尊重学生，就能激发学生身上积极美好的东西，给予学生一种教育力量和鞭策力量。在具体的教育活动中，教师对学生的尊重主要表现为：尊重学生的自主选择，尊重学生的兴趣爱好、情感愿望、行为方式、生活方式，尊重学生的人格，尊重学生的权利等。

教师尊重学生还要做到信任、欣赏学生。教师对学生的信任表现为：相信学生有积极向上、向善、向美的愿望，有自主学习、自主选择的能力，有自觉改正错误的心向与能力等。因此，教师要对学生的成长始终满怀期望，并通过肯定、信任的语言，满意、喜悦的神情来传达这种期望，给学生带来巨大的力量。教师还要给学生个体生命的成长"留有时间"，教育是一个"静待花开"的过程，不能一味地追求立竿见影。

宽容是尊重学生的一种重要体现。人类之所以需要宽容，原因在于：犯错误是每个人生命成长中不可避免的组成部分。人正是在错误中成长起来的。经验告诉教师：面对学生犯错，不要急于处罚，要认真思考学生犯错的原因是什么，并设身处地地为学生着想，进而相信他们会通过自己的努力改正错误。宽容的一个重要表现就是"留有时间"，教育要尊重个体生命成长的时间性，不要拔苗助长。教师要学会等待，从积极的角度看待学生，要善于从正面激励、肯定学生。教师的宽容能够触及学生心灵的角落，使学生产生内疚感，进而出现要弥补过失、改正错误的愿望。这也正是教育所期盼的结果。

（三）平等公正地对待学生

平等公正地对待每个学生，要求教师无论学生优劣，都要公正公平、一视同仁，不偏爱、不歧视。尤其对待后进生，更应特别关心、爱护。教师处事要杜绝成见，不能人为地将学生分成好和坏，厚此薄彼。在教育实践中，一些教师固守个人成见，轻率地评价学生的优劣，人为地"创造"差生，例如，依据考试成绩安排座位，优秀者坐在最佳位置，而成绩差的学生却被安排在较偏或离黑板较远的位置，这种做法直接造成了对学生心灵的伤害。当然，学生间的个体差异是客观存在的，教师应承认和尊重这种差异，不能硬性地按整齐划一的标准来评价、要求每个学生。这种差异要求教师创造适合不同学生健康成长的教育，而不是选择适合教育的学生。

（四）对学生严慈相济，做学生的良师益友

严慈相济就是严厉和慈祥相互补充、相互结合。苏联教育家赞科夫曾说："不能把教师对学生的爱，仅仅设想为用慈祥的关注的态度对待他们，应当同合理的严格要求相结合。"[①]

因此，做一名教师要能够正确把握管理的尺度，做到严中有宽、宽中有爱、爱中有教。我国清末思想家魏源说："教以言相感，化以神相感，有教而无化，无以格顽；有化而无教，无以格愚。"意思是只要教师真爱学生，真情付出，即使是顽愚的学生也可以被教化。教师在关爱学生的前提下严慈相济，必能让学生因亲其师、敬其师而听其言、信其道。

理解学生是教师做学生的良师益友的前提和关键。学生渴望教师的理解，他们喜欢与教师打交道，喜欢有情有义的，能读懂他们、理解他们，对他们平等、坦诚相待的教师。教师要经常以学生的思维方式、从学生的角度考虑问题，从而走进学生的心灵。

（五）保护学生安全，关心学生健康，维护学生权益

1. 保护学生安全

保护儿童是人类社会的一种美德，保护学生安全，无论是从法律角度，还是从道德规范角度，都是教师不应回避的责任。中小学教师面对的大多是未成年人，处于成长中的儿童常常难以拥有成人的判断力与处置能力，教师要成为其校园生活甚至社会生活中的引领者、组织者。教师应该时刻关注学生的课间活动状况，尽可能避免一切安全隐患。中学生处于青春期阶段，独立意识强，好奇心强，看待问题容

---

① 赞科夫. 和教师的谈话［M］. 杜殿坤，译. 北京：教育科学出版社，1980：41.

易比较偏激，易引发斗殴事件。教师要注意学生之间的矛盾，合理化解学生之间存在的问题，避免学生的生命安全受到威胁。

2. 关心学生健康

学生健康包括身体健康和心理健康两个方面。在身体健康方面，教师要负起责任，引导督促学生加强锻炼，不得随意侵占学生的休息、娱乐、体育锻炼时间。在心理健康方面，中学生处于青春期阶段，容易在家庭教育、生活环境等因素的影响下出现心理障碍和心理缺陷。教师要避免歧视后进生、避免侮辱学生人格，不讽刺、挖苦、歧视学生，不体罚或变相体罚学生，主动和家长沟通，做好学生的心灵守护者。

3. 维护学生权益

学生权益是指学生享有的各种权利。中小学生大多未满18周岁，是无民事行为能力和限制行为能力的人，他们的身心发展和社会性发展尚不充分，还不能完全准确地辨别是非和保护自己，因此，法律对其权利必须给予特别的保护。为保障学生的相关权益，我国相继颁布了《中华人民共和国义务教育法》《中华人民共和国未成年人保护法》等法律法规，明确规定了学生享有受教育的权利、人身安全不受侵犯的权利、民主平等的权利、发表意见的权利、隐私权等。学生可运用法律手段来维护自己的权利，学校也有维护学生权利的责任。学校既是专门从事教育活动的场所，又是保护学生权利的主要部门。要以学生健康成长为出发点，充分尊重和保护学生的各项权利，做学生权利的维护者。

（六）不讽刺、挖苦、歧视学生，不体罚或变相体罚学生，不得歧视、侮辱学生，严禁虐待、伤害学生

讽刺是用比喻、夸张等手法对人或事进行揭露、批评或嘲笑。挖苦是用刻薄的话讽刺，用刻薄的话讥笑人。歧视是因某个人的缺陷、缺点、能力不足、出身问题等，而待之以不平等的观念与行为的现象。讽刺、挖苦、歧视学生严重危害了学生的身心健康，损害了学生的人格尊严。自尊心是一个人的基本品质，丧失了自尊心，也就丧失了人格。自尊心是与自信心连接在一起的。有了自尊心就会建立起自信心；反过来，有了自信心也会促进自尊心的确立。学生的自尊心受挫后，容易与教师产生对立情绪，也容易使自身向两极发展。一种是产生自卑心理，即失去克服困难、争取进步的勇气和信心，甚至产生抗拒心理。有的学生受到讽刺、挖苦、歧视后，感到自己不被他人理解，因此在性格上孤僻，行为怪异。另一种则是加倍表现自我，显示自己的与众不同，但又常常朝着错误的方向发展，甚至以大欺小、以强凌弱，进而走上犯罪的道路。

讽刺、挖苦、歧视不仅伤害了学生的身心，也严重损害了教师"学高为师，身正为范"的职业形象，包括教师在学生心目中的地位。当前，有少数教师存在一些不健康的心理，导致其行为错乱乖张，有的教师大搞"师道尊严"，把学生当成管制和训诫的对象，学生一旦出错，就轻则斥责，重则打骂。这也说明了这些教师在教育方法上的"黔驴技穷"。

体罚是教师对学生身体实施惩罚并使其受到伤害的行为，如殴打、超过身体极限的运动等行为。变相体罚是指采取其他间接手段，对学生身体和精神实施惩戒并使其受到伤害的行为，如劳动惩罚、抄写过量的作业、讽刺挖苦、谩骂等行为。体罚学生有许多危害，主要表现在以下方面：

第一，难以转变学生不正确的态度。虽然体罚可能达到在特定情境中制止某种行为的目的，却很难转变学生不正确的态度。体罚与变相体罚只能使学生学会逃避体罚，而不能使学生诚心转变态度、改正错误。这种体罚与变相体罚显得相对无效。

第二，难以形成良好的教育氛围。"杀鸡儆猴"式的体罚使学生在行为上谨小慎微，时时、事事消极防卫，害怕教师。这不利于学生形成积极向上、勤奋学习的思想品质，也不利于班集体形成文明、和谐、轻松的氛围。

第三，给学生带来不必要的焦虑。体罚给学生带来的不仅是心理压力，还会带来不必要的焦虑，使学生担心犯错和失败。另外，假如体罚多了，学生对体罚反应迟钝，逐渐对体罚失去敏感，教师往往又要加重体罚，导致体罚的恶性循环。

第四，导致师生关系紧张，使师生产生冲突乃至对抗。这既损害了教师的形象，也违反了《中华人民共和国未成年人保护法》《中华人民共和国义务教育法》《中华人民共和国教师法》《中小学教育惩戒规则（试行）》等法律法规。

学校应该采用多种途径来提高教师的教育艺术素养，使教师能依据学生的心理特点、行为特征等采取行之有效的教育方法和教育手段，避免体罚。

第四节　教 书 育 人

《中小学教师职业道德规范（2008 年修订）》对教书育人的阐释为：遵循教育规律，实施素质教育。循循善诱，诲人不倦，因材施教。培养学生良好品行，激发学生创新精神，促进学生全面发展。不以分数作为评价学生的唯一标准。

一、教书育人的内涵

教书育人有广义和狭义之分。广义上的教书育人是指学校全部教育教学工作、管理工作和服务工作，都要以立德树人为根本任务；狭义上的教书育人是指教师在传授专业知识的同时，培养学生良好的思想品德、塑造学生完美人格的活动。教书育人是一个完整教育过程的两个方面，是一个完整、统一的职业性社会活动过程。教书以育人为目的，育人以教书为手段，不教书则难以育人。把育人看成教学工作之外的一项工作，这就割断了教书与育人之间有机的内在联系，从而产生"只教书、不育人"或"教师教书、班主任育人"的倾向。

分开来看"教书"和"育人"，这两个词都包括对学生德智体美劳等方面的全面培养。而"教书育人"这一词组主要是指教师既要教书又要育人，要把两者有机地结合起来。无论教哪门课程都要培养学生的思想品德，"教书"的内容是多样的，教理论知识会培养学生的智力，教实践知识会培养学生的能力，教体育知识会培养学生的运动能力等，但都要注意对学生思想品德的培养。因此，教书育人是指教师在课内教学和课外与学生的接触中，通过各个教学环节和各种活动，对学生进行全面的教育和培养。

在教书育人中，育人是根本，教书是实现这一目的的重要手段。如果只强调教书，不重视育人，不教学生如何做人，那么"生产"出来的"产品"很可能是个危险品。因为一个没有正确世界观、人生观、价值观的人，掌握的知识越多，可能对社会的危害就越大。

当然，教书本身也有着育人的含义，教书是育人的基础。书作为人类精神文化的重要载体，除了具有丰富的科学知识、审美知识、生活知识外，还蕴含了丰富的思想道德内容，是具有育人作用的。但是如果抱着"教书"可以自然而然地"育人"的思想进行教书育人活动，片面追求书本知识的传授、学习，那么这种"育人"往往是不自觉的、无意识的、被动的，因而常常落空。在实际工作中，确实有不少教师存在只重知识传授、轻思想品德教育的现象。

二、教书育人的意义

教书育人的意义主要体现在三个方面。

（一）坚守鲜明的政治站位

教书育人是将立德树人根本任务落到实处的关键措施，其背后是广大教师必须自觉做中国特色社会主义的坚定信仰者和忠实实践者。只有每一位教师都坚守鲜明的政治站位，做到道路自信、理论自信、制度自信、文化自信，才能真正引导学生热爱祖国、热爱人民、热爱中国共产党。

（二）回归教育本位

自教育产生以来，从古至今关于教育的论述，其核心都聚焦于"人"。人是教育的出发点，也是教育的终点。作为儿童的一种生存方式、成长方式，教育的意义正是通过教书育人来体现、达成的。换言之，教书育人的意义就是教育的意义。

（三）提升教师的学术品位

教书育人也是一个双向提升的过程，对于教师来说，通过教书育人，实现了自我生命的完善和学术品位的提升。将育人融入教书之中，无疑对教书提出了更高的要求，从某种意义上来说，教书的品位取决于育人的品位，而育人的高品位必然会影响、提升教师的学术品位。

三、教书育人的要求

（一）遵循教育规律，实施素质教育

1. 遵循教育规律

所谓教育规律，就是教育内部的诸因素之间、教育与其他事物之间本质性的联系，以及教育发展变化的必然趋势。教育规律是教育、社会、个人之间和教育内部各因素之间内在的、本质的联系和关系，具有客观性、必然性、稳定性和重复性。

"要按教育规律办教育""不要违反教育规律"，这是我们常听到的呼吁和告诫。

学生培养有内在的客观规律，如不同的培养方式、环境、条件或机遇等因素，就会有不同的培养效果和目标，但也要注意学生培养和发展规律中的特殊性和无限性问题。

教育规律涉及教育者、受教育者、教育内容、教育方法和师生互动过程等诸多方面。在日常教育教学工作中教师要遵循教育规律，应注意以下方面：一是受教育者身心发展的规律。如何准确把握处于不同发展阶段学生的身心发展特点，这需要广大教师不断深入探讨、总结归纳。二是学科教学本身的特点与教学规律。不同的学科在知识体系、理论假设、方法论上差别很大，需要教师寻找学科教学与学生特点的最佳适配点，找到学生的最近发展区。三是学习规律。学习本身有很多规律可循，遵循学习规律，科学地组织教育教学过程，有意识地指导学生掌握科学的学习方法，对提高课堂教学质量与效益极为重要。四是动机、情感等非智力因素对学习活动的影响规律。动机和情感是影响学生学习的重要因素，教师的教育风格、师生关系的状况等均对学生的学习有重要影响。

2. 实施素质教育

人的素质是多元化的，只有身心全面发展才是完善的人。实施素质教育是我国基础教育的一次伟大变革，直接影响着中华民族的整体素质。素质教育的内涵可从三个方面来理解：

第一，素质教育是面向全体学生的教育。《中华人民共和国教育法》规定公民"依法享有平等的受教育机会"。受教育机会平等是国家法律规定的一项基本教育方针。因此，实施素质教育要求面向全体儿童少年，促进每个学生的发展。

第二，素质教育是促进学生全面发展的教育。全面发展是党的教育方针的核心部分。它提出了教育所要培养的人的合理素质结构，包括生理的、心理的、思想的、文化的素质。只有全面发展的人才能适应未来社会的要求。当然，全面发展不等于平均的全面发展，而是和谐的全面发展。实施素质教育就是要培养品德高尚、身心健康、知识丰富、学有专长、思路宽广、实践能力强的学生，使学生能学会做人、学会学习、学会劳动、学会创造、学会生活、学会健体、学会审美，最终成长为德智体美劳全面发展的社会主义建设者和接班人。

第三，素质教育是促进学生个性健康发展的教育。人的个性是千差万别的，社会也需要各种各样的人才。实施素质教育的重要目的之一是使具有不同天赋和爱好的学生，通过各种教育方式给予他们能发挥天赋和爱好的空间和时间。

（二）循循善诱，诲人不倦，因材施教

"循循善诱"一语出自《论语》："夫子循循然善诱人，博我以文，约我以礼，欲罢不能。"其中，"循循"是指有次序、有步骤的样子，"善诱"即擅长引导。对教师来说，"循循善诱"是指在教育教学工作中，既不急于求成，也不强制学生接受，而是善于有耐心、有恒心、有步骤地激发动机，启发自觉，进而引导学生改进行为，不断成长。循循善诱不仅是一种教育方法，也不只是一种教育态度，更反映出教师的教育理念。

诲人不倦是指教导别人而不知疲倦。诲人不倦的道德导向一方面要求教师严格要求自己，要有教书育人的责任感、使命感，能兢兢业业地教导学生；另一方面要求教师以高度的奉献精神对待自己的工作，以不知疲惫的精神状态直面繁重的教学任务。

因材施教是指针对学习者的志趣、能力等具体情况进行不同的教育。因材施教是教育中的一项重要的方法和原则，教师在教育教学过程中要根据不同学生的认知水平、学习能力以及自身素质，选择适合每个学生特点的学习方法有针对性地进行教育，发挥学生的长处，弥补学生的不足，激发学生学习的兴趣，树立学生学习的信心，从而促进学生全面发展。因材施教具有丰富的时代内涵，对教育公平的实现具有重要意义。

在教学中，因材施教原则是指教学要从学生的实际出发，使教学的深度、广度、进度既适合大多数学生的知识水平和接受能力，同时又照顾到所教学生的个性特点和个性差异，使每个学生都得到充分的发展。因材施教原则是实施素质教育，促进学生全面发展最基本的要求。

（三）培养学生良好品行，激发学生创新精神，促进学生全面发展

培养学生良好品行是教育的重要内容，也是落实立德树人根本任务的要求。美国教育家杜威说：教育主要是培养儿童的德性。[①] 品行关系到学生的终身发展，学生品行的培养与塑造重在良好习惯的养成。

习惯是人的一种惯常的行为模式。有人认为习惯即人格，它有巨大的力量，好的习惯可以造就人才，坏的习惯可以湮没人才。教师要塑造学生良好的品行，就要注重培养学生良好的行为习惯，具体要做到以下三点：一是要让学生懂得养成良好习惯的重要性。播种行为，收获习惯；播种习惯，收获性格；播种性格，收获命运。教师不仅可以用杰出人物的好习惯成就大事业的事例对学生进行教育，还要让学生知道什么是好习惯，什么是坏习惯，更要让学生在生活中体会养成良好习惯的重要性。二是要做好示范，学生的一半时间在学校度过，一半时间在家庭度过。因此，学校、家庭要齐抓共管，教师要加强与学生家庭的联系，与家长一起做好示范，共同努力培养学生良好的习惯。同时，教师与家长要严格要求自己，努力提高自身修养，时时、处处做学生的榜样。榜样是无声的力量，榜样的力量是无穷的。榜样是学生良好行为习惯的典范，是行为规范化的模式。三是要有目标的持久训练。心理学研究表明，养成一个习惯需要 21 天。这是一个大致的概念，不同的个体、不同的行为习惯训练起来，时间也不相同。但是一个良好习惯的养成，必须经过一段时间的训练。学生养成了良好的行为习惯后是非常愉快的，尽管养成的过程是一个艰难的过程，需要克服许多困难，经过许多磨炼。特别是对已经形成不良习惯的学生，要纠正就更需要有坚强的意志，不断地克服坏习惯、养成好习惯。教师在训练中要把激发兴趣与严格训练相结合，明确要求与具体指导相结合。只要师生共同努力，持之以恒，就能够在培养一个好习惯的同时，纠正一个坏习惯。

激发学生创新精神。创新精神是进行创新活动必须具备的一些心理特征，包括创新意识、创新兴趣、创新胆量、创新决心以及相关的思维活动。创新精神提倡新

---

① 杜威. 民主主义与教育［M］. 魏莉，译. 武汉：长江文艺出版社，2018：89.

颖、独特，同时又要受到一定的道德观、价值观、审美观的制约。教师在教育教学中要在尊重认知规律的基础上，加强学生对知识的自主构建，鼓励学生自主探究，注重培养学生的质疑勇气和创新思维。

培养创新精神最重要的是培养问题意识。解决一个问题很重要，但提出一个问题更重要。提出问题是学生积极思维的结果，也是一切发现与创造的基础。因此，教师要学会引导学生质疑，有些学生会存在从众心理，不敢质疑，不愿质疑，教师要鼓励学生勇于打破常规，勇于挑战，积极思考，大胆地提出问题。"学贵有疑，小疑则小进，大疑则大进。"苏霍姆林斯基说："在人的心理深处，都有一种根深蒂固的需要，这就是希望感到自己是一个发现者、研究者和探索者。"[1]教师引导学生善问善思，正是置学生于发现者、研究者和探索者的位置，是激发创新意识、培养创新精神的关键。

培养创新精神还要注重培养学生的批判精神。有批判才有创新。在日常教学中，教师要训练学生敢于发表自己的意见，敢于向教师说"不"，向教材说"不"。当学生表达的观点错误时，教师不要打击学生的积极性，应多鼓励学生积极发表自己的看法，增强他们敢于表达的愿望。学生只有敢于不断地表达，当发现不合理的事情时才会敢于向权威挑战。

总之，学生创新精神的培养是一个长期的过程，需要教师的悉心引导和学生的积极配合。教师要立足长远，以学生为中心，将先进的教学理念运用于教学实践，使课堂教学成为实施创新教育、培养学生创新精神的主阵地。

（四）不以分数作为评价学生的唯一标准

长期以来，学校教育中存在用一把尺子衡量学生的问题，这把尺子就是考试成绩。只要分数高，就意味着成绩优秀，意味着是"三好学生"，就能得到很多机会。这种评价方式导致一些学校只重视学生对课堂和书本知识的学习，却忽视实践能力、创新精神与社会责任感的培养。对考试成绩过于看重是对教育方针和素质教育的歪曲。有些发达国家早已把考试成绩视为个人隐私，中国也已经进行了这种尝试，将考试成绩视为学生的隐私，学校不再公开考试成绩，不再排名次。这样做不仅是一种教育艺术性的体现，更是一种对学生人格的尊重和对学生自尊心的保护，还可以把学生的注意力从分数上引开，从而引导学生分析、解决考试中暴露的问题，真正调动学生的学习积极性。

第五节　为人师表

《中小学教师职业道德规范（2008年修订）》对为人师表的阐释为：坚守高尚

---

[1] 苏霍姆林斯基. 给教师的建议：全一册 [M]. 杜殿坤，编译. 修订版. 北京：教育科学出版社，1984：81.

情操，知荣明耻，严于律己，以身作则。衣着得体，语言规范，举止文明。关心集体，团结协作，尊重同事，尊重家长。作风正派，廉洁奉公。自觉抵制有偿家教，不利用职务之便谋取私利。

一、为人师表的内涵

"为人师表"主要是对教师的要求，是指教师要在各方面都应该成为学生和社会的表率、榜样和楷模。

2014年教师节前，习近平总书记在北京师范大学同师生代表座谈时指出："老师的人格力量和人格魅力是成功教育的重要条件。'师也者，教之以事而喻诸德者也。'老师对学生的影响，离不开老师的学识和能力，更离不开老师为人处世、于国于民、于公于私所持的价值观。一个老师如果在是非、曲直、善恶、义利、得失等方面老出问题，怎么能担起立德树人的责任？广大教师必须率先垂范、以身作则，引导和帮助学生把握好人生方向，特别是引导和帮助青少年学生扣好人生的第一粒扣子。"[①]为人师表如此重要主要是因为学生还处于成长阶段，他们求知欲强，对什么是真善美、假恶丑尚处于探索阶段，对周围的一切事物具有强烈的好奇心，模仿性、可塑性强。同时，教育过程中的"向师性"使学生对教师有一种特殊的信任感和依恋感，他们把教师作为自己的楷模，教师的言行、品质对学生起着潜移默化或直接的示范作用。因此，教师无论何时何地都必须在思想品德、学识才能、言语习惯、生活方式和举止风度等方面"以身立教"，为学生作表率。

二、为人师表的意义

为人师表的意义在于赓续弘扬中华民族的良好师表传统、为青年教师成长树立榜样、引领社会风尚的进步。

（一）赓续弘扬中华民族的良好师表传统

中国作为一个拥有五千年文明史的国家，其厚重的文化底蕴为教育增添了亮丽的底色。"中国教师第一人"孔子的弟子颜渊喟然叹曰："仰之弥高，钻之弥坚，瞻之在前，忽焉在后。"这种"钻坚仰高"的评价，使孔子后来被尊为"万世师表"。今天也许为人师表的具体内容和要求已有所不同，但为人师表始终是亘古不变的对教师的期望和要求。

（二）为青年教师成长树立榜样

习近平总书记指出，实现伟大梦想，必须进行伟大斗争，建设伟大工程，推进伟大事业。[②]其中就包含教育。而要推进教育事业高质量发展，就必须让每一位教师都名副其实地做到为人师表。青年教师的入职时间不长，需要资深教师为他们树立学习的榜样。资深教师通过自身的师表行为，可以为青年教师的成长提供良好的

① 习近平. 做党和人民满意的好老师：同北京师范大学师生代表座谈时的讲话［M］. 北京：人民出版社，2014：6.
② 习近平. 决胜全面建成小康社会 夺取新时代中国特色社会主义伟大胜利：在中国共产党第十九次全国代表大会上的报告［M］. 北京：人民出版社，2017：15-16.

环境氛围，促进青年教师良好师风师表的快速形成。

（三）引领社会风尚的进步

教师的师表风范不仅对学生有深刻的影响，也能通过学生对其他社会成员产生影响。广大教师的高风亮节、端正品行在一定程度上会潜移默化地影响社会风尚。鲁迅当年以"肩住黑暗的闸门""放他们到宽阔光明的地方去"的勇气与胆略，给人间留下一串坚定的脚印，成为今天中国教师的路标。为人师表正是在这个意义上昭示美好的未来。

三、为人师表的要求

（一）情操高尚，知荣明耻

2014年9月9日，习近平总书记在第30个教师节前夕，到北京师范大学同师生代表座谈时指出："做好老师，要有道德情操。"[①] 习近平总书记把道德情操作为好老师的标准之一，为教师加强道德修养指明了方向。教师肩负着培养社会主义建设者和接班人、提高民族素质的使命。教师个人高尚的道德情操是其践行国家教育使命的核心品质，用自己的道德情操去感染学生、引导学生，是一名具有高尚道德情操的教师做好教育工作的根本准则。

教师在坚守个人高尚的道德情操的基础上，树立坚定的社会主义核心价值观，做到知荣明耻，是中国特色社会主义思想道德建设和精神文明建设的基本内容和长期任务。古人云："知耻近乎勇。"讲廉耻是教师为人师表的底线。源远流长的中华文明孕育了中华民族宝贵的精神品格，知荣明耻便是其中之一。孟子曰："人不可以无耻。"又曰："无羞恶之心，非人也。"人唯有知羞耻方能不逾越底线。教师应具有高尚的精神境界和道德情操，并发挥表率作用，积极做社会主义核心价值观的践行者和弘扬者，明荣辱之分，做光荣之事，拒耻辱之行。

（二）严于律己，以身作则

古人有训："严于律己，宽以待人。"所谓"严于律己"，就是严格约束自己，能做到自我反省、自我批评和自我检讨。"见贤思齐焉，见不贤而内自省也"，便是此理。教师在教学过程中"严于律己"，指的是教师严格按照教育职责所要求的规范，约束自己的行为。同时在此过程中，教师还要以身作则、当好表率，并且要有高度的自觉性。

（三）衣着得体，语言规范，举止文明

教师的言谈举止是其内在素养的外化，会给学生带来潜移默化的影响。教师言传身教，时时处处事事给学生作出表率，学生受到教师的影响，以教师为榜样规范自身的言行举止。教师职业道德规范中要求教师"衣着得体、语言规范、举止文明"，这主要涉及仪容仪表、语言和举止端庄、格调高雅等方面的内容。

---

① 习近平. 做党和人民满意的好老师：同北京师范大学师生代表座谈时的讲话 [M]. 北京：人民出版社，2014：6.

1. 仪容仪表方面

教师的仪容仪表最直接地反映了教师的精神风貌和审美情趣。良好的仪容仪表能获得学生的认同和敬重，反之则会引起学生反感，对教学造成一定的负面影响。

教师的仪容仪表要整洁。仪容在社会交往中表现为一个人的文化档次和意识修养，是社交礼仪的基点。教师的仪容要情绪饱满、朝气蓬勃、光彩焕发、成熟向上，在教书育人过程中塑造良好的形象。仪表主要包括着装、修饰打扮等，是教师展现在学生面前的外部形态。对教师来说，着装、修饰必须符合教师职业道德要求。教师是知识的象征、智慧的化身，其着装是一门学问。教师的着装打扮一定要考虑自身的职业特点及环境要求，考虑其可能对学生产生的影响。因此，教师的服饰应朴素美观，于朴实大方中体现高雅的情趣，于整洁得体中体现丰富的涵养。蔡元培就十分注意自己的仪表，他每次去学校给师生讲话和上课，必定要换上洗得十分清爽的衣服，把每一颗纽扣扣上以后还要对着镜子整理一番。进入演讲厅或教室前，也习惯性地整一整衣冠。这种讲究整洁的好习惯对学生而言是一种无形的教育。

2. 语言方面

教师的职业特点以及教师劳动的示范性决定了教师语言的重要性，这要求教师掌握独特的语言艺术。教师语言的魅力是师生交流思想、沟通情感的桥梁，是教师传道、授业、解惑的有利法宝。《左传》中写道："言之无文，行而不远。"教师的语言对学生有着潜移默化的影响，其语言的优劣直接关系着课堂教学的好坏，影响着教育教学效果。这就要求每位教师必须加强语言修养，提高语言表达艺术水平。

教师的语言要规范简洁、准确鲜明、生动幽默并富有激情，要善于运用语言的魅力点燃学生求知的欲望，拨动学生上进的心弦，把知识真理和美好的感情送进学生的心田。首先，教师的语言要规范、精练和准确，杜绝言语失范。其次，教师的语言要文雅、幽默和富有激情。最后，教师的语言还要情理结合，要让学生知晓做人的基本道理，在其思想认同之后辅以行为上的引导，使其人格素质不断提高。

3. 举止端庄，格调高雅

举止主要是指教师个人的表情、动作姿势和行为习惯，是教师与学生交往中的"人体信号"。在教育教学过程中，教师要表现出良好的教养和振奋的神态，发挥出最佳的辅助作用。苏联教育家加里宁曾语重心长地说："教师的世界观，他的品行，他的生活，他对每一现象的态度，都这样那样地影响着全体学生。所以，一位教师必须时刻检点自己，他应该感到他的一举一动都处在最严格的监督之下，世界上任何人也没有受到这样严格的监督。"[①]一位教师只有举止适度、行为端庄，才能够受到学生的爱戴和欢迎，为学生树立良好的身教形象，给学生以良好的精神感染。

（四）关心集体，团结协作

现代教育是一个分工协作的系统工程，教师之间必须建立起一种团结协作、互相帮助的新型道德关系，这样才能优势互补、形成强大的教育合力，共同完成教书

---

① 加里宁. 论共产主义教育和教学［M］. 陈昌浩，沈颖，译. 2版. 北京：人民教育出版社，1981：44.

育人的任务。团结协作是实现教育目的的必要条件，也是调整教师之间关系的职业道德规范。在教师群体中，每位教师的工作态度、工作能力、工作效益都不同，可以通过评价激励先进，督促后进。同时，教师也可以吸取别人的长处和经验来丰富和对照检验自己，互帮互学，密切配合，共同提高。新时代的人民教师在同一个集体中，在同一个教育方针的指导下，在各自的岗位上为同一个目标奋斗——落实立德树人根本任务。他们之间的关系既是一种各司其职、并肩作战的关系，又是一种同心同德、团结协作的关系。这种关系对于实现教育教学目标、形成良好校风以及学生良好品德的养成，具有重要的意义。

（五）尊重同事，尊重家长

相互尊重是教师人际交往的前提和教师道德境界的体现，也是教师调动帮助自己成长的各方面因素的基础。心理学研究表明，尊重是人的高层次的心理需要。只有在相互尊重的基础上才能形成融洽的同事关系和团结的集体关系，才能增进教师之间的友谊，真正克服文人相轻的传统陋习。这种和睦融洽的气氛，能够使教师工作愉快，有利于教师的身心健康，推动教育工作的成功开展。每名教师对自己在教育活动过程中的作用应该有清醒的认识，不能随意贬低其他教师的教育劳动。一位真正懂得尊重他人的教师，不仅要维护自己在学生中的威信，还要维护其他教师的威信。

教师和家长有着共同的目标和愿望。教师要想出色地完成教书育人的任务，必须与家长加强联系和沟通，而联系和沟通的重要前提条件就是尊重家长。学生健康成长是教师和家长共同的教育目标，在实现这个共同目标的过程中，需要教师和家长相互尊重、相互支持，积极联系与沟通。学生的成长离不开学校教育和家庭教育的共同作用。教师必须通过与家长的联系与沟通，了解学生的个性特征和兴趣爱好，准确全面地掌握学生的思想、性格、行为、习惯等方面的情况，只有这样，才能做到有的放矢、因材施教，才能取得教书育人的良好效果。

教师与家长虽然都有共同的目标和愿望，但两者的思维方式、教育经验与方法等难免存在一些分歧和矛盾。因此，教师光有尊重家长的态度和愿望是不够的，同时还必须掌握科学的、有效的方法。教师是专门的教育工作者，在教育过程中承担着主要责任，因而在与家长的相互关系之中应采取积极、主动的态度同家长进行联系和沟通，认真听取家长的意见和建议。在家校互动中，要做到相互尊重、平等待人，教师对家长不能怀有不良的动机，要一视同仁地对待所有家长。在教育过程中，教师不能推卸自己的职责，不能简单地把家长当作自己的"助教"，更不能仗着教师的身份对家长颐指气使。

（六）廉洁从教，不谋私利

"一支粉笔，两袖清风，三尺讲台，四季耕耘。"这说的既是教师无私奉献的"孺子牛"精神，也是教师为人师表的具体体现，更是教师"廉洁从教，不谋私利"的真实写照。教师作为人类灵魂工程师，更应懂得廉洁的含义，牢记廉洁从教的宗旨。所谓廉洁从教，是指教师在整个从教生涯中都要坚持行廉守法的原则，不贪图学生及家长的钱物，不贪占公共财产，不沾染社会恶习，始终以清廉纯洁的道德品行为世人作出表率。廉洁从教不仅是党和人民对教师的基本要求，也是教师从教的前提，在新时代教师职业道德建设中具有重要的意义。教师廉洁从教一方面可以为学生作出榜样示范，另一方面还可以通过自身的廉洁形象，教育、影响、感化社会成员，净化社会风气。

（七）自觉抵制有偿家教

近几年，有偿家教引起了社会的广泛关注和讨论，产生了极大的负面影响，使教育染上了功利化、商业化的色彩，也使师生之间纯粹的教学关系演变为金钱关系。一些教师在攫取个人利益的同时，对本职工作的责任意识逐渐淡薄，逐渐失去了正常师生互动中的纯净情感。因此，广大教师必须坚决抵制有偿家教。

有偿家教的危害有：

1. 有偿家教影响了教师的整体形象

教师是学生成长的守护者，关心教育学生，是教师不容推卸的义务和责任。对学生的辅导可以一直延续到课外，这也是教师分内的工作。有偿家教损害了师生关系。部分教师诱导学生参加有偿家教，对参加家教的学生特别亲近，而对不参加家教的学生十分疏离，这严重损害了师生关系。一旦收费辅导靡然成风，纯洁的师生关系就变成了金钱关系，教学行为变成了商业行为，充满铜臭气息，这对学生心灵也是一种伤害，损害了教育的职业形象。

2. 有偿家教违背了教育公平的原则

每名学生都应在学校接受同样的教育，应在公平的教育环境中成长，这是政府保证社会公平、维护社会和谐的基本职责所在。作为实施公平教育的主体，教师如果对自己的学生进行有偿家教，也会造成教育上的不平等。

3. 有偿家教不利于教育教学质量的整体提高，也不利于学生的成长

培优促差、因材施教，提高学生的整体水平，是贯穿教师整个教学过程的基本要求。教师的时间、精力是有限的，有偿家教从组织到实施，会占用教师大量的时间和精力，如果把一部分成绩有待提高的学生"引流"到课外的家教上，教师在家教中讲过的，课堂上就不讲了，这势必会冲击教师正常教学过程中的一些环节，影响正常教育教学工作。对学生来说，这种有偿家教会使其产生依赖情绪，降低其在正常学校学习过程中对自己的要求。这对学生自主性的培养和长远发展来说是极为不利的。

正是因为如此，教育部于 2015 年发布文件，严禁中小学在职教师从事有偿补课；2021 年，教育部又发布通知，对教师有偿家教进行了专项整治。

第六节　终身学习

《中小学教师职业道德规范（2008 年修订）》对终身学习的阐释为：崇尚科学精神，树立终身学习理念，拓宽知识视野，更新知识结构。潜心钻研业务，勇于探

索创新，不断提高专业素养和教育教学水平。

一、终身学习的内涵

终身学习是指每个社会成员为适应社会发展和实现个体发展的需要，进行的贯穿一生的、持续的学习过程。

教师的"终身学习"基于教书育人的需要。首先，教师肩负着教书育人的重任，如果教师不能经常更新知识结构，吸收工作相关的新知识、新技能，不能对新知识、新事物保持长久的好奇心与敏锐度，教师就有可能落后于时代。正如朱熹所说："问渠那得清如许，为有源头活水来。"只有不断学习，教师的素养才会不断提高。其实，教师的魅力也来源于知识更新积淀后所形成的良好的品质，如个性、修养、风度、气质、幽默感、对人的尊重态度以及对真理的追求与敬畏等。

其次，在信息时代，学生获取知识的途径和能力不断增强，知识不断普及，学生的认识水平具有更高的起点。在这种情形下，教师只有不断地学习，提高自己的专业水平和教育教学能力，才能更好地教育学生。

最后，当今时代是知识爆炸的时代，知识更新的周期和知识陈旧的周期同步加快。教师只有不断学习，才能完成知识的更新，才能满足工作的需要。

二、终身学习的意义

终身学习的意义主要包括三个方面。

（一）改变教师的思维方式

在日常生活中，有两种思维方式影响着我们：一种是"刺猬式"的思维方式，其特点是囿于自己的小领域，有一个"大主意"；另一种是"狐狸式"的思维方式，其特点是对什么知识都了解一点，有无数"小主意"。后者与瞬息万变的世界保持同步，努力根据时代找出合适的解决之道。终身学习让教师在两种思维方式的比照中，找到自己的成长之路。这就是用"狐狸式"的思维方式不断拓展自己、提升自己，从而更好地承担起立德树人的光荣任务。

（二）改变教师的教育方式

教师的教育方式是教师行为方式的聚焦点。立足于终身学习，教师的教育方式与以往不同，"一招鲜吃遍天"已经被时代远远地抛在后面，"苟日新，日日新，又日新"已经成为教师教育方式的新常态。

（三）改变教师的交往方式

2021年被称为"元宇宙元年"，当我们来到第三代互联网伟大变革的时代，教育与过去相比，必将发生革命性的变化。而教师交往方式的改变，正是顺应这种变化的必然结果。终身学习不仅为交往方式的改变奠定坚实有力的基础，还将为人人都会参与的数字新世界提供入场券。更为重要的是，教师交往方式的改变有助于师生学习共同体的形成，这对肩负着立德树人光荣使命的教师来说尤其具有重要意义。

三、终身学习的要求

终身学习不仅是时代的需要，更是个体不断变化以此来适应社会变化，从而获得人生幸福的基础，也是教师专业发展的不竭动力。

（一）拓宽知识视野，更新知识结构

在学习型社会里，教师应成为热爱学习、善于学习和终身学习的楷模，应是全民终身学习的引导者、示范者、推动者。教师唯有不断地再学习，接受新知识，掌握新技能，才能成为名副其实的知识传授者和教育者，才能更快地适应学生的需求和时代的需要。因此，教师在学习内容的广度上不仅要学习新知识与职业技能，同时还要学习道德伦理、体能健康、美学艺术、社群关系等生活文化知识与技能，更要注重学习促进自身身心协调发展的有关知识、内容和技巧等。苏联教育学家苏霍姆林斯基在《给教师的一百条建议》（又名《给教师的建议》）中就曾建议青年教师们要每月买三本书：① 关于你所教的那门学科方面的科学问题的书；② 关于可以作为青年们的学习榜样的那些人物的生活和斗争事迹的书；③ 关于人（特别是儿童、少年、男女青年）的心灵的书（即心理学方面的书）。[①]总之，教师要学习的内容很多，主要可概括为四个方面：

1. 广泛阅读各种书籍，拓宽自己的知识面

在当今社会，学会获取知识的方法比获取知识本身更为重要。学会学习、养成良好的学习习惯、使学习成为自己的一种生活方式将是每一个人未来生活幸福的保障。网络时代给教师博览群书提供了极大的便利。教师应该广泛阅读各个领域的书籍，将知识领域拓宽，面对学生有更多解决问题的方法，也使学生在成长的路上收获更多。哲学、文学、历史、天文、地理、科学技术发展新动态等，都是教师阅读可涉猎的范围。多读一些书，能增加教师的底气，在学生面前才不至于心虚。

2. 通晓自己所教的学科，成为学科专家

教师应该认识到，"要给学生一杯水，自己要有一桶水"的观念已经不能适应当今的时代发展需要，科技突飞猛进、信息与日俱增，专业知识的更新周期越来越短，教师随时面临知识危机。教师只有接受系统的、更高层次的学科教育，才有可能在教学过程中得心应手、应付自如。仅接受中等教育和最低层次的高等教育是不可能全面掌握一门学科的，一个合格的教师应全面学习一门学科，包括学科历史、学科结构体系、学科基础理论、学科知识应用以及跨学科知识等。教师要有意识地补充更新自身的专业知识，积极收集教育学的新动向、新信息，不断更新教育理念。

3. 学习课程与教学方法的知识

未来的教师必须是一个教育专家，必须在学习专业学科的同时掌握其他有关教

---

① 苏霍姆林斯基. 给教师的建议：全一册［M］. 杜殿坤，编译. 修订版. 北京：教育科学出版社，1984：96.

育的学问，如心理学、教育学、教育技术、管理学等及其学科教学的方法。信息时代的到来，信息技术的飞速发展，深刻地影响着教育的发展，对教育提出了新的要求，这就要求教师能够利用信息技术来辅助教学。教育信息化强调将现代信息技术转化为教学手段，主要包括两类：一类是视听技术，如广播、影视、录像等；另一类是信息处理技术，主要是计算机的操作技术。在教学过程中，教师若能将讲授的内容与多媒体计算机的形象化处理相结合，就能使教师的讲授与多媒体的演示融为一体，将教学中抽象的问题具体化、枯燥的问题趣味化、静止的问题动态化、复杂的问题简单化，以达到优化教学的目的。

4. 学习心理学与社会学方面的知识

我们每一个人都生活在社会这个大环境中，我们的学生最终都要走向社会，如果教师自己的社会知识都很欠缺，怎么能教育学生在社会上立足呢？由于受家庭背景和学习环境的影响，不少学生的心理发育不够成熟，他们在社会交往中表现为心理脆弱、缺乏自信、适应能力差；在个性特征上表现为情绪波动大、忽冷忽热。教师应当参与社会、了解社会，向社会学习生存知识，使自己能够做纵观时事、适应时代发展的人，力求使培养的学生走向社会后能适应社会生活，遇事处变不惊。

（二）教师要通过各种途径主动进行终身学习

每一个人在任何生命发展阶段均需要不断学习，教师更要不断学习，才能了解所授学科的发展情况，以便传授给学生最适用的知识技能，并且只有不断学习才能有良好的适应性以跟上社会变迁与时代潮流，从而更好地了解学生的发展特点，进行有针对性的教育。终身学习不仅能克服教师教学工作中的困难，解决工作中的新问题，而且能满足教师专业发展的需要，还能充实教师的精神生活，不断提高生活品质。

1. 积极参加继续教育活动

教师除了接受正规的职前教育外，还要在从教生涯中经常参加各种继续教育活动，也可以进一步提升学历。这些学习活动可以是学校专门组织的，也可以是教师自学的；学习方式可以是在某种活动或环境中学习的，也可以是通过网络或其他形式来学习的。总之，终身学习体系涵盖了正规教育、非正规教育和非正式教育，且各种形态的学习必须具有弹性、有所协调统领，不仅是学校，家庭、社区、社团、工作场所等均可作为教师学习的场所，学习方式也不限于面对面的讲授。

我国高度重视教师的继续教育问题，目前全国各地都在实施继续教育的系统工程。教育部明确要求中小学教师要按期轮训。教师通过脱产进修、函授、自学考试或网络教育提升学历等适应职业的需要，也是自我发展的需要。因此，未来教师的日常工作不再完全是教学生，定期接受继续教育将是其工作的重要内容，教师要把每一个阶段的学习作为"加油站"，养成终身学习的习惯。教师还可以通过校本培训把知识转化为解决问题的技能、技巧，不断提高自己的教学能力。

2. 不断加强自主学习

任何一个教育体系都不可能替代学习者的所有学习，特别是自学。教师的学习不能仅是因为学校的规定而进行，也不能仅是在他人或组织的督促下学习，而应是自发的、主动的学习。所谓自发性学习，是指学习是有意识、有目的的活动。自发性学习有利于自我导向学习能力的培养，所谓自我导向学习能力，代表一个人不但要为个人的学习负大部分的责任，而且要知道如何学习。通过不断学习，教师促进自己的专业成长和发展，增进各方面的知识、技能、态度、情感。因此，只有教师把教育系统中的学习与自学有机地结合、协调起来，并在其一生中交替进行，终身学习才能最终实现。

"腹有诗书气自华。"教师养成读书习惯，树立终身学习的意识，就会不断充实自我、完善自我。对教师职业而言，只有通过多读书、读好书，才能不断丰富自己的大脑，提高自己的文化底蕴，才能使自己的知识不断更新，在教学上才会有创新、有灵感，才能做一个学生喜欢的老师。教师如果不读书，就没有教育思想、教育信念、教育思考、教育智慧、教育活力、教育创新，一句话，就是没有教育生命。教师只有活到老、学到老，才能一辈子"站直了"教书。我国教育专家朱永新曾倡导教师必须读一百本书的目标，他说："假如，我们的教师都有一些值得一读的好书；假如，我们的教师利用一切可以利用的时间和精力，为丰富自己而不断的读书；假如，我们的教师能够把读书看成提高生命质量的途径；假如，我们的教师能够边读书，边思考——那么，我们的教师生活就充实了，精神就丰满了，心灵就净化了，生命就有价值了，人生就有意义了。"[①]

3. 乐于反思

自我反思是教师对自己的教学理念、教学行为、教学过程、教学结果等进行的自我回顾和分析的过程。自我反思是教师的自我对话，即教师自己挑自己的"毛病"。自我反思不是一般意义上的"回顾"，而是反省、思考、探索和解决教学过程中存在的问题。反思的本质是一种理解与实践之间的对话，是这两者之间的相互沟通的桥梁，又是理想自我与现实自我在心灵上的沟通。教师反思的过程实际上是使教师在整个教学活动中充分地体现双重角色：既是引导者又是评论者；既是教育者又是受教育者。反思具有目的性，带有研究性质。真正的学习并不是一个人关起门来苦读，而是学会借助有效的表达和倾听，能很好地表达自己的想法，并以开放的心态接纳别人的想法。反思是教师自我发展的重要机制，反思对提高教师专业水平具有重要意义。美国学者波斯纳曾经提出一个教师成长的简要公式："成长＝经验＋反思"；我国著名心理学家林崇德也提出"优秀教师＝教学过程＋反思"的成长公式。如果教师仅满足于获得经验而不对经验进行深入的反思，他的专业成长将受到极大的限制。可以说，能否进行自我反思是教师成为"教书匠"与"教育家"的根本区别。自我反思是促进教师专业成长的有效途径。

4. 勤于实践

随着科学技术的迅猛发展和知识经济的出现，人们对知识的认识发生了根本性的变化，传统的知识概念和知识观已不能适应知识经济发展的需要。1996 年，经

---

① 朱永新. 我的阅读观［M］. 北京：中国人民大学出版社，2012：21.

济合作与发展组织在《以知识为基础的经济》报告中，把知识分为四种类型：知道是什么的知识，即关于事实方面的知识；知道为什么的知识，即关于自然原理和规律的知识；知道怎样做的知识，即关于做事情的技巧、诀窍等方面的知识；知道是谁的知识，即关于谁知道和谁知道做某些事的信息。[①] 这四种类型的知识按照个体素质结构由表及里可分为四个层次：第一层是信息性知识，即事实性和陈述性知识，主要回答"是什么"的问题；第二层是思想方法性知识，是解决问题的思想和方法；第三层是经验性知识，即个体亲身经历或体验到的经验性知识；第四层是技能，即在反复的实践中形成的技能，是能达到自动化程度的知识。由此可知，知识概念的内涵与外延已大大丰富和拓展，传统的满足于事实性知识和陈述性知识的学习方法，满足于课堂和教材的学习方式，已经远远不能适应时代的要求，构建新的知识结构需要更为广阔的空间和多样化的途径，而实践能为教师学习知识提供背景和条件。

教师在教育教学实践中可以培养敏锐感受、准确判断可能出现的新问题的能力；培养把握教育时机、转化教育矛盾和冲突的能力；培养根据教育对象实际和面临的教育情境及时作出决策和选择、调节教育行为的能力。每位教师都必须具备自我发展、自我完善的能力，不断提高自我素质，不断接受新知识和新技术，更新自己的教育理念、知识体系和能力结构，跟上时代的变化，提高自己对教育和学科最新发展的了解。教师也需要端正态度，不断进行学习。实践是教师完善知识结构的主要步骤。一般学习主要学两类知识：直接知识和间接知识。个人基于亲身体验、观察或实践感知获得的知识是直接知识，是个体与外部事物直接互动时产生的，具有直观性、生动性和个体性。通过书本学到的是间接知识，即已有的、系统化的知识，这类知识是前人在反复实践的基础上获得的认识成果，是在实践基础上产生的。要正确把握和深刻理解间接知识同样离不开实践。教师通过积极参加社会实践，可以了解许多知识发生、发展及应用的过程及条件，进而加深对间接知识的理解和把握。

（三）崇尚科学精神，树立终身学习理念

崇尚科学精神是时代发展的必然要求。树立科学精神有利于增强教师的敬业精神、创新精神以及刻苦钻研业务的能力。树立终身学习理念是教师专业发展的必然条件。终身学习是社会对教师提出的必然要求，教师只有终身学习，才能适应时代发展的需求。终身学习是教师实现自身价值、成就自我的要求，教师只有不断探索创新，才能拥有诗意的教育生活和有意义的教育生命。

教师崇尚科学精神，树立终身学习理念的具体要求是：第一，倡导科学精神，加强科学研究。第二，不断学习，提高素质。更新专业知识；掌握现代科学技术发展的新动向；了解教育学、心理学发展的新成果，提高教育能力；学习和使用多媒体技术；在互动式教学中向学生学习。

---

① 经济合作与发展组织（OECD）. 以知识为基础的经济 [M]. 杨宏进，薛澜，译. 北京：机械工业出版社，1997：34.

（四）潜心钻研业务，勇于探索创新

潜心钻研业务是教师职业性质的根本要求。业务能力与工作质量是紧密联系在一起的，较强的业务能力可以说是工作质量的保证。勇于探索创新是新课程改革的必然要求。教育能否培养出具有创新精神和创新能力的人才，不仅关系到个体的生存和发展，还关系到实现中华民族伟大复兴的历史使命。

教师潜心钻研业务，勇于探索创新的具体要求是：第一，提高理论水平和创新精神。第二，快捷获取与利用信息资源。第三，注重研究与反思。第四，重视培养学生的创新意识。第五，改革评价学生的内容和方式。

（五）提高专业素养和教育教学水平，形成自己的教育风格

提高专业素养和教育教学水平是完成教育任务的保障。教师的专业知识是教师在教育实践中获得的直接作用于教育过程的实用性知识。随着时代的发展，教师专业知识结构不再局限于学科知识与教育教学知识的简单组合，而是强调多层复合的结构特征。形成自己的教育风格是培养创新型人才的基础。教育风格是教师的个性特征在学生教育中的全面反映，是教师在教育艺术上成熟的标志。俗话说："教学有法，教无定法，贵在得法。"好的教学风格对学生有着深远的影响，甚至可以影响学生的一生。

教师提高专业素养和教育教学水平、形成自己的教育风格的具体要求是：第一，要对自己从事的职业充满激情。第二，要博采众长。第三，要做好经验与理论的准备。第四，要保持良好的心态。第五，要将继承与发展、反思与创新相结合。除此之外，教师的身体素质也非常重要，有了健全的身体，才有健全的精神，才能成就一番事业。同时，身体也是教师成长的物质基础，是从事繁重的教学与管理工作的前提。没有健康的身体，其他素质再好也发挥不了作用。因此，提高教师的身体素质也是教师终身学习的具体要求之一。

💬 思考与练习

答案

一、简答题

1. 教育部发布的《中小学教师职业道德规范（2008 年修订）》规定教师要遵循哪六项职业道德规范？

2. 简述教育部发布的《中小学教师职业道德规范（2008 年修订）》中六项职业道德规范涉及的禁止性要求。

3. 请分别简述《中小学教师职业道德规范（2008 年修订）》中六项职业道德规范的基本要求。

4. 如何看待有关学生对教师的关爱不领情的现象？

5. 结合具体事例，谈谈你对教师教书育人的理解。

6. 结合具体事例，谈谈你对教师为人师表的理解。

7. 结合具体事例，谈谈你对教师终身学习的理解。

二、单项选择题

请你扫描二维码，查看本章的单项选择题，测一测学习效果。

单项选择题

三、案例分析题

请你扫描二维码，查看本章的案例分析题，测一测学习效果。

案例分析题

推荐阅读

第三章推荐
阅读书目

第四章　教师职业行为准则

好老师对学生的教育和引导应该是充满爱心和信任的，在严爱相济的前提下晓之以理、动之以情，让学生"亲其师""信其道"。好老师要用爱培育爱、激发爱、传播爱，通过真情、真心、真诚拉近同学生的距离，滋润学生的心田，使自己成为学生的好朋友和贴心人。[①]

——习近平

[①] 习近平. 做党和人民满意的好老师：同北京师范大学师生代表座谈时的讲话［M］. 北京：人民出版社，2014：10.

🎯 学习目标

1. 了解《新时代中小学教师职业行为十项准则》制定的背景，深刻认识其重要意义。

2. 理解《新时代中小学教师职业行为十项准则》的具体内容，掌握中小学教师职业行为的基本底线。

3. 通过阅读案例，体会《新时代中小学教师职业行为十项准则》的重要性和必要性，从而更好地理解、分析和评价教育实践中的教师职业行为，形成对教师职业行为的正确态度与教育情怀。

📖 知识导图

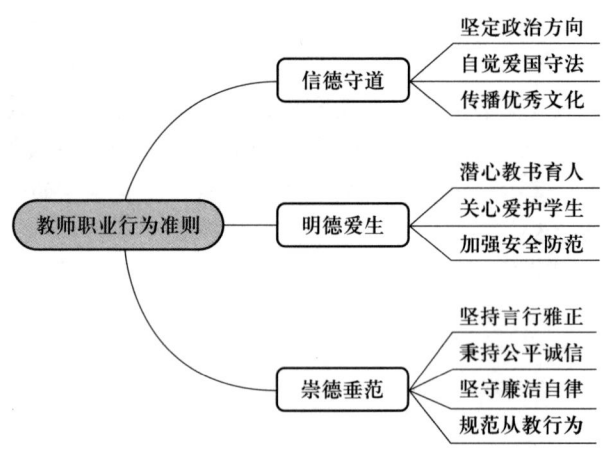

为深入贯彻习近平新时代中国特色社会主义思想，深入贯彻落实全国教育大会精神，扎实推进中共中央、国务院《关于全面深化新时代教师队伍建设改革的意见》的实施，进一步加强师德师风建设，2018 年，教育部印发《新时代高校教师职业行为十项准则》《新时代中小学教师职业行为十项准则》《新时代幼儿园教师职业行为十项准则》，进一步明确了新时代教师职业规范，划定基本底线，为教师职业行为基本规范提供了制度遵循。

《新时代中小学教师职业行为十项准则》（以下简称《准则》）吸收了《中小学教师职业道德规范（2008 年修订）》中反映教师职业道德本质的基本要求，如爱国守法、教书育人、关爱学生等。此外，《准则》也反映了"红七条"以及严禁教师违规收受学生及家长礼品礼金、严禁中小学校和在职中小学教师有偿补课的规定。值得提及的是，《准则》不仅规范教师职业道德行为，还对教师提高政治素质、传播中华优秀传统文化、积极奉献社会等方面提出要求。

《准则》是对中小学教师职业行为的要求，教师要牢固确立底线思维，严格遵守相关准则要求。划定底线不是"体检结果"，而是"预防保健手册"，严管厚爱是对广大教师的警示提醒，也是对教师最好的保护。当然，教师真正保护自己的关键还在于提高自律意识，正确处理好个人利益与国家利益、社会利益的关系，筑牢思想防线，自觉把"守纪律、讲规矩"内化于心、外化于行。

《准则》富有鲜明的时代特征，是结合新时代、新要求、新形势、新问题制定的教师职业行为规范，是优秀师德传统与时代要求的有机结合。《准则》新增了"习近平新时代中国特色社会主义思想""社会主义核心价值观""落实立德树人根本任务"等表述，这是与时俱进、不断创新的生动写照。同时，表述更为简洁明了，更具操作性。

关于《准则》的十项要求，本教材将其归纳为三个方面："信德守道"，主要包括坚定政治方向、自觉爱国守法、传播优秀文化；"明德爱生"，主要包括潜心教书育人、关心爱护学生、加强安全防范；"崇德垂范"主要包括坚持言行雅正、秉持公平诚信、坚守廉洁自律、规范从教行为。

第一节　信德守道

传道、授业、解惑作为教师的三大职责，传道居于首要地位。在新的历史时期，传道有了新的含义，即教师更好地为学生发展提供人生航向和不竭动力。为此，教师应当信德守道，做到坚定政治方向、自觉爱国守法、传播优秀文化。

一、坚定政治方向

《新时代中小学教师职业行为十项准则》对坚定政治方向的阐释为：坚持以习近平新时代中国特色社会主义思想为指导，拥护中国共产党的领导，贯彻党的教育方针；不得在教育教学活动中及其他场合有损害党中央权威、违背党的路线方针政策的言行。

📋 案例链接

"基础教育从事的是做人的基本建设的工作。人，要有人的样子。根子扎得正、扎得深，未成年人才能健康地全面发展。根子不正、不牢，地动山摇。为此，从事基础教育容不得半点疏漏与闪失。因为今天的教育质量就是明天的国民素质。"人民教育家、上海市杨浦高级中学名誉校长于漪说。

从教71年，于漪一直扎根讲坛，勤学不怠，成为教坛不老松。她主张一切教育教学活动都要围绕育人的大目标，坚信"理想就在岗位上，信仰就在行动中"。她终身为教育求索着、奉献着，让生命与使命同行。

于漪喜欢闻一多的诗："红烛啊！'莫问收获，但问耕耘。'"回望过往，在《岁月如歌》中，于漪这样写道："教师，太阳底下永恒的事业，执着追求的就是学生今日的健康成长、明日的长足发展，引领他们成为堂堂正正有中国心的现代文明人。在学生成长成人成才的伟大事业中，有你点燃的家国情怀，有你奉献的仁爱之心，有你浇灌的才、学、识，岁月怎不如歌！人生怎不幸福！"于漪就像红烛一般燃烧着，用火热的激情参与中国教育改革发展，她奉献着，在教师岗位创造育人的伟业。①

一   案例讨论

"人民教育家"于漪是如何以实际行动贯彻党的教育方针的？

（一）坚定政治方向准则的内涵

中共中央、国务院《关于全面深化新时代教师队伍建设改革的意见》指出："加强理想信念教育，深入学习领会习近平新时代中国特色社会主义思想，引导教师树立正确的历史观、民族观、国家观、文化观，坚定中国特色社会主义道路自信、理论自信、制度自信、文化自信。"坚决维护党中央权威和集中统一领导，是我们党在长期实践中形成的优良传统和独特优势，也是中国特色社会主义政治发展道路的历史必然，是推进新时代党和国家各项事业的根本原则。

党的教育方针是党的理论和路线方针政策在教育领域的集中体现，在教育事业发展中具有根本性地位和作用。习近平总书记关于教育的重要论述，创造性地丰富了党的教育方针内涵，集中体现了马克思主义中国化在党的教育方针范畴的最新成果。②党的十八大以来，以习近平同志为核心的党中央高度重视教育工作，决定把劳动教育纳入社会主义建设者和接班人的要求中，提出"德智体美劳"的总体要求。2021年4月，第十三届全国人民代表大会常务委员会第二十八次会议通过《关

---

① 董少校. 人民教育家于漪：生命与使命同行 [J]. 中国基础教育，2022（19）：17—20.
② 张力. 从党的教育方针看中国共产党的初心与使命 [N]. 中国教育报，2019-06-24（1）.

于修改〈中华人民共和国教育法〉的决定》，将第五条修订为"教育必须为社会主义现代化建设服务、为人民服务，必须与生产劳动和社会实践相结合，培养德智体美劳全面发展的社会主义建设者和接班人"，将党的教育方针落实为国家法律规范。坚定政治方向，就是要深入学习贯彻习近平新时代中国特色社会主义思想，始终同以习近平同志为核心的党中央保持高度一致，旗帜鲜明讲政治，不断增强"四个意识"、坚定"四个自信"、做到"两个维护"，牢记"国之大者"，在教育教学过程中坚持社会主义办学方向，落实立德树人根本任务。坚持教育为人民服务、为中国共产党治国理政服务、为巩固和发展中国特色社会主义制度服务、为改革开放和社会主义现代化建设服务，努力培养担当民族复兴大任的时代新人，培养德智体美劳全面发展的社会主义建设者和接班人。

（二）坚定政治方向准则的意义

方向就是旗帜。坚定政治方向是中国人民在实践中不断探索，从革命、建设到改革不断走向胜利的重要法宝。高举习近平新时代中国特色社会主义思想伟大旗帜，坚持用党的创新理论最新成果武装头脑、指导实践，对教师而言，是滋养初心、教书育人的力量源泉。教师唯有坚持政治方向，才可能站在党和人民的立场，起到正面引导的作用。

习近平总书记强调："青少年阶段是人生的'拔节孕穗期'，这一时期心智逐渐健全，思维进入最活跃状态，最需要精心引导和栽培。"① 只有教师坚定政治方向，立德树人才有了可靠的保证，才可能培养出拥护中国共产党领导、拥护社会主义制度，德才兼备的时代新人。

（三）坚定政治方向准则的要求

教育是培养人的事业，方向问题从来都是第一位的。我国是中国共产党领导的社会主义国家，扎根中国大地办教育，必须坚持社会主义办学方向。教师要保持政治上的先进性，全面贯彻党的教育方针，必须认真学习习近平新时代中国特色社会主义思想，把握习近平总书记关于教育的重要论述的深刻内涵，在学懂、弄通、做实、融入上真正下功夫。教师要不断增强道路自信、理论自信、制度自信、文化自信，从中汲取信仰的力量，培养一代又一代全面发展、担当民族复兴大任的时代新人。

教师要不断提高政治站位，旗帜鲜明讲政治，把讲政治贯穿立德树人根本任务的全过程，不断提高政治判断力、政治领悟力、政治执行力。要把爱国情怀、报国之志转化为育人的实际行动。不得在任何场合有损害党中央权威、违背党的路线方针政策的言行。站在新的历史起点上，教师应当时时处处自觉服从党中央权威和集中统一领导，贯彻党的教育方针，在平凡的工作岗位上，为中华民族伟大复兴和社会主义现代化建设奉献力量。

二、自觉爱国守法

《新时代中小学教师职业行为十项准则》对自觉爱国守法的阐释为：忠于祖国，

---

① 习近平. 论党的宣传思想工作［M］. 北京：中央文献出版社，2020：372–373.

忠于人民，恪守宪法原则，遵守法律法规，依法履行教师职责；不得损害国家利益、社会公共利益，或违背社会公序良俗。

📋 案例链接

2012 年 2 月 28 日，湖北省潜江市的援疆教师尹才华第一次踏上援疆之旅。尹才华的援疆支教时间是半年，支教期满后，他毅然选择了再援疆三年。三年过后，他决定举家落户新疆生产建设兵团第五师八十八团学校，选择留在新疆。尹才华之所以作出这样一个很多人看来不能理解的决定，源于他在支教中对当地学生产生的爱，以及边疆教育对教师的尊重和对人才的渴望。"我的人生翻开了新的一页。"尹才华，这位放弃内地优越的工作生活条件，举家落户新疆的老师，用这句话表明了自己坚定的态度。①

一　案例讨论

尹才华老师热爱边疆教育、服务边疆人民的事迹对你有何启示？

（一）自觉爱国守法准则的内涵

爱国主义是中华民族最重要的精神财富，是中国人民和中华民族维护民族独立和民族尊严的强大精神动力。习近平总书记在纪念五四运动 100 周年大会上的讲话指出："当代中国，爱国主义的本质就是坚持爱国和爱党、爱社会主义高度统一。"②在 2018 年全国教育大会上，习近平总书记提到"六个下功夫"，要求在厚植爱国主义情怀上下功夫，让爱国主义精神在学生心中牢牢扎根。

全面推进依法治教是全面依法治国新理念新思想新战略的重大政治任务。教师要维护法律的权威，依法执教，依法保护学生的权益不受损害。

公序良俗，简单地说就是"公共秩序"与"善良风俗"，是国家社会存续与健康发展所必需的秩序和道德。一般认为，公序良俗作为我国民法中的基本原则，是一种仅次于法律的调整民事行为的规范。设立公序良俗原则，可以在一定程度上弥补法律禁止性规定的不足。

（二）自觉爱国守法准则的意义

第一，自觉爱国守法是教师安身立命的前提。自觉是一种行事习惯，是一种对人、事、物的态度，是现代人素质的鲜活标志。教师对祖国爱得越深沉，社会责任感就会越强烈，教书育人的激情就会越迸发。守法既是对自身、对学生的爱护，也是依法执教的必然要求。只有做到自觉爱国守法，才能保证教师履行自己的职责使命，成为学生成长发展的引路人。

第二，自觉爱国守法必然延伸传递到学生。爱国守法是每一个社会成员应当具备的基本要求，教师也不例外。"老师应该有言为士则、行为世范的自觉，不断

---

① 王瑟. 尹才华："我的人生翻开了新的一页"［N］. 光明日报，2018-09-09（4）.

② 习近平. 在纪念五四运动 100 周年大会上的讲话［M］. 北京：人民出版社，2019：7.

提高自身道德修养，以模范行为影响和带动学生，做学生为学、为事、为人的大先生，成为被社会尊重的楷模，成为世人效法的榜样。"[1]

（三）自觉爱国守法准则的要求

爱国是所有公民都必须遵守的要求。教师的家国情怀不仅是安身立命的基础，还是引领学生健康发展的前提。教师自身首先要弘扬爱国主义，使爱国主义融入中国特色社会主义伟大实践中。爱国不是抽象的，也未必都表现为惊天动地的事迹。教师爱国要立足本职工作，勤勉工作，做新时代的奋斗者。教师爱国还有其特殊的职业属性，即引导学生把握爱国主义的深刻内涵，采用多种方式丰富爱国主义教育的内容，让学生热爱社会主义祖国，并立志为祖国的繁荣富强努力学习。

广大教师要树立遵法守法意识，在遵法守法方面为全社会作出表率。教师要维护宪法的权威和尊严，维护宪法至高无上的地位，在学习、工作、生活中要以宪法和法律为准则，决不能有违反宪法和法律的言论和行为。教师要在教育教学过程中做好榜样示范，引导学生知法懂法，树立法治思维。

教师是先进思想文化的传播者，是学生成长发展的引路人，是教育发展的第一资源。教师职业角色的特殊性决定了教师道德修养具有引领意义。教师应当维护社会公共利益，强化规则意识，弘扬中华传统美德，破除陈规陋习，树立良好家风，带头遵守社会公序良俗。

三、传播优秀文化

《新时代中小学教师职业行为十项准则》对传播优秀文化的阐释为：带头践行社会主义核心价值观，弘扬真善美，传递正能量；不得通过课堂、论坛、讲座、信息网络及其他渠道发表、转发错误观点，或编造散布虚假信息、不良信息。

（一）传播优秀文化准则的内涵

文化是国家民族的精神家园，体现着国家民族的价值取向、道德规范、思想风貌及行为特征。2017 年，中共中央办公厅、国务院办公厅印发的《关于实施中华优秀传统文化传承发展工程的意见》指出："中华优秀传统文化蕴含着丰富的道德理念和规范，如天下兴亡、匹夫有责的担当意识，精忠报国、振兴中华的爱国情怀，崇德向善、见贤思齐的社会风尚，孝悌忠信、礼义廉耻的荣辱观念，体现着评判是非曲直的价值标准，潜移默化地影响着中国人的行为方式。"

社会主义核心价值观只有从中华优秀传统文化中汲取丰富营养，才会有强大的生命力和影响力。习近平总书记指出："中华优秀传统文化是中华民族的精神命脉，是涵养社会主义核心价值观的重要源泉，也是我们在世界文化激荡中站稳脚跟的坚实根基。"[2]

社会主义核心价值观是社会主义核心价值体系的内核，分为三个层面：国家

［拓展阅读］
《关于实施中华优秀传统文化传承发展工程的意见》

① 习近平在中国人民大学考察时强调：坚持党的领导传承红色基因扎根中国大地　走出一条建设中国特色世界一流大学新路［N］. 人民日报，2022-04-26（1）.
② 习近平. 论党的宣传思想工作［M］. 北京：中央文献出版社，2020：114.

层面的价值观包括富强、民主、文明、和谐，要求我们明大德；社会层面的价值观包括自由、平等、公正、法治，要求我们守公德；个人层面的价值观包括爱国、敬业、诚信、友善，要求我们严私德。习近平总书记在党的二十大报告中强调，深入开展社会主义核心价值观宣传教育，深化爱国主义、集体主义、社会主义教育，着力培养担当民族复兴大任的时代新人。

📋 案例链接

1982年，库尔班·尼亚孜成为镇上第一个大学生，走出了乌什县。说起就读新疆大学的经历，他记忆最深刻的就是去北京实习的那段时光。"在北京，我感受到了祖国的强大，世界真的很大、很精彩，我们应该多走走、多看看。"

毕业后，库尔班·尼亚孜做生意的经历让他感受到与沿海地区人们观念开放、重视教育的差距，他决心在家乡建一所国家通用语言小学。

2003年，库尔班·尼亚孜办小学的想法得到了依麻木镇党委的大力支持，他拿出60万元积蓄建设学校，希望通过这个平台，向边疆孩子们传播中华优秀传统文化。

办学之路格外艰辛，开始没人愿意将孩子送到这所小学，也很少有人愿意到没有编制的民办学校当老师。但哪怕教室里只剩下一个孩子，他都从未动摇过办学的信念。

走访每个孩子家庭，承诺学习没成效退回双倍学费；学校设施短缺，找亲朋好友借钱投入；稳定教师队伍，开出比一般学校高出一倍的工资……

克服了一个个困难，库尔班·尼亚孜办好学校的信心越来越足，点子越来越多：开设国学课堂，设立孔子像，教孩子们读诗练字；请来民间艺人，教学生们扭秧歌、唱戏曲、剪窗花；每逢端午、中秋等传统佳节，组织学生包粽子、吃月饼。[①]

一 案例讨论

第十四届全国人大代表、新疆阿克苏地区乌什县依麻木镇国家通用语言小学校长库尔班·尼亚孜是如何传播中华优秀传统文化的？

（二）传播优秀文化准则的意义

第一，增强学生的文化自信。中华优秀传统文化是中华民族的基因、民族文化血脉和中华民族的精神命脉。传播中华优秀传统文化就是培根铸魂。中华民族拥有悠久的历史和绚丽的传统文化瑰宝，对于学生认同中华民族价值观，增强民族自信心、民族自豪感和民族凝聚力，坚定文化自信有着重要意义。

第二，提高国家文化软实力。传播优秀文化，不仅是传授文化知识，还保障了学生的基本文化权益，这为建设社会主义文化强国、增强国家文化软实力打下了坚

---

① 李若楠，张宝山. 库尔班·尼亚孜：做中华优秀传统文化的传播者［J］. 中国人大，2023（5）：39.

实的基础。

第三，滋养学生的成长发展。文以载道，以文化人。优秀文化积淀着多样、珍贵的精神财富，滋养了独特丰富的文学艺术、科学技术、人文学术，对学生的成长发展具有深刻的影响。优秀文化有益的价值精髓深度嵌入学生的学习、生活，成为学生成长发展的丰富资源。

（三）传播优秀文化准则的要求

教育可以传承文化、选择文化、改造文化、创新文化，反过来，文化也有化育功能，优秀文化在学生发展中的作用是不言而喻的。教师的职业特点决定了教师在传播文化中占有举足轻重的地位。教师不仅要带头践行社会主义核心价值观，增强价值判断力，更要在增强学生认知与认同上下功夫，使社会主义核心价值观深入人心，在学生心中生根、开花、结果。

习近平总书记强调，要加强对中华优秀传统文化的挖掘和阐发，努力实现中华传统美德的创造性转化、创新性发展。[①] 教师要秉持守正创新理念，将中华优秀传统文化融入社会主义核心价值观建设，融入教育教学过程，让学生受到中华优秀传统文化的感染和熏陶。

传承中华优秀传统文化不是简单地复古，也不是盲目地排外，应当秉持古为今用、洋为中用，"以古人之规矩，开自己之生面"，汲取古今中外优秀文化之精华，实现中华文化新的发展。弘扬中华优秀传统文化并不排斥先进的外来文化，要善于吸收外来文化中的有益成果。

教师要把中华优秀传统文化特别是中华传统美德融入社会公德、职业道德、家庭美德、个人品德的养成中。要充分发挥优秀文化的以文化人功能，并将文化融入教育教学全过程，形成学校教育、家庭教育、社会教育三位一体的育人体系。教师应重视文化的系统性，更好地促进文化传承。要不断丰富拓展校园文化，推进戏曲、书法、高雅艺术、传统体育等进校园，实施中华经典诵读工程，开设中华文化公开课，抓好传统文化教育成果展示活动。

学术无禁区，课堂有纪律。课堂、论坛、讲座等是教师传道、授业、解惑的场域，教师要传递正能量，讲好中国故事，而不能不负责任地借口"言论自由"传播低俗、错误、反动的观点。信息网络及自媒体等其他渠道能够便捷快速地传递信息，教师应当加以合理运用，传递积极向上的声音，但不能超越法律与道德的边界。

第二节 明 德 爱 生

教师忠诚党和人民的教育事业，体现在教书育人的过程中。每一位学生都是一粒种子，教师就是阳光雨露，滋润着学生成长。为此，教师必须做到明德爱生，潜

---

① 习近平. 习近平谈治国理政 [M]. 北京：外文出版社，2014：106.

心教书育人，关心爱护学生，加强安全防范，努力成为学生成长路上的引路人。

一、潜心教书育人

《新时代中小学教师职业行为十项准则》对潜心教书育人的阐释为：落实立德树人根本任务，遵循教育规律和学生成长规律，因材施教，教学相长；不得违反教学纪律，敷衍教学，或擅自从事影响教育教学本职工作的兼职兼薪行为。

[微课视频]
李吉林——全国教书育人楷模
李庾南——如果离开了课堂，我就是无本之木、无源之水

📋 案例链接

作为"教育之乡"，南通有两张亮丽的名片：李吉林，情境教育创始人、儿童教育家；李庾南，"自学·议论·引导"教学法创始人，连续任职最长的班主任。两位教师埋头扎根于基础教育领域：李吉林在小学语文教育领域致力于探索儿童快乐高效学习的奥秘，李庾南致力于探索初中数学教学中的因材施教。2014年，李吉林和李庾南分别获得国家级教学成果特等奖和一等奖，并曾荣获全国教书育人楷模称号。

— 案例讨论

案例中的两位教师一辈子就一个身份：教师；一个方向的研究做了五六十年。结合这两位全国教书育人楷模教师生涯的发展与成就，谈谈你对坚守教育初心、潜心立德树人的理解。

（一）潜心教书育人准则的内涵

教师是人类灵魂的工程师。教师不仅传授知识、传承文明，还必须担负起塑造灵魂、塑造生命、塑造新人的重任。迈入新时代，教师的核心使命是培养德智体美劳全面发展的社会主义建设者和接班人，培养担当民族复兴大任的时代新人。教师一味教书而忽视育人，充其量也只能是教书匠。教师的主战场在课堂，只有课堂这一育人主渠道实现高效创新，学生才能卓越发展。教育家赫尔巴特提出，教学具有教育性，没有不具备教育性的教学。显然，教书与育人本来就应浑然一体。教师教书育人不能仅凭一腔热情，而是要基于对我国教育事业发展的规律性认识，紧紧围绕学生成长发展规律，科学开展教育教学工作。

（二）潜心教书育人准则的意义

"立德树人"科学地回答了"培养什么人、怎样培养人、为谁培养人"这一教育根本问题，具有里程碑意义。它反映了教育的本质要求，对于明确教育使命，深刻把握教育规律和学生成长规律具有重要意义。落实立德树人根本任务必然要求坚持德育为先，着力促进学生全面发展。显然，这对教师潜心教书育人提出了具体要求。

教师应当对作为教育对象的学生有全面的认识，能够依据学生的发展状况实施有针对性的教育，尊重学生的差异，并将这些差异视作宝贵的资源加以开发和利用。针对学生的差异因材施教，是教师应当遵循的教育原则。同时，教师需要处理好师生关系，不能高高在上、以俯视的心态对待学生。《礼记》提及："学然后知不足，教然后知困。知不足，然后能自反也；知困，然后能自强也。故曰教学相长也。"将教学相长原则贯穿教育教学活动中，充分尊重学生。正如陶行知所说："师生本无一定的高下，教学也无十分的界限；人只知教师教授，学生学习；不晓得有的时候，教师倒从学生那里得到好多的教训。"[①] 可见，教师的教育教学工作要始终围绕学生展开。

（三）潜心教书育人准则的要求

潜心教书育人意味着教师要发扬为民服务孺子牛、创新发展拓荒牛、艰苦奋斗老黄牛的"三牛"精神，心系学生，砥砺奋进，为党和人民教育事业奋斗终身。教师要提高站位，将教书育人与社会主义事业联系起来，明白自己承担的工作是光荣的、幸福的、责任重大的。

习近平总书记在第 36 个教师节到来之际寄语全国广大教师，希望不忘立德树人初心，牢记为党育人、为国育才使命，积极探索新时代教育教学方法，不断提升教书育人本领，为培养德智体美劳全面发展的社会主义建设者和接班人作出新的更大贡献。可见，教师教学必须严把政治方向，明确为党育人、为国育才使命，切实提升教书育人本领，认真将"教书"与"育人"二者有机融合。教师还要重视与学生有效互动，尤其是心灵交流，营造尊师爱生的良好氛围，实现教学相长。

课堂教学是全面发展教育的基本途径，是立德树人的主渠道。教师必须秉持底线思维，严守教学纪律。教师在教育教学工作过程中，如果有影响本职工作的兼职兼薪行为，势必不能潜心从事教书育人工作，影响学校正常的教育教学秩序，也违反教师职业道德。因此，广大教师应不忘初心、牢记使命，展现无私奉献、崇德向善的精神风貌。

二、关心爱护学生

《新时代中小学教师职业行为十项准则》对关心爱护学生的阐释为：严慈相济，诲人不倦，真心关爱学生，严格要求学生，做学生良师益友；不得歧视、侮辱学生，严禁虐待、伤害学生。

📋 案例链接

上好一两堂课容易，上好每一堂课不容易；当一两天乡村中学教师不难，当一辈子乡村中学教师很难。张万波个头不高，但在辽宁省本溪市满族自治县的教育界，一提到第五中学的张万波，每个人都会情不自禁地竖起大拇指。

1997 年，张万波以辽宁省优秀毕业生的身份回到本溪南部山区的一所农村中学——祁家堡中学，开始了教师生涯。20 多年来，张万波一直耕耘在距离县城 100 公里的乡村中学。他凭着一名共产党员的觉悟，坚守着乡村教育事业，对学生倾注严父慈母般的亲情，用爱滋养着每一个乡村孩子。

---

① 陶行知. 中国教育改造［M］. 北京：商务印书馆，2017：28.

尽管曾经有县城学校向张万波抛来橄榄枝，但他毅然决然地选择留在乡村学校。2010 年 11 月 11 日，作为全县教育系统师德标兵报告团唯一的男教师，张万波 20 多分钟的报告赢得了热烈掌声。近年来，他先后获得本溪市优秀教师、辽宁省农村初中数学骨干教师、全国优秀教师等荣誉。[①]

一   案例讨论

张万波老师体现了一种怎样的师爱？

（一）关心爱护学生准则的内涵

习近平总书记指出，教育是一门"仁而爱人"的事业。好老师应该是仁师，没有爱心的人不可能成为好老师。好老师对学生的教育和引导应该是充满爱心和信任的。好老师应该把自己的温暖和情感倾注到每一个学生身上，用欣赏增强学生的信心，用信任树立学生的自尊。爱学生就是要尊重学生、理解学生、宽容学生。

关爱学生应当"严爱相济"，因为严格往往是一种深爱和大爱。片面强调所谓的"快乐教育"，对学生过于放松甚至溺爱往往导致学生品行败坏。当然，严格不等同于严厉、严酷，要把握好严格的尺度。

（二）关心爱护学生准则的意义

"四有"好老师标准中提出"有仁爱之心"，生动阐释了关爱学生的必要性。因为学生"闻道"在后，属于发展过程中的人，需要教师的指导帮助。习近平总书记在中国人民大学考察时指出，"广大教师要严爱相济、润己泽人"[②]。关心爱护学生直接关系到学生的健康成长，关系到教师专业发展，还关系到学生家庭以至全社会的和谐发展。

（三）关心爱护学生准则的要求

三寸粉笔，三尺讲台系国运。习近平总书记十分关心广大学生的成长，将青少年阶段比喻成人生的"拔节孕穗期"。教师的关爱则是为学生成长提供宝贵的支持。选择当教师就是选择了责任，就要尽到立德树人、教书育人的责任，并把这种责任体现到平凡、普通、细微的教学过程中。要公平公正、关心爱护每一个学生。教师关心爱护学生应做到以下四点：

第一，深入了解学生。教师的关爱是一种大爱，只有全面了解学生的发展状况，走进学生的心灵，关爱才有意义。苏霍姆林斯基指出："尽可能地了解每个孩子的精神世界——这是教师和校长的首条金科玉律。"[③] 教师如果无视学生现有的基础，不关注学生的差异，空泛谈论关爱，就难以取得教育实效。

第二，关爱要细致有度。"随风潜入夜，润物细无声。"教师对学生的关爱要一视同仁，于细微处见精神。对学生无微不至的呵护是必要的，但不能加以放纵走向

① 教育部. 2021 年全国教书育人楷模 [N]. 中国教师报，2021-09-15（4）.
② 习近平在中国人民大学考察时强调：坚持党的领导传承红色基因扎根中国大地   走出一条建设中国特色世界一流大学新路 [N]. 人民日报，2022-04-26（1）.
③ 苏霍姆林斯基. 帕夫雷什中学 [M]. 赵玮，王义高，蔡兴文，等译. 北京：教育科学出版社，1987：48.

反面。教师要了解学生的内在需求，帮助学生建立自信，给予学生必要的支持。

第三，关心爱护与严格管理并举。学生的发展离不开教师的激励、引导，也离不开教师的严格管理。通过严格管理，不断砥砺学生品格、提高学生本领，可以说，严格是一种特殊的师爱。对于学生发展过程中可能出现的问题及早提醒、及早纠偏，其落脚点也是出于对学生的爱。

第四，教师与学生在人格上平等，不得歧视、侮辱学生，严禁虐待、伤害学生。学生违纪或有其他不当行为时，教师应当遵循教育规律，依法履行职责，通过积极管教和适当的教育惩戒，及时纠正学生的错误言行，培养学生的规则意识、责任意识。坚决杜绝将教育惩戒与体罚、变相体罚、虐待混为一谈。

三、加强安全防范

《新时代中小学教师职业行为十项准则》对加强安全防范的阐释为：增强安全意识，加强安全教育，保护学生安全，防范事故风险；不得在教育教学活动中遇突发事件、面临危险时，不顾学生安危，擅离职守，自行逃离。

📋 案例链接

他笃信责任高于一切，校舍要建得最坚固、安全演练要不间断；他笃信成就源于付出，艰难困苦冲锋在前、教书育人身先士卒。"5·12"汶川特大地震，他凭借爱心与责任加固的钢筋水泥，守护校园在地动山摇中屹立不倒，守护孩子在生死关头看到希望。这就是叶志平，一位大写的中学校长，一名普通的共产党员。

他从1995年开始，就到处借钱加固教学楼，因为他知道，教学楼不建结实，出了事没法向娃娃家长交代；

他从2005年起，就在学校坚持每学期进行一次消防疏散演练，"5·12"汶川特大地震发生时，他设计的疏散方案，挽救了全校师生的生命；

他做梦都想建一所安全牢固的学校，地震后，他给援建方提建议，剔除了许多华而不实的设计，把新学校建得安全、实用；

他就是叶志平，四川省桑枣中学校长，一名普通的共产党员。[①]

— 案例讨论

为什么加强安全防范与提升教育教学质量同等重要？

（一）加强安全防范准则的内涵

保证学生安全是立德树人的前提条件。安全工作是全面贯彻党的教育方针，保障学生健康成长、全面发展的前提和基础，关系广大师生的人身安全，事关家庭幸

---

① 刘磊，胥茜，杨钢. "学校是我一生的作品"：记四川安县桑枣中学校长叶志平［N］. 中国教育报，2011-05-14（1）.

福与社会和谐稳定。

校园安全涉及千家万户的幸福。各地公安、教育部门联动实现"四个100%"，即校园封闭式管理达标率、专职保安员配备率、一键式紧急报警和视频监控系统达标率、"护学岗"设置率均达到100%。对教师来说，也具有相应的安全防范职责。提高学生安全意识和自我防护能力是素质教育的重要内容。广大中小学生是处于发展过程中的人，尚缺乏社会经验和安全知识，除了家庭教育和社区教育以外，主要依靠学校教师给予安全教育。要将安全教育纳入国民教育体系，把尊重生命、保障权利、尊重差异的意识和基本安全常识从小根植在学生心中。

安全防范工作无小事，包括的领域众多，如交通安全防范、财物安全防范、人身安全防范等，具体包括防溺水、防毒、防爆、防辐射、防污染；洪水、地震、火灾等灾害事故的防范；校园欺凌导致的故意伤害防范、学生过失防范、校园拥挤踩踏防范等人为因素造成的事故防范。另外，学生的心理健康问题也应成为教育关注的范畴。

（二）加强安全防范准则的意义

第一，保证学生生命健康安全。学生阶段是人生发展的重要阶段，加强安全防范能够为学生顺利接受教育提供良好的条件。安全防范永远在路上，学生的人身、财物、信息等安全不能有丝毫松懈。学生安全意识的提升不仅对其个人有直接保护作用，对他人来说也有间接效用。

第二，有效推进素质教育。社会发展对学生核心素养提出新的要求，素质教育是学生核心素养形成的重要路径。学生除了学习科学文化知识、掌握各种学科技能之外，安全意识及安全素养也是十分重要的方面。对自我约束力差、心理健康水平相对较低的学生来说，及早进行干预教育，是关爱学生的生动体现。

第三，助力社会和谐稳定。学校加强安全防范的意义不仅局限于学校乃至学生家庭，还延伸到整个社会层面。学校安全直接关系到社会的和谐稳定，也是社会关注度较高的话题。接受过安全防范教育的学生步入社会后，会成为构筑社会安全长城的重要力量。

（三）加强安全防范准则的要求

一是要提高站位，深刻认识安全防范工作的重要性。安全工作无小事，要切实提高安全防范站位，强化顶层设计，以系统思维考量安全防范工作。教师要牢固树立"安全第一，预防为主"理念，增强安全防范工作的责任感和紧迫感，认真执行各项安全教育管理制度，办好人民满意的教育。学校必须将安全防范工作摆在教育工作的重要位置，增强安全教育工作的针对性和实效性，持续深入开展安全教育，全面提升师生防范风险安全意识，为落实立德树人根本任务夯实基础。

二是要熟悉安全管理政策法规，强化风险管控。当前，从中央到地方都十分重视学生安全工作，出台多项安全规章制度。教师应熟悉并严格落实各项安全管理制度。由教育部等多个部门联合发文公布的《中小学幼儿园安全管理办法》，较为全面地构建了学校安全工作保障体系，教师尤其要熟悉其中关于学校职责的条文规定，如执行学生上下学时接送交接制度、值班与巡查制度；对已知有特异体质、特定疾病或者异常心理状况的学生,应当及时与监护人沟通。

三是要培养学生良好的行为习惯,引导学生掌握基本的安全常识。《中小学生守则(2015年修订)》中明确提出"珍爱生命保安全"。为此,应将安全教育纳入学生日常行为规范教育中,构建安全教育体系。教师要坚持利用日常班队活动等载体,积极开展各项安全演练;召开以安全为专题的班会,促进安全知识入脑入心。例如,结合中小学生安全教育日、全国防灾减灾日(每年5月12日)、全国消防日(每年11月9日)、全国交通安全日(每年12月2日)等,组织开展安全教育主题活动。通过安全演练切实提升学生的自我保护能力。根据教育部颁布的《中小学幼儿园应急疏散演练指南》,有针对性地开展突发事故的应急疏散演练。在组织学生参加大型集体活动尤其是校外活动时,教师要有针对性地对学生开展安全教育,制订安全应急预案。

四是要切实采取措施预防校园欺凌,关注学生心理健康。当前,校园欺凌现象呈现多样化态势,其危害影响不止囿于当事人,还对其他学生产生不良影响。教师要积极培养学生健全的人格,引导全体学生做到珍爱生命、尊重他人、团结友善、不恃强凌弱。做好家校协作育人工作,引导家长注重孩子思想品德教育和良好行为习惯的培养,从源头上预防校园欺凌和暴力行为发生。切实履行教育管理责任,设立学生求助电话和紧急联系人,及早发现、及时干预和制止欺凌、暴力行为。

教师自身也要提高安全防范意识,认真贯彻落实各项安全规章制度,切实履行使命担当。要强化与社区、家庭的交流合作。在教育教学活动中,当遇有突发事件时,教师有责任挺身而出,优先保障学生的安全,这是人民教师的职业操守。

第三节 崇 德 垂 范

教师承载着传播知识、传播思想、传播真理,塑造灵魂、塑造生命、塑造新人的时代重任。广大教师要不忘立德树人初心,牢记为党育人、为国育才使命,做到"三寸粉笔,三尺讲台系国运;一颗丹心,一生秉烛铸民魂"[①]。教师应当崇尚师德、率先垂范,为学生做好人生的榜样。为此,教师必须做到坚持言行雅正、秉持公平诚信、坚守廉洁自律、规范从教行为。

一、坚持言行雅正

《新时代中小学教师职业行为十项准则》对坚持言行雅正的阐释为:为人师表,以身作则,举止文明,作风正派,自重自爱;不得与学生发生任何不正当关系,严禁任何形式的猥亵、性骚扰行为。

---

① 习近平. 做党和人民满意的好老师:同北京师范大学师生代表座谈时的讲话[M]. 北京:人民出版社,2014:14.

📋 **案例链接**

清华大学附属小学校长、人民教师——窦桂梅，立足讲台 34 年，坚守立德树人使命，不断探索教学改革，带领团队两次获得基础教育国家级教学成果一等奖。

窦桂梅老师每天早上准时站在校门口迎接全校学生，微笑问好、鞠躬、竖起大拇指和学生们的大拇指相碰。这样的动作，她一做就是十年，因为她说这是从观察学生到育人的最好方式。①

案例讨论

窦桂梅老师的行为符合《新时代中小学教师职业行为十项准则》中的什么规定？

（一）坚持言行雅正准则的内涵

言行雅正、为人师表是古已有之的教师职业道德要求。《论语》中说："不学礼，无以立。"不学会礼仪礼貌，就难以有立身之处。教师作为太阳底下最光辉的职业，不仅要有高尚的道德情操与高深的学问，同时也要有雅致的言行。教师良好的举止作风是教师履职尽责的必然要求。由于教师职业的特殊性，无论在社会还是在学校，教师的言行举止都受到更多的关注，并与教师职业要求伴随始终。教育家布鲁纳说："教师也是教育过程中最直接的具有象征意义的人物，是学生可以视为榜样并拿来同自己作比较的人物。"② 陶行知亦曾说过："教师个人一举一动，一言一行都要修养到不愧人师的地步。"③

言行雅正，表现为教师谈吐优雅、举止文雅、品位高雅，有修养，有内涵。教师外在的良好形象是无声的力量，感染着每一个人。2020 年度"全国教书育人楷模"窦桂梅老师认为，教师要努力成为学生审美的对象，要展现敬业、博爱、儒雅的人民教师形象。言行雅正除了要求教师注重外在的言语和行为之外，更要注重心灵的修养。优雅不是长得天生丽质，而是不断修炼出的、面对学生时的微笑。外在的优雅与内在的气质共同构成了教师影响学生的独特魅力。

言行雅正还表现为一种充满活力的精神状态。教师良好的精神状态为学生提供了可以栖居的精神家园。教师言行的典范作用胜过许多说教，他们传递出来的正能量会被学生所吸收、消化，反过来又影响教师，形成一种师生之间的良性互动，让教师悦纳自己，实现教师自身的升华。

（二）坚持言行雅正准则的意义

教师对学生的影响不仅表现在学识与能力方面，还表现在教师日常的言行当中。教师言行雅正对学生而言是熏陶，是榜样。学生具有向师性，教师的言行为学生构筑了可以效仿的对象。显然，教师言行雅正不仅是其提升自身涵养的要求，更

---

① 案例来自央视网 2020 年 9 月 10 日中宣部和教育部联合表彰"2020 年全国教书育人楷模"。
② 布鲁纳. 布鲁纳教育论著选［M］. 邵瑞珍，张渭城，译. 北京：人民教育出版社，2018：81.
③ 陶行知. 陶行知全集：第 1 卷［M］. 长沙：湖南教育出版社，1984：576.

重要的是以教师良好的形象气质，引领学生远离庸俗，给学生的生命成长带来高尚、幸福的体验。有人将教师比作火种，这超越了蜡烛的引喻，因为教师的价值不在于"燃烧自己、照亮别人"，而是像火种一样点燃更多的火种。

尊师重教是一个文明社会的必然选择。同时，教师也要作风正派、自重自爱，这是自我完善的需要，也只有这样才能赢得社会、家长、学生的尊敬。教师言行雅正必然得到学生、家长及社会的认可，客观上也有利于落实立德树人根本任务。

（三）坚持言行雅正准则的要求

社会对教师有诸多美好的角色期待，这对教师来说是严格的要求，也是极其宝贵的鼓励，教师应当珍惜。

第一，重视外在涵养。这是师表风范的基本要求。教师的语言要文明，必须使用规范性的语言，不能说脏话；举止要文明，必须举止有度，一举一动都要合乎职业道德规范的要求，要态度和蔼可亲、平易近人。仪表要文明，必须衣着得体，朴素整洁，美观大方，具有职业感，不穿稀奇古怪的服装。

第二，加强内在修养。教师应当具有高尚的品德、情操，以及丰富的学识。言行雅正的教师是由内而外表露出知性优雅，学习则是保持知性优雅的源泉。"腹有诗书气自华"，勤于读书的人身上总会有一种儒雅之气自然地流露出来，使他们看起来与众不同。教师与学生一起学习，在书香的世界里滋养着精神力量。教师在读书学习的过程中所汲取的营养可以使自己更加自信，充满人文情怀。

第三，正确处理师生关系。教师要自重自爱，不能触碰道德底线，败坏教师形象。少数教师理想信念模糊，言行失范，不能正确处理与学生的关系，出现猥亵、性骚扰等严重侵害学生的行为。这些行为一经查实，要严肃处理，如撤销其所获荣誉、称号，依法依规撤销教师资格、解除教师职务、清除出教师队伍。

二、秉持公平诚信

《新时代中小学教师职业行为十项准则》对秉持公平诚信的阐释为：坚持原则，处事公道，光明磊落，为人正直；不得在招生、考试、推优、保送及绩效考核、岗位聘用、职称评聘、评优评奖等工作中徇私舞弊、弄虚作假。

📋 **案例链接**

某中学教师曾借调到其他单位工作，在此期间未实际承担教学工作。该教师在年度申报专业技术职务时，在申报材料中声称自己在工作期间一直承担教学任务且获得教学成绩。最终该市教育局查实后决定撤销其申报资格。

— 案例讨论

请基于《新时代中小学教师职业行为十项准则》，对该教师的行为进行评析。

（一）秉持公平诚信准则的内涵

公平是社会发展和进步的标志，是社会主义核心价值体系的重要内容之一。教师在职业生涯中秉持公平，表现为对自己、对他人，尤其是对教育对象的公平。一方面，公平有利于营造良好的教育氛围，凝聚教育力量，进而促进教育活动的有效开展。教师要尊重学生的个性，理解学生的情感，正确对待学生的缺点和不足。在教育教学过程中追求公平正义原则，为教师全力维护学生的各项权益提供了保证。另一方面，在涉及教师个人利益时，教师也应当坚持公平原则，正确对待个人得失，避免采取不正当的手段谋取个人利益。教师对公平的坚守有助于维护教师形象，提升教师的教育权威，让学生更加信服。教育公平也是社会公平的组成部分，其影响是深远的。

诚信是指诚实守信，它包括两层含义：一是本人要取信于人，二是对他人给予信任。诚信是一个人最基本的道德品质之一，也是所有职业道德的立足点。诚信也是社会主义核心价值体系的重要内容。我国关于诚信有着悠久的历史，古往今来的职业都视诚信为本。如《论语》中提出："人而无信，不知其可也。"意思是一个人不讲信誉，不知道他怎么可以立身处世。教师只有坚持诚信才可能运用榜样的力量，引导学生确立诚信观念，进而助推社会诚信体系建设。

（二）秉持公平诚信准则的意义

第一，促进学生健康成长。教师对人对己公平诚信，对促进学生公平诚信具有示范作用。公平诚信教育是学生品德教育的重心之一，除通过教学这一基本途径之外，教师的示范引领也能起到潜移默化的化育作用。教师以自身公平诚信的个人魅力作为学生效仿的典范。尤其是学生作为教师公平诚信言行的直接受益者时，教师的示范作用更为显著。

第二，促进教师专业发展。教师专业发展不仅是知识、能力等层面的发展，还包括教师德性的成长。公平诚信本身既是教师道德发展的一部分，同时也有利于维持教师与同事、领导、家长和学生等良好的社会关系，对形成良好的校风、教风和学风具有十分重要的意义，这也间接有助于教师专业发展。

第三，促进社会风气向好。教师群体人数众多，加之其对学生的影响，对社会风气无论是广度还是深度方面，都会产生重要的影响。教师在升学、招生、考试等方面秉持公平公正，有利于净化社会风气。更重要的是，教师桃李满天下，公平诚信的种子也会遍及天下，让更多的人坚守公平诚信。

（三）秉持公平诚信准则的要求

秉持公平诚信作为一种道德规范要求，需要教师在教育教学行为中内化为自己的观念和行为。教师公正待人，诚实守信，要求学生做到的自己先做到。教师于细微处入手，时时事事讲求公平诚信。任何时候都要摒弃私心杂念，忠诚于人民的教育事业，要用师爱公正地对待每一位学生。教师不得在事关学生升学、招生、考试等工作方面出现袒护、偏心等不公正的行为；也不能为个人私利弄虚作假，在职务、职称、荣誉上不当获益。

实事求是、诚实为人是教师应有的品格。在师生交往过程中，教师要给予学生充分的信任，在师生之间架起信任的桥梁。在日常教育教学过程中，教师要杜绝各类弄虚作假的现象，更不能出现师生共同造假的情况。

三、坚守廉洁自律

《新时代中小学教师职业行为十项准则》对坚守廉洁自律的阐释为：严于律己，清廉从教；不得索要、收受学生及家长财物或参加由学生及家长付费的宴请、旅游、娱乐休闲等活动，不得向学生推销图书报刊、教辅材料、社会保险或利用家长资源谋取私利。

📋 **案例链接**

张桂梅，云南省丽江市华坪女子高级中学党支部书记、校长，华坪县儿童福利院院长。她胸怀梦想、矢志不渝，扎根边疆教育一线四十余年，推动创建了中国第一所公办免费女子高中，建校以来已帮助1 800多名女孩走出大山、走进大学。她身患绝症，却拖着病体坚守三尺讲台，把对党的深厚感情转化为立德树人的实际行动，形成了"党建统领教学，革命传统立校，红色文化育人"的特色教学模式，在潜移默化中让革命精神、爱国情操、红色基因融入孩子们的血液，代代相传。

一 案例讨论

"感动中国人物"张桂梅老师有理想信念，有仁爱之心，严于律己，清廉从教，体现了教师怎样的品质？

（一）坚守廉洁自律准则的内涵

廉洁是中华文明一以贯之的道德要求。东汉学者王逸在《楚辞·章句》中注释说："不受曰廉，不污曰洁。"意思是不接受他人馈赠的钱财礼物，不让自己清白的人品受到玷污，就是廉洁。

自律是指在没有人现场监督的情况下，通过自己要求自己，变被动为主动，自觉地遵循法度，约束自己的一言一行。不受外界约束和情感支配，根据自己的善良意志和自己遵循的道德规律而行事。

廉洁自律是教师终身需要坚守的道德准则。诚如《礼记》所言："师严然后道尊，道尊然后民知敬学。"教师在社会道德体系建构中扮演着重要角色，起着引导性、超前性的作用。

（二）坚守廉洁自律准则的意义

第一，教师是立德树人的重要主体，一名教师在职业生涯中会面对数量庞大的学生群体，教师廉洁自律所带来的良好影响不限于教师自身，还能有效地对学生进行教育，净化学生的心灵，强化育人效果。

第二，有助于长期有效地净化社会风气。长期以来，教师坚持高尚情操，无私奉献，在社会中具有较好的赞誉度，这与广大教师廉洁自律是分不开的。由于教师职业具有特殊性，即以人格孵化人格，因此教师廉洁自律对于倡导社会文明风尚具有重要意义。

第三，促进教师涵养教育情怀。教师廉洁自律不仅表明了教师自身树立正确的义利观，更体现了廉洁自律是人性境界的一种升华，可以迁移到教师道德修养的诸多方面。廉洁自律能有效促进教师追求真善美，形塑高尚人格，涵养积极向上的教育情怀。

（三）坚守廉洁自律准则的要求

"人民教师无上光荣"，习近平总书记希望每位教师都要珍惜这份光荣，执着于教书育人，有热爱教育的定力、淡泊名利的坚守，当"四有"好老师，做学生的"四个引路人"。教师坚守廉洁自律要做到以下三个方面：

第一，要坚持以人民为中心的立场，做到公私分明，先公后私。个人利益在教育事业面前是第二位的。正确处理公与私的关系，是教师保持廉洁自律本色的前提与基础。教师只有将公心立于第一位，才可能克制自己的私心，才能将学生装在心里。教师的权利是党和人民赋予的，要正确行使权利，认真履行义务，而不是将权利用于谋取私利。

第二，要坚持艰苦朴素的作风，做到尚俭戒奢，勤俭节约。艰苦朴素永不过时。少数教师之所以可能破坏坚守廉洁自律准则，与背弃艰苦朴素优良作风有高度的相关。索要、收受财物或参加由学生及家长付费的宴请、旅游、娱乐休闲等活动，利用公权力资源谋取私利等都是追求物质利益的表现，教师要有效抑制各种诱惑，坚持艰苦朴素的作风。

第三，要坚持发扬积极奉献的精神，做到光明磊落，顽强拼搏。教师教书育人的工作不仅充满了辛苦，还会遇到各种困难。将教师隐喻成"蜡烛""铺路石""人梯"，就是对教师奉献精神的生动写照。积极奉献的教师往往能够战胜困难，不贪图社会、集体或他人的财物，拥有高尚的教育情怀与境界。

四、规范从教行为

《新时代中小学教师职业行为十项准则》对规范从教行为的阐释为：勤勉敬业，乐于奉献，自觉抵制不良风气；不得组织、参与有偿补课，或为校外培训机构和他人介绍生源、提供相关信息。

📋 **案例链接**

> 2000 年，强巴次仁毕业于拉萨师范高等专科学校，同年被分配到西藏萨嘎县加加镇热嘎教学点任教，2002 年调整到萨嘎县昌果乡完小任教。强巴次仁扎根边疆二十余年，不计得失、任劳任怨。由于长期在海拔 4 759 米的四类区（海拔 4 500 米以上）工作，太阳在他的脸上"烙"出一块块鲜红的印痕，呈现出最红最美的"雪莲花"。
>
> 作为校长，强巴次仁始终把加强教师队伍建设放在首位，注重师资培养与师德熏染，使学校教师队伍的整体素质不断提高，以适应新的教育形势需要。在高海拔地区连续任教二十余年，强巴次仁始终立足于工作岗位，牢固树立教书育人的神圣职责，为教育事业发展贡献了自己的全部力量。①

---

① 教育部. 2021 年全国教书育人楷模［N］. 中国教师报，2021-09-15（4）.

（一）规范从教行为准则的内涵

习近平总书记在 2018 年全国教育大会上强调，人民教师无上光荣，每个教师都要珍惜这份光荣，爱惜这份职业，严格要求自己，不断完善自己。做老师就要执着于教书育人，有热爱教育的定力、淡泊名利的坚守。好老师要有"捧着一颗心来，不带半根草去"的奉献精神，自觉坚守精神家园、坚守人格底线。

"富贵不能淫，贫贱不能移，威武不能屈。"教师的思想防线必须筑牢，自觉抑制不良风气，否则就容易滋生违规行为。事实表明，不能坚守育人初心往往是从思想变质开始的。教师要时刻织密规范从教这张网，加强自我监督、自我控制，规范自己的言行，做到"勿以恶小而为之"。

有偿补课与全面贯彻党的教育方针和立德树人根本任务背道而驰，加剧应试教育的不良竞争，加重学生课业负担，激起家长焦虑情绪，增加人民群众经济负担，并滋生教育腐败，不利于促进学生健康成长。2021 年，中共中央办公厅、国务院办公厅印发的《关于进一步减轻义务教育阶段学生作业负担和校外培训负担的意见》明确提出，依法依规严肃查处教师校外有偿补课行为。2015 年，教育部出台《严禁中小学校和在职中小学教师有偿补课的规定》也强调，严禁在职中小学教师组织、推荐和诱导学生参加校内外有偿补课；严禁在职中小学教师参加校外培训机构或由其他教师、家长、家长委员会等组织的有偿补课；严禁在职中小学教师为校外培训机构和他人介绍生源、提供相关信息。值得提及的是，对组织学生参与校外机构培训的教师，不管是否谋取利益都要受到处罚。

（二）规范从教行为准则的意义

第一，有效维护教师职业形象。师德师风建设永远在路上，规范从教行为是教师职业生涯的不懈追求。教师守住底线与红线，认真落实"双减"要求，不参与有偿补课，不组织学生参加校外机构培训，严守私德，积极营造风清气正的教育生态，无疑对于提升教师职业在公众中的形象具有重要意义。同时，规范从教行为也为学生提供了良好的榜样，在学生心目中树立教师威信。

第二，有利于维护教育公平。教育公平是社会公平正义的重要基石，是高质量教育有效供给的重要前提。规范教师从教行为对于每一位学生享有公平教育具有积极价值。教师不参与校外机构培训，也有助于减轻学生负担，促进学生全面发展。

第三，有助于教师全身心地投入到本职工作中。规范从教行为使教师心无旁骛，积极落实立德树人根本任务，关注学生发展，潜心教书育人，促进教师自身的专业发展。

（三）规范从教行为准则的要求

首先，规范从教行为要求教师积极回应社会关切与期盼。教师要做到严明纪律，确立正确的价值取向，认真学习各类师德师风纪律要求，将纪律规矩挺在前

面，将规范从教行为准则内化于心、外化于行，踏踏实实工作，清清白白做人。

其次，锚定标杆，勇于向师德模范学习。教师队伍涌现出大量师德高尚、严谨自律的教师模范，教师可以向榜样学习，不断传递师德力量，形成浓厚的争先创优氛围，坚定职业信念与职业操守，更好地为人师表，做新时代“四有”好老师。

最后，教师要守住底线与红线，深刻认识到有偿家教的危害，严格遵守相关制度，做到“四不”，即“不组织”“不引导”“不推荐”“不参与”，恪守教师职业道德，自觉远离有偿补课，接受社会监督，维护良好形象。营造风清气正的教育环境。教师不得变相有偿补课，如依托社会资源有偿补课、对学生进行有偿学习托管等。教师应将更多的精力放在提升教育教学质量上来。

思考与练习

答案

一、简答题

1. 新时代中小学教师职业行为必须遵循哪十项准则?

2. 请分别简述新时代中小学、幼儿园教师职业行为必须遵循十项准则的基本要求。

二、单项选择题

请你扫描二维码，查看本章的单项选择题，测一测学习效果。

单项选择题

三、案例分析题

请你扫描二维码，查看本章的案例分析题，测一测学习效果。

案例分析题

推荐阅读

第四章推荐阅读书目

第二篇

教育政策与法规

[考纲链接]
教育法律法规

第五章 教育政策与法规概述

　　要加强对权力运行的制约和监督，让人民监督权力，让权力在阳光下运行，把权力关进制度的笼子。[①]

——习近平

① 习近平. 决胜全面建成小康社会 夺取新时代中国特色社会主义伟大胜利：在中国共产党第十九次全国代表大会上的报告［M］. 北京：人民出版社，2017：67.

学习目标

1. 了解教育法治与法治思维、教育法规与教育政策、法律责任与法律救济等教师基本法治素养知识。

2. 掌握教师基本法治素养要求，具有正确的教育法治观和相应的法治情怀。

3. 通过观摩和实践，深刻认识到教师基本法治素养的重要性和必要性，初步运用法治思维，学会分析和解决教育教学问题，践行法律规范要求。

知识导图

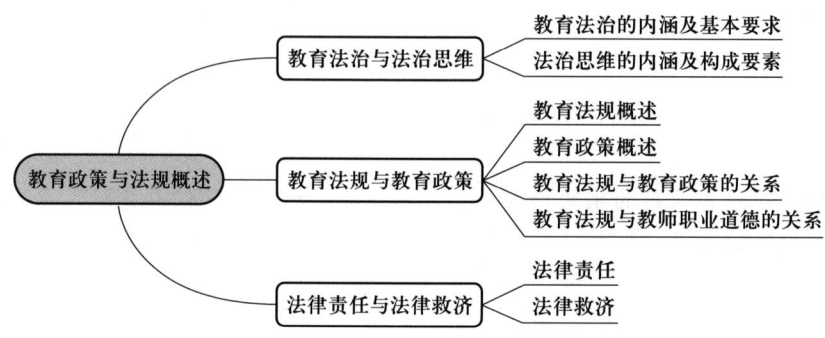

第一节 教育法治与法治思维

2020 年 11 月 16 日至 17 日，中央全面依法治国工作会议在北京召开。这次会议明确了习近平法治思想在全面依法治国中的指导地位，在马克思主义法治理论发展史和中国社会主义法治建设史上具有里程碑意义。习近平法治思想具有丰富的理论内涵、深厚的历史底蕴、鲜明的中国气派、饱满的时代精神，集中体现了我们党在法治领域的理论创新、制度创新、实践创新。习近平法治思想要求教育工作者要提高运用法治思维和法治方式做好学校教育工作的能力，形成办事依法、遇事找法、解决问题用法、化解矛盾靠法的良好法治环境。教师要不断提升法治素养，塑造法治文化，运用法治思维引领学生发展。

一、教育法治的内涵及基本要求

（一）法治的内涵

"法治"是一种治国理念或治国方略，强调法律的权威性和普遍适用性，其基本内涵是将法律作为治理国家和社会的最高准则，任何人和机构都不得凌驾于法律之上。"法治"与"人治"相对，"人治"是指依人而治，依靠的是掌权者的智慧和权威，强调掌权者的绝对权力。而"法治"是指依法而治，依靠的是法律的理性和权威，强调法律在国家和社会治理中的至上地位。[①]

（二）教育法治的内涵

教育是以促进人的身心发展为直接目的的社会活动。[②] 广义的教育包括家庭教育、社会教育、学校教育等。本教材所指的教育是狭义的教育，即学校教育。教育的目的是要促进人的发展和社会的发展，我国的教育目的是培养德智体美劳全面发展的社会主义建设者和接班人。教育法治就是通过法律规章来协调、规范和引导教育关系以及教育行为，从而保障教育秩序，实现教育目的。教育法治强调的是在法治理念下办教育，教育事业除了遵循教育规律，就是遵循法律，任何主体对教育的干预和影响都要在法治的框架下运行[③]，使政府依法行政、学校依法办学、教师依法执教、社会依法支持和参与教育治理。教育法治就是以法治思维解决教育领域中的治理问题，即一切教育治理和改革都要依据法治执行。在学校层面上，教育法治有狭义与广义两层含义：狭义的教育法治仅指依照国家的法律法规治理学校；广义的教育法治是指既依照国家的法律法规治理学校，又积极加强学校规章制度建设并通

① 郭建宁. 社会主义核心价值观基本内容释义［M］. 北京：人民出版社，2014：105.
② 丁锦宏. 教育学基础［M］. 北京：高等教育出版社，2009：29.
③ 梁兴国. 法治时代的教育公共政策：从"依法治教"到"教育法治化"［J］. 政法论坛，2010（6）：168-175.

过学校规章制度来治理学校。[①] 本教材采用广义的教育法治概念。

（三）教育法治与教育法制的区别与联系

教育法治包括教育立法、教育执法、教育司法、教育守法、教育法律监督全过程，是一个相互配合、全面治理的系统工程，相对于教育法制而言，处于较高层次。教育法制是"教育法律制度"的简称，是指国家有关教育的法律和制度的总和。教育法制是较低层次的，处于相对静止的状态，解决的是有法可依的问题，是横向的、平面化的。

教育法制的产生并不意味着教育法治的诞生。有法制的国家可称为"法制国家"，但它并不必然地成为"法治国家"。作为一种社会制度，法制并不必然地排斥人治，法制既可以与法治相结合，又可以与人治相结合。

当法制与人治相结合时，法律权威是第二位的，掌权者的权威是第一位的，法律制度是为人治理念服务的；调节国家行为的主要是政府权威，调节民间行为的主要是道德权威，法律权威只起一种补充和辅助的作用。

当法制与法治相结合时，法律权威是第一位的，是一种超越所有权威在内的社会权威，法律成为所有社会群体、个人的行为准则。政府权威源于法律权威，服从法律权威，道德权威只起一种补充和辅助的作用。

当然，"教育法治"与"教育法制"联系密切：教育法制是教育法治的前提和基础，教育法治是教育法制的立足点和归宿。[②]

（四）教育法治的基本要求

法治是人类政治文明发展到一定历史阶段的标志。不同社会的法治理念具有不同的内容。社会主义法治理念包括党的领导、依法治国、执法为民、公平正义、服务大局五项内容。党的领导是社会主义法治的根本保证，依法治国是社会主义法治的核心内容，执法为民是社会主义法治的本质要求，公平正义是社会主义法治的价值追求，服务大局是社会主义法治的重要使命。这五大内容相互支持、相互补充，体现了党的领导、人民当家作主和依法治国的有机统一。[③]

新时代我国法治建设的指导方针在于推进科学立法、严格执法、公正司法、全民守法，这一方针既涵盖了立法、执法、司法、守法的主要环节，又明确了每个环节的重点要求，指导形成了新时代全面依法治国的基本格局。在这一方针指导下的教育法治应包含以下内容：

① 教育立法。立善法于天下，则天下治；立善法于一国，则一国治。科学立法对国家治理极为重要。因此，教育立法应是教育法治化的前提和基础。

② 教育执法。天下之事，不难于立法，而难于法之必行。因此，教育法治理应有法必依、执法必严。

③ 教育司法。理国要道，在于公平正直。因此，教育司法公正是教育法治的

① 褚宏启. 制度为什么重要：教育法治化与学校制度建设［J］. 中小学管理，2019（8）：60.
② 许映建. 教育政策与法律教程［M］. 慕课版. 南京：南京大学出版社，2018：20.
③ 郭建宁. 社会主义核心价值观基本内容释义［M］. 北京：人民出版社，2014：106.

保障。

④ 教育守法。邦国虽有良法，但若人民不能全部遵守，仍然不能实现法治。因此，教育法治应违法必究。

⑤ 教育法律监督。没有监督的权力必然导致腐败。因此，教育法律监督事关教育发展。

基于新时代我国法治建设的指导方针，教育法治要求做到：主体合法（参与教育活动的主体有法律的明确授予），内容合法（教育活动的内容应符合法律的规定），程序合法（所有的教育活动，尤其是教育治理活动应遵循法定的程序要求），救济有道（当遭到不法侵害时，国家要提供相应的权利救济渠道）。[①]

真正的教育法治需要理念先行。新时代法治社会要求我们要牢固树立宪法和法律至上、法律面前一律平等、法大于权、尊重和保障人权、权力必须受到制约等观念。教师务必要将上述理念根植到教育观、教师观、学生观和课程观中。教师承担着教书育人的职责使命，教师群体既是公民又是教育者，这一双重属性对教师的法治素养要求更高，只有教师提升法治素养，才更有可能依法执教，维护自己和学生的权益，从而从容地应对各种教育问题，完成教育的使命和重任。

2020 年 11 月 16 日，习近平总书记在中央全面依法治国工作会议上指出："要总结编纂民法典的经验，适时推动条件成熟的立法领域法典编纂工作。"[②] 全国人大常委会研究启动了教育法典编纂工作，并列入了立法工作计划，教育部也在推动教育法典化立法研究，编纂具有中国特色的教育法典，对推进我国教育治理体系和治理能力现代化，推进依法治教，进一步完善国家教育基本制度等具有重要意义。

当前，教育正面临前所未有的变革与挑战，教育体制改革的深度和力度不断加大，信息技术正在给教育带来革命性影响，终身学习、线上教育等新领域、新现象、新问题不断出现。教育治理体系需要作出系统改变，治理能力也需要整体提升。推进教育治理，关键在于构建完善定型、科学规范、系统高效、公平合理的国家基本教育制度，而教育立法是最重要的政策供给。什么是教育法典？为什么要教育法典化？如何实现教育法典化？上述问题需要针对教育法典编纂所涉及的关键问题进行深入、系统、持续的研究。

二、法治思维的内涵及构成要素

教育法治是教育改革发展的动力，要以法治思维引领教育改革发展，法治思维应是教师工作的基本思维。教师加强法治实践，意味着教师在日常行为中要注重依法办事、依法执教，明确法律的权威地位，自觉通过法治实践锻炼培养自己的法治思维。并且教师要通过自己的法治思维和法治行为，营造法治教育生态，让法治成为学生的信仰。

① 许映建. 教育政策与法律教程［M］. 慕课版. 南京：南京大学出版社，2018：20.
② 习近平. 习近平谈治国理政：第 4 卷［M］. 北京：外文出版社，2022：293.

（一）法治思维的内涵

法治思维内涵丰富、外延广泛，它将法律作为判断和处理事务的准绳，要求崇尚法治、尊重法律，善于运用法律手段协调关系和解决问题。法治思维是指以法治价值和法治精神为导向，运用法律原则、法律规则、法律方法思考和处理问题的思维模式。法治思维是一种融法律的价值属性和工具理性于一体的特殊的高级法律意识。对公民而言，法治思维就是当自己的理想目标、思想感情、行为方式、权利诉求和利益关系等与法律的价值、规则或要求发生冲突时，能够服从法律，做出符合法律的选择，按照法律的指引实施自己的行为。[①]

（二）法治思维的基本特征

1. 法治思维是合法性思维

法治思维的核心是合法与非法的预判。法治思维要求在思考、分析和解决问题时，不仅要把合法性作为处理问题的前提，而且要求围绕着合法与非法，对有争议的行为、主张、利益和关系进行思考、分析、判断和处理。这是法治思维最本质的特征。

2. 法治思维是规则思维

法律由规则构成，法治是规则之治。法治思维是典型的规则思维，要求围绕实际存在的规则进行思维活动，而不是以其他因素为标准，如人的意愿、社会风俗、血缘关系等。规则思维以明确的规则作为思维活动的标尺和思维运转的中轴，以公开、明确、普遍、稳定、不溯及既往的规则作为分析判断、筹划决策的依据，凡事讲规则、找出处。

3. 法治思维是以权利、义务、责任为分析框架的思维方式

法律规则是以权利、义务、责任为主要内容，对某些行为进行允许、命令或者禁止。这是法律所特有的内容模式，依照法律判断对错就是将行为纳入这一思维框架进行分析，在判断、筹划和处理问题时，考虑自己和相对人之间都各自拥有什么样的权利，最终要承担什么样的责任。法律中权利、义务、责任不可偏颇，没有义务的履行，权利就无法实现；而没有责任的认定和追究，义务就是空谈，惩罚也没有依据。

4. 法治思维是程序思维

法治思维要求行为主体在行使若干特定权利、履行若干特定义务特别是公权力主体在行使职权的过程中，根据法定程序的要求，按步骤地行使权利、履行义务、行使职权。每个步骤都必须符合法律程序要求，即与程序要件相符合，才能实现符合行为主体目的的法律效果。否则，该目的可能因程序瑕疵而无法实现。

5. 法治思维是关于公正的思维活动

公正的法治思维包括形式上的公平和实质上的正义：一是自然正义，即程序的公平性，比如任何人不能成为自己的法官、类似情况类似处理、裁判应当公开等；二是消极的正义要求，比如法无明文规定不为罪、未经法律程序不得剥夺任何人的

---

① 《思想道德与法治（2021年版）》编写组. 思想道德与法治（2021年版）[M]. 北京：高等教育出版社，2021：220-221.

财产和自由等；三是一种实质的正义观，关乎实质平等，主要考虑弱势群体和社会不利者，给予一定的实质性偏向，尽可能保证起点公平。

（三）法治思维的内在构成要素

在全面推进依法治国、建设社会主义法治国家的新时代，如何树立正确的法治思维，学会运用法治思维方式去分析问题、解决问题，对教师来说具有十分重要的价值意义。法治思维是一种理性思维，其基本特征就是理性。但单纯地讲理性，显得过于笼统、抽象。因此，理解法治思维的内在构成要素，有利于我们更好地把握理性这一抽象概念。具体来说，法治思维的内在构成要素包括：法律至上、权力制约、人权保障、正当程序、公平正义。

1. 法律至上

法律至上是治国理政的最高准则，在法治国家里，法律是第一位的，任何人不允许有超越于法律之上的特权。法律至上体现了法治思维的工具理性。所谓"工具理性"，就是通过实践的途径确认工具（手段）的有用性，从而追求事物的最大功效，为人的某种功利的实现服务。法治思维的工具理性具体表现为三个方面：法律的普遍适用性、法律的优先适用性和法律的不可抗拒性。

（1）法律的普遍适用性

法律的普遍适用性是指法律在本国主权范围内对所有人具有普遍的约束力。所有国家机关、社会组织和公民个人都必须遵守法律，依法享有和行使法定职权与权利，承担和履行法定职责与义务。

（2）法律的优先适用性

法律的优先适用性是指当同一项社会关系同时受到多种社会规范的调整，而多种社会规范又相互矛盾时，要优先考虑法律规范的适用。

（3）法律的不可抗拒性

法律的不可抗拒性是指任何人触犯法律，都要受到法律的制裁。

2. 权力制约

所谓权力制约，体现的是法治思维的价值理性。阿克顿定律指出：权力导致腐败，绝对权力导致绝对腐败。这里的"绝对权力"就是没有制约的权力。因此，防止腐败必须对权力进行有效制约，将权力放进法律制度的牢笼。通过健全法律制度，做到权力由法定，有权必有责，用权受监督，违法必追究。

3. 人权保障

人权保障同样体现的是法治思维的价值理性，反映了法治的人文关怀和法治的终极价值目标。无论是法治国家建设还是法治社会建设，人权保障都被放在最为突出的位置。

4. 正当程序

法律程序具有独立的法律价值，当人们的合法权益受到侵害时，一定要按照法律所规定的正当程序进行处理。程序正义与实体正义共同构成了完整的法律正义。没有程序正义，实体正义也是难以实现的。由此可见，正当程序体现了法治思维的形式理性。

5. 公平正义

公平正义是指社会的政治利益、经济利益与其他利益在全体社会成员之间合理、公平分配和占有。一般来讲，公平正义主要包括权利公平、机会公平、规则公平和救济公平。养成公平正义思维，要求增强实现公平正义的责任感，为促进全社会的公平正义而奋斗。[①]

一切法律中最重要的法律，既不是刻在大理石上，也不是刻在铜表上，而是铭刻在公民的内心里。教师在教育教学和生活中要提高法治思维能力，培养法治思维方式，相信法律、信奉法律，树立崇尚法律、信仰法律的牢固观念，增强对法律的信任感、认同感，对法律常怀敬畏之心，常思敬重之情。同时，教师还肩负着引领学生的职责和使命，要通过各种途径带领学生尊重法律权威、学习法律知识、养成守法习惯、提高用法能力，引领学生争当法律权威的守望者、公平正义的守护者、具有良知的护法者。

第二节　教育法规与教育政策

法律有广义和狭义之分。广义的法律是指由国家制定或认可，并由国家强制力保证其实施的各种行为规范的总称。狭义的法律是指国家最高立法机关按照法定的程序制定和颁布的规范性文件。教育法规是我国法律体系中不可缺少的组成部分。

一、教育法规概述

（一）教育法规的含义

教育法律有广义和狭义之分。广义的教育法律是指由国家制定或认可，并由国家强制力保证教育活动顺利实施的行为规范的总称。它包括国家立法机关、地方立法机关和政府部门制定和颁布的各种教育法律、条例、规章、决定等。狭义的教育法律是指国家的最高立法机关制定的教育法律，在我国是指由全国人民代表大会及其常务委员会制定的教育法律。

从广义上理解，教育法规与教育法律的含义是相通的。教育法规是一个泛指概念，既包括国家立法机关制定的教育法律，又包括国家行政机关制定的教育行政法规和规章，还包括地方立法机关和地方行政机关制定的地方性教育法规和规章。本教材使用的教育法规概念是教育法律的广义概念。

（二）教育法规的渊源

当代中国法的渊源主要是以宪法为核心的各种制定法，包括宪法、法律、行政法规、地方性法规、经济特区的规范性文件、特别行政区的法律法规、规章、国际

---

① 《思想道德与法治（2021年版）》编写组. 思想道德与法治（2021年版）[M]. 北京：高等教育出版社，2021：222-223.

条约、国际惯例等。教育法规的渊源是指教育法规效力的来源。我国教育法规的渊源是指有权创制法律规范的国家机关制定发布的规范性法律文件，主要包括宪法、教育法律、教育行政法规、教育行政规章、地方性教育法规、地方性教育规章等。

1. 宪法中有关教育的条款

《中华人民共和国宪法》（以下简称《宪法》）是我国的根本法，具有最高的法律地位、法律权威、法律效力，是制定其他法律的依据，一切法律、行政法规和地方性法规都不得同宪法相抵触。《宪法》规定了国家的根本制度和根本任务、公民的基本权利和义务、国家机构、国旗、国歌、国徽、首都等重要内容，涉及生活的各个方面。

《宪法》作为教育法规的渊源，规定了我国教育的社会性质、目的、任务、结构系统、办学体制、管理体制，规定了公民有受教育的权利和义务，规定了对少数民族、妇女和有残疾的公民在教育方面予以帮助，规定了对未成年人的保护，规定了学校的教学用语，规定了宗教与教育的关系，这些都是各种形式和层级的教育立法的主要依据和最高依据。任何形式的教育法规都不得与《宪法》相抵触，否则便是违宪。

2. 教育法律

教育法律是最高国家权力机关——全国人民代表大会及其常务委员会制定的教育规范性文件，其效力仅次于宪法。教育法律又分为两种形式：基本法律和基本法律以外的法律。

基本法律一般由全国人民代表大会制定，比较全面地规定和调整某一方面的、根本性、普遍性的社会关系。我国的教育基本法律是《中华人民共和国教育法》（1995年3月18日通过，2009年8月27日第一次修正，2015年12月27日第二次修正，2021年4月29日第三次修正），以下简称《教育法》。

基本法律以外的法律一般由全国人民代表大会常务委员会制定（《中华人民共和国义务教育法》除外），是调整某类教育或教育的某一具体部分关系的法律，我国现行的这类法律有：

①《中华人民共和国学位法》（2024年4月26日通过，自2025年1月1日起施行），以下简称《学位法》。

②《中华人民共和国义务教育法》（1986年4月12日通过，2006年6月29日修订，2015年4月24日第一次修正，2018年12月29日第二次修正），以下简称《义务教育法》。

③《中华人民共和国教师法》（1993年10月31日通过，2009年8月27日修正），以下简称《教师法》。

④《中华人民共和国职业教育法》（1996年5月15日通过，2022年4月20日修订），以下简称《职业教育法》。

⑤《中华人民共和国高等教育法》（1998年8月29日通过，2015年12月27日第一次修正，2018年12月29日第二次修正），以下简称《高等教育法》。

⑥《中华人民共和国民办教育促进法》（2002年12月28日通过，2013年6月29日第一次修正，2016年11月7日第二次修正，2018年12月29日第三次修正），以下简称《民办教育促进法》。

⑦《中华人民共和国学前教育法》（2024 年 11 月 8 日通过，自 2025 年 6 月 1 日起施行），以下简称《学前教育法》。

⑧《中华人民共和国家庭教育促进法》（2021 年 10 月 23 日通过，自 2022 年 1 月 1 日起施行），以下简称《家庭教育促进法》。

⑨《中华人民共和国未成年人保护法》（1999 年 9 月 4 日通过，2006 年 12 月 29 日第一次修订，2012 年 10 月 26 日修正，2020 年 10 月 17 日第二次修订），以下简称《未成年人保护法》。

⑩《中华人民共和国预防未成年人犯罪法》（1999 年 6 月 28 日通过，2012 年 10 月 26 日修正，2020 年 12 月 26 日修订），以下简称《预防未成年人犯罪法》。

⑪《中华人民共和国爱国主义教育法》（2023 年 10 月 24 日通过，自 2024 年 1 月 1 日起施行），以下简称《爱国主义教育法》。

⑫《中华人民共和国国防教育法》（2001 年 4 月 28 日通过，2018 年 4 月 27 日修正，2024 年 9 月 13 日修订，自 2024 年 9 月 21 日起施行），以下简称《国防教育法》。

《家庭教育促进法》《未成年人保护法》《预防未成年人犯罪法》《爱国主义教育法》《国防教育法》虽然不是专门针对学校教育的法律，但是与中小学教育联系密切。

3. 教育行政法规

教育行政法规是由最高国家行政机关，即中华人民共和国国务院制定的关于教育的规范性文件，其效力仅次于宪法和教育法律。

4. 地方性教育法规

地方性教育法规是由地方人民代表大会及其常务委员会制定的关于教育的规范性文件。

《中华人民共和国立法法》（2023 年第二次修正，以下简称《立法法》）第 80 条规定：省、自治区、直辖市的人民代表大会及其常务委员会根据本行政区域的具体情况和实际需要，在不同宪法、法律、行政法规相抵触的前提下，可以制定地方性法规。

《立法法》第 81 条规定：设区的市的人民代表大会及其常务委员会根据本市的具体情况和实际需要，在不同宪法、法律、行政法规和本省、自治区的地方性法规相抵触的前提下，可以对城乡建设与管理、生态文明建设、历史文化保护、基层治理等方面的事项制定地方性法规，法律对设区的市制定地方性法规的事项另有规定的，从其规定。设区的市的地方性法规须报省、自治区的人民代表大会及其常务委员会批准后施行。

自治州的人民代表大会及其常务委员会可以依照本条第 1 款规定行使设区的市制定地方性法规的职权。

《立法法》第 84 条规定：经济特区所在地的省、市的人民代表大会及其常务委员会根据全国人民代表大会的授权决定，制定法规，在经济特区范围内实施。例如，上海市人民代表大会及其常务委员会根据全国人民代表大会常务委员会的授权决定，制定浦东新区法规，在浦东新区实施。海南省人民代表大会及其常务委员会根据法律规定，制定海南自由贸易港法规，在海南自由贸易港范围内实施。

《立法法》第 85 条规定：民族自治地方的人民代表大会有权依照当地民族的政治、经济和文化的特点，制定自治条例和单行条例。自治区的自治条例和单行条例，报全国人民代表大会常务委员会批准后生效。自治州、自治县的自治条例和单行条例，报省、自治区、直辖市的人民代表大会常务委员会批准后生效。

自治条例和单行条例可以依照当地民族的特点，对法律和行政法规的规定作出变通规定，但不得违背法律或者行政法规的基本原则，不得对宪法和民族区域自治法的规定以及其他有关法律、行政法规专门就民族自治地方所作的规定作出变通规定。

《立法法》第 86 条规定：本行政区域特别重大事项的地方性法规，应当由人民代表大会通过。

5. 国务院部门教育规章

《立法法》第 91 条规定：国务院各部、委员会、中国人民银行、审计署和具有行政管理职能的直属机构以及法律规定的机构，可以根据法律和国务院的行政法规、决定、命令，在本部门的权限范围内，制定规章。

部门教育规章是指国务院各部委（主要是教育部）根据宪法、法律和行政法规在本部门权限内所制定的关于教育的规范性文件。相对于教育法律和教育行政法规而言，部门教育规章的数量是很大的，三者在数量上呈金字塔状。

6. 地方性教育规章

地方性教育规章也称地方政府教育规章，由地方政府制定。《立法法》第 93 条规定：省、自治区、直辖市和设区的市、自治州的人民政府，可以根据法律、行政法规和本省、自治区、直辖市的地方性法规，制定规章。

这些由不同国家机关制定、具有不同法律地位和效力的法律渊源，构成了我国多种类、多层次的教育法规体系。教育法规体系是指教育法规按照一定的原则组成一个相互联系、相互协调、完整统一的有机整体。我国的教育法规体系由以宪法为指导的国家教育基本法及其所派生的一系列单行教育法和其他各层次的规范性文件构成。它具有纵向形式层次和横向内容分类两个维度。我国教育法规的纵向形式层次依据制定机关和法律效力等级，分为教育基本法、单行教育法、教育行政法规、教育行政规章、地方性教育法规和地方性教育规章等形式。[①]

二、教育政策概述

（一）教育政策的含义

教育政策是指政党、政府等各种政治实体在一定的历史时期，为实现一定的教育目的而协调内外关系所制定的行动准则。教育政策根据政策主体的不同，可分为政党的教育政策、国家的教育政策和社会团体的教育政策。根据政策内容与层次的不同，可分为总政策、基本政策和具体政策。从政策效力范围的角度，可分为全局性政策和区域性政策。从政策所起作用的角度，可分为鼓励性政策和限

① 李晓燕. 教育法学［M］. 3 版. 北京：高等教育出版社，2023：46.

制性政策。

（二）教育政策的体系结构

教育政策的体系结构可从教育政策的表现形式和纵向、横向结构的角度理解。教育政策的表现形式有党的政策性文件，国家的政策性文件，党和国家机关联合制定发布的文件，党和国家领导人有关教育问题的讲话、指示等。

教育政策的纵向结构是指依照教育政策的某种内在逻辑关系作出的纵向排列。既可以是层次上的关系，又可以是时间上的关系。当教育政策从层次上来排列时，可以清楚地划分出中央的、地方的、基层的政策链条，或区分为宏观的、中观的、微观的政策序列。若将教育政策以时间为序排列时，教育政策的纵向结构表现为各政策的顺序排列，即先行政策、现行政策、后续政策。

教育政策的横向结构是指不同领域的教育政策依横向并列关系加以排列形成的组合方式和秩序。从横向结构来看，教育政策可划分为：高等教育政策、普通教育政策、职业教育政策、少数民族教育政策、残疾人教育政策等。

三、教育法规与教育政策的关系

教育法规与教育政策既有共性又有个性，既存在区别，又相互联系。

（一）教育法规与教育政策的区别

教育法规与教育政策的制定主体不同。教育法规是由国家权力机关和国家行政机关按法定程序制定的。教育政策的制定主体既可以是政党组织，又可以是国家立法机关和国家行政机关。

教育法规与教育政策的执行方式不同。教育法规是以国家的强制力为后盾的，任何组织和个人都必须遵守，不得违反。教育政策的执行方式主要是通过号召、宣传、教育、解释、动员等方法贯彻落实，启发人们自觉遵循，依靠党的纪律、政府的行政权力来实现和推动。

（二）教育法规与教育政策的联系

教育法规与教育政策在本质上是相同的，因此，两者有共同之处，就我国而言，教育法规与教育政策有着共同的指导思想，体现着党和人民的共同利益；教育法规与教育政策都是上层建筑。教育政策通过法定程序上升为国家意志，在全社会产生效力，要求全体公民认真遵守和执行。这是加强党的领导，加快教育事业发展的有效措施。从这个意义上讲，教育法规与教育政策在本质上是一致的。

教育政策是教育法规的灵魂，教育政策是制定教育法规的依据，教育政策指导着教育立法过程，体现在教育法规中，指导教育法规的运用和实施。教育法规是教育政策的具体化、定型化、规范化，教育法规能够集中反映党和国家在教育方面的主张和意志，教育法规是教育政策得以实施的保证，成熟的教育政策可以转化为教育法规。

四、教育法规与教师职业道德的关系

我们可以将教育法规理解为教育法律规范的简称。所谓教育法律规范，是由国家制定或认可的，体现国家在教育方面的意志，通过一定的教育法律条文表现出来，规定了教育主体的权利、义务及法律后果，并具有内在逻辑结构的教育行为标准和准则。[①] 基于教育法律规范视角理解的教育法规与教师职业道德具有相互影响、相互制约、不可分割的关系。

（一）教育法规与教师职业道德的区别

教育法规与教师职业道德的表现形式不同。教育法规表现在与教育有关的宪法、法律、条例、命令等条文中，一般是由国家机关依照一定程序制定的，更加正规和条文化。教师职业道德多存在于教育工作者的意识和信念或形成的社会舆论之中。尽管有的教师职业道德规范已成为教育法规的一部分，但更多的教师职业道德仍存在于教育道德体系中。

教育法规与教师职业道德的调整范围不同。基于法律与道德调整范围的视角，有的领域法律能够调整而道德不能调整，有的领域道德能够调整而法律无能为力。一般来说，教师职业道德调整的教育关系比教育法规更为宽泛。某些违反了教师职业道德的行为虽然受到舆论的谴责，却不一定受到法律的制裁。

教育法规与教师职业道德的调整方法和手段不同。教育法规具有强制性，依靠国家权力实现，要求人人遵守。而教师职业道德是依靠舆论、信念和教育力量来实现的，只有当教师职业道德同时是教育法规的内容时，教师职业道德才具有强制性。

（二）教育法规与教师职业道德的联系

教育法规与教师职业道德都属于社会调整体系的范畴，以共同的现实物质生活条件为基础。教育法规与教师职业道德的作用具有共同性，它们都对社会关系（包括教育关系）起调整作用，对人的行为（包括教育行为）起规范作用，并对一定的利益关系的形成和发展起促进或阻碍作用。在同一社会中，教育法规与占社会主导地位的教师职业道德具有共同的作用方向，反映的利益关系一致。

教育法规与教师职业道德相互交叉并可以实现相互转化。法规与道德虽然是两类具有不同性质的事物，但也不是相互对立的。教育法规和教师职业道德在调整教育行为的过程中有互补作用。教师职业道德是教育法规的伦理道德基础。教师职业道德价值判断对教育法规建设起指导作用。教师职业道德的准则和规范贯彻于教育立法中，是教育立法的道德基础。单纯的道德规范或单纯的法律规范对现实利益关系的调整都存在不足。道德可以做到事前的积极调整，防止违法侵权行为的发生；法规则主要是事后的消极调整，维护、弥补权利受侵害者的利益。必须同时加强教育法规与教师职业道德的建设，使两者在教育生活中相辅相成，共同发挥作用。

教育法规的顺利运行和高效实现，对教师职业道德目标的实现、推动教师职业道德的发展具有重要意义。主要体现为：教育法规的运行和实现本身就包含着教师职业道德受到了应有的重视以及教师职业道德原则和道德规范得到了普及；教育法

---

① 叶芸. 教育法学［M］. 北京：北京师范大学出版社，2015：12.

规运用国家强制力使一些教师职业道德试图解决而无法调整的教育关系得到调整和规范。教育法规实施的基本途径是社会主体自觉遵守教育法规，这就要进行广泛的伦理道德教育，以推动我国教育法规的高效实现。

教育法规是教师职业道德的重要载体，是最低的教师道德行为标准。在教育法规的约束过程中，教师职业道德因素的作用举足轻重。教师在享有权利的选择上要受到道德价值观念的支配；教师在履行教育义务的主动性上要受到道德水平的制约；教师职业道德能弥补教师权利与义务实现的保障措施的不足。由于教师职业道德对教师职业性质及其职业形象有着极为重要的作用，直接影响着教师职能的发挥，我国已经把遵守宪法、法律和职业道德作为教师的基本法律义务之一。教师职业道德体现了教师职业的内在凝聚力，也是教师职业社会威望形成的基础，更是国家社会对教师的期望和要求。教育法规是教师职业道德价值判断实现的保证。

第三节 法律责任与法律救济

随着教育法治的完善，家长与学生权利意识的勃兴与司法的积极回应，学校将会面临纠纷案的频发。除此之外，信息化的便捷、高速，网络与媒体的广泛关注，唤醒了民众的权利意识，大量过去隐而不发的事件提升至诉讼层面。因此，作为教师，明确法律责任、了解法律救济的基本要求很重要。

一、法律责任

（一）法律责任的含义

法律责任有广义和狭义两种解释。广义的法律责任是指任何组织和公民都有遵守法律的义务，自觉维护法律的尊严。狭义的法律责任是指法律关系主体实施了违法行为而必须承担的否定性的法律后果。在司法上，通常把法律责任作狭义解释。本教材对教育法律责任的定义是教育法律关系的主体因实施了违反教育法律的行为，依照有关法律的规定，应当承担的否定性的法律后果。

📋 **案例链接**

某校一名19岁高三学生，在晚自习课上突然跳楼自杀。录像显示，此时教室安静，教师在黑板上写字。家长认为孩子是被学校逼死的，要求学校承担全部责任。

— **案例讨论**

1. 该案例中教师承担法律责任吗？为什么？

2. 该案例中学校承担全部法律责任吗？为什么？

3. 如果教师辱骂学生导致学生自杀，教师要承担法律责任吗？

一 案例启示

学校是否承担法律责任的问题，需要厘清法律责任的含义、类型、归责原则和归责要件，需要提高学校和教师运用法治思维和法治方式开展工作的能力，形成办事依法、遇事找法、解决问题用法、化解矛盾靠法的良好法治环境。

（二）法律责任的类型

1. 行政法律责任及其承担方式

行政法律责任是指行为人因实施行政违法行为而应承担的法律责任。承担法律责任的方式为法律制裁，由特定的国家行政机关或企业事业组织对违反有关行政法规的行为和责任人所采取的惩罚措施称为行政制裁。根据处分主体和违法情节的不同，行政制裁可分为行政处分与行政处罚两种方式。

2. 民事法律责任及其承担方式

民事法律责任是指民事主体因违反民事法律规范而应当依法承担的民事法律后果，简称民事责任。民事法律责任包括违约责任和侵权责任。依据《中华人民共和国民法典》（以下简称《民法典》）第 179 条规定："承担民事责任的方式主要有：（一）停止侵害；（二）排除妨碍；（三）消除危险；（四）返还财产；（五）恢复原状；（六）修理、重作、更换；（七）继续履行；（八）赔偿损失；（九）支付违约金；（十）消除影响、恢复名誉；（十一）赔礼道歉。法律规定惩罚性赔偿的，依照其规定。本条规定的承担民事责任的方式，可以单独适用，也可以合并适用。"

3. 刑事法律责任及其承担方式

刑事法律责任是指由于实施刑事违法行为而受刑罚处罚的法律责任。刑事责任是一种惩罚最为严厉的法律责任。刑罚是承担刑事法律责任制裁的主要方式，依据《中华人民共和国刑法》（以下简称《刑法》）规定，刑罚分为主刑和附加刑。主刑的种类有：① 管制；② 拘役；③ 有期徒刑；④ 无期徒刑；⑤ 死刑。附加刑的种类有：① 罚金；② 剥夺政治权利；③ 没收财产。对于犯罪的外国人，可以独立适用或者附加适用驱逐出境。《刑法》第 138 条、第 284 条和第 418 条专门针对教育犯罪的特点，设置了"教育设施重大安全事故罪""非法使用窃听、窃照专用器材罪；考试作弊罪""组织考试作弊罪；非法出售、提供试题、答案罪；代替考试罪"和"招收公务员、学生徇私舞弊罪"的罪名。

4. 违宪责任

违宪责任是指因违反宪法而应当依法承担的法律后果。

（三）法律责任的归责原则

法律责任的归责是一个复杂的责任判断过程，判断、确认、追究以及免除责任时必须依照一定的标准和规则，即归责原则。归责原则是法律责任制度的核心。

1. 一般原则

一般原则包括责任法定原则、责任自负原则、违法行为与法律责任相适应原则、责任平等原则、惩罚与教育相结合原则。

2. 追究民事责任适用的主要原则

（1）过错责任原则

过错责任原则是指主体由于过错侵害了他人权利而应承担的法律责任。在过错责任原则中，行为人是否有过错是最核心的问题。过错责任原则把行为人是否有过错作为是否承担责任的依据，使行为人对其自身的过错行为所造成的后果负责，这样既有利于保护受害人的法律权利，又有利于教育行为人。

（2）过错推定原则

过错推定原则是指如果原告能证明其所受的损害是由被告所致，而被告不能证明自己是没有过错的，则应推定被告有过错并应承担民事责任。

《民法典》第 1165 条规定：行为人因过错侵害他人民事权益造成损害的，应当承担侵权责任。依照法律规定推定行为人有过错，其不能证明自己没有过错的，应当承担侵权责任。

《民法典》第 1199 条规定：无民事行为能力人在幼儿园、学校或者其他教育机构学习、生活期间受到人身损害的，幼儿园、学校或者其他教育机构应当承担侵权责任；但是，能够证明尽到教育、管理职责的，不承担侵权责任。

《民法典》第 1200 条规定：限制民事行为能力人在学校或者其他教育机构学习、生活期间受到人身损害，学校或者其他教育机构未尽到教育、管理职责的，应当承担侵权责任。

《民法典》第 1201 条规定：无民事行为能力人或者限制民事行为能力人在幼儿园、学校或者其他教育机构学习、生活期间，受到幼儿园、学校或者其他教育机构以外的第三人人身损害的，由第三人承担侵权责任；幼儿园、学校或者其他教育机构未尽到管理职责的，承担相应的补充责任。幼儿园、学校或者其他教育机构承担补充责任后，可以向第三人追偿。

《民法典》第 1176 条规定：自愿参加具有一定风险的文体活动，因其他参加者的行为受到损害的，受害人不得请求其他参加者承担侵权责任；但是，其他参加者对损害的发生有故意或者重大过失的除外。活动组织者的责任适用本法第 1198 条至第 1201 条的规定。

（3）公平责任原则

公平责任原则是指当事人双方在对造成损害均无过错的情况下，由法院以公平作为价值判断标准，结合当事人的财产状况及其他条件，确定一方对另一方的损失给予适当的补偿的法律责任。公平责任原则是利益权衡的过程，在损害事实是由于第三方介入、不可抗力事件的发生或者无法区分当事人双方的过错状态等情况下造成时，仅让一方承担损害结果，明显有失公平，因此适用公平责任原则。根据《民法典》和教育部颁布的《学生伤害事故处理办法》的有关规定，学生伤害事故的归责原则是过错责任原则。在特殊情况下，可适用公平责任原则。《民法典》第 1186 条规定：受害人和行为人对损害的发生都没有过错的，依照法律的规定由双方分担损失。这一规定就体现了公平责任原则。

（4）无过错责任原则

无过错责任原则也称严格责任原则，是指当损害发生后，当事人无过错也要承担责任的一种法律责任形式。以无过错作为归责原则时，其具体条件和事由是由法律明确规定的。例如，《民法典》第 1166 条规定：行为人造成他人民事权益损害，不论行为人有无过错，法律规定应当承担侵权责任的，依照其规定。我国立法对一些特殊行业采用了无过错责任原则。《民法典》第 1236 条规定：从事高度危险作业造成他人损害的，应当承担侵权责任。这种归责原则不以行为人主观上是否存有过错作为法律责任承担的条件，而认为只要行为人的行为造成了危害的结果，行为人即要承担法律责任。无过错责任原则是一种绝对责任，即无过错并不构成抗辩事由。

（四）法律责任的归责要件

归责要件，也称构成要件。法律责任的归责要件是指构成法律责任所必备的客观要件和主观要件的总和，包括主体、主观方面、客体和客观方面。主体是指应负相应法律责任的人或组织。主观方面是指主体在行为过程及对行为结果所具有的态度及心理状态。客体是指主体行为所影响的社会关系。客观方面是指行为和由其所引起的后果。根据违法行为的一般特点，可以把法律责任的归责要件概括为责任主体、违法行为、主观过错、损害事实和因果关系五个方面。

1. 责任主体

法律责任需要一定的主体来承担。法律责任归责要件中的主体是指具有承担法律责任能力的自然人、法人或其他社会组织。并不是实施了违法行为就要承担法律责任，就自然人来说，只有到了法定年龄，具有理解、辨认和控制自己行为能力的人，才能成为责任承担的主体。没有达到法定年龄或不能理解、辨认和控制自己行为的人，即使其行为造成了对社会的危害，也不能承担法律责任，而是由其监护人承担相应的法律责任。依法成立的法人或其他社会组织，其承担法律责任的能力自成立时开始。

💬 **问题探讨**

请结合《民法典》关于民事权利能力和民事行为能力监护问题的有关规定，讨论回答以下问题：

（1）学校是不是监护人？

（2）幼儿园小朋友和中小学生有没有法律责任能力？

（3）与无民事行为能力人交往时，教师需要注意哪些方面？

2. 违法行为

有行为才有责任，纯粹的思想不会导致法律责任。同时务必注意，行为人实施了违反法律法规的行为，这个条件包括两方面的含义：一方面，是指行为的违法性。只有行为违反了现行法律的规定才是违法行为。这种违法行为可以是积极的作为，如考试作弊，殴打、侮辱教师；也可以是消极的不作为，如教师不及时救助学生等。另一方面，违法行为必须是一种行为。人的行为虽然受思想支配，但是如果思想不表现为行为，则并不构成违法。内在的思想只有表现为外在的行为时，才可能构成违法。我国法治原则不承认思想违法。

3. 主观过错

构成法律责任要件的心理状态是指行为主体的主观故意和主观过失，统称为主观过错。故意是指行为人明确自己行为的不良后果，却希望或放任其发生。过失是指行为人应当预见到自己的行为可能产生不良后果而没有预见，或者已经预见而轻信不会发生或自信可以避免。应当预见或能够预见而没有预见，称为疏忽；已经预见而轻信可以避免，称为懈怠。过错在不同的法律关系中的重要程度是不同的。在民事法律中，一般较少区分故意与过失，过错的意义不像在刑事法律中那么重要，有时民事责任不以有过错为前提条件，比如，《民法典》第1166条规定：行为人造成他人民事权益损害，不论行为人有无过错，法律规定应当承担侵权责任的，依照其规定。在刑事法律关系中，有过错非常重要。

4. 损害事实

所谓损害事实，是指行为人的违法行为对受害方构成客观存在的、确定的损害后果。损害事实包括对人身的、财产的、精神的或者三者兼有的。损害必须具有确定性，即损害事实是一个确定的事实，而不是臆想、虚构、尚未发生的现象。损害事实是法律责任的必要条件，任何人只有因他人的行为受到损害的情况下才能请求法律上的补救，也只有在行为致他人损害时，才有可能承担法律责任。违法行为造成的损害后果，表现为物质性的后果和非物质性的后果。物质性的后果具体、有形、能够计量，如挪用学校建设经费，其数额可以计算。非物质性的后果抽象、无形、难以计量，如教师侮辱学生，造成学生精神上、心理上的长期伤害，后果则无法计量。

5. 因果关系

要确定法律责任，必须在认定行为人违法责任之前，首先确认行为与危害或损害事实之间的因果关系，确认意志、思想等主观因素与外部行为之间的因果关系，还应当区分这种因果关系是必然的还是偶然的、直接的还是间接的。直接因果关系中的联系称为直接原因，间接因果关系中的联系称为间接原因。作为损害事实直接原因的行为要承担法律责任，而作为损害事实间接原因的行为只有在法律有规定的情况下才承担法律责任。

二、法律救济

学校管理权运作不仅要实体上合法，而且要体现程序正义。权利救济途径不畅是目前我国学校管理相对人在主张自身权利时常常出现尴尬局面的程序性原因。救济途径的缺失势必会造成原本应该存在的冲突场域出现"空场"现象，这违背了"无救济则无权利"的精神，因此，要构建完善的沟通协商机制，畅通现有的法律救济渠道。

（一）法律救济的含义

法律救济是指当法律关系主体的相关权益受到损害时，特定机关通过一定的程序和途径对其利益进行恢复和补救的一种法律制度。法律救济是以损害事实的发生为前提的，没有损害事实就没有法律救济，只有当相对人的合法权益受到侵害时才可以提出救济请求。

案例链接

　　某学校四年级学生张某某在校期间受到教师体罚，家长得知后想办法对教师进行了提醒，教师非但没有意识到自己的错误并改正，还变本加厉，对张某某进行孤立嘲讽。家长向学校投诉后，学校给予该教师停课三天的处分，但当该教师回到学校后，张某某再次受到了孤立和攻击，家长最终为其办理转学并提起诉讼，要求涉事教师及学校正式道歉并赔偿精神损害抚慰金1元。

一 案例讨论

　　该家长能否起诉涉事教师和学校？如果能，该起诉能否胜诉？

一 案例解析

　　《义务教育法》第29条明确规定：教师在教育教学中应当平等对待学生，关注学生的个体差异，因材施教，促进学生的充分发展。教师应当尊重学生的人格，不得歧视学生，不得对学生实施体罚、变相体罚或者其他侮辱人格尊严的行为，不得侵犯学生的合法权益。

　　该教师的行为严重违反了该项规定，最终该教师及校方均向原告学生当庭表示歉意。

一 案例启示

　　当学生的合法权益受到损害时，如果沟通协商和向上一级主管部门投诉无果，寻求司法救济处理学校冲突事件也是一个很好的途径。同样，《教师法》明确规定了教师的申诉、起诉权利，教师作为《教师法》所保障的合法权益的主体，对侵犯自己合法权益的行为和现象也是有权进行申诉的。所以，教师应该具备法律救济，尤其是教育法律救济相关的法治素养。

（二）法律救济的途径

　　法律救济的途径是指法律关系主体认为其合法权益受到损害时，请求法律救济的渠道和方式。法律救济的途径有四种：调解、仲裁、行政救济和司法救济。

　　1. 调解

　　调解是双方或多方当事人发生纠纷后，由人民法院、行政机关、群众调解组织等从中排解疏导，说服当事人互相谅解，在民主协商的基础上解决纠纷的活动。调解包括司法调解、行政调解、民间调解三种形式。

　　在现实的很多冲突与纠纷中，处理方式大多都是先考虑私力途径，再考虑公力途径。例如，在中小学分班时，家长反映学校分班不公，甚至有些家长力图通过煽动其他家长到学校拉横幅闹事等方式让学校解决分班问题，显然这不是一个合理解决问题的途径。若学校能建立一个完善的沟通协商机制，使家长与班主任或者家长与校长之间能够即时沟通，从而协商问题、解决问题，就能避免很多不必要的环节，且能高效地解决问题。在通过沟通协商这样的私力途径解决无果的情况下，可再进一步通过公力途径处理。

随着教育法治日趋完善，根据《中华人民共和国人民调解法》、《中华人民共和国仲裁法》（以下简称《仲裁法》）、《中华人民共和国劳动争议调解仲裁法》、《教育法》和《教师法》的基本精神，我国正在逐步建立教育仲裁制度和校内校外调解制度。学校要建立健全争议调解机制。通过劳动（人事）争议调解委员会，就教职工与学校的劳动（人事）争议进行调解；通过人民调解委员会，就学生、教职工、学校间的民事纠纷进行调解。

2. 仲裁

仲裁是根据纠纷双方的意愿，由仲裁机构以第三者的身份，对当事人双方发生的争议，依据事实作出判断，在权利和义务上作出裁决的活动。仲裁渠道与行政、司法渠道不同。行政救济、司法救济是由国家机关运用国家强制力实施的，仲裁则没有国家机关的参与，是建立在纠纷双方自愿接受仲裁的基础上，由非国家机关的仲裁机构进行的。《仲裁法》对仲裁活动作了全面的规范。

3. 行政救济

行政救济主要是完善投诉申诉制度。通常学校的管理与相对人之间产生冲突，而冲突又并未得到很好的解决，那么相对人可以向学校所在的上级主管部门进行投诉。

行政救济途径是指公民、法人或其他组织认为具体行政行为侵犯其合法权益，请求主管机关依法纠正行政违法或行政不当行为，追究其行政责任，以保护行政相对人的合法权益的法律救济途径。在我国，行政救济的方式主要包括行政申诉、行政复议、行政赔偿等。

（1）行政申诉

行政申诉是指公民在其合法权益受到损害时，向行政机关申诉理由、请求救济的制度。行政申诉只是我国申诉制度中的一种。

（2）行政复议

行政复议是指行政管理相对人认为行政机关作出的具体行政行为侵犯了其合法权益，向作出该行为的原行政机关或其上一级行政机关提出申诉，请求给予补救，由受理的行政机关根据相对人的申请，对发生争议的具体行政行为进行复查，判明其是否合法、适当和责任的归属，并决定是否给予相对人以救济的法律制度。《中华人民共和国行政复议法》为行政复议提供了法律上的依据和保证。

（3）行政赔偿

行政赔偿是指行政机关及其工作人员在行使职权的过程中，违法侵犯公民、法人或其他组织的合法权益，造成损害，依照《中华人民共和国国家赔偿法》（以下简称《国家赔偿法》）或《中华人民共和国行政诉讼法》（以下简称《行政诉讼法》）的规定，由国家对权益受损者进行赔偿的法律救济制度。《国家赔偿法》为国家赔偿提供了法律上的依据和保证。

4. 司法救济

司法救济是以国家权力为后盾的，具有强大功能、多种手段和最严厉措施的救济方式。学校的管理与相对人的权利产生冲突，除了沟通协商和向上一级主管部门投诉外，寻求司法救济处理学校冲突事件是解决纠纷最权威和最有效的途径。

司法救济途径又称诉讼途径。诉讼途径是指国家专门机关依照法定程序处理案件的司法救济活动，包括民事诉讼、行政诉讼和刑事诉讼。从我国现行的法律制度来看，凡是符合《行政诉讼法》《中华人民共和国民事诉讼法》（以下简称《民事诉讼法》）和《中华人民共和国刑事诉讼法》（以下简称《刑事诉讼法》）规定的受案范围的案件，都可以通过诉讼途径获得司法救济。

（1）民事诉讼

民事诉讼是指在有各方当事人和其他诉讼参与人的参加下，人民法院依法审理和解决民事纠纷，保护当事人合法权益的法律救济活动。《民事诉讼法》为民事诉讼提供了法律上的依据和保证。人民法院受理公民之间、法人之间、其他组织之间等因财产关系和人身关系提起的民事诉讼。民事诉讼的范围可包括由民法、经济法、劳动法及其他法律所调整的相关民事纠纷案件，如侵权纠纷、肖像权纠纷、抚育权纠纷等。

（2）行政诉讼

行政诉讼是指公民、法人或其他社会组织因行政机关及其工作人员的具体行政行为侵犯其合法权益，依法向人民法院起诉，人民法院依据其权限对该具体行政行为的合法性进行审查并作出裁判，保护公民、法人或其他组织的合法权益的法律救济活动。《行政诉讼法》为行政诉讼提供了法律上的依据和保证。

（3）刑事诉讼

刑事诉讼是指国家司法机关在当事人及其他诉讼参与人的参加下，依照法定的诉讼程序，审理有关刑事案件的活动。刑事诉讼的主要内容就是揭露犯罪，证实犯罪，追究犯罪人的刑事责任。《刑事诉讼法》为刑事诉讼提供了法律上的依据和保证。

（三）申诉制度与教育申诉制度

1. 申诉制度

（1）申诉制度的含义

申诉制度是指当公民的合法权益受到损害时，向国家机关或有关法律授权部门、机构、单位申述理由，请求处理或重新处理的制度。

（2）申诉制度的类型

申诉制度可分为诉讼上的申诉制度和非诉讼上的申诉制度两类。诉讼上的申诉制度是诉讼当事人认为已经发生法律效力的判决、裁定有错误，向人民法院或人民检察院提出申请，要求依法重新审理，给予纠正。诉讼上的申诉制度有刑事诉讼中的申诉制度、民事诉讼中的申诉制度和行政诉讼中的申诉制度三种。

非诉讼上的申诉制度是指不以发生法律效力的判决、裁定为必要前提，当事人或其他公民对处分、处罚不服，依法向司法机关以外的机构提出要求改正的申诉。

这种申诉制度的范围非常广泛，包括向中国共产党各级纪律检查委员会的申诉；向政府行政监察部门的申诉；向人民代表大会常务委员会或通过人大代表向权力机关的申诉；向作出具体行政行为的行政机关的上一级行政机关或其设置的专门机构的申诉等。《教育法》和《教师法》规定的教师申诉制度和学生申诉制度属于非诉讼上的申诉制度。

2. 教育申诉制度

（1）教育申诉制度的含义

教育申诉制度是指当教育法律关系主体的合法权益受到损害时，向学校或国家机关申诉理由，请求处理或重新处理的制度。它是我国宪法赋予公民申诉权利在教育法律关系中的具体体现。教育申诉制度是一项法定的申诉制度，也是一项权利救济制度，还是一项专门性的申诉制度。教育申诉制度的申诉主体、被申诉主体、受理主体都是特定的。与一般的信访制度不同，在教育法律关系中，由于教师和学生法律地位的特殊性，当他们的权益受到损害时不能完全依靠诉讼等途径来进行自我救济，因此，我国《教育法》等法律法规赋予了教师和学生进行申诉的权利，以维护他们的合法权益。

（2）教育申诉的途径

教师和学生的权益受到侵犯后所能寻求的教育申诉包括两类：一是向所在学校提出申诉，简称校内申诉；二是向教育行政机关提出申诉，简称教育行政申诉。

学校要建立健全校内权益救济制度，保障学生和教职工的合法权益。学校建立健全校内申诉制度，分别成立校内学生申诉处理委员会和校内教师申诉处理委员会，明确受理学生和教师申诉的部门和程序，保障学生和教职工的合法权益。

教育行政申诉是指各级各类学校的教师和学生对学校、其他教育机构或政府有关部门做出的影响其利益的处理决定不服，或者在其合法权益遭受侵犯时，依法行使申诉权，向法定的国家机关声明不服、申诉理由、请求复查或重新处理的一项法律制度。教师和学生如果对校内申诉处理决定不服，可以向教育行政机关提出教育行政申诉。

💬 思考与练习

答案

一、简答题

1. 简述教育法治的内涵及基本要求。

2. 简述法治思维的内涵及构成要素。

3. 简述教育法规与教育政策的关系。

4. 简述教育法规与教师职业道德的关系。

5. 简述法律责任的类型、归责原则和归责要件。

6. 简述法律救济的途径。

7. 简述教育申诉制度。

二、单项选择题

请你扫描二维码，查看本章的单项选择题，测一测学习效果。

单项选择题

三、案例分析题

请你扫描二维码，查看本章的案例分析题，测一测学习效果。

案例分析题

推荐阅读

第五章推荐
阅读书目

第六章　学校政策与法规

　　教育同国家前途命运紧密相连。我们教育的目的就是培养社会主义建设者和接班人。要坚持正确办学方向，落实党的教育方针，加强高素质教师队伍建设，培养有历史感责任感、志存高远的时代新人，为实现中华民族伟大复兴提供有力人才支撑。[①]

——习近平

---

①　习近平春节前夕赴云南看望慰问各族干部群众　向全国各族人民致以美好的新春祝福　祝各族人民生活越来越好祝祖国欣欣向荣［N］. 人民日报，2020-01-22（1）.

学习目标

1. 理解和掌握学校的权利与义务。
2. 了解学校治理中的政策与法规，掌握学校冲突事件处理与平衡的基本要求。
3. 通过观摩和研究教育实践，体会如何防范学校治理中的法律风险。

知识导图

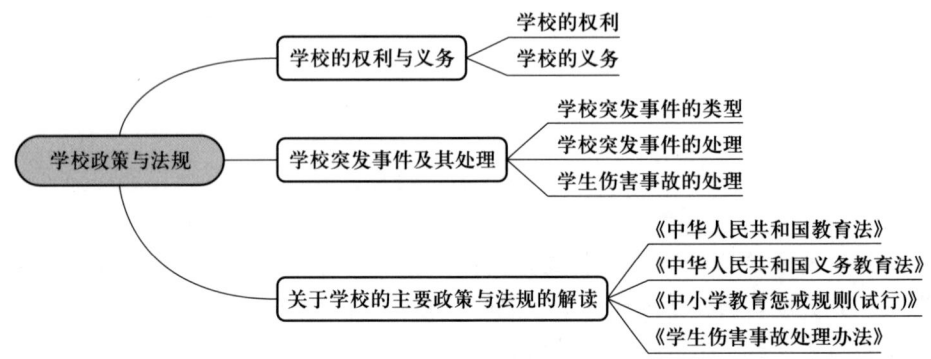

第一节　学校的权利与义务

根据宪法价值理性的要求，在公民私人的宪法权利与学校公共管理权的关系问题上，前者更应该得到尊重和有效维护。因为根据"权利在先"的理念，当私人权利与公共权力发生冲突与矛盾时，应当以权利为本位，权利是目的，权力是手段，前者具有直接否定后者的资格和能力。因此，学校在治理中应厘清权利与义务。

一、学校的权利

学校作为依法成立的实施教育教学活动的专门机构，为完成其基本职能，必须拥有相应的权利。《教育法》第29条规定了学校及其他教育机构行使下列权利：

（一）按照章程自主管理

学校章程是指为保证学校工作正常运行，就办学宗旨、内部管理体制及各项重大原则制定的全面的规范性文件。我国《教育法》把"有组织机构和章程"列为设立学校必备的条件之一，把"按照章程自主管理"作为学校的权利之一。

（二）组织实施教育教学活动

学校及其他教育机构根据自己的办学和任务，依据国家教育行政部门有关教学计划、课程、专业设置等方面的规定，自行决定和实施教学计划，决定具体课时和教学进度，组织教学评比、集体备课，对学生进行授课、统一考核、考试等教学活动。

（三）招收学生或者其他受教育者

学校是为受教育者提供教育服务的机构，这种服务必须通过招收学生或其他受教育者来实现。学校根据自己的办学宗旨、培养目标、办学条件、办学能力和学校类型，根据国家有关的招生法律、法规与政策，决定招生人数，制定本校的招生办法、发布招生广告，本着合理、公开、公平、公正、科学的原则，进行招生工作。九年义务教育实行的是免费教育，所有适龄儿童都必须入学。

（四）对受教育者进行学籍管理，实施奖励或者处分

学籍管理属于学校及其他教育机构自主管理的权利之一，是指校方根据自身的实际情况，对受教育者入学、注册、纪律与考勤、休学与复学、退学等方面的规定与执行。实施奖励或处分也是学校及其他教育机构的自主管理权利。学生奖励是指学校通过对受教育者德智体美劳方面的优良表现，给予精神或物质上的表彰，如颁发奖学金、给予"三好学生"称号。学生处分，又称学校纪律处分，是指学校依据教育法规或其内部管理制度对违反学校纪律的学生进行校内惩戒或制裁。无论奖励还是处分，都必须遵守相关规定，遵循教育适度、适当的原则。

（五）对受教育者颁发相应的学业证书

学业证书是学校按照国家有关规定办理的、证明学生文化程度和学历水平的证件，是学生经过学习并通过考试达到国家规定标准后获得的学业资格证明，受国家法律保护和认可。学校及其他教育机构向符合条件的受教者颁发学业证书是其重要权利，也是自身继续发展的重要支撑，这一权利非经法定因素不得剥夺。同时，学校及其他教育机构向符合条件的受教育者颁发学业证书也是一种义务，是受教育者权利的体现；如果学校在招生、考试、录取或者教学环节中不严格按照要求、降低要求，则属于违法行为。

《教育法》第82条规定：学校或者其他教育机构违反本法规定，颁发学位证书、学历证书或者其他学业证书的，由教育行政部门或者其他有关行政部门宣布证书无效，责令收回或者予以没收；有违法所得的，没收违法所得；情节严重的，责令停止相关招生资格一年以上三年以下，直至撤销招生资格、颁发证书资格；对直接负责的主管人员和其他直接责任人员，依法给予处分。

（六）聘任教师及其他职工，实施奖励或者处分

学校及其他教育机构根据国家有关法规，可以从本校的办学条件、办学能力和编制实际情况出发，制定本校教职工聘任、解聘、奖励、处分办法，有权对教职工实行聘任和解聘。《教师法》第17条规定：教师的聘任应当遵循双方地位平等的原则，由学校和教师签订聘任合同，明确规定双方的权利、义务和责任。学校和教师的权利与义务是对等的。同时，教职工在接受聘任之后，学校有权对其工作成绩进行奖励，对其不良表现进行处分。《教师法》第33条规定：教师在教育教学、培养人才、科学研究、教学改革、学校建设、社会服务、勤工俭学等方面成绩优异的，由所在学校予以表彰、奖励。学校实行聘任制以及奖惩制度可以极大地促进教师工作积极性的提高，并有利于提高教育教学质量。

（七）管理、使用本单位的设施和经费

学校对本单位的设施和经费有管理和使用权，这是学校法人设立的基本条件之一。侵犯学校宿舍、场地及其他财产的行为是法律明确禁止的行为，是一种违法行为。《教育法》第72条规定：破坏校舍、场地及其他财产的，由公安机关给予治安管理处罚；构成犯罪的，依法追究刑事责任。侵占学校及其他教育机构的校舍、场地及其他财产的，依法承担民事责任。

（八）拒绝任何组织和个人对教育教学活动的非法干涉

为了维护学校及其他教育机构的正常教育教学秩序，学校有权拒绝来自任何方面的非法干涉，如对校舍和场地的非法强占，对师生人身安全的侵犯，对教学秩序的干扰，等等。如果学校不能制止其他机构或个人对学校的侵犯行为，可以诉诸公安机关或司法部门。

（九）法律、法规规定的其他权利

这一规定是指学校及其他教育机构除了有上述基本权利之外，还拥有法律、法规赋予的其他权利，如民事权利。对民办学校而言，这一概括性权利更具有现实意义，因为除了上述8项基本权利之外，复议权、诉讼权、学校内部管理体制的确

定、学校法人代表的确定、收费标准的制定等权利同样重要。国家保护学校及其他教育机构的合法权益不受侵犯。

二、学校的义务

学校的义务是指学校在教育活动中必须履行的法律义务，即学校在教育活动中必须实施一定作为或不作为的约束。学校的义务根据法律产生，并以国家强制力保证其履行。规定学校的义务，一是为保证学校实现育人宗旨、实施教育教学活动；二是为保障学校相对一方，特别是保障学生的受教育权和教师的合法权益。《教育法》第30条规定了学校及其他教育机构应当履行下列义务：

（一）遵守法律、法规

学校是培养人的社会组织，遵守法律、法规是其必须履行的基本义务。此项义务中的"法律"，包括《宪法》和国家权力机关制定的法律；"法规"包括国务院制定的行政法规、规章和地方性法规、规章。《教育法》作出此项规定不是对《宪法》有关内容的简单重复，而是包括两层含义：一是学校在一般意义上的守法，不得违背法律；二是教育法律、法规、规章中为学校及其他教育机构确立的特定意义上的义务，这些义务与实施教育教学活动、实现办学宗旨密切相关。

（二）贯彻国家的教育方针，执行国家教育教学标准，保证教育教学质量

学校及其他教育机构在整个教育教学活动中，要坚持社会主义办学方向，贯彻国家教育方针，走教育教学与生产劳动和社会实践相结合的办学道路，从德智体美劳方面全面教育和培养学生。要执行国家教育教学标准，努力改善办学条件，加强育人环节，保证教育教学活动和培养学生的质量达到国家的教育教学质量要求，并不断提高教育教学质量。

（三）维护受教育者、教师及其他职工的合法权益

学校自身的行为不得侵犯受教育者、教师及其他职工的合法权益，如不得克扣、拖欠教职工的工资，不得拒绝符合入学标准的受教育者入学，尊重学生的受教育权等。

当教育机构以外的其他社会组织和个人侵犯了本校学生、教师及其他职工的合法权益时，学校应当以合法方式，积极协助有关单位查处违法行为的当事人，维护其合法权益。

📋 **案例链接**

某中学为了加强学生宿舍管理，在每个学生寝室门上反装了猫眼，以方便教师及宿舍管理员随时检查卫生及学生就寝等情况，这引起部分学生及家长的不满。

一 案例讨论

学校在学生寝室门上反装猫眼是否构成侵权行为？

一　案例解析

在本案例中，学校的做法涉嫌侵犯学生的隐私权。虽然学校出于管理的需要，但由于中学生的身心正处于发育期，个体意识逐渐增强，如果反装猫眼，势必会引起学生的诸多不便。另外也不能排除非校方管理人员的窥探，这极易暴露学生的隐私。学生寝室是相对私密的环境，适用我国法律关于隐私权的保护规定，因此，学校的做法不妥当。

一　案例启示

由于学校管理权在外延上可能出现无限膨胀的趋势，学校管理权的日常运作面临许多不确定因素的挑战，最为突出的是学校管理权与管理相对人的宪法公民权之间容易产生紧张和冲突。学校在学生管理中应厘清权利与义务，避免将行政管理带入民事管理。学校要依法处理管理学生权与学生自身权利的关系。

（四）以适当方式为受教育者及其监护人了解受教育者的学业成绩及其他有关情况提供便利

所谓"适当方式"，是指学校通过设立家长接待日、家长会议、教师家访等合法的、正当的方式，保障家长及其他监护人、学生本人的知情权。但不得采取考试成绩排队、公布学生档案等非法的、侵犯学生合法权益的方式。所谓"监护人"，是指未成年人的父母，父母没有监护能力或者不能履行监护职责时，由未成年人的其他成年亲属或者所在的基层组织担任监护人。所谓"提供便利"，一是学校不得拒绝受教育者及其监护人了解受教育者的学业成绩、在校表现等情况的请求；二是学校应当提供便利条件，帮助受教育者及其监护人行使此项知情权。学校在履行此项义务时，要特别注意不得侵犯受教育者的隐私权、名誉权等合法权益。

（五）遵照国家有关规定收取费用并公开收费项目

学校是公益性机构，公民依法享有受教育权，同时应按所入学校的不同性质、依照有关规定缴纳一定费用。学校应当按照中央和地方各级政府及其有关部门的收费规定，确定收取学杂费的具体标准，不得巧立名目、乱收费用，甚至把办学当作牟利的工具。同时，收费项目应向社会公开，接受家长和社会各界的监督，维护办学机构的公益性质。

（六）依法接受监督

依法接受监督义务是指学校对各级权力机关、行政机关依法进行的检查、监督以及社会各界依法进行的监督，应当积极予以配合，不得拒绝，更不得妨碍检查、监督工作的正常进行。这是学校作为行政管理相对人和独立法人应承担的法定义务。符合《教育法》中"教育活动必须符合国家和社会公共利益"的基本要求，有利于促进学校自觉地把教育教学和管理活动置于主管部门和社会的监督之下，全面贯彻党和国家的教育方针。

第二节　学校突发事件及其处理

突发事件无时无刻不在发生，它不以人的意志为转移，天灾抑或人祸，都很难完全避免。学校是学生学习生活的净土，学生本应在校园快乐、安全地成长。但是近年来，在学校里发生的突发事件让人们意识到，校园不是绝对的"安全岛"。学生安全关系到千家万户，维系着社会的和谐与稳定，因此，要加强学校突发事件的预防与应对研究。

一、学校突发事件的类型

依据 2007 年 11 月 1 日起施行的《中华人民共和国突发事件应对法》（以下简称《突发事件应对法》）第 3 条规定，突发事件是指突然发生，造成或者可能造成严重社会危害，需要采取应急处置措施予以应对的自然灾害、事故灾难、公共卫生事件和社会安全事件。国家建立了突发事件的预警制度，预警级别划分的标准由国务院或者国务院确定的部门制定。按照突发事件发生的紧急程度、发展态势和可能造成的危害程度，突发事件可分为一级、二级、三级和四级，分别用红色、橙色、黄色和蓝色标示，一级为最高级别。

[拓展阅读]
《中华人民共和国突发事件应对法》

本教材中的学校突发事件是指在校内突然发生的，对学校的教学、工作和生活秩序造成一定影响、冲击或危害的事件。学校常见的突发事件有两大类：

一是外部突发事件。指危及全社会的事件，如地震、洪水、恶劣气候、火灾、化学与危险品溢出、交通事故、疫情紧急事件等。这些事件处理的主体是当地政府，学校根据政府要求和学校制定的应急预案来应对。

二是内部突发事件。指发生在校园内，或与学校教学活动相关，或与教师、学生有直接关系的突发事件。按照学校突发事件造成或可能造成的严重影响或严重危害程度，学校突发事件可分为校园群体性事件、影响重大的校园治安案件、校园重大刑事案件、校园师生非正常死亡、校园自然灾害事故等。尤其是学生伤害事件、校园暴力事件、疫情事件、教师纠纷事件、合同事件、外来人员来校滋事事件、家长与学校的冲突事件等是学校常见的突发事件。教师经常遇到学生的突发事件，如学生意外伤害事件、学生食物中毒事故、学生患突发疾病事件、学生违反法律法规和学校规章制度事件、学生违反公序良俗事件、交通事故、自杀、绑架、恶性暴力事件、踩踏、火灾、溺水、学生间的分歧、财物失窃、学生早恋、家庭变故、打架斗殴、与教师顶撞、厌学辍学、恶作剧等。本教材主要聚焦教师在学校内部应对学校突发事件中的师德与法规要求。

在学校日常教育教学活动中，教师常常会遇到一些始料不及的情况，这些突如其来的非正常性的突发事件具有发生、发展的速度很快，出乎意料，事件难以应对，后果危害严重，处置时效紧迫，事件影响深远和广泛等特点。在班级中，突发事件都不同程度、不可避免地存在着。究其原因，既有环境和社会的因素，也有学校教育、家庭教育及其个人的因素。突发事件的影响之大、危害之深，是班级管理中一个具有全局性的大问题，也是班主任和任课教师必须认真思考并加以解决的一个问题。如何处理班级内的突发事件，关系到一个班级的稳定发展，也反映出班主任和任课教师的教育管理能力和教育艺术。

二、学校突发事件的处理

当前学校应对突发事件时常暴露出缺乏足够的危机预防意识，缺乏科学完善的应对机制，处理事件没有做到"以人为本"，缺乏对师生的"处突"能力培养等问题。根据《突发事件应对法》，学校应建立突发事件预防体系；培养突发事件防范意识；建立突发事件预警系统；健全突发事件应对机制；建立突发事件应急预案；成立突发事件应对机构；储备足够的后勤保障；组织必要的训练与演习等。处理突发事件应遵循五条原则：以人为本，积极预防；统一领导，分级负责；部门联动，快速反应；科学规范，依法处置；把握主动，正确引导。近年来，学校突发事件频频发生，给学校带来了极大的困扰和压力，校长、班主任和任课教师应当承担起主要责任，加强学校突发事件预防和应急处置工作。

（一）校长对学校突发事件的应对

1. 加强治理，提高预防意识

学校突发事件的预防是非常重要的，只有提前做好预防工作，才能有效降低学校突发事件的发生率。校长应当加强对学校的治理，提高预防意识，针对不同的突发事件，制定专门的应急预案，以便在发生突发事件时，能够及时有效地处理。在制定应急预案时，应当考虑到各种可能性，以确保在任何情况下都能够及时有效地处理突发事件。

2. 定期开展突发事件应急处理培训

定期开展突发事件应急处理培训是非常必要的，可以帮助教师和学生掌握应急处理的技巧和程序，以便在突发事件发生时能够及时应对。校长可以邀请专业的应急处理人员来为教师和学生进行培训，让他们了解突发事件的特点和应对方法，同时还要进行模拟演练，让教师和学生在实践中掌握应急处理的技能和经验。这样一旦发生突发事件，教师和学生就能够迅速作出反应，采取有效的措施，保障学生的生命安全和财产安全。

3. 建立良好的突发事件处理机制

建立良好的突发事件处理机制是非常重要的，可以为学校突发事件的处理提供有力的保障。校长可以成立突发事件处理小组，负责制定应急预案、组织培训、指导处理突发事件等工作，同时还要对突发事件处理工作进行监督和评估，及时修订应急预案，提高应急处理的效率和水平。在突发事件处理小组中，还要选派专人负责与政府等各部门进行沟通和协调，以便在需要的时候能够得到及时的支持和帮助。

4. 给予处理突发事件的教师必要的支持和鼓励

处理突发事件的教师是学校突发事件处理工作中最重要的主体之一，他们的工作质量和效率直接关系到学生的生命安全和财产安全。因此，校长应当给予处理突发事件的教师必要的支持和鼓励，让他们有信心和勇气去应对突发事件。在处理突发事件的过程中，校长还要及时检查和评估教师的工作，对他们的工作表现进行肯定和激励，以便提高他们的工作积极性和效率。

校长要加强研究校园媒体公关策略与舆情管理。学校对突发事件的处理要成立突发事件应急处理领导小组，统一指挥和全面负责突发事件应急处理工作，形成处置突发事件的快速反应机制，立足于防范，抓早、抓小，以快制快。

学校对突发事件的处理要注意 3 个层面：

第一，对社会公众层面，及时对外公布事件的发生原因、处置过程、善后情况，消除外界质疑，防止谣言滋生；第二，对学生家庭层面，迅速有效地安抚、疏导学生（家长），寻求家长的支持和帮助；对受害者家庭要及时慰问，提出解决办法，必要时进行心理辅导；第三，对学校内部层面，加强危机处理动员，团结组织内部，集中人力、物力，形成合力，尽快处理事件，要举一反三，吸取经验教训，加强危机预警和应对素质培养。

（二）班主任和任课教师对班级突发事件的应对

学校突发事件处理是一项非常重要的工作，需要校长和全校师生的共同努力。学校突发事件也可以分为对立性突发事件和非对立性突发事件。对立性突发事件，例如：社会闲杂人员的挑衅事件，学生打架斗殴事件，家长的恶意质询事件，校园暴力犯罪事件，恐吓电话、短信或信件事件，可疑分子、可疑物品事件等。非对立性突发事件，例如：学生突发性受伤或疾病事件，学生不请假离校或私自出走事件，学生寝室贵重物品或现金丢失事件，触电、溺水、食物中毒事件，不可预测的灾难性事件，突发校园公共卫生事件等。这里重点研讨学生伤害事故现场的应对方法。

1. 及时救治

学生在课堂（课间）发生伤害事故后，任课教师（班主任）应立即组织将其送至校医室或通知校医前来处理，校医不在或情形比较严重的，应立即向年级部、学生指导处或校领导汇报并视情况送医院急救。当突发事件发生时，首先应该立即启动紧急救援机制，包括救护车、消防车、警车等各种紧急救援设备的调配。同时，学校应该组织专业的医疗救护人员、校医等人员进行现场救治，对受伤师生进行急救处理，并将重伤者送往医院进行治疗。教师应敏锐观察，一旦发现学生受伤，则根据学校应急预案第一时间将其送往医院治疗。特别是内伤，无法通过外部观察判断伤情，一旦延误医治，教师、学校、幼儿园必然要承担相应责任。

尽量使用最快的交通工具。有些伤害如溺水，现场抢救更为重要，在拨打 120 急救电话的同时，应及时按照正确的方法进行现场抢救。骨折或病情较严重的，应通知 120 急救中心专业人员前来搬运救治。

教师平时应备有校长、主任、财务负责人的电话，以便事故发生后，及时联系相关人员，解决决策和资金问题。如因时间紧急，教师可用个人资金垫付救治费用，事后校方应归还教师，待事故责任界定后，再由事故责任者向学校偿还相关费用。

2. 及时联系家长

教师平时应备有家长及其他家庭成员或近亲属的一切可能的有效联系方式，如手机、家庭电话、微信或 QQ 号、电子邮箱等。除了学生父母的联系方式，最好还有其爷爷奶奶、外公外婆等其他近亲属的联系方式，以便及时联系。在发现学生受伤时，应立即通知家长，不可延迟。通知家长时，需详细告知拟送往的医院或已送医院的名称、地址、房号、学生的基本病情等，可征求其意见，及时与家长沟通送医情况。事故发生后，负有责任的教师应尽快从自责、懊丧的情绪中走出来，在事故发生的当时或当天，以诚恳的态度向家长进行解释说明。在说明事情发生的过程中，不能强词夺理、隐瞒事实，教师的态度越诚恳，就越容易得到家长的谅解。如果遇到家长态度不冷静、有过激行为、难以沟通时，应多换位思考，体谅家长的心理感受，及时调整与家长的沟通策略。

3. 安抚其他学生

安全事故发生后，班内的其他学生即使未受到伤害，也会因惊吓导致情绪紧张，教师或心理辅导员应及时对学生说明事件的经过和性质，对学生进行安抚，使其情绪尽快稳定。维持现场秩序，防止学生因惊吓过度而发生后续意外。

4. 调查保全证据

突发事件发生后，学校应该立即成立事件调查组，对事件原因、责任等进行调查，并制定解决方案。同时，学校应该积极配合相关部门对事件进行调查，保障事件的公正处理。在司法实践中，打官司就是打证据。在案件的审理过程中，事故责任判定的依据是本案证据所能证明的事实。所以掌握确实、充分、有利的证据是教师和校方在日后诉讼中胜诉的重要保障，应当特别重视各种证据的收集工作。我国民事诉讼法将证据分为书证、物证、视听资料、证人证言、当事人陈述、鉴定结论和勘验笔录等。

5. 探视受害学生

在学生入院后，如果其病情允许，经医生同意，学校即可组织人员探视。进一步了解、关心学生的伤情，并在家长情绪比较冷静的情况下，再一次详细说明事故的全过程。通过交流沟通，让家长了解学校在事故后做出的补救措施，增进家校间的理解，达成共识。学校领导应亲自探视，为双方协商解决问题奠定基础。如果校长采取回避态度，则容易激起家长反感，认为校方不负责任，甚至有可能导致双方对簿公堂。如有必要，学校可派人护理，以体现校方的诚意。

6. 校内信息沟通

突发事件发生后，校内信息沟通最重要的是安全事件情况声明。在确定了事故的存在或安全事件爆发后，应急指挥系统应该以最高决策者或集体的名义在校内发布一份声明，就事件以及由此带来的危害和应急指挥系统及安全管理人员当前的努力作出一些说明。声明对用词有较高的要求，既要充分考虑到当事人的情绪，又要让师生员工意识到学校正在采取有效的策略来控制和消除危害。

7. 信息上报

及时向有关部门报告，主动上交事发报告和事后报告，必要时，向公安、检察机关报告。学校应该建立重大突发事件报告机制，对重大突发事件及时向上级教育主管部门汇报，并按照相关规定进行处理。

8. 媒体管理

突发事件发生后，学校应该立即发布信息，通知师生及家长，告知事件情况和应对措施。信息发布方式可以包括学校内部通知、校园广播、短信通知、微信公众号等多种方式。要掌握报道的主动权，尽快对外公布准确的信息，积极配合新闻媒体，争取媒体的谅解和支持，通过媒体来与大众沟通，尽量避免事件被错误报道。

9. 寻求协助

积极寻求各方协助，将更加有利于对事故的控制。要形成社会支持网络，包括上级教育主管部门、新闻媒介、医院、消防、公安部门、相关科研机构、保险公司、天然气公司、电力公司、电话故障咨询公司、共建单位、社区等。伤害事故涉及责任问题及相关费用的，应及时向保险公司通报，并做好调查和调解工作，问题严重或调解不成的，应及时上报校长室协调处理。可以聘请专家，建立专家顾问团队。

10. 善后恢复

当事件处理完毕后，学校应该尽快恢复正常的教育教学秩序。在此过程中，学校应该加强安全教育，提高师生的安全意识，预防类似事件再次发生。要关注及评估各种损害，动员相关人员进行补救和重建，总结事故和安全事件带来的各种经验和教训，计划未来的行动。学校应该对突发事件后续处理进行跟踪，对受伤师生进行关注和帮助，并对事件进行总结和分析，以提高突发事件处理的能力。

任何一所学校，都会不可避免地面对一些突发事件。对突发事件的应变处理能力最能体现一位教师，乃至一位校长的工作能力。如果突发事件处理得当，就能挽回不必要的损失或避免不必要的伤害。如果突发事件处理欠佳，就可能会使问题更加严重，矛盾更加突出，并使自己的工作更加被动，使自己的工作能力受到怀疑，从而影响人际关系，重者还可能会被追究法律责任。

班级教育教学活动中的突发事件因其具有显而易见的特殊性，班主任和任课教师在处理突发事件时，首先一定要沉着、冷静、审慎行事，不断观察、分析事态的发展变化，并有所预测，要有随机应变的心理准备。其次要设法尽快得到他人的支援和帮助，及时向领导汇报，并保持必要的联系。最后要求班主任和任课教师在处理事件时的言行要遵循法治思维和法治方式，必须符合相关的法律法规，处理过程尽可能让他人有一些了解，以示公开。

三、学生伤害事故的处理

学校要研究各类群体性校园突发事件的应急处置；校园社会安全类突发事件的应急处置；校园事故灾难类突发事件的应急处置；校园公共卫生类突发事件的应急处置；校园自然灾害类突发事件的应急处置。学校突发事件中学生伤害事故比较常见，这里重点探讨学生伤害事故的处理方式。学生伤害事故有三种不同的处理方式，分别是协商、调解和诉讼。

（一）协商

在现实的很多冲突与纠纷中，其处理方式大多都是先考虑私力而后再考虑公力。学校可建立一个完善的沟通协商机制，例如：教师申诉委员会、家长申诉委员会、学生申诉委员会，使家长（学生）与班主任（教师）或者家长与校长能够即时沟通，从而协商问题、解决问题，这样就能够避免很多不必要的环节，且能高效地解决问题。在通过沟通协商这样的私力途径无果的情况下，可再进一步通过公力的途径。协商体现的是当事人意思自治的原则，具体由学校与受伤害学生或者学生家长在平等自愿的基础上协商解决学校事故的赔偿与处理问题，是学校事故较常见的处理方式。

在协商之前，应当向有关的专业人士，最好是律师进行咨询，并征询教育行政主管部门的意见。有时也可以请第三方从中协商，但以双方当事人的意思一致作为达成协议的根据，第三方只是在当事人之间起牵线搭桥的作用，并不实质参与当事人间的协商。协商建立在平等自愿的基础上，通过协商之后达成的协议其法律性质是一项合同，具有合同效力，对双方来说都应该遵守，如果通过协商达成协议后，一方或各方当事人反悔，不履行协议，那么当事人就可以通过诉讼的方式来解决。对于比较严重的学生伤害事故，特别是当学生死亡的事故发生后，则不应该以协商的方式解决，需要司法介入。协商需遵循平等自愿原则、合法原则，不损害国家、社会利益和他人合法权益。

（二）调解

协商并不是调解的必经程序。调解从本质上来说也是一种协商，只不过它是在相关部门的居中主持下进行的。调解是指在学校与受伤害学生双方自愿的情况下，书面请求主管教育行政部门进行调解，由教育行政机关在规定期限内调解处理的机制。调解虽然有教育行政机关的介入，但仍然要尊重当事人的意见。一方面，教育行政机关必须依双方书面申请才能介入调解，而不可主动介入调解。另一方面，调解不是教育行政机关行使行政权力的体现，其结果不具有强制性和法定约束力，如果当事人反悔，可以再通过其他途径解决。《学生伤害事故处理办法》对教育行政部门的调解程序和调解协议书的法律效力进行了较为详细的规定：教育行政部门收到调解申请，认为必要的，可以指定专门人员进行调解，并应当在受理申请之日起60日内完成调解。

调解必须坚持自愿与合法的原则，即能否进行调解、能否达成协议，由当事人自己决定，不得强迫；调解的程序以及调解协议的内容不得违反法律、法规的强制性规定。如果双方矛盾较大，家长不信任教育行政部门，双方也可以依托当地司法机关、人民调解委员会、律师及青少年保护机构等调解处理。由于这些单位的地位中立，容易得到双方信任，可有较好的处理效果。

（三）诉讼

诉讼是处理学校突发事件中的学生伤害事故的最终方式，成年学生或者未成年学生的监护人均可依法直接提起诉讼处理学校事故争议。在我国，学校事故诉讼处理的是学校与学生间关于人身权的纠纷，属于民事争议，纳入民事诉讼的受理范围。诉讼即司法救济，是以国家权力为后盾的，具有强大功能、多种手段和最严厉措施的救济方式。当学校的管理与相对人的权利产生冲突时，除了沟通协商和向上一级主管部门投诉外，寻求法律救济处理学校冲突事件也是一个很好的途径。教师可积极运用《民事诉讼法》等程序性法律，了解管辖问题、诉讼时效问题、诉讼流程问题等，从而有效解决学生突发事件。

当前教育讼案中出现的权利冲突、观念碰撞和价值矛盾，说明法律法规在学校具体化过程中出现偏差和失误是学校管理失范、校园生活失序的表征原因，而法律法规缺位、法治意识缺失、法治精神缺乏则是纠纷频起、冲突纷争的深层原因，制度本身的缺陷与学生日益觉醒的自我权益保护意识产生了激烈的碰撞。今天，原有的许多习惯做法正在受到越来越多的质疑和挑战。原来认为属于学校管理的内部行为而不具有可诉性的情况正在改变，学校站到被告席上的次数也必然还会增多。因此，要从根本上扭转这种局面，走学生管理工作的法治化道路是必然之举。

学校应该制定突发事件应对预案，并进行定期演练，提高应急处置能力。学校应该建立完善的突发事件处理机制，包括突发事件的报告、处置、调查、跟踪等各个环节。同时，学校应该配备专业的安全管理人员，保障突发事件的及时处理。学校应该加强对校外教育活动的安全管理等。学校应该建立应急物资储备制度，储备各类应急物资，以应对突发事件的发生。学校突发事件的发生可能对师生的生命安全和身心健康造成严重影响。因此，学校应该高度重视对突发事件的预防和处理工作，建立完善的安全管理制度和突发事件处理机制，加强安全教育和自护自救教育，提高应急处理能力，以确保师生人身安全。

第三节　关于学校的主要政策与法规的解读

学校是教育法律关系中的重要主体之一。学校是按照一定社会需要，有目的、有计划、有组织地对人进行培养和教育的场所。在现代社会中，学校是指经过教育行政机关批准或登记注册，享有一定的法律权利，承担一定的法律义务，以实施针对人的教育活动为主要内容的社会组织。我国的学校，根据教育对象和培养目标的不同，分为幼儿园、小学、初级中学、高级中学或者完全中学、各类中等专业学校、职业学校、技工学校、普通高等学校以及培训学校，等等；根据举办者的不同，分为公办学校和民办学校。依法治校是依法治国、依法治教的重要组成部分，依法治校是推进依法治国基本方略的必然要求，是教育事业深化改革、加快发展，推进教育法治建设的重要内容，更是学校加强治理的必然选择。所以，加强关于学校政策与法规的学习与研究具有重要意义。本节重点解读与中小学、幼儿园密切相关的《教育法》《义务教育法》《中小学教育惩戒规则（试行）》《学生伤害事故处理办法》等政策与法规。

一、《中华人民共和国教育法》

《教育法》于 1995 年 3 月 18 日第八届全国人民代表大会第三次会议通过。2009 年 8 月 27 日第一次修正；2015 年 12 月 27 日第二次修正。2021 年 4 月 29 日，第十三届全国人民代表大会常务委员会第二十八次会议通过《全国人民代表大会常务委员会关于修改〈中华人民共和国教育法〉的决定》，第三次修正，自 2021 年 4 月 30 日起施行。《教育法》全文共十章 86 条。

（一）总体要求

《教育法》总则包括第 1 条至第 16 条，对整部法律及我国教育制度作了概括性、纲领性、原则性的规定。具体内容包括立法宗旨、指导思想与性质、地位与作用、教育方针、教育事业发展必须遵循的基本原则、教育管理体制、报告制度等。

1. 《教育法》的立法宗旨

《教育法》第 1 条明确了其立法宗旨：为了发展教育事业，提高全民族的素质，促进社会主义物质文明和精神文明建设，根据宪法，制定本法。

《教育法》的颁行是我国教育史上具有里程碑意义的一件大事，标志着我国进入依法治教的新时期，对我国教育事业的改革和发展以及物质文明和精神文明建设，产生了巨大而深远的影响。《宪法》是国家的根本法，也是制定《教育法》的依据，《宪法》中有关教育的条款具有最高的法律效力，《教育法》不能同其抵触。《教育法》与《刑法》等基本法律相并列，处于同等的法律地位。

《教育法》是国家全面调整各类教育关系、规范我国教育工作的基本法律，在我国教育法规体系中处于"母法"地位。其他单行教育法规都只是调整和规范某一方面的教育关系，或某一项教育工作，都是"子法"。这些单行教育法规的制定和实施，都要以《教育法》为依据，不得与《教育法》确立的原则和规范相违背。因此，我国各项教育工作应当全面置于《教育法》的规范之中，其所规定的内容是我国全面依法治教的基本法律依据，是我国依法治教之本。

2. 我国教育的指导思想与性质

《教育法》第 3 条明确规定：国家坚持中国共产党的领导，坚持以马克思列宁主义、毛泽东思想、邓小平理论、"三个代表"重要思想、科学发展观、习近平新时代中国特色社会主义思想为指导，遵循宪法确定的基本原则，发展社会主义的教育事业。

3. 我国教育的地位与作用

《教育法》第 4 条明确规定：教育是社会主义现代化建设的基础，对提高人民综合素质、促进人的全面发展、增强中华民族创新创造活力、实现中华民族伟大复兴具有决定性意义，国家保障教育事业优先发展。全社会应当关心和支持教育事业的发展。全社会应当尊重教师。

4. 我国的教育方针

《教育法》第 5 条规定了我国的教育方针：教育必须为社会主义现代化建设服务、为人民服务，必须与生产劳动和社会实践相结合，培养德智体美劳全面发展的社会主义建设者和接班人。教育方针是国家教育政策的总概括，是教育发展的总方向。教育方针进一步规定了我国教育的社会主义性质：教育必须为社会主义现代化建设服务、为人民服务；规定了我国的教育目的是培养德智体美劳全面发展的社会主义建设者和接班人；规定了实现教育目的的途径是教育必须与生产劳动和社会实践相结合。

5. 我国教育事业发展必须遵循的基本原则

教育的基本原则是我国教育事业发展所必须遵循的基本要求和准则。我国教育的基本原则是根据国家教育方针和教育的客观规律制定的。它同时也是我国社会主义教育实践经验的总结，是在批判继承历史遗产和吸收国外教育经验的基础上丰富和发展起来的。《教育法》在总则中，对我国教育事业发展必须遵循的基本原则作了规定。

（1）重视思想道德教育

《教育法》第6条规定：教育应当坚持立德树人，对受教育者加强社会主义核心价值观教育，增强受教育者的社会责任感、创新精神和实践能力。国家在受教育者中进行爱国主义、集体主义、中国特色社会主义的教育，进行理想、道德、纪律、法治、国防和民族团结的教育。

（2）继承和弘扬优秀文化成果

《教育法》第7条规定：教育应当继承和弘扬中华优秀传统文化、革命文化、社会主义先进文化，吸收人类文明发展的一切优秀成果。

（3）教育活动必须符合国家和社会公共利益

《教育法》第8条规定：教育活动必须符合国家和社会公共利益。教育行政部门、各级各类学校和其他教育机构，应该以维护国家和社会公共利益为出发点，教育活动必须接受国家和社会的依法管理和合法监督，不得片面追求经济利益而忽视国家和社会公共利益，更不能借办教育之名，损害国家、集体和他人的合法权益，侵害社会公共利益。《教育法》第26条规定：国家制定教育发展规划，并举办学校及其他教育机构。国家鼓励企业事业组织、社会团体、其他社会组织及公民个人依法举办学校及其他教育机构。国家举办学校及其他教育机构，应当坚持勤俭节约的原则。以财政性经费、捐赠资产举办或者参与举办的学校及其他教育机构不得设立为营利性组织。

（4）教育与宗教相分离

《教育法》第8条规定：国家实行教育与宗教相分离。任何组织和个人不得利用宗教进行妨碍国家教育制度的活动。教育与宗教相分离，是世界各国普遍坚持的原则。《宪法》第36条规定：国家保护正常的宗教活动。任何人不得利用宗教进行破坏社会秩序、损害公民身体健康、妨碍国家教育制度的活动。

（5）公民受教育机会平等

《教育法》第9条规定：中华人民共和国公民有受教育的权利和义务。公民不分民族、种族、性别、职业、财产状况、宗教信仰等，依法享有平等的受教育机会。

（6）帮助、扶持特殊地区和人群教育

《教育法》第 10 条规定：国家根据各少数民族的特点和需要，帮助各少数民族地区发展教育事业。国家扶持边远贫困地区发展教育事业。国家扶持和发展残疾人教育事业。

（7）促进教育公平

《教育法》第 11 条规定：国家适应社会主义市场经济发展和社会进步的需要，推进教育改革，推动各级各类教育协调发展、衔接融通，完善现代国民教育体系，健全终身教育体系，提高教育现代化水平。国家采取措施促进教育公平，推动教育均衡发展。国家支持、鼓励和组织教育科学研究，推广教育科学研究成果，促进教育质量提高。

（8）国家通用语言文字为学校及其他教育机构的基本教育教学语言文字

《教育法》第 12 条规定：学校及其他教育机构应当使用国家通用语言文字进行教育教学。民族自治地方以少数民族学生为主的学校及其他教育机构，从实际出发，使用国家通用语言文字和本民族或者当地民族通用的语言文字实施双语教育。国家采取措施，为少数民族学生为主的学校及其他教育机构实施双语教育提供条件和支持。

（9）奖励突出贡献

《教育法》第 13 条规定：国家对发展教育事业做出突出贡献的组织和个人，给予奖励。

6. 教育管理体制

对于我国教育工作的领导和管理，《教育法》第 14 条明确规定，国务院和地方各级人民政府根据分级管理、分工负责的原则，领导和管理教育工作，明确了国务院和地方各级人民政府对于教育工作具有义不容辞的法律责任。

《教育法》第 14 条、第 15 条还对我国现阶段教育工作的分级管理、分工负责体制作了具体划分：一是中等及中等以下教育在国务院领导下，由地方人民政府管理；二是高等教育由国务院和省、自治区、直辖市人民政府管理；三是国务院教育行政部门主管全国教育工作，统筹规划、协调管理全国的教育事业。县级以上地方各级人民政府教育行政部门主管本行政区域内的教育工作。县级以上各级人民政府其他有关部门在各自的职责范围内，负责有关的教育工作。

7. 报告制度

《教育法》第 16 条规定：国务院和县级以上地方各级人民政府应当向本级人民代表大会或者其常务委员会报告教育工作和教育经费预算、决算情况，接受监督。

（二）教育基本制度

中华人民共和国成立以来，教育制度日臻完善，形成了一系列教育的基本制度。《教育法》第二章对我国教育的基本制度作了详细的法律规定。

1. 学校教育制度

学校教育制度简称学制，它规定了各级各类学校的性质、任务、入学条件、修业年限以及它们之间的衔接和关系。我国已建立起普通教育和职业教育两种教育，建立起政府、企事业组织、社会团体，个人多种办学形式的学制系统。《教育法》第17条规定：国家实行学前教育、初等教育、中等教育、高等教育的学校教育制度。国家建立科学的学制系统。学制系统内的学校和其他教育机构的设置、教育形式、修业年限、招生对象、培养目标等，由国务院或者由国务院授权教育行政部门规定。

2. 学前教育制度

《教育法》第18条规定：国家制定学前教育标准，加快普及学前教育，构建覆盖城乡，特别是农村的学前教育公共服务体系。各级人民政府应当采取措施，为适龄儿童接受学前教育提供条件和支持。

3. 义务教育制度

1986年，国家颁行了《义务教育法》。《教育法》再一次对义务教育制度给予法律上的规定。《教育法》第19条规定：国家实行九年制义务教育制度。各级人民政府采取各种措施保障适龄儿童、少年就学。适龄儿童、少年的父母或者其他监护人以及有关社会组织和个人有义务使适龄儿童、少年接受并完成规定年限的义务教育。

4. 职业教育和继续教育制度

职业教育是给予学生或在职人员从事某种生产、工作所需的知识、技能和道德的教育，包括职业学校教育和各种形式的职业培训。职业教育要求就业的公民必须接受培训。职业教育的培训包括转业培训、学徒培训、在岗培训、转岗培训及其他培训等。继续教育制度是由原来的成人教育制度修改而来的，旨在推动全民终身学习。《教育法》第20条规定：国家实行职业教育制度和继续教育制度。各级人民政府、有关行政部门和行业组织以及企业事业组织应当采取措施，发展并保障公民接受职业学校教育或者各种形式的职业培训。国家鼓励发展多种形式的继续教育，使公民接受适当形式的政治、经济、文化、科学、技术、业务等方面的教育，促进不同类型学习成果的互认和衔接，推动全民终身学习。

［拓展阅读］《中华人民共和国职业教育法》

5. 国家教育考试制度

国家教育考试制度是国家教育管理制度的重要组成部分。国家教育考试是指由国家批准实施教育考试的机构根据一定的考试目的，按照国务院教育行政部门所确定的考试内容、考试原则、考试程序，对受教育者的知识和能力进行的测定和评价，是检验受教育者是否达到国家规定的教育标准的重要手段。《教育法》第21条规定：国家实行国家教育考试制度。国家教育考试由国务院教育行政部门确定种类，并由国家批准的实施教育考试的机构承办。目前，我国设立的国家教育考试主要有：普通高等学校招生全国统一考试和成人高等学校招生统一考试，全国硕士研究生招生考试，高等教育自学考试，中国汉语水平考试，全国计算机等级考试以及中小学教师资格考试等。教育部针对不同的考试制定了相应的考试规则或条例。

［拓展阅读］《国家教育考试违规处理办法》

6. 学业证书制度和学位制度

《教育法》第22条规定：国家实行学业证书制度。经国家批准设立或者认可的学校及其他教育机构按照国家有关规定，颁发学历证书或者其他学业证书。

《教育法》第 23 条规定：国家实行学位制度。学位授予单位依法对达到一定学术水平或者专业技术水平的人员授予相应的学位，颁发学位证书。

学业证书是指学校及其他教育机构颁发的，证明学生完成学业情况的凭证。它是用人单位衡量持有者知识水平和能力的依据。从学生完成学业的情况来划分，学业证书可分为毕业证书、结业证书、肄业证书。从学历的有效性来划分，学业证书可分为学历证书和非学历证书。学历包括小学学历、初中学历、高中学历、中专学历、大学专科学历、大学本科学历、研究生学历。

学位制度是国家或高等学校以学术水平为衡量标准，通过授予一定称号来表明专门人才知识能力等级的制度。学位是评价学术水平的一种尺度。学位的授予建立在严格的科学训练和考核的基础上。学位授予单位依法对达到一定学术水平或者专业技术水平的人员授予相应的学位，颁发学位证书。《学位法》第 2 条规定：国家实行学位制度。学位分为学士、硕士、博士，包括学术学位、专业学位等类型，按照学科门类、专业学位类别等授予。

学历与学位的区别在于：学历更多地代表受教育者的学习经历；学位用以表明受教育者的学术水平是否达到标准；学历和学位并非互相对应的关系。例如，取得硕士、博士学位证书并非要以取得硕士、博士研究生毕业证书作为前提；学历非本科的，同样可以以同等学力的身份获得硕士或博士学位。

［拓展阅读］
《中华人民共和国学位法》

7. 扫除文盲制度

扫除文盲是一项群众性的工作，党和国家动员各方面力量参与这项工作。《教育法》第 24 条规定：各级人民政府、基层群众性自治组织和企业事业组织应当采取各种措施，开展扫除文盲的教育工作。按照国家规定具有接受扫除文盲教育能力的公民，应当接受扫除文盲的教育。《教育法》第 24 条设定了三类扫除文盲教育的法律义务主体：一是各级人民政府；二是基层群众性自治组织；三是企事业单位。

8. 教育督导制度和评估制度

《教育法》第 25 条规定：国家实行教育督导制度和学校及其他教育机构教育评估制度。

教育督导制度是县级以上各级人民政府，授权给所属的教育部门，对下级人民政府及其教育部门的教育工作进行监督、指导的制度。通过监督、检查、评估、指导等活动，保证国家教育方针、政策法规的贯彻执行和教育目标的实现。

现阶段教育督导的范围主要是中小学教育和幼儿园教育。教育督导的基本形式有综合型督导、专项督导、经常性检查等。我国教育督导机构分为国家、省（自治区、直辖市）、地（市、州、盟）、县（区、旗）四个等级。

教育评估制度是依据一定的教育目标和标准，对学校的办学水平和教育质量等方面进行评价，以保证办学质量的一项制度。评估是一个价值判断的过程，也是完整的科学管理过程中的一个重要环节。

（三）学校及其他教育机构

1. 学校及其他教育机构的设立条件

《教育法》第 27 条规定，设立学校及其他教育机构，必须具备下列基本条件：

① 有组织机构和章程；② 有合格的教师；③ 有符合规定标准的教学场所及设施、设备等；④ 有必备的办学资金和稳定的经费来源。

2. 学校及其他教育机构的权利与义务及其管理体制

（1）学校及其他教育机构的权利

国家保护学校及其他教育机构的合法权益不受侵犯。《教育法》第 29 条规定，学校及其他教育机构行使下列权利：① 按照章程自主管理；② 组织实施教育教学活动；③ 招收学生或者其他受教育者；④ 对受教育者进行学籍管理，实施奖励或者处分；⑤ 对受教育者颁发相应的学业证书；⑥ 聘任教师及其他职工，实施奖励或者处分；⑦ 管理、使用本单位的设施和经费；⑧ 拒绝任何组织和个人对教育教学活动的非法干涉；⑨ 法律、法规规定的其他权利。具体分析参见本章第一节。

（2）学校及其他教育机构的义务

《教育法》第 30 条规定，学校及其他教育机构应当履行下列义务：遵守法律、法规；贯彻国家的教育方针，执行国家教育教学标准，保证教育教学质量；维护受教育者、教师及其他职工的合法权益；以适当方式为受教育者及其监护人了解受教育者的学业成绩及其他有关情况提供便利；遵照国家有关规定收取费用并公开收费项目；依法接受监督。具体分析参见本章第一节。

（3）学校管理体制

《教育法》第 31 条规定：学校及其他教育机构的举办者按照国家有关规定，确定其所举办的学校或者其他教育机构的管理体制。学校及其他教育机构的校长或者主要行政负责人必须由具有中华人民共和国国籍、在中国境内定居、并具备国家规定任职条件的公民担任，其任免按照国家有关规定办理。学校的教学及其他行政管理，由校长负责。学校及其他教育机构应当按照国家有关规定，通过以教师为主体的教职工代表大会等组织形式，保障教职工参与民主管理和监督。2022 年 1 月，中共中央办公厅印发《关于建立中小学校党组织领导的校长负责制的意见（试行）》，明确了中小学校党组织全面领导学校工作，履行把方向、管大局、作决策、抓班子、带队伍、保落实的领导职责。

［拓展阅读］
《关于建立中小学校党组织领导的校长负责制的意见（试行）》

（4）学校法人地位

《教育法》第 32 条规定：学校及其他教育机构具备法人条件的，自批准设立或者登记注册之日起取得法人资格。学校及其他教育机构在民事活动中依法享有民事权利，承担民事责任。学校及其他教育机构中的国有资产属于国家所有。学校及其他教育机构兴办的校办产业独立承担民事责任。

（四）教师和其他教育工作者

1. 对教师的规定

《教育法》第 33 条规定：教师享有法律规定的权利，履行法律规定的义务，忠诚于人民的教育事业。《教育法》第 34 条规定：国家保护教师的合法权益，改善教师的工作条件和生活条件，提高教师的社会地位。教师的工资报酬、福利待遇，依照法律、法规的规定办理。《教育法》第 35 条规定：国家实行教师资格、职务、聘任制度，通过考核、奖励、培养和培训，提高教师素质，加强教师队伍建设。关于教师的权利和义务、国家教师制度的具体分析参见本教材第七章第一节和第三节。

2. 对其他教育工作者的规定

《教育法》第 36 条规定：学校及其他教育机构中的管理人员，实行教育职员制度。学校及其他教育机构中的教学辅助人员和其他专业技术人员，实行专业技术职务聘任制度。

（五）受教育者

1. 受教育者的权利

《教育法》第 43 条规定，受教育者享有下列权利：

（1）参加教育教学计划安排的各种活动，使用教育教学设施、设备、图书资料；

（2）按照国家有关规定获得奖学金、贷学金、助学金；

（3）在学业成绩和品行上获得公正评价，完成规定的学业后获得相应的学业证书、学位证书；

（4）对学校给予的处分不服向有关部门提出申诉，对学校、教师侵犯其人身权、财产权等合法权益，提出申诉或者依法提起诉讼；

（5）法律、法规规定的其他权利。

2. 受教育者的义务

《教育法》第 44 条规定，受教育者应当履行下列义务：

（1）遵守法律、法规；

（2）遵守学生行为规范，尊敬师长，养成良好的思想品德和行为习惯；

（3）努力学习，完成规定的学习任务；

（4）遵守所在学校或者其他教育机构的管理制度。

《教育法》第 45 条规定：教育、体育、卫生行政部门和学校及其他教育机构应当完善体育、卫生保健设施，保护学生的身心健康。关于受教育者权利与义务的具体分析，参见本教材第八章第一节。

（六）教育与社会

教育是一种社会活动，它牵动着社会的各方面，要求全社会肩负起发展教育的责任。《教育法》第 46 条至第 53 条对教育与社会的要求进行了规定。社会应当依法为儿童、少年、青年学生的身心健康成长创造良好的环境。国家鼓励教学、科研、技术开发和推广等方面进行多种形式的合作。社会组织和个人，可以通过适当的形式，支持学校建设、参与学校管理。社会组织应当为学校组织的学生实习、社会实践活动提供帮助和便利。学校应当积极参加当地的社会公益活动。未成年人的父母或者其他监护人应当为其未成年子女或者其他被监护人受教育提供必要条件，应当配合学校对其未成年子女或者其他被监护人进行教育。学校、教师可以对学生家长提供家庭教育指导。社会公共文化体育设施，以及历史文化古迹和革命纪念馆（地），应当对教师、学生实行优待，为受教育者接受教育提供便利。广播、电视台

（站）应当开设教育节目，促进受教育者思想品德、文化和科学技术素质的提高。国家、社会建立和发展对未成年人进行校外教育的设施。学校应当同社会组织、社会团体相互配合，加强对未成年人的校外教育工作。国家鼓励社会团体、社会组织和个人开展有益于受教育者身心健康的社会文化教育活动。

（七）教育投入与条件保障

1. 投入体制

《教育法》第54条规定：国家建立以财政拨款为主、其他多种渠道筹措教育经费为辅的体制，逐步增加对教育的投入，保证国家举办的学校教育经费的稳定来源。企业事业组织、社会团体及其他社会组织和个人依法举办的学校及其他教育机构，办学经费由举办者负责筹措，各级人民政府可以给予适当支持。

2. 两个提高

《教育法》第55条规定：国家财政性教育经费支出占国民生产总值的比例应当随着国民经济的发展和财政收入的增长逐步提高。具体比例和实施步骤由国务院规定。全国各级财政支出总额中教育经费所占比例应当随着国民经济的发展逐步提高。

3. 三个增长

《教育法》第56条规定：各级人民政府的教育经费支出，按照事权和财权相统一的原则，在财政预算中单独列项。各级人民政府教育财政拨款的增长应当高于财政经常性收入的增长，并使按在校学生人数平均的教育费用逐步增长，保证教师工资和学生人均公用经费逐步增长。《教育法》第57条至第66条对教育投入与条件保障的其他要求作出了规定。

（八）教育对外交流与合作

《教育法》第67条规定：国家鼓励开展教育对外交流与合作，支持学校及其他教育机构引进优质教育资源，依法开展中外合作办学，发展国际教育服务，培养国际化人才。教育对外交流与合作坚持独立自主、平等互利、相互尊重的原则，不得违反中国法律，不得损害国家主权、安全和社会公共利益。《教育法》第68条至第70条对教育对外交流与合作的其他要求作出了规定。

（九）法律责任

《教育法》第71条至第83条对违反教育法的行为及其法律责任作出了规定。

1. 违反教育经费规定的法律责任

《教育法》第71条规定：违反国家有关规定，不按照预算核拨教育经费的，由同级人民政府限期核拨；情节严重的，对直接负责的主管人员和其他直接责任人员，依法给予处分。违反国家财政制度、财务制度，挪用、克扣教育经费的，由上级机关责令限期归还被挪用、克扣的经费，并对直接负责的主管人员和其他直接责任人员，依法给予处分；构成犯罪的，依法追究刑事责任。

2. 扰乱学校教育教学秩序、破坏侵占学校财产的法律责任

《教育法》第72条规定：结伙斗殴、寻衅滋事，扰乱学校及其他教育机构教育教学秩序或者破坏校舍、场地及其他财产的，由公安机关给予治安管理处罚；构

成犯罪的，依法追究刑事责任。侵占学校及其他教育机构的校舍、场地及其他财产的，依法承担民事责任。

3. 使用危险教育教学设施造成人员伤亡或者重大财产损失的法律责任

《教育法》第73条规定：明知校舍或者教育教学设施有危险，而不采取措施，造成人员伤亡或者重大财产损失的，对直接负责的主管人员和其他直接责任人员，依法追究刑事责任。

4. 违反国家规定收取费用的法律责任

《教育法》第74条规定：违反国家有关规定，向学校或者其他教育机构收取费用的，由政府责令退还所收费用；对直接负责的主管人员和其他直接责任人员，依法给予处分。

5. 违反国家规定举办学校的法律责任

《教育法》第75条规定：违反国家有关规定，举办学校或者其他教育机构的，由教育行政部门或者其他有关行政部门予以撤销；有违法所得的，没收违法所得；对直接负责的主管人员和其他直接责任人员，依法给予处分。

6. 违反国家招生与入学规定的法律责任

《教育法》第76条规定：学校或者其他教育机构违反国家有关规定招收学生的，由教育行政部门或者其他有关行政部门责令退回招收的学生，退还所收费用；对学校、其他教育机构给予警告，可以处违法所得五倍以下罚款；情节严重的，责令停止相关招生资格一年以上三年以下，直至撤销招生资格、吊销办学许可证；对直接负责的主管人员和其他直接责任人员，依法给予处分；构成犯罪的，依法追究刑事责任。

《教育法》第77条规定：在招收学生工作中滥用职权、玩忽职守、徇私舞弊的，由教育行政部门或者其他有关行政部门责令退回招收的不符合入学条件的人员；对直接负责的主管人员和其他直接责任人员，依法给予处分；构成犯罪的，依法追究刑事责任。

盗用、冒用他人身份，顶替他人取得的入学资格的，由教育行政部门或者其他有关行政部门责令撤销入学资格，并责令停止参加相关国家教育考试二年以上五年以下；已经取得学位证书、学历证书或者其他学业证书的，由颁发机构撤销相关证书；已经成为公职人员的，依法给予开除处分；构成违反治安管理行为的，由公安机关依法给予治安管理处罚；构成犯罪的，依法追究刑事责任。

与他人串通，允许他人冒用本人身份，顶替本人取得的入学资格的，由教育行政部门或者其他有关行政部门责令停止参加相关国家教育考试一年以上三年以下；有违法所得的，没收违法所得；已经成为公职人员的，依法给予处分；构成违反治安管理行为的，由公安机关依法给予治安管理处罚；构成犯罪的，依法追究刑事责任。

组织、指使盗用或者冒用他人身份，顶替他人取得的入学资格的，有违法所得的，没收违法所得；属于公职人员的，依法给予处分；构成违反治安管理行为的，由公安机关依法给予治安管理处罚；构成犯罪的，依法追究刑事责任。

入学资格被顶替权利受到侵害的，可以请求恢复其入学资格。

7. 考试作弊的法律责任

《教育法》第 79 条规定，考生在国家教育考试中有下列行为之一的，由组织考试的教育考试机构工作人员在考试现场采取必要措施予以制止并终止其继续参加考试；组织考试的教育考试机构可以取消其相关考试资格或者考试成绩；情节严重的，由教育行政部门责令停止参加相关国家教育考试一年以上三年以下；构成违反治安管理行为的，由公安机关依法给予治安管理处罚；构成犯罪的，依法追究刑事责任：① 非法获取考试试题或者答案的；② 携带或者使用考试作弊器材、资料的；③ 抄袭他人答案的；④ 让他人代替自己参加考试的；⑤ 其他以不正当手段获得考试成绩的作弊行为。

《教育法》第 80 条规定，任何组织或者个人在国家教育考试中有下列行为之一，有违法所得的，由公安机关没收违法所得，并处违法所得一倍以上五倍以下罚款；情节严重的，处五日以上十五日以下拘留；构成犯罪的，依法追究刑事责任；属于国家机关工作人员的，还应当依法给予处分：① 组织作弊的；② 通过提供考试作弊器材等方式为作弊提供帮助或者便利的；③ 代替他人参加考试的；④ 在考试结束前泄露、传播考试试题或者答案的；⑤ 其他扰乱考试秩序的行为。

《教育法》第 81 条规定：举办国家教育考试，教育行政部门、教育考试机构疏于管理，造成考场秩序混乱、作弊情况严重的，对直接负责的主管人员和其他直接责任人员，依法给予处分；构成犯罪的，依法追究刑事责任。

8. 违法颁发证书的法律责任

《教育法》第 82 条规定：学校或者其他教育机构违反本法规定，颁发学位证书、学历证书或者其他学业证书的，由教育行政部门或者其他有关行政部门宣布证书无效，责令收回或者予以没收；有违法所得的，没收违法所得；情节严重的，责令停止相关招生资格一年以上三年以下，直至撤销招生资格、颁发证书资格；对直接负责的主管人员和其他直接责任人员，依法给予处分。前款规定以外的任何组织或者个人制造、销售、颁发假冒学位证书、学历证书或者其他学业证书，构成违反治安管理行为的，由公安机关依法给予治安管理处罚；构成犯罪的，依法追究刑事责任。以作弊、剽窃、抄袭等欺诈行为或者其他不正当手段获得学位证书、学历证书或者其他学业证书的，由颁发机构撤销相关证书。购买、使用假冒学位证书、学历证书或者其他学业证书，构成违反治安管理行为的，由公安机关依法给予治安管理处罚。

以上违反《教育法》的行为，主要应负行政法律责任和刑事法律责任，应负民事法律责任的，同时也要追究民事法律责任。此外，《教育法》分别对学校及其他教育机构、受教育者、教育者享有的权利作了规定，凡侵犯其合法权益而造成损失、损害的，同时违反了《教育法》和《民法典》的，均应由人民法院依法追究民事法律责任。

（十）《教育法》颁行的意义

《教育法》为教育改革和发展提供了法律保障，对我国教育事业的发展起到了极大的促进作用。

第一，《教育法》为落实教育优先发展的战略地位提供了法律保障。《教育法》第4条明确了我国教育具有决定性意义的地位与作用，《教育法》第一次以法律形式确立了教育是立国之本、强国之基，这对落实教育优先发展的战略地位具有重要意义。

第二，《教育法》为保证我国教育事业发展的社会主义方向提供了法律依据。《教育法》以法律的形式将我国教育的指导思想、教育方针确定下来，这就从根本上确立了我国教育的社会主义性质和教育事业发展的社会主义方向。

第三，《教育法》为维护教育关系主体的合法权益提供了法律保障。为了保护各类教育关系主体的合法权益，《教育法》对学校及其他教育机构的权利、教师和其他教育工作者的权利、受教育者的权利作了详细的法律规定；并对侵犯教育关系主体合法权益的行为，规定了法律责任，以法律手段保障教育关系主体的合法权益。

第四，《教育法》为巩固教育改革成果、深化教育改革提供了法律保障。《教育法》把改革开放以来的教育改革发展成果通过立法形式确定下来，同时针对符合教育改革发展方向、还需进一步探索的问题，规定了导向性条款，为教育改革的进一步深化和健康发展提供了法律依据。

二、《中华人民共和国义务教育法》

《义务教育法》是1986年4月12日第六届全国人民代表大会第四次会议通过的，2006年修订，2015年第一次修正，2018年第二次修正。《义务教育法》是关于教育的单行法，也是我国历史上第一部关于基础教育的法律。从教育法治建设的角度来讲，《义务教育法》的颁布施行是中国教育法治建设的一个新的重要的标志。《义务教育法》从总则、学生、学校、教师、教育教学、经费保障、法律责任、附则等方面，分别对义务教育各方面进行了法律规定。从义务教育的发展来看，义务教育关乎整个民族素质的提高和中华民族伟大复兴，《义务教育法》的颁布施行对我国教育发展具有奠基性意义和深远的历史影响。

（一）立法宗旨

《义务教育法》第1条明确了立法宗旨："为了保障适龄儿童、少年接受义务教育的权利，保证义务教育的实施，提高全民族素质，根据宪法和教育法，制定本法。"

《义务教育法》把保障受教育者的权利作为立法的根本出发点。受教育权是公民的基本权利之一，必须予以保障。《宪法》第46条规定：中华人民共和国公民有受教育的权利和义务。《义务教育法》的立法依据是《宪法》和《教育法》，这一规定反映了《义务教育法》的立法本质。

案例链接

　　小陈在某县初级中学上初三。临近中考，学校搞了一次摸底考试，并划定了一个分数线，规定凡低于这个分数的学生都将被班主任"劝退"，不能报名参加当年的中考。考试结果出来后，小陈的名字赫然在被"劝退"之列。小陈的父亲曾找过班主任和学校领导，要求学校准许孩子报名，但被学校拒绝。"孩子才16岁，这么小就流向社会，今后可咋办呢？"

— 案例讨论

　　该学校违反了《义务教育法》的哪些规定？

— 案例解析

　　根据《义务教育法》的规定，适龄儿童、少年应当入学接受义务教育，依法享有平等接受义务教育的权利，学校不得开除义务教育阶段的学生。案例中的小陈属于义务教育阶段的在校生，学校应当依法保护其接受义务教育的权利，不得以任何理由和借口开除学生，学校的行为已经侵犯了小陈依法接受义务教育的权利。

　　《义务教育法》是保障适龄儿童、少年接受义务教育的权利保障法；是规定政府、监护人、学校和社会等义务主体保障义务教育实施的义务法，特别是重点规定了政府及其有关部门的义务。《义务教育法》是一部体现教育理念的法律，其确立的基本原则是义务教育发展的规律性要求和必然趋势；是一部规范性、现实性比较强的法律，是对现行教育政策进行了全面总结并有选择地上升为法律的规定。

（二）义务教育

1. 义务教育性质

　　《义务教育法》明确了我国义务教育的公益性、统一性、义务性和平等性。这是义务教育的四个基本性质。

（1）公益性

　　教育是公益性事业，这是教育的本质决定的。教育是促进学生德智体美劳全面发展的过程。人的发展既是个人的事情，又是社会、民族、国家的事情。公益性和免费性是联系在一起的。免费性是义务教育的重要特点。《义务教育法》第2条规定：义务教育是国家统一实施的所有适龄儿童、少年必须接受的教育，是国家必须予以保障的公益性事业。实施义务教育，不收学费、杂费。国家建立义务教育经费保障机制，保证义务教育制度实施。

（2）统一性

　　所谓统一性，就是强调在全国范围内实行统一的义务教育，包括要制定统一的义务教育阶段教科书设置标准、学生公用经费标准等。《义务教育法》第4条规定：凡具有中华人民共和国国籍的适龄儿童、少年，不分性别、民族、种族、家庭财产状况、宗教信仰等，依法享有平等接受义务教育的权利，并履行接受义务教育的义务。

（3）义务性

所谓义务性，就是强制性。强制性是义务教育制度最典型的特征。这种强制性既是对学生而言，也是对国家而言。非义务教育则不是强迫的，而是有选择性的、自愿的。《义务教育法》第 2 条规定：义务教育是国家统一实施的所有适龄儿童、少年必须接受的教育，是国家必须予以保障的公益性事业。这里特别突出强调了义务教育是所有适龄儿童、少年"必须"接受的、国家"必须"予以保障的教育，具有强制性。义务性表现为让适龄儿童、少年接受义务教育是国家、家长、学校、社会的义务，谁未履行这项义务，谁就要受到法律的规范。

① 义务教育是国家的义务

《义务教育法》第 2 条规定：国家实施九年义务教育制度。义务教育是国家统一实施的并予以保障的教育。国家的责任由政府来履行，义务教育的开展是政府行为。《义务教育法》第 5 条第 1 款规定：各级人民政府及其有关部门应当履行本法规定的各项职责，保障适龄儿童、少年接受义务教育的权利。

② 义务教育是家长或法定监护人的义务

《义务教育法》第 2 条规定：义务教育是国家统一实施的所有适龄儿童、少年必须接受的教育。第 5 条第 2 款规定：适龄儿童、少年的父母或者其他法定监护人应当依法保证其按时入学接受并完成义务教育。第 11 条规定：凡年满六周岁的儿童，其父母或者其他法定监护人应当送其入学接受并完成义务教育；条件不具备的地区的儿童，可以推迟到七周岁。适龄儿童、少年因身体状况需要延缓入学或者休学的，其父母或者其他法定监护人应当提出申请，由当地乡镇人民政府或者县级人民政府教育行政部门批准。接受义务教育既是权利，又是义务。只要是中华人民共和国的公民，就必须接受义务教育，没有其他选择。

③ 义务教育是学校的义务

《义务教育法》设专章对学校的责任和权利进行规范。《义务教育法》第 5 条第 3 款规定：依法实施义务教育的学校应当按照规定标准完成教育教学任务，保证教育教学质量。

④ 义务教育是社会的义务

《义务教育法》第 5 条第 4 款规定：社会组织和个人应当为适龄儿童、少年接受义务教育创造良好的环境。第 13 条第 2 款规定：居民委员会和村民委员会协助政府做好工作，督促适龄儿童、少年入学。第 14 条规定：禁止用人单位招用应当接受义务教育的适龄儿童、少年。根据国家有关规定经批准招收适龄儿童、少年进行文艺、体育等专业训练的社会组织，应当保证所招收的适龄儿童、少年接受义务教育；自行实施义务教育的，应当经县级人民政府教育行政部门批准。

⑤ 义务教育是适龄儿童少年的义务

《义务教育法》第 4 条规定：凡具有中华人民共和国国籍的适龄儿童、少年，不分性别、民族、种族、家庭财产状况、宗教信仰等，依法享有平等接受义务教育的权利，并履行接受义务教育的义务。接受义务教育是适龄儿童、少年的权利与义务的统一。

（4）平等性

义务教育是所有公民的教育，是一种平等的、公平的、均衡发展的教育。平等性体现在起点的平等和过程的平等。

义务教育均衡发展方面，平等性或公平性体现为《义务教育法》第6条规定：国务院和县级以上地方人民政府应当合理配置教育资源，促进义务教育均衡发展，改善薄弱学校的办学条件，并采取措施，保障农村地区、民族地区实施义务教育，保障家庭经济困难的和残疾的适龄儿童、少年接受义务教育。国家组织和鼓励经济发达地区支援经济欠发达地区实施义务教育。这项规定指明了义务教育均衡发展的根本方向。由于各地经济、文化水平的差异，义务教育阶段形成了地区之间、城乡之间乃至学校之间较大的发展差距。随着经济的发展，这种差距越拉越大。《义务教育法》将义务教育均衡发展纳入了法治轨道，将教育均衡发展思想作为《义务教育法》的根本指导思想，体现了从过去的各自发展走向今天的均衡发展，具有里程碑意义。

教育均衡发展是指通过法律法规确保公民具有同等受教育的权利和义务，通过制定政策与调配资源，提供相对均等的教育机会和条件，从而实现教育效果和成功机会的相对均衡。义务教育均衡发展体现了教育的公正性、平等性原则。《义务教育法》第22条规定了义务教育学校管理均衡发展的要求：县级以上人民政府及其教育行政部门应当促进学校均衡发展，缩小学校之间办学条件的差距，不得将学校分为重点学校和非重点学校。学校不得分设重点班和非重点班。县级以上人民政府及其教育行政部门不得以任何名义改变或者变相改变公办学校的性质。

2. 义务教育年限

《义务教育法》第2条规定：国家实行九年义务教育制度。

3. 义务教育目标

《义务教育法》第3条规定：义务教育必须贯彻国家的教育方针，实施素质教育，提高教育质量，使适龄儿童、少年在品德、智力、体质等方面全面发展，为培养有理想、有道德、有文化、有纪律的社会主义建设者和接班人奠定基础。《义务教育法》明确了义务教育承担实施素质教育的重大使命。《义务教育法》把义务教育纳入实施素质教育的轨道上来，把实施素质教育作为义务教育的一项新的历史使命。

4. 义务教育管理体制

义务教育管理体制决定了各级政府对义务教育管理权限的划分以及相互之间的关系。《义务教育法》第7条规定：义务教育实行国务院领导，省、自治区、直辖市人民政府统筹规划实施，县级人民政府为主管理的体制。县级以上人民政府教育行政部门具体负责义务教育实施工作；县级以上人民政府其他有关部门在各自的职责范围内负责义务教育实施工作。《义务教育法》明确了各级人民政府的教育权责。

义务教育管理体制包括建立健全教育督导制度和教育问责以及奖惩制度。《义务教育法》第8条规定：人民政府教育督导机构对义务教育工作执行法律法规情况、教育教学质量以及义务教育均衡发展状况等进行督导，督导报告向社会公布。第9条规定：任何社会组织或者个人有权对违反本法的行为向有关国家机关提出检举或者控告。发生违反本法的重大事件，妨碍义务教育实施，造成重大社会影响的，负有领导责任的人民政府或者人民政府教育行政部门负责人应当引咎辞职。第10条规定：对在义务教育实施工作中做出突出贡献的社会组织和个人，各级人民政府及其有关部门按照有关规定给予表彰、奖励。

（三）学生

1. 入学年龄

《义务教育法》第11条规定：凡年满六周岁的儿童，其父母或者其他法定监护人应当送其入学接受并完成义务教育；条件不具备的地区的儿童，可以推迟到七周岁。适龄儿童、少年因身体状况需要延缓入学或者休学的，其父母或者其他法定监护人应当提出申请，由当地乡镇人民政府或者县级人民政府教育行政部门批准。

2. 适龄儿童、少年免试入学

《义务教育法》第12条规定：适龄儿童、少年免试入学。地方各级人民政府应当保障适龄儿童、少年在户籍所在地学校就近入学。父母或者其他法定监护人在非户籍所在地工作或者居住的适龄儿童、少年，在其父母或者其他法定监护人工作或者居住地接受义务教育的，当地人民政府应当为其提供平等接受义务教育的条件。具体办法由省、自治区、直辖市规定。县级人民政府教育行政部门对本行政区域内的军人子女接受义务教育予以保障。第13条规定：县级人民政府教育行政部门和乡镇人民政府组织和督促适龄儿童、少年入学，帮助解决适龄儿童、少年接受义务教育的困难，采取措施防止适龄儿童、少年辍学。居民委员会和村民委员会协助政府做好工作，督促适龄儿童、少年入学。

3. 禁止用人单位招用应当接受义务教育的适龄儿童、少年

《义务教育法》第14条规定：禁止用人单位招用应当接受义务教育的适龄儿童、少年。根据国家有关规定经批准招收适龄儿童、少年进行文艺、体育等专业训练的社会组织，应当保证所招收的适龄儿童、少年接受义务教育；自行实施义务教育的，应当经县级人民政府教育行政部门批准。

（四）学校

《义务教育法》规范了学校建设与管理。学校是对学生开展教育教学活动的专门场所。规范学校建设、加强学校管理是实施义务教育的重要保障。

1. 学校规划要求

学校建设方面，《义务教育法》第15条、第16条规定了政府按照国家规定的办学标准设置和建设学校。第15条规定：县级以上地方人民政府根据本行政区域内居住的适龄儿童、少年的数量和分布状况等因素，按照国家有关规定，制定、调整学校设置规划。新建居民区需要设置学校的，应当与居民区的建设同步进行。第16条规定：学校建设，应当符合国家规定的办学标准，适应教育教学需要；应当符合国家规定的选址要求和建设标准，确保学生和教职工安全。第17条规定：县级人民政府根据需要设置寄宿制学校，保障居住分散的适龄儿童、少年入学接受义

务教育。第 18 条规定：国务院教育行政部门和省、自治区、直辖市人民政府根据需要，在经济发达地区设置接收少数民族适龄儿童、少年的学校（班）。第 20 条规定：县级以上地方人民政府根据需要，为具有预防未成年人犯罪法规定的严重不良行为的适龄少年设置专门的学校实施义务教育。第 21 条规定：对未完成义务教育的未成年犯和被采取强制性教育措施的未成年人应当进行义务教育，所需经费由人民政府予以保障。

2. 特殊教育要求

《义务教育法》第 19 条规定：县级以上地方人民政府根据需要设置相应的实施特殊教育的学校（班），对视力残疾、听力语言残疾和智力残疾的适龄儿童、少年实施义务教育。特殊教育学校（班）应当具备适应残疾儿童、少年学习、康复、生活特点的场所和设施。普通学校应当接收具有接受普通教育能力的残疾适龄儿童、少年随班就读，并为其学习、康复提供帮助。

3. 均衡发展要求

《义务教育法》第 22 条规定：县级以上人民政府及其教育行政部门应当促进学校均衡发展，缩小学校之间办学条件的差距，不得将学校分为重点学校和非重点学校。学校不得分设重点班和非重点班。县级以上人民政府及其教育行政部门不得以任何名义改变或者变相改变公办学校的性质。

4. 安全保障要求

《义务教育法》第 23 条规定：各级人民政府及其有关部门依法维护学校周边秩序，保护学生、教师、学校的合法权益，为学校提供安全保障。第 24 条规定：学校应当建立、健全安全制度和应急机制，对学生进行安全教育，加强管理，及时消除隐患，预防发生事故。县级以上地方人民政府定期对学校校舍安全进行检查；对需要维修、改造的，及时予以维修、改造。学校不得聘用曾经因故意犯罪被依法剥夺政治权利或者其他不适合从事义务教育工作的人担任工作人员。

5. 不得违法谋利

《义务教育法》第 25 条规定：学校不得违反国家规定收取费用，不得以向学生推销或者变相推销商品、服务等方式谋取利益。

6. 学校实行党组织领导下的校长负责制

《义务教育法》第 26 条规定：学校实行校长负责制。校长应当符合国家规定的任职条件。校长由县级人民政府教育行政部门依法聘任。2022 年 1 月，中共中央办公厅印发《关于建立中小学校党组织领导的校长负责制的意见（试行）》，要求各地区各部门结合实际建立中小学校党组织领导的校长负责制。

7. 不得开除学生

《义务教育法》第 27 条规定：对违反学校管理制度的学生，学校应当予以批评教育，不得开除。

（五）教师

1. 教师权利义务要求

《义务教育法》第 28 条规定：教师享有法律规定的权利，履行法律规定的义务，应当为人师表，忠诚于人民的教育事业。全社会应当尊重教师。

2. 教师行为要求

《义务教育法》第 29 条规定：教师在教育教学中应当平等对待学生，关注学生的个体差异，因材施教，促进学生的充分发展。教师应当尊重学生的人格，不得歧视学生，不得对学生实施体罚、变相体罚或者其他侮辱人格尊严的行为，不得侵犯学生合法权益。

3. 教师资格及职称

《义务教育法》第 30 条规定：教师应当取得国家规定的教师资格。国家建立统一的义务教育教师职务制度。教师职务分为初级职务、中级职务和高级职务。

4. 教师待遇

《义务教育法》第 31 条规定：各级人民政府保障教师工资福利和社会保险待遇，改善教师工作和生活条件；完善农村教师工资经费保障机制。教师的平均工资水平应当不低于当地公务员的平均工资水平。特殊教育教师享有特殊岗位补助津贴。在民族地区和边远贫困地区工作的教师享有艰苦贫困地区补助津贴。

5. 支教工作

《义务教育法》第 32 条规定：县级以上人民政府应当加强教师培养工作，采取措施发展教师教育。县级人民政府教育行政部门应当均衡配置本行政区域内学校师资力量，组织校长、教师的培训和流动，加强对薄弱学校的建设。第 33 条规定：国务院和地方各级人民政府鼓励和支持城市学校教师和高等学校毕业生到农村地区、民族地区从事义务教育工作。国家鼓励高等学校毕业生以志愿者的方式到农村地区、民族地区缺乏教师的学校任教。县级人民政府教育行政部门依法认定其教师资格，其任教时间计入工龄。

（六）教育教学

1. 基本要求

《义务教育法》第 34 条规定：教育教学工作应当符合教育规律和学生身心发展特点，面向全体学生，教书育人，将德育、智育、体育、美育等有机统一在教育教学活动中，注重培养学生独立思考能力、创新能力和实践能力，促进学生全面发展。第 35 条规定：国务院教育行政部门根据适龄儿童、少年身心发展的状况和实际情况，确定教学制度、教育教学内容和课程设置，改革考试制度，并改进高级中等学校招生办法，推进实施素质教育。学校和教师按照确定的教育教学内容和课程设置开展教育教学活动，保证达到国家规定的基本质量要求。国家鼓励学校和教师采用启发式教育等教育教学方法，提高教育教学质量。

2. 德育要求

《义务教育法》第 36 条规定：学校应当把德育放在首位，寓德育于教育教学之中，开展与学生年龄相适应的社会实践活动，形成学校、家庭、社会相互配合的思想道德教育体系，促进学生养成良好的思想品德和行为习惯。

3. 课外活动要求

《义务教育法》第 37 条规定：学校应当保证学生的课外活动时间，组织开展文化娱乐等课外活动。社会公共文化体育设施应当为学校开展课外活动提供便利。

4. 教科书要求

《义务教育法》第 38 条规定：教科书根据国家教育方针和课程标准编写，内容力求精简，精选必备的基础知识、基本技能，经济实用，保证质量。国家机关工作人员和教科书审查人员，不得参与或者变相参与教科书的编写工作。第 39 条规定：国家实行教科书审定制度。教科书的审定办法由国务院教育行政部门规定。未经审定的教科书，不得出版、选用。第 40 条规定：教科书价格由省、自治区、直辖市人民政府价格行政部门会同同级出版主管部门按照微利原则确定。第 41 条规定：国家鼓励教科书循环使用。

5. 推进素质教育要求

（1）《义务教育法》关于素质教育的规定

《义务教育法》第 1 条开宗明义，把提高全民族素质作为制定法律的重要宗旨之一。第 3 条明确规定实施素质教育，不仅把素质教育作为教育的组成部分，而且把它作为提高教育质量的重要保证加以规定。第 34 条对实施素质教育的具体要求作了法律规定，明确了教育教学工作应当符合教育规律和学生身心发展特点，强调要面向全体学生、教书育人等一系列要求，而片面应试的做法则是违反这些要求的。第 35 条对如何保障素质教育实施作出了法律规定。改革考试制度、改进高级中等学校招生办法是推进素质教育重要的保障措施和办法。第 36 条针对应试倾向、忽视德育的问题，提出要加强德育教育。第 37 条从保障学生课外活动的角度强调加强体育、美育活动，以促进学生全面发展。

《义务教育法》中许多条款都体现了素质教育的精神或要求。第 38 条至第 41 条是对教科书作了规定，在一定程度上体现了素质教育减轻学生负担的要求。不允许设置重点学校、非重点学校的规定，既体现了教育均衡发展的思想，又体现了素质教育面向全体学生的要求。

《义务教育法》强调面向全体学生的素质教育理念，主要体现在三方面：一是《义务教育法》为确保每一个适龄儿童、少年公平入学的权利和义务提供了一系列的法律保障。二是《义务教育法》强调了义务教育均衡发展，不得将学校分为重点学校和非重点学校。学校不得分设重点班和非重点班。保障学生入学后要享有相对公平的公共教育资源。三是《义务教育法》规定教师在教育教学中应当平等对待学生，关注学生的个体差异，因材施教，促进学生的充分发展。

（2）素质教育的发展历程

素质教育写进法律，体现了国家意志和实施的长远性。素质教育的发展分为 3 个阶段。从 1985 年至 1993 年，是素质教育的酝酿和讨论阶段。1993 年，素质教育被写进了中共中央、国务院印发的《中国教育改革和发展纲要》。1999 年，国务院召开了第三次全国教育工作会议，会议的主题是"深化教育改革，全面推进素质教育"，素质教育迎来新的机遇。1999 年至今是素质教育全面推进的阶段。《义务教育法》把素质教育写进法律，纳入国家法律体系，这种法律行为体现了国家意志，代表了国家和民族长远的根本利益。

（3）素质教育写进法律的意义

《义务教育法》不仅第一次在法律文件中使用了"素质教育"的概念，而且通篇都体现着素质教育的基本要求，对素质教育的实施作出了一系列法律规定。这标志着素质教育将进入依法实施的阶段，对新时期实施素质教育起到了不可估量的推动作用。

将素质教育写进法律，首先表明素质教育不再仅是理论上的探索和教育观念的转变，而是经过多年的实践已经为全社会所普遍接受，上升为人民的普遍意愿和国家意志，成为教育工作者必须践行的法定义务。

其次，推进素质教育也不再是工作层面的要求，而是具有了法律的强制性和约束力。任何部门和个人不得违反法律规定向学校提出与素质教育不符的要求；学校和教师也不得有违反素质教育的办学行为。

最后，素质教育不再仅是教育部门的工作，而是全社会必须遵守的法律准则。因为，《义务教育法》不仅规范学校的教育教学行为，而且规范全社会的教育行为。

要提高依法推进素质教育的思想意识，就要进一步学习、了解、宣传和自觉遵守法律的有关规定，提高依法治教、依法行政的自觉意识，制定和完善相关法律法规和政策措施，把整个教育工作纳入依法推进素质教育、依法保障素质教育、依法规范素质教育的轨道，把每个学生全面发展的目标落到实处。

（七）经费保障

为保障义务教育的有效实施，《义务教育法》把义务教育经费全面纳入国家财政预算，由国务院和地方各级人民政府依法保障，这从根本上解决了长期以来义务教育经费不足的问题，标志着我国义务教育投入机制正式建立。

1. 经费的行政保障

国务院和地方各级人民政府按照标准把义务教育经费纳入财政预算并足额拨付，保障教育经费的"三个增长"落到实处。《义务教育法》第42条规定：国家将义务教育全面纳入财政保障范围，义务教育经费由国务院和地方各级人民政府依照本法规定予以保障。国务院和地方各级人民政府将义务教育经费纳入财政预算，按照教职工编制标准、工资标准和学校建设标准、学生人均公用经费标准等，及时足额拨付义务教育经费，确保学校的正常运转和校舍安全，确保教职工工资按照规定发放。国务院和地方各级人民政府用于实施义务教育财政拨款的增长比例应当高于财政经常性收入的增长比例，保证按照在校学生人数平均的义务教育费用逐步增长，保证教职工工资和学生人均公用经费逐步增长。

《义务教育法》第43条规定：学校的学生人均公用经费基本标准由国务院财政部门会同教育行政部门制定，并根据经济和社会发展状况适时调整。制定、调整学生人均公用经费基本标准，应当满足教育教学基本需要。省、自治区、直辖市人民政府可以根据本行政区域的实际情况，制定不低于国家标准的学校学生人均公用经费标准。特殊教育学校（班）学生人均公用经费标准应当高于普通学校学生人均公用经费标准。

2. 经费的责任主体

建立国务院和地方各级政府共同分担教育经费、省级政府统筹落实的体制。《义务教育法》第 44 条规定：义务教育经费投入实行国务院和地方各级人民政府根据职责共同负担，省、自治区、直辖市人民政府负责统筹落实的体制。农村义务教育所需经费，由各级人民政府根据国务院的规定分项目、按比例分担。各级人民政府对家庭经济困难的适龄儿童、少年免费提供教科书并补助寄宿生生活费。义务教育经费保障的具体办法由国务院规定。

《义务教育法》第 45 条规定：地方各级人民政府在财政预算中将义务教育经费单列。县级人民政府编制预算，除向农村地区学校和薄弱学校倾斜外，应当均衡安排义务教育经费。第 46 条规定：国务院和省、自治区、直辖市人民政府规范财政转移支付制度，加大一般性转移支付规模和规范义务教育专项转移支付，支持和引导地方各级人民政府增加对义务教育的投入。地方各级人民政府确保将上级人民政府的义务教育转移支付资金按照规定用于义务教育。第 47 条规定：国务院和县级以上地方人民政府根据实际需要，设立专项资金，扶持农村地区、民族地区实施义务教育。第 48 条规定：国家鼓励社会组织和个人向义务教育捐赠，鼓励按照国家有关基金会管理的规定设立义务教育基金。

以上规定将保障我国义务教育经费足额到位，保证我国义务教育均衡、有效发展。

3. 经费使用

《义务教育法》第 49 条与第 50 条规定：义务教育经费严格按照预算规定用于义务教育；任何组织和个人不得侵占、挪用义务教育经费，不得向学校非法收取或者摊派费用。县级以上人民政府建立健全义务教育经费的审计监督和统计公告制度。

（八）法律责任

法律责任是由法律关系主体的违法行为引起的，应当由其依法承担的惩罚性法律后果。依法追究违法主体的法律责任是《义务教育法》实施的重要保证。《义务教育法》对法律责任作了比较明确的规定。《义务教育法》第 51 条至第 60 条对建立健全义务教育法律责任制度、违反义务教育法的行为及法律责任作出了规定。

1. 政府部门的法律责任

《义务教育法》第 51 条规定：国务院有关部门和地方各级人民政府违反本法第六章的规定，未履行对义务教育经费保障职责的，由国务院或者上级地方人民政府责令限期改正；情节严重的，对直接负责的主管人员和其他直接责任人员依法给予行政处分。

《义务教育法》第 52 条规定，县级以上地方人民政府有下列情形之一的，由上级人民政府责令限期改正；情节严重的，对直接负责的主管人员和其他直接责任人员依法给予行政处分：① 未按照国家有关规定制定、调整学校的设置规划的；② 学校建设不符合国家规定的办学标准、选址要求和建设标准的；③ 未定期对学校校舍安全进行检查，并及时维修、改造的；④ 未依照本法规定均衡安排义务教育经费的。

《义务教育法》第 53 条规定，县级以上人民政府或者其教育行政部门有下列情形之一的，由上级人民政府或者其教育行政部门责令限期改正、通报批评；情节严重的，对直接负责的主管人员和其他直接责任人员依法给予行政处分：① 将学校分为重点学校和非重点学校的；② 改变或者变相改变公办学校性质的。县级人民政府教育行政部门或者乡镇人民政府未采取措施组织适龄儿童、少年入学或者防止辍学的，依照前款规定追究法律责任。

《义务教育法》第 54 条规定，有下列情形之一的，由上级人民政府或者上级人民政府教育行政部门、财政部门、价格行政部门和审计机关根据职责分工责令限期改正；情节严重的，对直接负责的主管人员和其他直接责任人员依法给予处分：① 侵占、挪用义务教育经费的；② 向学校非法收取或者摊派费用的。

2. 学校或教师的法律责任

《义务教育法》第 55 条规定：学校或者教师在义务教育工作中违反教育法、教师法规定的，依照教育法、教师法的有关规定处罚。

《义务教育法》第 56 条规定：学校违反国家规定收取费用的，由县级人民政府教育行政部门责令退还所收费用；对直接负责的主管人员和其他直接责任人员依法给予处分。学校以向学生推销或者变相推销商品、服务等方式谋取利益的，由县级人民政府教育行政部门给予通报批评；有违法所得的，没收违法所得；对直接负责的主管人员和其他直接责任人员依法给予处分。国家机关工作人员和教科书审查人员参与或者变相参与教科书编写的，由县级以上人民政府或者其教育行政部门根据职责权限责令限期改正，依法给予行政处分；有违法所得的，没收违法所得。

《义务教育法》第 57 条规定，学校有下列情形之一的，由县级人民政府教育行政部门责令限期改正；情节严重的，对直接负责的主管人员和其他直接责任人员依法给予处分：① 拒绝接收具有接受普通教育能力的残疾适龄儿童、少年随班就读的；② 分设重点班和非重点班的；③ 违反本法规定开除学生的；④ 选用未经审定的教科书的。

3. 法定监护人的法律责任

《义务教育法》第 58 条规定：适龄儿童、少年的父母或者其他法定监护人无正当理由未依照本法规定送适龄儿童、少年入学接受义务教育的，由当地乡镇人民政府或者县级人民政府教育行政部门给予批评教育，责令限期改正。

4. 相关主体的法律责任

《义务教育法》第 59 条规定，有下列情形之一的，依照有关法律、行政法规的规定予以处罚：① 胁迫或者诱骗应当接受义务教育的适龄儿童、少年失学、辍学的；② 非法招用应当接受义务教育的适龄儿童、少年的；③ 出版未经依法审定的教科书的。

《义务教育法》第 60 条规定：违反本法规定，构成犯罪的，依法追究刑事责任。

《义务教育法》具有系统性、现代性、规范性、可操作性的特点，其实施将对我国义务教育的健康发展起到十分重要的保障作用。

案例链接

A 小学是一所农村片区中心学校，郑老师是该校的新任校长。开学前，郑校长深入调查了 A 小学之前的办学情况，了解到一些问题：因外来生源较多而学位有限，学校采取考试入学；学校经费管理、使用不够规范，存在虚报、挪用少量代课金现象；个别教师在校外进行有偿补课。

开学后，郑校长组织全体教职员工系统学习教育法律法规，提高依法执教和依法治校的思想认识，纠正了原有的错误做法，对各项管理工作建章立制，以身作则，模范遵守。他工作兢兢业业，坚持深入教学第一线，承担一门课程的教学任务。他积极参加进修学习和课题研究，努力提高自身科学管理水平。他为人和蔼可亲，善于沟通激励，并且公平公正、铁面无私。有位教师对学生实施变相体罚，产生不良影响，郑校长拒绝熟人说情，召开学校行政会，依照学校规定给予该教师警告处分。

案例讨论

案例中存在哪些违反教育法律法规的现象？

案例解析

《义务教育法》第 12 条规定：适龄儿童、少年免试入学。地方各级人民政府应当保障适龄儿童、少年在户籍所在地学校就近入学。父母或者其他法定监护人在非户籍所在地工作或者居住的适龄儿童、少年，在其父母或者其他法定监护人工作或者居住地接受义务教育的，当地人民政府应当为其提供平等接受义务教育的条件。在该案例中，A 小学因外来生源较多而学位有限，采取考试入学的方式，违反了该条规定。

《义务教育法》第 49 条规定：任何组织和个人不得侵占、挪用义务教育经费，不得向学校非法收取或者摊派费用。A 小学因学校经费管理、使用不够规范，存在虚报、挪用少量代课金现象，违反了该条规定。

《中小学教师违反职业道德行为处理办法（2018 年修订）》第 4 条规定：教师违反教学纪律，敷衍教学，或擅自从事影响教育教学本职工作的兼职兼薪行为；组织、参与有偿补课，或为校外培训机构和他人介绍生源、提供相关信息。此类情况应视情节轻重给予相应处分或其他处理。A 小学的个别教师在校外进行有偿补课属于此类情况。

三、《中小学教育惩戒规则（试行）》

教育惩戒是教育领域中央关心、群众关切、社会关注的问题，是一个小切口，却关系到学校全面贯彻党的教育方针、落实立德树人根本任务的大战略，关系到营造良好教育生态的大问题。中华人民共和国教育部于 2020 年 12 月颁布《中小学教育惩戒规则（试行）》（以下简称《规则》），自 2021 年 3 月 1 日起施行。

（一）制定宗旨

《规则》第 1 条规定：为落实立德树人根本任务，保障和规范学校、教师依法履行教育教学和管理职责，保护学生合法权益，促进学生健康成长、全面发展，根据教育法、教师法、未成年人保护法、预防未成年人犯罪法等法律法规和国家有关规定，制定本规则。

教师具有教育惩戒的职权，原本是教育实践和文化传统中被普遍接受的观点。《义务教育法》明确提出，教师不得对学生实施体罚、变相体罚或者其他侮辱人格尊严的行为。但体罚、变相体罚与正当教育惩戒如何区分，却缺乏具体标准。随着对未成年学生权益保护意识的增强，以及社会舆论的关注，尤其是个别家长过度维权、过分苛责，给教师造成了极大的压力。教育惩戒规则的缺失和认识模糊造成部分教师不敢管，对犯错误的学生不敢理直气壮、旗帜鲜明地行使职权、进行纠正、给予惩处。有的教师因职权边界模糊、舆论压力大、家长不配合，选择放弃职权、不愿管。还有的教师管理学生时掌握不好尺度、规则，缺乏运用教育惩戒的技能与艺术，达不到教育效果、不会管。

教育要保护教师正当的职权和应有的尊严，教育要符合教育规律、注重育人效果。教育要遵循法治精神、做到客观公正。教育惩戒作为教师教育权和管理权的具体内容，其行使必然要遵循职权法定、合理适当的原则，积极履责、有效尽职。《规则》要求，学校、教师应当遵循教育规律，依法履行职责，通过积极管教和教育惩戒的实施，及时纠正学生错误言行，培养学生的规则意识、责任意识。

《规则》的颁布适应了依法治教的要求，在法治轨道上破解教育热点、难点问题，为教师依法执教提供依据。《规则》树立了明确的价值导向，维护师道尊严、尊师重教是我们的文化传统，要传承和坚持。《规则》汇总整合实践的经验和做法，从实体和程序上细化规则，为教师具体实施提供行为指南和操作指南。总之，《规则》的出台有利于将教育惩戒全面纳入法治轨道，《规则》的制定和实施，让学校、教师会用、敢用、慎用教育惩戒，让家长和社会理解、支持与配合学校和教师的教育、管理，对共同营造良好的教育生态具有十分重要的意义。

（二）教育惩戒的界定

《规则》第 2 条明确规定，教育惩戒是指学校、教师基于教育目的，对违规违纪学生进行管理、训导或者以规定方式予以矫治，促使学生引以为戒、认识和改正错误的教育行为。

首先，《规则》明确了教育惩戒是教育行为。教育惩戒是在教育过程中发生的，是学校、教师行使教育权的一种具体方式。教育的根本目的是立德树人，不仅需要正面的引导鼓励，还需要对失德行为制裁，奖罚分明。因此，教育惩戒是教育的一部分，其目的是使学生认识和改正错误，而不是单纯地受到惩罚；教育惩戒是在教育过程中发生的，不能脱离教育活动的过程；教育惩戒是学校和教师教育权的组成部分和具体方式。

其次，《规则》明确了教育惩戒是管理行为、职务行为。教育惩戒有明确的对象和方式，有明确的程序和要求，是对违规违纪学生的管理、训导和以规定方式予以矫治。

最后，《规则》强调了行为的目的性，即要使学生认识和改正错误，而不能为了惩戒而惩戒。《规则》明确了教育惩戒是适应有相应认知能力和行为特点的未成年学生教育需要的行为。《规则》将教育惩戒的实施范围限定在普通中小学校、中等职业学校（以下称学校）。幼儿园幼儿认知和行为控制能力较低，教师全面负责幼儿的安全、保育，实施教育惩戒的必要性不足；特殊教育学校学生身心发展存在障碍，实施教育惩戒缺乏针对性和必要性；高校学生已经是成年人，有纪律处分约束。小学低年级学生是无民事行为能力人，教师实施教育惩戒时要注意选择方式。

（三）教育惩戒实施原则

《规则》第 3 条规定：学校、教师应当遵循教育规律，依法履行职责，通过积极管教和教育惩戒的实施，及时纠正学生错误言行，培养学生的规则意识、责任意识。教育行政部门应当支持、指导、监督学校及其教师依法依规实施教育惩戒。

《规则》第 4 条明确，实施教育惩戒应当遵循教育性、合法性、适当性的原则，主要体现为：

一是强调教育惩戒应当符合教育规律，注重育人效果，坚持育人为本。要基于关爱学生的宗旨，注重人文关怀，达到教育学生遵守规则、增强自律、改过向上的目的。例如，《规则》规定，教师对学生实施教育惩戒后，应当注重与学生的沟通和帮扶，对改正错误的学生及时予以表扬、鼓励。

二是明确实施教育惩戒要遵循法治原则，做到客观公正、合法合规。要以事先公布的规则为依据，尊重学生的基本权利和人格尊严，公正对待学生，程序正当。《规则》要求，学校要完善校规校纪，明确学生行为规范，健全实施教育惩戒的具体情形和规则。

三是要求实施教育惩戒应当选择适当措施，与学生过错程度相适应，即措施得当、过罚相当。《规则》要求综合考虑学生的一贯表现、主观认识、悔过态度以及家庭环境等因素，注重育人效果。要符合比例原则，即选用的惩戒措施，应当与学生过错的行为性质、严重程度相符合，不能畸轻畸重。这个原则要求教师既要有原则又要有艺术，还应与环境因素、性别年龄、个性特点、身心特点、认知水平等相适应。在实施教育惩戒时，还应当结合实际，考虑根据学生情况，尽可能选择影响最小的惩戒方式。

（四）教育惩戒具体要求

1. 学生行为具有需惩戒性

《规则》第 7 条对应当给予教育惩戒的情形作了具体规定，学生有下列情形之一，学校及其教师应当予以制止并进行批评教育，确有必要的，可以实施教育惩戒：

① 故意不完成教学任务要求或者不服从教育、管理的；

② 扰乱课堂秩序、学校教育教学秩序的；

③ 吸烟、饮酒，或者言行失范违反学生守则的；

④ 实施有害自己或者他人身心健康的危险行为的；

⑤ 打骂同学、老师，欺凌同学或者侵害他人合法权益的；

⑥ 其他违反校规校纪的行为。

这些情形尚达不到《预防未成年人犯罪法》规定的不良行为或者严重不良行为。学生实施属于预防未成年人犯罪法规定的不良行为或者严重不良行为的，学校、教师应当予以制止并实施教育惩戒，加强管教；构成违法犯罪的，依法移送公安机关处理。

2. 教育惩戒措施符合规范

《规则》采取概括式表述，根据程度轻重将教育惩戒分为一般教育惩戒、较重教育惩戒和严重教育惩戒。

（1）教师可以对情节轻微的学生采取的教育惩戒措施

《规则》第 8 条规定，教师在课堂教学、日常管理中，对违规违纪情节较为轻微的学生，可以当场实施以下教育惩戒：

① 点名批评；

② 责令赔礼道歉、做口头或者书面检讨；

③ 适当增加额外的教学或者班级公益服务任务；

④ 一节课堂教学时间内的教室内站立；

⑤ 课后教导；

⑥ 学校校规校纪或者班规、班级公约规定的其他适当措施。

教师对学生实施前款措施后，可以以适当方式告知学生家长。

（2）学校可以对情节较重的学生采取的教育惩戒措施

《规则》第 9 条规定，学生违反校规校纪，情节较重或者经当场教育惩戒拒不改正的，学校可以实施以下教育惩戒，并应当及时告知家长：

① 由学校德育工作负责人予以训导；

② 承担校内公益服务任务；

③ 安排接受专门的校规校纪、行为规则教育；

④ 暂停或者限制学生参加游览、校外集体活动以及其他外出集体活动；

⑤ 学校校规校纪规定的其他适当措施。

（3）学校可以对情节严重的学生采取的教育惩戒措施

《规则》第 10 条规定，小学高年级、初中和高中阶段的学生违规违纪情节严重或者影响恶劣的，学校可以实施以下教育惩戒，并应当事先告知家长：

① 给予不超过一周的停课或者停学，要求家长在家进行教育、管教；

② 由法治副校长或者法治辅导员予以训诫；

③ 安排专门的课程或者教育场所，由社会工作者或者其他专业人员进行心理辅导、行为干预。

对违规违纪情节严重，或者经多次教育惩戒仍不改正的学生，学校可以给予警告、严重警告、记过或者留校察看的纪律处分。对高中阶段学生，还可以给予开除学籍的纪律处分。对有严重不良行为的学生，学校可以按照法定程序，配合家长、有关部门将其转入专门学校教育矫治。

《规则》为学校留下了一定的自主空间，即"学校校规校纪规定的其他适当措施"。学校可以根据实际情况，按照《规则》规定的程序，采取公开、民主、科学的方式，制定有针对性的具体规定。

3. 特定情况可采取应急惩戒措施

《规则》授权教师、学校在特定情况下可以对学生采取应急的措施：

（1）带离现场

《规则》第 11 条第 1 款规定：学生扰乱课堂或者教育教学秩序，影响他人或者可能对自己及他人造成伤害的，教师可以采取必要措施，将学生带离教室或者教学现场，并予以教育管理。

（2）予以制止、实施检查

《规则》第 11 条第 2 款规定：教师、学校发现学生携带、使用违规物品或者行为具有危险性的，应当采取必要措施予以制止；发现学生藏匿违法、危险物品的，应当责令学生交出并可以对可能藏匿物品的课桌、储物柜等进行检查。

（3）暂扣物品

《规则》第 11 条第 3 款规定：教师、学校对学生的违规物品可以予以暂扣并妥善保管，在适当时候交还学生家长；属于违法、危险物品的，应当及时报告公安机关、应急管理部门等有关部门依法处理。

4. 教育惩戒过程中的禁止行为

《规则》一方面规定了教师可以实施的正当惩戒行为，另一方面也根据实践中出现的问题，划定了七类教师不得实施的行为。防止实践中个别教师将体罚和变相体罚作为教育惩戒实施。通过划定"红线"，有利于教师规范行为、把握尺度，也有利于学生、家长和社会监督。

《规则》第 12 条规定，教师在教育教学管理、实施教育惩戒过程中，不得有下列行为：

① 以击打、刺扎等方式直接造成身体痛苦的体罚；

② 超过正常限度的罚站、反复抄写，强制做不适的动作或者姿势，以及刻意孤立等间接伤害身体、心理的变相体罚；

③ 辱骂或者以歧视性、侮辱性的言行侵犯学生人格尊严；

④ 因个人或者少数人违规违纪行为而惩罚全体学生；

⑤ 因学业成绩而教育惩戒学生；

⑥ 因个人情绪、好恶实施或者选择性实施教育惩戒；

⑦ 指派学生对其他学生实施教育惩戒；

⑧ 其他侵害学生权利的。

5. 注重程序规则

教育惩戒要以程序规范行为，遵循正当程序原则，减少可能的矛盾和纠纷。

（1）轻微情形适用简易程序

教师要判断学生违规违纪情节的轻重程度，实施《规则》规定的一般教育惩戒的，适用简易程序，可以由教师当场实施，且可以事后根据情况告知学生家长。

（2）较重和严重惩戒要履行程序

实施《规则》规定的情节较重的教育惩戒，教师应当报告学校，由学校决定实施，且学校应及时告知家长；严重教育惩戒只能由学校实施，且必须事先告知家长。

（3）要听取陈述申辩，可以听证

《规则》第 14 条规定：学校拟对学生实施本规则第 10 条所列教育惩戒和纪律处分的，应当听取学生的陈述和申辩。学生或者家长申请听证的，学校应当组织听证。

6. 注重惩戒后的帮扶

教育惩戒是手段，不是目的。因此，教师实施教育惩戒后要注意学生变化，有针对性地实施教育。

（1）实施帮扶和鼓励

《规则》第 13 条第 1 款规定：教师对学生实施教育惩戒后，应当注重与学生的沟通和帮扶，对改正错误的学生及时予以表扬、鼓励。

（2）建立学生教育保护辅导工作机制

《规则》第 13 条第 2 款规定：学校可以根据实际和需要，建立学生教育保护辅导工作机制，由学校分管负责人、德育工作机构负责人、教师以及法治副校长（辅导员）、法律以及心理、社会工作等方面的专业人员组成辅导小组，对有需要的学生进行专门的心理辅导、行为矫治。

（3）根据学生态度酌情惩戒或处分

学生受到教育惩戒或者纪律处分后，能够诚恳认错、积极改正的，可以提前解除教育惩戒或者纪律处分。

（五）实施教育惩戒的保障和支持

1. 学校校规校纪规范适当，制度健全

《规则》第 5 条规定：学校应当结合本校学生特点，依法制定、完善校规校纪，明确学生行为规范，健全实施教育惩戒的具体情形和规则。各地可结合本地实际，制定本地方实施细则或者指导学校制定实施细则。校规校纪包括学校章程和各项管理制度，是学校实施教育管理的重要依据，《规则》明确了可以结合实际规定具体的惩戒规则，但要符合以下要求：

（1）内容的合法性

校规校纪不能超出上位法规定，限制学生权利。制定具体的教育惩戒措施，其严厉程度应当与《规则》规定的一般或者较重的教育惩戒措施大体相当。对严重教育惩戒措施，校规校纪则不得自行增加或者超越，比如规定超过一周时间的停学。

（2）规范的可操作性和针对性

校规校纪应清晰明确、科学合理、易于操作，与学校教育管理的实际相适应，防止出现各种"奇葩校规"。

（3）程序的合法性

《规则》第5条规定：学校制定校规校纪，应当广泛征求教职工、学生和学生父母或者其他监护人（以下称家长）的意见；有条件的，可以组织有学生、家长及有关方面代表参加的听证。校规校纪应当提交家长委员会、教职工代表大会讨论，经校长办公会议审议通过后施行，并报主管教育部门备案。教师可以组织学生、家长以民主讨论形式共同制定班规或者班级公约，报学校备案后施行。

（4）执行的规范性

《规则》第6条规定：学校应当利用入学教育、班会以及其他适当方式，向学生和家长宣传讲解校规校纪。未经公布的校规校纪不得施行。学校可以根据情况建立校规校纪执行委员会等组织机构，吸收教师、学生及家长、社会有关方面代表参加，负责确定可适用的教育惩戒措施，监督教育惩戒的实施，开展相关宣传教育等。

2. 健全保障机制，保护教师正当行使职权

《规则》第15条规定：学校应当支持、监督教师正当履行职务。教师因实施教育惩戒与学生及其家长发生纠纷，学校应当及时进行处理，教师无过错的，不得因教师实施教育惩戒而给予其处分或者其他不利处理。教师违反本规则第12条，情节轻微的，学校应当予以批评教育；情节严重的，应当暂停履行职责或者依法依规给予处分；给学生身心造成伤害，构成违法犯罪的，由公安机关依法处理。学校要注意以下几点：

（1）支持、监督教师正当履行职务

教育惩戒是职务行为，而非个人行为，教师正常履职产生的纠纷和法律后果应由学校承担。对教师实施的不当教育管理行为，学校、教育行政部门应当按照师德师风建设管理的有关要求，及时予以处理。

（2）树立免责意识

发生纠纷、教师无过错的情况下，不得因教师实施教育惩戒而给予其处分或者其他不利处理。

（3）维护教师合法权益

引导家长通过合理合法的正当渠道解决纠纷，对威胁、侮辱、伤害教师的，学校、教育部门、公安机关要依法予以追究。

（4）加强培训，促进教师更新教育理念、改进教育方式方法

《规则》第19条规定：学校应当有针对性地加强对教师的培训，促进教师更新教育理念、改进教育方式方法，提高教师正确履行职责的意识与能力。每学期末，学校应当将学生受到本规则第10条所列教育惩戒和纪律处分的信息报主管教育行政部门备案。

3. 健全救济途径和监督机制，有效解决纠纷

《规则》明确了教育惩戒后的救济渠道，包括校内申诉和向主管部门申诉；由于一般教育惩戒、较重教育惩戒的即时实施，不具有撤回等救济的可能性，《规则》

只对严重教育惩戒和纪律处分规定了救济渠道。

（1）学生及其家长可以向学校提起申诉

《规则》第17条第1款规定：学生及其家长对学校依据本规则第十条实施的教育惩戒或者给予的纪律处分不服的，可以在教育惩戒或者纪律处分作出后15个工作日内向学校提起申诉。

（2）学校应当成立学生申诉委员会

《规则》第17条第2、3款规定：学校应当成立由学校相关负责人、教师、学生以及家长、法治副校长等校外有关方面代表组成的学生申诉委员会，受理申诉申请，组织复查。学校应当明确学生申诉委员会的人员构成、受理范围及处理程序等并向学生及家长公布。学生申诉委员会应当对学生申诉的事实、理由等进行全面审查，作出维持、变更或者撤销原教育惩戒或者纪律处分的决定。

（3）学生或者家长可以申请行政复核、行政复议或者行政诉讼

《规则》第18条规定：学生或者家长对学生申诉处理决定不服的，可以向学校主管教育部门申请复核；对复核决定不服的，可以依法提起行政复议或者行政诉讼。

4. 注重家校合作，形成协同育人机制

教育是学校和家庭的共同职责，家长的理解、支持和配合是学校、教师正常实施教育管理的重要方面。《规则》第16条规定：学校、教师应当重视家校协作，积极与家长沟通，使家长理解、支持和配合实施教育惩戒，形成合力。家长应当履行对子女的教育职责，尊重教师的教育权利，配合教师、学校对违规违纪学生进行管教。家长对教师实施的教育惩戒有异议或者认为教师行为违反本规则第12条规定的，可以向学校或者主管教育行政部门投诉、举报。学校、教育行政部门应当按照师德师风建设管理的有关要求，及时予以调查、处理。家长威胁、侮辱、伤害教师的，学校、教育行政部门应当依法保护教师人身安全、维护教师合法权益；情形严重的，应当及时向公安机关报告并配合公安机关、司法机关追究责任。

5. 加强行政指导，完善评价机制

主管教育部门对学校、教师实施的教育惩戒要履行指导、支持、评价和监督的职责：

① 加强指导。要指导学校制定校规校纪，建立工作机制，统筹推进实施。

② 加大支持。要作为学校、教师依法履行教育惩戒职责的坚强后盾。

③ 强化监督。要建立学校教育惩戒办法、校规校纪的备案审查机制，及时发现并纠正不合法的规定。

④ 健全评价。要把依法治校、依法办学纳入对学校的整体评价指标。

立德树人是教育的根本任务，也是教师的根本责任。教师要把握好教育惩戒的规则与艺术、尺度与温度，做到履职尽责、能用敢用；提高能力、会用善用；守住红线、避免滥用。

四、《学生伤害事故处理办法》

为积极预防、妥善处理在校学生伤害事故，保护学生、学校的合法权益，根据

《教育法》《未成年人保护法》和其他相关法律、行政法规及有关规定，教育部制定《学生伤害事故处理办法》（以下简称《办法》）。

（一）总则

《办法》第一章总则，主要就宗旨（第1条）、学生伤害事故的界定（第2条）、学生伤害事故的处理原则（第3条）进行了规定。

1. 学生伤害事故的界定

《办法》第2条规定：在学校实施的教育教学活动或者学校组织的校外活动中，以及在学校负有管理责任的校舍、场地、其他教育教学设施、生活设施内发生的，造成在校学生人身损害后果的事故的处理，适用本办法。第37条规定：本办法所称学校，是指国家或者社会力量举办的全日制的中小学（含特殊教育学校）、各类中等职业学校、高等学校。本办法所称学生是指在上述学校中全日制就读的受教育者。

2. 学生伤害事故的处理原则

《办法》第3条规定：学生伤害事故应当遵循依法、客观公正、合理适当的原则，及时、妥善地处理。

（二）事故与责任

1. 学校应当依法承担相应责任的情形

《办法》第9条规定，因下列情形之一造成的学生伤害事故，学校应当依法承担相应的责任：

① 学校的校舍、场地、其他公共设施，以及学校提供给学生使用的学具、教育教学和生活设施、设备不符合国家规定的标准，或者有明显不安全因素的；

② 学校的安全保卫、消防、设施设备管理等安全管理制度有明显疏漏，或者管理混乱，存在重大安全隐患，而未及时采取措施的；

③ 学校向学生提供的药品、食品、饮用水等不符合国家或者行业的有关标准、要求的；

④ 学校组织学生参加教育教学活动或者校外活动，未对学生进行相应的安全教育，并未在可预见的范围内采取必要的安全措施的；

⑤ 学校知道教师或者其他工作人员患有不适宜担任教育教学工作的疾病，但未采取必要措施的；

⑥ 学校违反有关规定，组织或者安排未成年学生从事不宜未成年人参加的劳动、体育运动或者其他活动的；

⑦ 学生有特异体质或者特定疾病，不宜参加某种教育教学活动，学校知道或者应当知道，但未予以必要的注意的；

⑧ 学生在校期间突发疾病或者受到伤害，学校发现，但未根据实际情况及时采取相应措施，导致不良后果加重的；

⑨ 学校教师或者其他工作人员体罚或者变相体罚学生，或者在履行职责过程中违反工作要求、操作规程、职业道德或者其他有关规定的；

⑩ 学校教师或者其他工作人员在负有组织、管理未成年学生的职责期间，发

现学生行为具有危险性，但未进行必要的管理、告诫或者制止的；

⑪ 对未成年学生擅自离校等与学生人身安全直接相关的信息，学校发现或者知道，但未及时告知未成年学生的监护人，导致未成年学生因脱离监护人的保护而发生伤害的；

⑫ 学校有未依法履行职责的其他情形的。

2. 学生或者未成年学生监护人应当依法承担相应责任的情形

《办法》第 10 条规定，学生或者未成年学生监护人由于过错，有下列情形之一，造成学生伤害事故，应当依法承担相应的责任：

① 学生违反法律法规的规定，违反社会公共行为准则、学校的规章制度或者纪律，实施按其年龄和认知能力应当知道具有危险或者可能危及他人的行为的；

② 学生行为具有危险性，学校、教师已经告诫、纠正，但学生不听劝阻、拒不改正的；

③ 学生或者其监护人知道学生有特异体质，或者患有特定疾病，但未告知学校的；

④ 未成年学生的身体状况、行为、情绪等有异常情况，监护人知道或者已被学校告知，但未履行相应监护职责的；

⑤ 学生或者未成年学生监护人有其他过错的。

3. 学校已履行了相应职责无法律责任的情形

《办法》第 12 条规定，因下列情形之一造成的学生伤害事故，学校已履行了相应职责，行为并无不当的，无法律责任：

① 地震、雷击、台风、洪水等不可抗的自然因素造成的；

② 来自学校外部的突发性、偶发性侵害造成的；

③ 学生有特异体质、特定疾病或者异常心理状态，学校不知道或者难于知道的；

④ 学生自杀、自伤的；

⑤ 在对抗性或者具有风险性的体育竞赛活动中发生意外伤害的；

⑥ 其他意外因素造成的。

4. 事故责任应当按有关法律法规或者其他有关规定认定的情形

《办法》第 13 条规定，下列情形下发生的造成学生人身损害后果的事故，学校行为并无不当的，不承担事故责任；事故责任应当按有关法律法规或者其他有关规定认定：

① 在学生自行上学、放学、返校、离校途中发生的；

② 在学生自行外出或者擅自离校期间发生的；

③ 在放学后、节假日或者假期等学校工作时间以外，学生自行滞留学校或者自行到校发生的；

④ 其他在学校管理职责范围外发生的。

📋 案例链接

下午放学后，某中学一名初三男生在校外受到其他三名同学围攻，他为了取得学校保护，跑回到学校，在男厕所里又被殴打。值班教师发现后，立即制止，并通知其家长来校解决。当时，该生无不良反应。半个月后，该生出现不良症状，经医院检查确诊为脑积水，医药费用共计3万多元，经派出所协调，由另外三位学生的监护人承担。受害学生家长提出向学校索赔，并向法院起诉，经法庭调解，学校免于责任。

— 案例讨论

学校为什么免于责任？

— 案例解析

首先，事件发生在放学后，《办法》规定：学校承担的是过错责任，即有过错便承担责任，无过错则不承担责任。并且规定在放学后、节假日或者假期等学校工作时间以外，学生自行滞留学校或者自行到校发生伤害事故，这种情形不在学校管理工作范围，学校无管理的义务。并且，值班教师发现后也进行了及时的阻止，因而学校免于责任。

5. 第三方依法承担相应的责任

《办法》第11条规定：学校安排学生参加活动，因提供场地、设备、交通工具、食品及其他消费与服务的经营者，或者学校以外的活动组织者的过错造成的学生伤害事故，有过错的当事人应当依法承担相应的责任。第14条规定：因学校教师或者其他工作人员与其职务无关的个人行为，或者因学生、教师及其他个人故意实施的违法犯罪行为，造成学生人身损害的，由致害人依法承担相应的责任。

（三）事故处理程序

1. 学校的及时有效救助义务

《学生伤害事故处理办法》第15条规定：发生学生伤害事故，学校应当及时救助受伤害学生，并应当及时告知未成年学生的监护人；有条件的，应当采取紧急救援等方式救助。

📋 案例链接

某学校学生去屋顶捡球不慎摔下，头着地，学校与其家长联系，将该学生放在传达室，一个半小时后将其送去医院。医生表示，如果早半个小时将学生送来就不会全身瘫痪。家长起诉追究学校的主要责任，最终胜诉。

— 案例讨论

学校为什么要承担主要责任？

一　案例解析

　　根据《办法》第 8 条规定，学生在校期间突发疾病或者受到伤害，学校发现，但未根据实际情况及时采取相应措施，导致不良后果加重的，学校应当依法承担相应的责任。第 15 条规定，学校有及时救助受伤害学生的义务。案例中的学校将学生放在传达室，没有及时将学生送至医院进行救助。因此，学校应负主要责任。

　　2. 学校的报告义务

　　《办法》第 16 条规定：发生学生伤害事故，情形严重的，学校应当及时向主管教育行政部门及有关部门报告；属于重大伤亡事故的，教育行政部门应当按照有关规定及时向同级人民政府和上一级教育行政部门报告。

　　3. 教育行政部门的义务

　　《办法》第 17 条规定：学校的主管教育行政部门应学校要求或者认为必要，可以指导、协助学校进行事故的处理工作，尽快恢复学校正常的教育教学秩序。

　　4. 受害人的救济途径

　　《办法》第 18 条规定：发生学生伤害事故，学校与受伤害学生或者学生家长可以通过协商方式解决；双方自愿，可以书面请求主管教育行政部门进行调解。成年学生或者未成年学生的监护人也可以依法直接提起诉讼。

　　5. 调解时限

　　《办法》第 19 条规定：教育行政部门收到调解申请，认为必要的，可以指定专门人员进行调解，并应当在受理申请之日起 60 日内完成调解。

　　6. 调解处理方式

　　《办法》第 20 条规定：经教育行政部门调解，双方就事故处理达成一致意见的，应当在调解人员的见证下签订调解协议，结束调解；在调解期限内，双方不能达成一致意见，或者调解过程中一方提起诉讼，人民法院已经受理的，应当终止调解。调解结束或者终止，教育行政部门应当书面通知当事人。

　　7. 诉讼

　　《办法》第 21 条规定：对经调解达成的协议，一方当事人不履行或者反悔的，双方可以依法提起诉讼。

　　8. 事故处理报告

　　《办法》第 22 条规定：事故处理结束，学校应当将事故处理结果书面报告主管的教育行政部门；重大伤亡事故的处理结果，学校主管的教育行政部门应当向同级人民政府和上一级教育行政部门报告。

　　（四）事故损害的赔偿

　　1. 学校的赔偿责任

　　《办法》第 26 条规定：学校对学生伤害事故负有责任的，根据责任大小，适当予以经济赔偿，但不承担解决户口、住房、就业等与救助受伤害学生、赔偿相应经济损失无直接关系的其他事项。学校无责任的，如果有条件，可以根据实际情况，本着自愿和可能的原则，对受伤害学生给予适当的帮助。

2. 追偿权

《办法》第27条规定：因学校教师或者其他工作人员在履行职务中的故意或者重大过失造成的学生伤害事故，学校予以赔偿后，可以向有关责任人员追偿。

📋 **案例链接**

某学校发生83人中毒事件，经市卫生监督部门对呕吐物进行化验，证明是有机磷农药中毒。经对该校食堂检查发现卫生状况差，没有必备的洗、冲、消三级用池及洗菜、洗肉的专用池，不具备学校食堂及集体食堂的条件。

— **案例讨论**

学校应承担怎样的责任？

— **案例解析**

案例中的学校向学生提供的食品不符合安全、卫生标准。学校食堂必须具备开办的条件，达到规定的考核量化标准。根据《学生伤害事故处理办法》第27条规定：因学校教师或者其他工作人员在履行职务中的故意或者重大过失造成的学生伤害事故，学校予以赔偿后，可以向有关责任人员追偿。

3. 监护人赔偿

《办法》第28条规定：未成年学生对学生伤害事故负有责任的，由其监护人依法承担相应的赔偿责任。学生的行为侵害学校教师及其他工作人员以及其他组织、个人的合法权益，造成损失的，成年学生或者未成年学生的监护人应当依法予以赔偿。

4. 学校赔偿金的筹措

《办法》第29条规定：根据双方达成的协议、经调解形成的协议或者人民法院的生效判决，应当由学校负担的赔偿金，学校应当负责筹措；学校无力完全筹措的，由学校的主管部门或者举办者协助筹措。第30条规定：县级以上人民政府教育行政部门或者学校举办者有条件的，可以通过设立学生伤害赔偿准备金等多种形式，依法筹措伤害赔偿金。

5. 保险机制

《办法》第31条规定：学校有条件的，应当依据保险法的有关规定，参加学校责任保险。教育行政部门可以根据实际情况，鼓励中小学参加学校责任保险。提倡学生自愿参加意外伤害保险。在尊重学生意愿的前提下，学校可以为学生参加意外伤害保险创造便利条件，但不得从中收取任何费用。

（五）事故责任者的处理

1. 学校

《办法》第32条规定：发生学生伤害事故，学校负有责任且情节严重的，教育行政部门应当根据有关规定，对学校的直接负责的主管人员和其他直接责任人员，分别给予相应的行政处分；有关责任人的行为触犯刑律的，应当移送司法机关依法追究刑事责任。

《办法》第 33 条规定：学校管理混乱，存在重大安全隐患的，主管的教育行政部门或者其他有关部门应当责令其限期整顿；对情节严重或者拒不改正的，应当依据法律法规的有关规定，给予相应的行政处罚。

2. 教育行政部门

《办法》第 34 条规定：教育行政部门未履行相应职责，对学生伤害事故的发生负有责任的，由有关部门对直接负责的主管人员和其他直接责任人员分别给予相应的行政处分；有关责任人的行为触犯刑律的，应当移送司法机关依法追究刑事责任。

3. 学生

《办法》第 35 条规定：违反学校纪律，对造成学生伤害事故负有责任的学生，学校可以给予相应的处分；触犯刑律的，由司法机关依法追究刑事责任。

4. 学生的监护人、亲属或者其他有关人员

《办法》第 36 条规定：受伤害学生的监护人、亲属或者其他有关人员，在事故处理过程中无理取闹，扰乱学校正常教育教学秩序，或者侵犯学校、学校教师或者其他工作人员的合法权益的，学校应当报告公安机关依法处理；造成损失的，可以依法要求赔偿。

💬 思考与练习

答案

一、简答题

1. 简述学校的权利与义务。

2. 简述学生伤害事故现场应对方法。

3.《教育法》规定我国的教育方针是什么？

4. 列举《义务教育法》关于教师的规定。

5. 简述在教育教学管理、实施教育惩戒的过程中，教师被禁止实施的行为。

6. 简述《学生伤害事故处理办法》规定的学校在造成学生伤害事故中应当依法承担相应责任的情形。

二、单项选择题

请你扫描二维码，查看本章的单项选择题，测一测学习效果。

单项选择题

三、案例分析题

请你扫描二维码，查看本章的案例分析题，测一测学习效果。

案例分析题

 推荐阅读

第六章推荐
阅读书目

第七章　教师政策与法规

三寸粉笔，三尺讲台系国运；一颗丹心，一生秉烛铸民魂。[①]

——习近平

[①] 习近平. 做党和人民满意的好老师：同北京师范大学师生代表座谈时的讲话 [M]. 北京：人民出版社，2014：14.

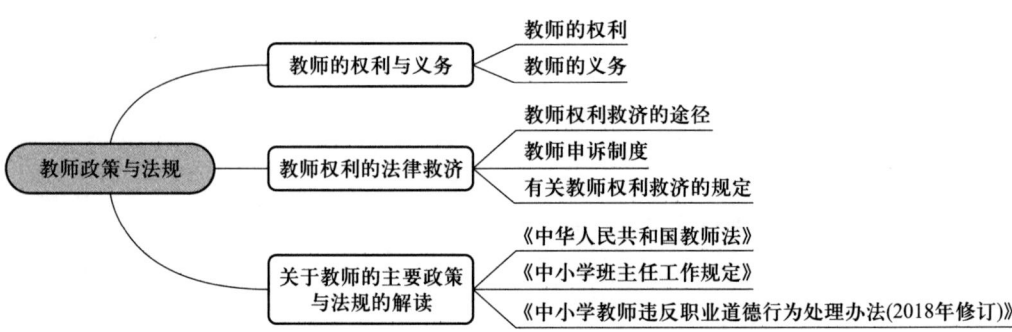 学习目标

1. 理解和掌握教师的权利与义务和法律救济的途径。

2. 熟悉国家教育法律法规所规范的教师的教育教学行为，做到依法执教。

3. 依据国家教育法律法规，分析评价教师在教育教学实践中的实际问题，懂得防范教师工作中的法律风险。

知识导图

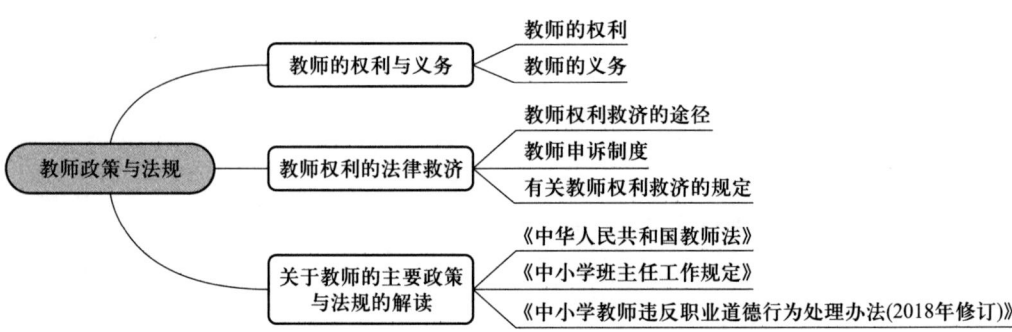

第一节　教师的权利与义务

教师要学习并领会《教师法》《中小学班主任工作规定》等文件精神，理解教师的权利与义务，熟悉国家有关教育法律法规所规范的教师的教育教学行为，做到依法执教；能依据国家教育法律法规，分析评价自身在教育教学实践中的实际问题。这是中小学幼儿园教师最基本的法治素养。

一、教师的权利

权利是法律规定的作为或不作为的自由。教师的权利是指教师在教育活动中享有的、由教育法律赋予的权利，是国家对教师在教育活动中可以作出一定的作为或不作为的许可与保障。教师的权利可以分为教师的公民权利和教师的职业权利。

（一）教师的公民权利

教师的公民权利是指教师作为公民依法享有的、相关法规赋予公民的基本权利。我国《宪法》第 2 章规定了我国公民的基本权利包括：① 平等权，包括法律面前一律平等；② 政治权利，包括选举权和被选举权，言论、出版、集会、结社、游行、示威的自由等；③ 宗教信仰自由权；④ 人身自由权，包括人身自由、人格尊严、住宅不受侵犯以及通信自由和通信秘密受法律的保护；⑤ 社会经济权利，包括财产、劳动、休息、物质帮助、退休人员的生活保障与社会保障权；⑥ 文化教育权，即教育方面和文化活动方面的权利；⑦ 监督权，主要包括批评和建议、申诉、控告和检举。

［拓展阅读］
《民法典》中
关于公民权利
的规定

（二）教师的职业权利

教师的职业权利是指教师作为教育工作者依据教育法规享有的教育权利及与职业相关的其他权利。《教师法》规定了教师的职业权利。

1. 教育教学权

教育教学权是教师为履行教育教学职责而必须具备的最基本的权利，《教师法》第 7 条第 1 项规定，教师有"进行教育教学活动，开展教育教学改革和实验"的权利，任何组织和个人都不得非法剥夺在聘教师从事教育教学活动、开展教育改革和实验这一基本权利。

2. 学术研究权

学术研究权是教师作为教育教学专业人员所享有的一项基本权利。《教师法》第 7 条第 2 项规定，教师拥有"从事科学研究、学术交流，参加专业的学术团体，在学术活动中充分发表意见"的权利。

3. 指导评价权

指导评价权即管理学生权，是与教师在教育教学活动中的主导地位相对应的一项特定权利。《教师法》第 7 条第 3 项规定，教师有"指导学生的学习和发展，评

［拓展阅读］《中华人民共和国教师法（修订草案）（征求意见稿）》关于教师权利的规定

定学生的品行和学业成绩"的权利。

4. 报酬待遇权

报酬待遇权是宪法赋予公民享有的社会经济权利、劳动权利和劳动者休息的权利在教师职业范围内的具体体现。《教师法》第 7 条第 4 项规定，教师有"按时获取工资报酬，享受国家规定的福利待遇以及寒暑假期的带薪休假"的权利。

5. 民主管理权

民主管理权是公民民主权利在教师特定职业下的具体化。《教师法》第 7 条第 5 项规定，教师拥有"对学校教育教学、管理工作和教育行政部门的工作提出意见和建议，通过教职工代表大会或者其他形式，参与学校的民主管理"的权利。

6. 进修培训权

进修培训权是教师职业权利中最具代表性的一项。《教师法》第 7 条第 6 项规定，教师享有"参加进修或者其他方式的培训"的权利。教师的这一权利同时也是政府和学校的义务，政府和学校应采取措施落实教师这一权利。

教师的职业权利从性质上来看，是一种与教师职业相关的特殊权利，是其他非教师公民所不能享有的权利。只有具有教师资格并被学校聘用的教师才能享有教师的职业权利。在教师的职业权利中，与教育教学相关的权利是一种公务性质的行为，且涉及学生，往往是不能放弃的。而与职业相关的利益权利，如教师的福利待遇、带薪假期等，教师可以根据自己的情况进行选择。

权利与义务是相辅相成的，没有无义务的权利，也没有无权利的义务，两者同时产生、变更和消灭。义务同权利一样，是构成法律关系的基本要素。社会生活中的每一个人都必然要承担一定的责任或义务。教师在自己的生活领域既要对社会、对他人承担一定的一般道德义务，又要承担起教师的职业角色所应承担的职业道德义务。

二、教师的义务

所谓义务，是指义务人为满足权利人的利益而实施一定的作为或不作为的必要性，义务具有法律强制性。教师的义务是指教师依照《教育法》《教师法》及其他有关法律法规，从事教育教学工作必须履行的责任。教师的义务，一方面表现为教师作为公民所应该履行的义务，即教师的公民义务；另一方面表现为教师作为一种特殊职业所应该履行的义务，即教师的职业义务。

（一）教师的公民义务

公民义务是指权利主体应当作出或者不作出一定行为的约束，如享有一定权利的公民或法人依法应承担的责任。公民义务是法律关系的构成要素之一，要依靠国家强制力来保证其履行。公民的基本义务也称宪法义务，是指由宪法规定的公民必须遵守和应尽的法律责任。根据《宪法》规定，我国公民的基本义务包括：① 维护国家统一和全国各民族团结；② 遵守宪法和法律，保守国家秘密，爱护公共财产，遵守劳动纪律，遵守公共秩序，尊重社会公德；③ 维护祖国的安全、荣誉和利益；④ 保卫祖国、依照法律服兵役和参加民兵组织；⑤ 依照法律纳税。除上述的基本义务外，《宪法》还规定了公民具有劳动的义务、受教育的义务、父母抚养教育未成年子女的义务、成年子女赡养扶助父母的义务等。这些义务既具有社会伦理和道德的性质，又具有一定的法律性质。

（二）教师的职业义务

教师的职业义务是指教师在从事教育教学的过程中，为了保障教育对象的权利而必须作出或者禁止作出的一系列行为。《教师法》规定了教师的职业义务。

1. 遵纪守法的义务

《教师法》第8条第1项规定，教师应"遵守宪法、法律和职业道德，为人师表"。遵纪守法的义务可以体现为：① 教师必须遵守宪法、法律。② 教师作为人类灵魂的工程师，应当遵守职业道德，为人师表。

2. 教育教学的义务

教学工作是教师的本职工作。《教师法》第8条第2项规定，教师应"贯彻国家的教育方针，遵守规章制度，执行学校的教学计划，履行教师聘约，完成教育教学工作任务"。

3. 实施政治思想品德教育的义务

教师的工作是教书育人的工作，通过教书，达到育人的目的。《教师法》第8条第3项规定，教师应"对学生进行宪法所确定的基本原则的教育和爱国主义、民族团结的教育，法制教育以及思想品德、文化、科学技术教育，组织、带领学生开展有益的社会活动"。

4. 关爱学生的义务

《教师法》第8条第4项规定，教师应"关心、爱护全体学生、尊重学生人格，促进学生在品德、智力、体质等方面全面发展"。

5. 保护学生的义务

《教师法》第8条第5项规定，教师应"制止有害于学生的行为或者其他侵犯学生合法权益的行为，批评和抵制有害于学生健康成长的现象"。

6. 不断提高自己水平的义务

《教师法》第8条第6项规定，教师应"不断提高思想政治觉悟和教育教学业务水平"。教育教学工作是一项专业性较强的工作，担负着提高民族素质的使命。随着社会进步和科技发展，知识更新速度不断加快。教师要想胜任教育教学工作，紧随时代发展的步伐，就需要不断学习，加强自身的思想道德修养，提高教育教学业务水平。

[拓展阅读]
《中华人民共和国教师法（修订草案）（征求意见稿）》关于教师义务的规定

第二节　教师权利的法律救济

有权利必有救济，无救济即无权利。法律救济制度对于保护教师的合法权益意义重大。

一、教师权利救济的途径

教师权利救济的途径是指教师认为其合法权益受到损害时，请求法律救济的渠道和方式。第五章已经介绍了四种法律救济的途径：调解、仲裁、行政救济、司法救济。本节主要介绍教师权利救济行政机关和学校提供的教师权利救济途径：教师申诉制度和有关教师权利救济的规定。

二、教师申诉制度

（一）教师申诉制度的含义

教师申诉制度，即教师在其合法权益受到损害时，依照法律、法规的规定，向学校或者其他教育机构及主管的行政机关申诉理由、请求处理的制度。

（二）教师申诉制度的特征

1. 教师申诉制度是一项法定申诉制度

《教师法》明确规定了教师申诉的程序，各级人民政府及其有关部门必须依法在规定的期限内对教师的申诉作出处理决定，使教师的合法权益得到及时救济。学校或者其他教育机构、有关部门对上级行政机关作出的处理决定负有执行的义务，否则应承担相应的法律责任。其他非诉讼中的申诉，如信访等，虽然对维护教师的权益有一定的保障作用，但在某种程序上会影响申诉人合法权益的恢复和补救，因此在《教师法》中专门规定了教师申诉制度。

2. 教师申诉制度是一项专门性的权利救济制度

教师申诉制度是在宪法赋予公民享有申诉权利的基础上，将教师这一特定专业人员的申诉权利具体化，使教师申诉制度和一般的信访工作在受理主体、时限和效力等方面区别开来。

3. 教师申诉制度是非诉讼意义上的行政申诉制度

教师申诉制度是由行政机关依法对教师的申诉，根据法定行政职权和程序作出行政处理的制度，其行政处理决定具有行政法上的效力。而诉讼法上的申诉制度则是公民对司法机关已经发生法律效力的判决、裁定不服，而向人民法院或人民检察院提出申诉、请求再审的制度。

（三）教师申诉的范围

我国《教师法》关于教师可以对学校或者其他教育机构及教育行政机关提出申诉的范围规定得比较宽泛，主要包括以下三种情况：

① 教师认为学校或者其他教育机构侵犯其《教师法》等规定的合法权益的，可以提出申诉。合法权益包括教师在职务聘任、科研、工作条件、民主管理、培训进修、考核奖惩、工资福利待遇等各方面的合法权益。当然，是否侵犯了教师的合法权益，要通过申诉后的查办才能确认，但只要教师认为学校或者其他教育机构侵犯了其合法权益，就可以提出申诉。

② 教师对学校或者其他教育机构作出的处理决定不服的，可以提出申诉。学校或者其他教育机构的处理决定可能侵犯了教师的合法权益，也可能没有侵犯教师

的合法权益，但只要教师对处理决定不服，就可以提出申诉。

③ 教师认为当地人民政府的有关部门侵犯其《教师法》等规定的合法权益的，可以提出申诉。被申诉人仅限于当地人民政府的有关行政部门，可能是教育行政部门，也可能是其他行政主管部门，但不能以政府为被申诉人。其他企业、事业单位或个人侵犯教师合法权益的，不列入教师申诉范围。

（四）教师申诉的程序

教师申诉的程序由提出申诉、受理申诉和处理申诉三个环节组成，并依次进行。

1. 提出申诉

教师应以递交申诉书的书面形式提出申诉。申诉书的内容主要包括以下事项：① 申诉人的姓名、性别、年龄、住址等；② 被申诉人的名称、地址、法定代表人的姓名、性别、职务等；③ 申诉要求，写明申诉人对被申诉人因侵犯其合法权益或不服其处理决定而要求受理机关进行处理的具体要求；④ 申诉理由，写明被申诉人侵犯其合法权益或不服其处理决定的事实依据，针对被申诉人的侵权行为或处理决定的错误，提出纠正的法律、政策依据，并陈述理由；⑤ 附项，写明并附交相关物证、书证或复印件。

2. 受理申诉

受理教师申诉的机关因被申诉的主体的不同而有所区别。教师如果是对学校或者其他教育机构提出申诉，受理申诉的机关为主管教育行政部门；如果是对当地人民政府的有关行政部门提出申诉，受理申诉的机关可以是同级人民政府或者上一级人民政府对应的行政主管部门。这里需要指出的是，提出申诉不要向行政机关的个人提出，而应向行政机关提出，否则该申诉将被按一般的群众来信处理。

3. 处理申诉

对于教师提出的申诉，主管教育行政部门应在接到申诉书的 30 天内进行处理。处理分成三种情况：① 符合申诉条件的，予以受理；② 不符合申诉条件的，可以答复申诉人不予受理；③ 申诉书未说清申诉理由和要求的，要求申诉人重新提交申诉书。

教师申诉学校的几种不同处理结果：① 学校管理行为如果符合法定权限和程序且适用法律法规正确，维持原处理结果；② 学校管理行为中如果存在程序上的不足，则要求其加以补正；③ 学校如果不履行法律、法规和规章规定的职责，则要求其限期改正；④ 学校管理行为如果是部分适用法律法规错误，则变更原处理结果或不适用的部分；⑤ 学校管理行为所依据的内部规章如果与法律法规相抵触，则撤销原处理决定。

三、有关教师权利救济的规定

教师权利救济制度的建立依据是《教师法》。《全面推进依法治校实施纲要》《依法治教实施纲要（2016—2020 年）》《全国依法治校示范校创建指南（中小学）》中也有相关规定。

（一）《教师法》的规定

《教师法》第 39 条规定：教师对学校或者其他教育机构侵犯其合法权益的，或者对学校或者其他教育机构作出的处理不服的，可以向教育行政部门提出申诉，教育行政部门应当在接到申诉的 30 日内，作出处理。教师认为当地人民政府有关行政部门侵犯其根据本法规定享有的权利的，可以向同级人民政府或者上一级人民政府有关部门提出申诉，同级人民政府或者上一级人民政府有关部门应当作出处理。这是宪法关于公民的申诉权利在教师职业中的具体体现。

（二）《全面推进依法治校实施纲要》的规定

《全面推进依法治校实施纲要》第 19 条和第 20 条明确规定："依法健全校内纠纷解决机制。要把法治作为解决校内矛盾和冲突的基本方式，建立并综合运用信访、调解、申诉、仲裁等各种争议解决机制，依法妥善、便捷地处理学校内部各种利益纠纷。""完善教师学生权利救济制度。学校要设立教师申诉或者调解委员会，就教师因职责权利、职务评聘、年度考核、待遇及奖惩等，与学校及有关职能部门之间发生的纠纷，或者对学校管理制度、规范性文件提出的意见，及时进行调处，做出申诉结论或者调解意见。教师申诉或者调解委员会应当有广泛的代表性和权威性，成员应当经教职工代表大会认可。"

（三）《依法治教实施纲要（2016—2020 年）》的规定

《依法治教实施纲要（2016—2020 年）》进一步明确要求，要健全完善学校的学生申诉、教师申诉制度。为全面推进依法治校，进一步提升中小学治理能力与水平，有的地区或学校制定中小学学生校内申诉处理办法、中小学教师校内申诉处理办法，详细规范了教师与学生校内申诉的宗旨、适用范围、基本原则、申诉事项范围、申诉处理机构、申诉处理的基本程序、校内申诉与其他争议解决方式的关系等。有的地区或学校在学生纪律处分的规范性文件中单列一部分规定申诉处理程序。

（四）《全国依法治校示范校创建指南（中小学）》的规定

《全国依法治校示范校创建指南（中小学）》中的重点领域第 10 项是救济顺畅，要求学校、教师、学生权益救济机制健全，救济顺畅，合法权益得到充分保障。

1. 救济程序完备

① 学校对教师给予纪律处分或其他不利处理，能够做到依据充分、程序正当、结果公正。

② 学校建立学生、教师申诉制度并有效运行。

③ 学校建立并落实听证制度，涉及师生重大利益、处分、申诉事项，学校可主动举行听证；师生要求听证的，按规定举行听证。

④ 建立依法、有效化解家校纠纷的机制，设立投诉举报受理与处置机制，依法回应社会关切。

2. 纠纷解决顺畅

① 学校积极通过法治方式保护校名校誉、学校财产等合法权益，为师生保护自身合法权益提供支持、帮助。

②学校建立校长接待日、校长信箱等制度，听取师生的咨询、诉求、意见建议并有反馈机制。

3. 外部衔接有效

①师生救济机制和教育主管部门、司法机关的救济机制有效衔接。

②学校能够尊重并执行主管部门的决定及司法机关的判决、裁定、决定，积极依法保障权利。

第三节　关于教师的主要政策与法规的解读

依法执教是指教师要依据法律法规履行立德树人的职责。如果教师心中有了法律意识，树立了依法执教的理念，就会在要求与约束教育行为的同时，有效保护与规范教师自身的言行。所以，加强关于教师政策与法规的学习与研究具有重要的意义。本节重点解读与中小学教师密切相关的《教师法》《中小学班主任工作规定》《中小学教师违反职业道德行为处理办法（2018 年修订）》等关于教师的重要政策与法规。

一、《中华人民共和国教师法》

《教师法》于 1993 年 10 月 31 日第八届全国人民代表大会常务委员会第四次会议通过，根据 2009 年 8 月 27 日第十一届全国人民代表大会常务委员会第十次会议《关于修改部分法律的决定》修正。2021 年 11 月 29 日，教育部发布关于《中华人民共和国教师法（修订草案）（征求意见稿）》公开征求意见的公告：为贯彻落实习近平总书记关于教育的重要论述特别是关于教师队伍建设的重要指示批示精神，完善教师法律制度，教育部在深入调研基础上，研究形成了《中华人民共和国教师法（修订草案）（征求意见稿）》（以下简称《教师法（修订草案）（征求意见稿）》），现面向社会公开征求意见。

（一）立法宗旨

《教师法》第 1 条规定：为了保障教师的合法权益，建设具有良好思想品德修养和业务素质的教师队伍，促进社会主义教育事业的发展，制定本法。

《教师法》开宗明义地提出立法宗旨，并以教师的合法权益保护和业务素质提高为主线，确立教师的权利与义务，明确教师资格制度、职务制度、聘任制度等，搭建起《教师法》的框架体系。新时代我国教师素质普遍提升、待遇改善，教育质量的显著提高都与《教师法》的实施有着直接的关系。

教师承担着传播知识、传播思想、传播真理的历史使命，肩负着塑造灵魂、塑造生命、塑造新人的时代重任，是教育发展的第一资源，是国家富强、民族振兴、人民幸福的重要基石。《教师法》是我国教育史上第一部关于教师的单行法律。《教师法》是国家立法机关通过的以教师群体为立法对象，保障教师合法权益，提高教师业务素质的专门法律。《教师法》的颁行有利于从根本上提高教师的社会地位，保障教师的合法权益，使教师成为社会上受人尊重的职业；有利于规范教师职业行为，有利于全社会形成尊师重教的风尚，有利于建设高素质专业化的教师队伍，推进新时代中国特色社会主义教育事业的发展。

（二）教师的法律身份

教师有广义和狭义两种含义。从广义上讲，教师泛指一切把知识、技能、思想、品德传授给教育对象的人。[①] 教育法规中的教师是从狭义上定义的，《教师法》第3条明确了教师的专业地位："教师是履行教育教学职责的专业人员，承担教书育人，培养社会主义事业建设者和接班人、提高民族素质的使命。"这一规定首次从法律上确认了教师职业的专业性。基于《教师法》的这一规定，把握教师这一概念应当注意以下特征。

1. 教师是履行教育教学职责的专业人员

教师是履行教育教学职责的专业人员，这是教师职业的本质特征，是教师概念的内涵。

（1）履行教育教学、教书育人职责是教师的职业特征

只有直接承担教育教学职责的人，才具备教师的最基本的条件。对学校中不直接从事教育教学工作，未履行教育教学职责的行政管理人员、校办产业公司人员、教学辅助人员等，就不能认定其是教师，这些人员应分属教育职员或其他相应的专业技术职务系列。

（2）专业人员是教师的身份特征

同医生、律师一样，教师是一种从事专门职业活动的专业人员，即教师必须具备专门规定的从事教育教学活动的资格，符合特定的要求。这里的"专业人员"包括三层含义：一是教师要达到符合规定的相应学历；二是教师要具备相应的专业知识；三是教师要符合与其职业相称的其他有关规定，如语言表达能力、身体健康状态等。

2. 教师必须从教于各级各类学校或者其他教育机构

《教师法》第2条规定："本法适用于各级各类学校和其他教育机构中专门从事教育教学工作的教师。"这一适用范围是教师职业的形式特征，也是法律意义上教师概念的外延。《教师法》第40条规定：各级各类学校，是指实施学前教育、普通初等教育、普通中等教育、职业教育、普通高等教育以及特殊教育、成人教育的学校。其他教育机构，是指少年宫以及地方教研室、电化教育机构等。教师既包括公办学校教师，也包括公办学校中由集体支付工资、国家予以补助的民办学校教师，还包括社会力量举办的学校的教师。

3. 教师具有特定的权利与义务

在法律上，教师具有两种身份：一方面，他们是普通公民；另一方面，他们是从事教育教学工作的专业人员。教师的权利与义务是基于特定的职业性质而产生和

———————

[①] 丁锦宏. 教育学基础［M］. 北京：高等教育出版社，2009：147.

存在的，具有如下特点。

（1）教师的权利与义务在教育教学活动中产生并由教育法律规范所设定

教师的基本权利与义务既不同于宪法赋予每个公民具有的政治权利与义务，也不同于教师作为普通公民所具有的民事权利与义务，而是一种职业特定的法律权利与职业特定的法律义务。

（2）教师的权利与义务和教师职务与职责紧密相连

一是教师的权利与义务始于其取得教师资格并在学校或者其他教育机构任职，终于解聘。未取得教师资格而任职的教师，不具有此项基本权利与义务。同时，各级各类学校教师的权利与义务内容，因其履行教育教学职责的具体情况而有所不同。二是教师的权利与义务是其履行教育教学职责的要求和基本保证。当教师以教育者的身份出现时，其与职责相关的权利与义务从某种意义上来说是代表国家和社会利益，带有一定的"公务"性质，是不能随意放弃的。如果教师随意放弃指导学生的学习和发展、评定学生的品行和学习成绩等权利，就是没有履行教师的职责。

（3）教师的权利与义务需要一定的社会物质生活条件予以保证

各国关于教师基本权利与义务的规定，都是同该国的社会经济发展水平、文化传统等相关，并能予以保证的权利和义务。随着社会的发展，必然会对教师的权利和义务提出新的要求，并通过制定或修改法律来加以实现。

4. 教师肩负特殊的责任使命

教师的职责是指教师应当承担的工作和肩负的责任。教师的职业特征决定了教师的权利与义务与教师的职责紧密关联。根据《教师法》第3条规定：教师"承担教书育人，培养社会主义事业建设者和接班人、提高民族素质的使命。教师应当忠诚于人民的教育事业。"这是从法律层面明确了教师的特殊责任使命，即教师的特定职责。

教师法律地位是教师立法的核心。《全面深化新时代教师队伍建设改革的意见》中明确了教师由专业人员向国家公职人员的转变，是新时代我国教师政策的重大调整。教师法律地位的重新定位进一步强调了教师职业的公共性与责任担当，强化了政府对基础教育教师均衡配置的能力，凸显了教师作为国家公职人员的特殊性。这一改革从法理的高度与法律层面，为义务教育优质均衡奠定了法理与法律基础，为《教师法》的修订提供了政策依据。

💬 **问题探讨**

> 关于教师的职责使命和身份地位，请扫码阅读《教师法（修订草案）（征求意见稿）》第3条、第13条的有关规定，探讨并提出立法建议。

［拓展阅读］
《教师法（修订草案）（征求意见稿）》第3条、第13条

（三）教师的权利和义务

1. 教师的权利

《教师法》第7条规定了教师权利的6个方面，具体分析参见本章第一节。

[拓展阅读]《教师法（修订草案）（征求意见稿）》第9条、第14条

问题探讨

　　关于教师的权利，请扫码阅读《教师法（修订草案）（征求意见稿）》第9条、第14条的有关规定，探讨并提出立法建议。

2. 教师的义务

　　《教师法》第8条规定了教师义务的6个方面，具体分析参见本章第一节。

[拓展阅读]《教师法（修订草案）（征求意见稿）》第10条、第11条、第12条

问题探讨

　　关于教师的义务，请扫码阅读《教师法（修订草案）（征求意见稿）》第10条、第11条、第12条的有关规定，探讨并提出立法建议。

（四）国家教师制度

　　建立和完善科学的教师制度是学校实行有效治理的基础。《教育法》第35条规定："国家实行教师资格、职务、聘任制度，通过考核、奖励、培养和培训，提高教师素质，加强教师队伍建设。"该规定将《教师法》具体化为教师资格制度、教师职务制度、教师聘任制度、教师教育制度、教师考核制度、教师奖励制度、教师保障待遇制度等。

1. 教师资格制度

　　作为专业的基本特征之一就是要有一定的准入制度，教师职业也不例外。国家对教师职业实行的入门许可制度就是教师资格制度。从20世纪90年代到21世纪

[拓展阅读]《中小学教师资格考试暂行办法》

之初，《教师法》《教师资格条例》《〈教师资格条例〉实施办法》相继出台，确立了我国教师资格制度的整体框架和基本内容，为教师专业发展提供了有力的制度支持。2013年8月，教育部发布了《中小学教师资格考试暂行办法》《中小学教师资格定期注册暂行办法》，提高了教师职业准入门槛，打破了教师资格终身制，教师资格制度日臻完善。

　　（1）教师资格的分类

　　根据《教师资格条例》第4条规定，教师资格分为7类：① 幼儿园教师资格；② 小学教师资格；③ 初级中学教师和初级职业学校文化课、专业课教师资格；④ 高级中学教师资格；⑤ 中等专业学校、技工学校、职业高级中学文化课、专业课教师资格；⑥ 中等专业学校、技工学校、职业高级中学实习指导教师资格；⑦ 高等学校教师资格。取得教师资格的公民，可以在本级及其以下等级的各类学校和其他教育机构担任教师；但是，取得中等职业学校实习指导教师资格的公民只能在中等专业学校、技工学校、职业高级中学或者初级职业学校担任实习指导教师。高级中学教师资格与中等职业学校教师资格相互通用。

　　（2）获取教师资格的条件

　　① 基本条件。根据《教师法》第10条规定，公民要获得教师资格，须具备中

国国籍、思想品德良好、学历合格和有教育教学能力四个条件。

② 学历条件。《教师法》第 11 条详细规定了我国公民取得不同层次和类型的教师资格应当具有的相应学历。同时规定，不具备《教师法》所规定的教师资格学历的公民，申请获取教师资格，必须通过国家教师资格考试。

与《教师法》立法初期相比，在不同时期，同样学历层次的中专、大专或本科毕业生，在综合素质和实际能力上表现出很大的差异。因此，如果仍然按照《教师法》规定的学历要求选拔教师，就不能保证选拔优秀人才进入教师队伍了。《面向21 世纪教育振兴行动计划》提出：到 2010 年前后，具备条件的地区力争使小学和初中专任教师的学历分别提升到专科和本科层次，经济发达地区高中专任教师和校长中获硕士学位者应达到一定比例。根据这一文件指示，全国数十所师范大学及部分综合性大学举办了教育硕士学位班，许多中学教师甚至小学教师脱产或在职攻读教育硕士学位，不断提升学历学位层次。就目前我国教师队伍、师范教育及研究生教育的现状来看，将新入职的小学和初中教师的学历条件提高到本科以上层次，高中教师的学历条件提高到本科甚至研究生，已经基本具备条件。

💬 问题探讨

关于教师的资格制度、学历标准、资格考试，请扫码阅读《教师法（修订草案）（征求意见稿）》第 15 条、第 16 条、第 17 条的有关规定，探讨并提出立法建议。

［拓展阅读］《教师法（修订草案）（征求意见稿）》第 15 条、第 16 条、第 17 条

（3）教师资格考试

《中小学教师资格考试暂行办法》规定，凡遵守宪法和法律，热爱教育事业，具有良好的思想品德，并符合申请认定教师资格的体检标准和《教师法》规定的学历要求的中国公民都可以报名参加教师资格考试。普通高等学校在校三年级以上学生，可凭学校出具的在籍学习证明报考。申请人应在户籍或人事关系所在地报名参加教师资格考试。普通高等学校在校生可在就读学校所在地报名参加教师资格考试。

教师资格考试包括笔试和面试两部分，笔试一般在每年 3 月和 11 月各举行一次，面试一般在每年 5 月和 12 月各举行一次。笔试主要考查申请人从事教师职业所应具备的教育理念、职业道德、法律法规知识、科学文化素养、阅读理解、语言表达、逻辑推理和信息处理等基本能力；教育教学、学生指导和班级管理的基本知识；拟任教学科领域的基本知识，教学设计实施评价的知识和方法，运用所学知识分析和解决教育教学实际问题的能力。小学教师资格考试笔试科目为《综合素质》和《教育教学知识与能力》两科；初级中学、普通高级中学教师和中等职业学校文化课教师资格考试笔试科目为《综合素质》《教育知识与能力》和《学科知识与教学能力》三科；中等职业学校专业课教师和实习指导教师资格考试笔试科目为《综合素质》《教育知识与能力》和《学科知识与教学能力》三科；幼儿园教师资格考试笔试科目为《综合素质》和《保教知识与能力》两科。面试主要考查申请人的职业认知、

［拓展阅读］《综合素质》《教育知识与能力》

心理素质、仪表仪态、言语表达、思维品质等教师基本素养和教学设计、教学实施、教学评价等教学基本技能。面试采取结构化面试、情境模拟等方式，通过抽题、备课（活动设计）、回答规定问题、试讲（演示）、答辩（陈述）、评分等环节进行。国家确定笔试成绩合格线，省级教育行政部门确定面试成绩合格线。笔试单科成绩有效期为两年，笔试和面试均合格者由教育部教育考试院（教育部教师资格考试中心）颁发教师资格考试合格证明，教师资格考试合格证明有效期为 3 年。

（4）教师资格的认定

认定机构方面，符合教师资格条件或通过国家教师资格考试，并不意味着取得了教师资格，要取得教师资格，还必须经过法律授权的行政机关或其委托的有关机构认定。《教师法》第 13 条规定：中小学教师资格由县级以上地方人民政府教育行政部门认定。中等专业学校、技工学校的教师资格由县级以上地方人民政府教育行政部门组织有关主管部门认定。普通高等学校的教师资格由国务院或者省、自治区、直辖市教育行政部门或者由其委托的学校认定。具备本法规定的学历或者经国家教师资格考试合格的公民，要求有关部门认定其教师资格的，有关部门应当依照本法规定的条件予以认定。取得教师资格的人员首次任教时，应当有试用期。

教师资格的认定包括以下程序：

第一，提出申请。认定教师资格，应当由本人在教育行政部门规定的受理期限内提出申请，并提交教师资格申请所需的证明或者材料，包括：身份证明；学历证书或者教师资格考试合格证明；教育行政部门指定医院出具的体格检查证明；户籍所在地的街道办事处、乡人民政府或者工作单位、所毕业的学校对其思想品德、有无犯罪记录等方面情况的鉴定及证明材料。

第二，资格审查。教育行政部门在接到公民的教师资格认定申请后，应当对申请人的条件进行审查。对符合认定条件的，应当在受理期限终止之日起 30 日内颁发相应的教师资格证书；对不符合认定条件的，应当在受理期限终止之日起 30 日内将认定结论通知本人。

第三，颁发证书。申请人提出的教师资格认定申请经认定合格后，由教育行政部门颁发由国务院教育行政部门统一印制的教师资格证书。

[拓展阅读]
《教师法（修订草案）（征求意见稿）》
第 19 条

💬 **问题探讨**

请扫码阅读《教师法（修订草案）（征求意见稿）》第 19 条在教师从业禁止方面的规定和在资格认定中发现申请人有四方面的情形，不得取得教师资格，探讨并提出立法建议。

（5）教师资格的定期注册

2013 年 8 月，教育部颁布的《中小学教师资格定期注册暂行办法》规定对教师入职后的从教资格进行定期核查，实行 5 年一周期的定期注册。定期注册不合格或逾期不注册的人员，不得从事教育教学工作。该制度的建立完善了教师退出机

［拓展阅读］
《中小学教师
资格定期注册
暂行办法》

制，有利于及时将不合格人员清除出教师队伍，保证教师队伍的优良品质。

注册条件方面，具有与任教岗位相应教师资格的中小学在编在岗教师可申请注册。满足下列条件的，定期注册合格：① 遵守国家法律法规和《中小学教师职业道德规范（2008 年修订）》，达到省级教育行政部门规定的师德考核评价标准，有良好的师德表现；② 每年年度考核合格以上等次；③ 每个注册有效期内完成不少于国家规定的 360 个培训学时或省级教育行政部门规定的等量学分；④ 身心健康，胜任教育教学工作；⑤ 省级教育行政部门规定的其他条件。有下列情形之一的，应暂缓注册：① 注册有效期内未完成国家规定的教师培训学时或省级教育行政部门规定的等量学分；② 中止教育教学和教育管理工作一学期以上，但经所在学校或教育行政部门批准的进修、培训、学术交流、病休、产假等情形除外；③ 一个注册周期内任何一年年度考核不合格。暂缓注册者达到定期注册条件后，可重新申请定期注册。有下列情形之一的，注册不合格：① 违反《中小学教师职业道德规范（2008 年修订）》和师德考核评价标准，影响恶劣；② 一个定期注册周期内连续两年以上（含两年）年度考核不合格；③ 依法被撤销或丧失教师资格。此外，注册范围内的教师无故逾期不申请定期注册，也按照注册不合格处理。

教师资格注册包括以下程序：

第一，提出申请。取得教师资格，初次聘用为教师的，试用期满考核合格之日起 60 日内，申请首次注册。经首次注册后，每 5 年应申请一次定期注册。教师资格定期注册须由本人申请，并在定期注册有效期满前 60 日内，申请办理下一次教师资格定期注册。申请教师资格定期注册时应当提交下列材料：《教师资格定期注册申请表》一式两份；《教师资格证书》；中小学或主管部门聘用合同；所在学校出具的师德表现证明；五年的各年度考核证明；省级教育行政部门认可的教师培训证明；省级以上教育行政部门根据当地实际要求提供的其他材料。

第二，审核注册。申请人提出申请后，由所在学校集体办理，按照人事隶属关系报县级以上教育行政部门审核注册。县级以上教育行政部门在受理注册申请终止之日起 90 个工作日内，对申请人提交的材料进行审核并给出注册结论。注册结论应提前公示。县级教育行政部门负责申报材料的初审，提出注册结论的建议；地市级教育行政部门负责申报工作的复核；省级教育行政部门对注册申请进行终审，并在全国中小学教师资格定期注册管理信息系统中填报注册结论及有关信息。

（6）教师资格的丧失和撤销

教师应当为人师表、教书育人，教师一旦做出不法行为或是违反教育职责，其教师资格就会自动丧失或被撤销。《教师法》对教师资格基本条件的规定，分为肯定条件和否定条件：肯定条件，即根据《教师法》第 10 条的规定；否定条件，即《教师法》第 14 条的规定，受到剥夺政治权利或者故意犯罪受到有期徒刑以上刑事处罚的，不能取得教师资格，已经取得教师资格的，丧失教师资格。同时也不能重新取得教师资格，其教师资格证书由县级以上人民政府教育行政部门收缴。《教师法》第 14 条规定的丧失教师资格为永久丧失，不得重新获得教师资格。

《教师资格条例》第 19 条规定，教师有下列情形之一的，由县级以上人民政府教育行政部门撤销其教师资格：① 弄虚作假、骗取教师资格的；② 品行不良、侮辱学生，影响恶劣的。被撤销教师资格的人员，自撤销之日起 5 年内不得重新申请认定教师资格，其教师资格证书由县级以上人民政府教育行政部门收缴。

2. 教师职务制度

教师职务制度是国家对教师岗位的设置及各级岗位的任职条件、评价方法、评聘程序等方面的有关规定的总称。《教师法》第 16 条规定：国家实行教师职务制度，具体办法由国务院规定。

（1）教师职务制度的特征

教师职务制度是我国教师任用的重要制度，具有以下特征：

教师职务根据岗位设立。教师职务是根据学校教学和科研等实际工作需要设置的有明确职责、任职条件和任期，并需要具备专门的业务知识和相应的学术、技术水平才能担任的专业技术工作岗位，职务依附于岗位而存在。

教师职务与工资待遇挂钩并有数额限制。教师达不到任职要求或不能履行职务职责，完不成工作任务，就要被解聘、低聘或缓聘职务，职务不能终身享有。

教师职务要经过全面考核。不仅考查教师的学术水平、工作能力和工作实绩，还要考查教师的思想政治表现、发展潜力、身体状况及工作是否称职等。

教师职务不适用于离退休教师，即离退休教师不能参加职务评聘，教师退休时其职务同时解聘。

（2）教师职务设置

根据教育部的有关规定，目前我国教师职务系列中高等学校教师职务设助教、讲师、副教授、教授；中等专业学校教师职务设教员、助教、讲师、高级讲师；技工学校文化、技术理论课教师职务设教员、助理讲师、讲师和高级讲师；生产实习课教师职务设三级、二级、一级、高级实习指导教师；各级成人学校，结合成人教育的特点和层次，分别执行普通高等学校、中专、中小学和技工学校教师职务试行条例。普通中小学及幼儿园教师职务分为初级职务、中级职务和高级职务。初级职务设员级和助理级，高级职务设副高级和正高级。员级、助理级、中级、副高级和正高级职称（职务）名称依次为三级教师、二级教师、一级教师、高级教师和正高级教师。中小学教师职称（职务）分别与事业单位专业技术岗位等级相对应：正高级教师对应专业技术岗位一至四级，高级教师对应专业技术岗位五至七级，一级教师对应专业技术岗位八至十级，二级教师对应专业技术岗位十一至十二级，三级教师对应专业技术岗位十三级。

（3）教师任职条件

教师职务是专业技术职务，要求教师必须具备相应的任职条件。不同学校对不同职务教师的任职条件要求有所不同。中小学教师水平评价基本标准条件是：拥护党的领导，胸怀祖国，热爱人民，遵守宪法和法律，贯彻党和国家的教育方针，忠诚于人民教育事业，具有良好的思想政治素质和职业道德，牢固树立爱与责任的意识，爱岗敬业，关爱学生，为人师表，教书育人；具备相应的教师资格及专业知识和教育教学能力，在教育教学一线任教，切实履行教师岗位职责和义务；身心健

［拓展阅读］
《中小学教师水平评价基本标准条件》

康。中小学教师评聘各级别职称（职务），除必须达到上述标准条件，还应分别具备正高级教师、高级教师、一级教师、二级教师、三级教师对应的级别条件，以及还有特殊申报条件。

中小学教师专业技术水平评价标准，是中小学教师职称评审的重要基础和主要依据。中小学教师专业技术水平评价标准要适应实施素质教育和课程改革的要求，充分体现中小学教师职业特点，着眼于中小学教师队伍长远发展，并在实践中不断完善。要充分考虑教书育人工作的专业性、实践性、长期性，坚持育人为本、德育为先，注重师德素养，注重教育教学工作业绩，注重教育教学方法，注重教育教学一线实践经历，切实改变过分强调论文、学历的倾向，引导教师立德树人，爱岗敬业，积极进取，不断提高实施素质教育的能力和水平。

国家制定中小学教师专业技术水平评价的基本标准条件，各省、自治区、直辖市及新疆生产建设兵团（以下简称各省）根据本地教育发展情况，结合各类中小学校的特点和教育教学实际，制定中小学教师具体评价标准条件。具体评价标准条件要综合考虑乡村小学和教学点实际，对农村教师予以适当倾斜，稳定和吸引优秀教师在边远贫困地区乡村小学和教学点任教。中小学正高级教师、高级教师的具体评价标准条件要体现中学、小学的不同特点和要求，有所区别。对少数特别优秀的教师，可制定相应的破格评审条件。各省具体评价标准条件可在国家基本标准条件的基础上适当提高。

（4）教师职务的评聘程序

教师职务的评聘程序应公正规范，过程应公开透明，并按照以下基本程序进行：① 个人申报。中小学教师竞聘相应岗位，要按照不低于国家和当地制定的评价标准条件，按规定程序向聘用学校提出申报。② 考核推荐。学校对参加竞聘的教师，要结合其任现职以来各学年度的考核情况，通过多种方式进行全面考核。根据考核结果，经集体研究，由学校在核定的教师岗位结构比例内按照一定比例差额推荐拟聘人选参加评审。③ 专家评审。由同行专家组成的评委会，按照评价标准和办法，对学校推荐的拟聘人选进行专业技术水平评价。评审结果经公示后，由人力资源社会保障部门审核确认。④ 学校聘用。中小学根据聘用制度的有关规定，将通过评审的教师聘用到相应岗位。

创新教师职务评价机制，建立以同行专家评审为基础的业内评价机制。建立健全同行专家评审制度，改革和创新评价办法，认真总结推广同行专家评审在中小学教师专业技术水平评价中的成功经验，继续探索社会和业内认可的实现形式，采取说课讲课、面试答辩、专家评议等多种评价方式，对中小学教师的业绩、能力进行有效评价，确保评价结果的客观公正，增强同行专家评审的公信力。要在水平评价中全面推行评价结果公示制度，增加评审工作的透明度。实现与事业单位岗位聘用制度的有效衔接。

3. 教师聘任制度

教师聘任制度是聘任双方在平等自愿的基础上，由学校或者教育行政部门根据教育教学需要设置工作岗位，聘请具有教师资格的公民担任相应教师职务的一项制度。《教师法》第 17 条规定：学校和其他教育机构应当逐步实行教师聘任制。教师的聘任应当遵循双方地位平等的原则，由学校和教师签订聘任合同，明确规定双方的权利、义务和责任。教师聘任制与任命制的区别在于学校或教育行政部门作为聘任人，有权依据学校教育教学需要自愿选聘符合任职条件的教师，教师作为受聘人也有权选择学校，可以受聘，也可以拒聘。我国的教师聘任存在不同的聘任方式，包括学校与教师签订聘任合同，教育行政机关与教师签订聘任合同，教育行政机关与学校分别签订聘任合同等多种类型。

（1）教师聘任制度的特征

教师聘任制度是在双方自由选择的前提下，以合同的形式确定教师的任期及职责。作为教师任用的一种基本制度，具有以下三个特征：

第一，教师聘任制度是教师与学校或者教育行政部门之间的法律行为，聘任人和受聘人双方通过聘任确立法律关系，且双方法律关系平等。

第二，聘任双方在平等地位上签订的聘任合同具有法律效力，对聘任双方都具有约束力，它以聘书的形式明确双方的权利、义务和责任。在聘期内，教师、学校分别承担其义务、责任，行使自身的权利。根据聘任合同领取相应的工资，职务工资应反映教师的工作业绩、教育教学水平，体现按劳取酬的原则。

第三，教师聘任制度必须遵循双方地位平等的原则。聘任是双方的法律行为，聘任关系基于独立而结合，基于意见一致或相互同意而成立，并在平等地位上签订聘任合同。

（2）教师聘任的程序

教师聘任的程序，首先是学校根据工作需要设置专业技术岗位，其次是在定编定岗的基础上确定职务结构，最后是聘任。聘任证书由聘任机构具体颁发。获得教师资格的人首次任教，应当有试用期。在试用期内，学校或者教育行政部门可以对其从事教育教学工作的能力和水平予以考察，决定是否予以聘任或是否胜任某类教师岗位工作。试用期通常为 1 年。

教师在受聘期间，无特殊理由不能辞聘，学校亦不能解聘。确需变动时，应提前与对方协商，双方达成一致协议后，方可变更或解除合同。双方一旦发生纠纷，则需依据合同相关条款承担相应的责任。聘用合同一旦成立，就具有法律效力。

（3）教师聘任的形式

教师聘任制度依其聘任主体实施行为的不同，一般可分为招聘、续聘、解聘、辞聘四种形式。

招聘是指用人单位面向社会公开、择优选拔具有教师资格的人才。通常由用人单位或当地人才交流部门以公告或启示等形式面向社会发出要约，内容包括对招聘对象的要求、工作性质和任务以及工资待遇等，并公布审查和考核的方式。有意接受这类要约的公民，则可以通过招聘单位的审查和考核进入教师队伍。

续聘是指约定的聘任期满后，聘任单位与教师续签聘任合同。续聘一般发生在前一聘任期内双方合作愉快的情况下，如聘任单位需要继续留任所聘用人员，而被聘任教师对单位提供的工作满意，双方自愿继续合作。续聘合同可以与前次聘任合同相同，亦可在双方认可的基础上变更内容。

解聘是指教师因某种原因不再适宜担任教师岗位，聘用单位与其解除聘任合同。聘用单位除有正当理由外不能解聘教师，否则应承担相应的法律责任。《教师法》第37条对聘用单位可解聘教师的3种情形作出规定，包括：故意不完成教育教学任务给教育教学工作造成损失的；体罚学生，经教育不改的；品行不良、侮辱学生，影响恶劣的。此外，根据《关于在事业单位试行人员聘用制度的意见》《事业单位人事管理条例》的规定，受聘人员有下列情形之一的，聘用单位可以随时单方面解除聘任合同：连续旷工超过15个工作日或者1年内累计旷工超过30个工作日的；未经聘用单位同意，擅自出国或者出国逾期不归的；违反工作规定或者操作规程，发生责任事故，或者失职、渎职，造成严重后果的；严重扰乱工作秩序，致使聘用单位、其他单位工作不能正常进行的；被判处有期徒刑以上刑罚收监执行的，或者被劳动教养的；对在试用期内被证明不符合本岗位要求又不同意单位调整其工作岗位的，聘用单位应提前30日以书面形式通知拟被解聘的受聘人员，也可以在下列情况下单方面解除聘任合同：受聘人员患病或者非因工负伤，医疗期满后，不能从事原工作也不能从事由聘用单位安排的其他工作的；受聘人员年度考核或者聘期考核不合格，又不同意聘用单位调整其工作岗位的；受聘人员连续两年年度考核不合格的。

聘用单位在受聘人员存在下列情形时不得解除聘任合同：受聘人员患病或者负伤，在规定的医疗期内的；女职工在孕期、产期和哺乳期内的；因工负伤，治疗终结后经劳动能力鉴定机构鉴定为1至4级丧失劳动能力的；患职业病以及在现有医疗条件下难以治愈的严重疾病或者精神病的；受聘人员正在接受纪律审查尚未作出结论的；属于国家规定的不得解除聘用合同的其他情形的。

辞聘是指教师主动请求聘用单位解除聘任合同。根据《关于在事业单位试行人员聘用制度的意见》《事业单位人事管理条例》的规定，受聘人员在下列情形下可以随时单方面解除聘任合同：在试用期内的；考入普通高等院校的；被录用或者选调到国家机关工作的；依法服兵役的。除上述情形外，受聘人员应提前30日书面通知聘用单位，可以解除聘任合同。

4. 教师教育制度

教师教育是在终身教育思想的指导下，按照教师专业发展的不同阶段，对教师的职前培养、入职教育和在职培训的统称。因此，教师教育制度是以教师专业化为核心的制度体系，主要由教师培养制度和教师培训制度组成。改革开放以来，《义务教育法》《教师法》《教育法》等都明确提出了要发展和办好师范教育，为教师教育制度的建立提供了法律保障。

20世纪90年代以后，教育关注的重点进入了从追求教师数量向提高教师质量的转变，过去偏重教师培养和师范院校的"师范教育"的概念逐步转变为包括教师培养和培训在内的、包容性更强、更符合国际惯例的"教师教育"。随着1999年中共中央、国务院《关于深化教育改革全面推进素质教育的决定》、教育部《关于师范院校布局结构调整的几点意见》和《中小学教师继续教育规定》等政策文件的颁布，我国师范教育开始从独立向开放、从培养与培训分离向一体化方向转变，师范毕业生学历层次显著提高，以师范院校为主体、综合性院校积极参与的现代教师教育体系初步形成。2000 年后，我国又相继出台了免费师范生政策，部署实施了"中小学教师国家级培训计划"，并制定了《教师教育课程标准（试行）》《幼儿园教师专业标准（试行）》《小学教师专业标准（试行）》《中学教师专业标准（试行）》，从而使教师教育制度更加成熟和完善。

教师教育是教育事业的工作母机，是提升教育质量的动力源泉。2018 年，教育部等五部门印发的《教师教育振兴行动计划（2018—2022 年）》提出：经过 5 年左右努力，办好一批高水平、有特色的教师教育院校和师范类专业，教师培养培训体系基本健全，为我国教师教育的长期可持续发展奠定坚实基础。师德教育显著加强，教师培养培训的内容方式不断优化，教师综合素质、专业化水平和创新能力显著提升，为发展更高质量更加公平的教育提供强有力的师资保障和人才支撑。

（1）教师教育机构

教师教育机构是指专门承担教师培养和培训工作的机构。根据《教师法》第 18 条至第 21 条的规定，教师教育机构主要包括各级教师进修学校、各级师范学校和非师范学校。在实践中，随着我国教师教育制度的不断发展，原有的由中师（幼师）—师专—师范大学（学院）三个层次组成的教师教育机构体系逐步改变，中等师范学校合理收缩并逐渐淡出教师教育体系，高师本科院校逐渐增加，研究生学历的教师培养规模日渐扩大。综合性院校也积极参与教师的培养和培训，成为重要的教师教育机构。

（2）教师教育的形式和内容

教师培养制度主要是指职前阶段教育，是对准备从事教师职业的人实施专门教育的制度。教师培养制度是关于教师培养的一系列规则和办法，包括法律、政策和规约等。严格来说，我国现行的教师培养制度是改革开放以后逐渐建立起来的，且可以分为两个阶段：第一阶段是 1978 年至 2000 年前后，以各级师范院校及教育学院为主的教师培养制度，即所谓的封闭式教师培养制度；第二阶段是从 20 世纪 90 年代末开始，以师范院校为主体，各类高等院校共同参与的开放式教师培养制度。近年来，各级各类教师教育机构特别是各师范大学纷纷开展教师教育培养模式的探索与创新，形成了"3+1"（即在接受一般本科教育时选修教师教育模块课程）、"4+1"（取得本科学历后再到教师教育机构接受专业训练）、"4+2"（从应届本科毕业生中直接招收教育硕士学生）等培养模式。教师教育课程也从传统的"教师教育课程"嵌入"学科专业课程"的设置模式转向二者相对分离的独立设置模式。

教师培训制度是对入职后的教师，通过培训机构提供培训内容，以提高其素养的制度。根据《中小学教师继续教育规定》，中小学教师继续教育分为非学历教育和学历教育。其中，非学历教育包括：新任教师培训，为新任教师在试用期内适应教育教学工作需要而设置的培训，培训时间应不少于 120 学时；教师岗位培训，为教师适应岗位要求而设置的培训，培训时间每 5 年累计不少于 360 学时；骨干教师培训：对有培养前途的中青年教师按教育教学骨干的要求和对现有骨干教师按更高标准进行的培训。学历教育则是对具备合格学历的教师进行的提高学历层次的培训。中小学教师继续教育的内容主要包括：思想政治教育和师德修养；专业知识的更新与扩展；现代教育理论与实践；教育科学研究；教育教学技能训练和现代教育技术；现代科技与人文社会科学知识等。

2001年开始的基础教育课程改革对教师素质提出了挑战，要求通过培训更新教师的教育理念和教育方法，以提高教师的新课程实施能力。各地方政府、中小学校为了适应新课程改革，均重视教师培训工作，通过校本培训、外出培训等做好教师培训工作。

2010年，教育部和财政部全面实施"中小学教师国家级培训计划"（简称"国培计划"），目的是提高中小学教师特别是农村教师队伍的整体素质。该计划包括"中小学教师示范性培训项目"和"中西部农村骨干教师培训项目"。"中小学教师示范性培训项目"是教育部直接组织实施面向各省（区、市）中小学教师的示范性培训，主要包括中小学骨干教师培训、中小学教师远程培训、班主任教师培训、中小学紧缺薄弱学科教师培训等示范性项目；"中西部农村骨干教师培训项目"主要包括农村中小学教师置换脱产研修、农村中小学教师短期集中培训、农村中小学教师远程培训等。

（3）教师教育课程标准

教师教育课程标准体现国家对教师教育机构设置、教师教育课程的基本要求，是制定教师教育课程方案、开发教材与课程资源、开展教学与评价，以及认定教师资格的重要依据。根据《教师教育课程标准（试行）》的规定，教师教育课程应以育人为本、实践取向、终身学习为基本价值理念。中（小）学职前教师教育课程应围绕教育信念与责任、教育知识与能力和教育实践与体验三个方面的课程目标设置，内容涵盖儿童发展与学习、中（小）学教育基础、中（小）学学科教育与活动指导、心理健康与道德教育、职业道德与专业发展、教育实践六个学习领域。而在职教师教育课程包括学历教育课程与非学历教育课程，应满足教师专业发展的多样化需求，充分利用教师自身的经验与优势，在引导教师加深专业理解、解决实际问题和提升自身经验方面发挥功用。

（4）新时代基础教育强师计划

高质量教师是高质量教育发展的中坚力量。为推动教师教育振兴发展，努力造就新时代高素质专业化教师队伍，加快实现基础教育现代化提供强有力的师资保障，2022年4月，教育部等八部门印发了《新时代基础教育强师计划》。

《新时代基础教育强师计划》的目标任务是：到2025年，建成一批国家师范教育基地，形成一批可复制可推广的教师队伍建设改革经验，培养一批硕士层次中小学教师和教育领军人才。完善部属师范大学示范、地方师范院校为主体的农村教师培养支持服务体系，为中西部欠发达地区定向培养一批优秀中小学教师。师范生生源质量稳步提高，欠发达地区中小学教师紧缺情况逐渐缓解，教师培训实现专业化、标准化，教师发展保障有力，教师队伍管理服务水平显著提升。到2035年，适应教育现代化和建成教育强国要求，构建开放、协同、联动的高水平教师教育体

［拓展阅读］
《新时代基础教育强师计划》

系，建立完善的教师专业发展机制，形成招生、培养、就业、发展一体化的教师人才造就模式，教师数量和质量基本满足基础教育发展需求，教师队伍区域分布、学段分布、学历水平、学缘结构、年龄结构趋于合理，教师思想政治素质、师德修养、教育教学能力和信息技术应用能力建设显著加强，教师队伍整体素质和教育教学水平明显提升，尊师重教蔚然成风。

《新时代基础教育强师计划》的具体措施包括：提升教师思想政治素质；加强和改进师德师风建设；建设国家师范教育基地；开展国家教师队伍建设改革试点；建立教师教育协同创新平台；实施高素质教师人才培育计划；实施中西部欠发达地区优秀教师定向培养计划；深化精准培训改革；改进师范院校评价；进一步完善教师资格制度；优化义务教育教师资源配置；优化教职工编制配置；深化教师职称改革，完善岗位管理制度；加强教师工资待遇保障；推进教师队伍建设信息化。

（5）国家优秀中小学教师培养计划

［拓展阅读］
"国优计划"

为贯彻落实党的二十大精神，贯彻落实习近平总书记关于教育的重要论述特别是 2023 年在中央政治局第三次、第五次集体学习时的重要讲话精神，把加强教师队伍建设作为建设教育强国最重要的基础工作来抓，健全中国特色教师教育体系，推动高水平高校为中小学培养研究生层次高素质教师，让优秀的人培养更优秀的人，夯实拔尖创新人才培养基础，教育部于 2023 年 7 月印发《关于实施国家优秀中小学教师培养计划的意见》（以下简称"国优计划"）。

"国优计划"的目标任务是：从 2023 年起，国家支持以"双一流"建设高校为代表的高水平高校选拔专业成绩优秀且乐教适教的学生作为"国优计划"研究生，在强化学科专业课程学习的同时，系统学习不少于 26 学分的教师教育模块课程（含参加教育实践），通过"国优计划"研究生培养吸引优秀人才从教，为中小学输送一批教育情怀深厚、专业素养卓越、教学基本功扎实的优秀教师。

"国优计划"的选拔方式包括：① 推免选拔。具备高校推免资格的应届本科毕业生向"国优计划"培养高校提出申请，经考查合格可通过推免方式被录取为"国优计划"研究生，攻读"国优计划"培养高校学术学位或专业学位研究生。② 在读研究生二次遴选。"国优计划"培养高校面向非教育类研究生进行二次遴选，结合学生专业课成绩和面试等综合考察学生从教潜质，按照"优中选优，严格规范"的原则，遴选"国优计划"研究生。

"国优计划"培养高校通过自主培养或者与师范院校联合培养的方式，为"国优计划"研究生系统开设教师教育模块课程，包括不少于 18 学分的教育学、心理学、中小学课程教学、科学技术史等内容，以及不少于 8 学分的教育实践，全面落实高校教师与中小学教师共同指导教育实践的"双导师制"，强化师范生专业素养培养与教学基本功训练。支持"国优计划"培养高校为推免录取的"国优计划"研究生设计教师教育先修课程，通过线上线下等方式，指导学生从本科第 4 年开始学习。参加研究生支教团的"国优计划"研究生，支教实践计入"国优计划"研究生培养教育实践学分。鼓励高水平高校面向全体在读学生普遍开设教师教育选修课程。"国优计划"研究生本科阶段选修教师教育课程所获学分可计入"国优计划"

研究生培养相关模块课程学分。攻读非教育类研究生学位且修完 26 学分教师教育模块课程的"国优计划"研究生，通过教育硕士专业学位论文答辩，毕业时同时获得教育硕士学位证书。专题研究论文、调查研究报告、案例分析报告和方案设计报告等都可作为教育硕士专业学位论文。

💬 **问题探讨**

请扫码阅读《教师法（修订草案）（征求意见稿）》第 5 章，探讨并提出关于教师培养和培训规定的立法建议。

［拓展阅读］
《教师法（修订草案）（征求意见稿）》第 5 章

5. 教师考核制度

教师考核制度是指学校或者其他教育机构根据国家制定的标准和管理教师的法定权限，按照考核的内容、标准、程序和方法对教师进行考察和评价的制度。教师考核制度具有导向功能，通过考核，能促使教师不断端正教育思想，调动教师的积极性和创造性，促进教师队伍建设管理的规范化。《教师法》第 22 至 24 条对教师考核制度的相关内容作出规定，包括考核机构、考核内容、考核原则及考核结果。2008 年 12 月，为配合义务教育学校教师绩效工资制度的实施，教育部出台了《关于做好义务教育学校教师绩效考核工作的指导意见》，对绩效考核的内容、原则、方法及组织实施等进行了规定。教师考核制度的确立与完善，提高了教师管理的规范化水平，有利于调动教师的积极性和创造性，促进教师队伍的科学发展。

（1）教师考核的机构和内容

《教师法》第 22 条规定教师的考核机构有"学校或其他教育机构"，"教育行政部门对教师的考核工作进行指导、监督。"

《教师法》第 22 条规定考核的内容包括"政治思想、业务水平、工作态度、工作成绩"四个方面。

（2）教师考核的原则

《教师法》第 23 条规定："考核应当客观、公正、准确"，即考核要遵循客观性原则、公正性原则、准确性原则，应当坚持全面考核，以工作成绩为主。在程序上要求："充分听取教师本人、其他教师以及学生的意见。"

（3）教师考核的结果

《教师法》第 24 条规定：教师考核结果是受聘任教、晋升工资、实施奖惩的依据。教师年度考核结果可以分为优秀、合格、基本合格和不合格等档次，其结果用于：一是教师受聘任的重要依据。学校在教师聘任合同期满或职务晋升时，决定是否续聘或晋升职务，要以平时考核、年度考核或专门考核结果为依据。对被评定为称职或基本称职的，可以续聘；对被评定为不称职的，可以按规定解聘或不再续聘；对符合相应条件的，可以晋升教师职务。二是教师晋升工资的重要依据。建立教师晋级增薪制度后，不仅教师的晋级应以考核结果为依据，而且教师的定期增薪也应以考核结果为依据。凡考核结果为优秀或称职的，可以晋升工资。三是教师奖励的重要依据。经考核优秀的，应当予以奖励；经考核不称职的或表现不良的，可根据情况做出相应的处理。对教师进行处分时，除了要看其违规情况外，还应参考其以往的考核结果，以作出公正处理。教师年度考核和聘期考核应当对教师的师德师风进行重点考评，存在严重问题的，应当认定为考核不合格。考核本身不是最终目的，考核的目的应该是提高教师的素质、调动教师的积极性，促进教育事业的发展。将教师的考核结果与教师的受聘任教、工资、奖惩等切身利益联系起来，有利于实现教师考核的根本目的。

💬 问题探讨

请扫码阅读《教师法（修订草案）（征求意见稿）》第 4 章，探讨并提出关于教师聘任和考核规定的立法建议。

[拓展阅读]
《教师法（修订草案）（征求意见稿）》第 4 章

[拓展阅读]
《教学成果奖励条例》

6. 教师奖励制度

教师奖励制度是指定期对业绩突出的教师，以一定的手段进行物质或者精神奖励的制度。自《教师法》第 33 条和第 34 条初步确定了教师奖励制度以来，我国又相继出台了《教学成果奖励条例》《教师和教育工作者奖励规定》等行政法规和部门规章，对国家级和省部级教学成果奖以及"全国模范教师""全国教育系统先进工作者""全国优秀教师""全国优秀教育工作者"等荣誉称号的授予进行了规定，使该制度得到进一步充实和完善。教师奖励制度的实施，有利于提高教师职业的社会声望，形成尊师重教的良好社会风尚，同时也有利于激励教师积极向上、终身从教，提高教师队伍的整体素质。

（1）教师奖励对象

《教学成果奖励条例》第 2 条规定：本条例所称教学成果，是指反映教育教学规律，具有独创性、新颖性、实用性，对提高教学水平和教育质量、实现培养目标产生明显效果的教育教学方案。

《教学成果奖励条例》第 3 条规定：各级各类学校、学术团体和其他社会组织、教师及其他个人，均可以依照本条例的规定申请教学成果奖。

《教师和教育工作者奖励规定》第 5 条规定：各省、自治区、直辖市教育行政部门向国务院教育行政部门推荐"全国模范教师""全国教育系统先进工作者"和"全国优秀教师""全国优秀教育工作者"的比例控制在本地区教职工总数的万分之二以内，其中"全国模范教师""全国教育系统先进工作者"的比例不超过本地区教职工总数的十万分之六。解放军、武装警察部队奖励人选的推荐比例另行确定。

（2）教师奖励层次

《教学成果奖励条例》第 4 条规定：教学成果奖，按其对提高教学水平和教育质量、实现培养目标产生的效果，分为国家级和省（部）级。

《教学成果奖励条例》第 6 条规定：国家级教学成果奖分为特等奖、一等奖、二等奖三个等级，授予相应的证书、奖章和奖金。

（3）教师奖励条件

《教学成果奖励条例》第5条规定，具备下列条件的，可以申请国家级教学成果奖：① 国内首创的；② 经过2年以上教育教学实践检验的；③ 在全国产生一定影响的。

《教学成果奖励条例》第11条规定：国家级教学成果奖每4年评审一次。

《教师和教育工作者奖励规定》第3条规定，"全国优秀教师""全国优秀教育工作者"的基本条件是：热爱社会主义祖国，坚持党的基本路线，忠诚人民的教育事业，模范履行职责，具有良好的职业道德，并具备下列条件之一：

① 全面贯彻教育方针，坚持素质教育思想，热爱学生，关心学生的全面成长，教书育人，为人师表，在培养人才方面成绩显著；② 认真完成教育教学工作任务，在教学改革、教材建设、实验室建设、提高教育教学质量方面成绩突出；③ 在教育教学研究、科学研究、技术推广等方面有创造性的成果，具有较大的科学价值或者显著的经济效益、社会效益；④ 在学校管理、服务和学校建设方面有突出成绩。

《教师和教育工作者奖励规定》第4条规定，奖励"全国模范教师""全国教育系统先进工作者"和"全国优秀教师""全国优秀教育工作者"，每三年进行一次，并于当年教师节期间进行表彰。

《教师和教育工作者奖励规定》第7条规定，"全国模范教师""全国教育系统先进工作者"的奖章和证书，由国务院教育行政部门会同国务院人事部门颁发；"全国优秀教师""全国优秀教育工作者"的奖章和证书由国务院教育行政部门颁发，或者由其委托省、自治区、直辖市人民政府、解放军总政治部颁发，并在评选当年的教师节举行颁奖仪式。"全国模范教师""全国教育系统先进工作者"的奖章和证书由国务院教育行政部门会同国务院人事部门统一制作。"全国优秀教师""全国优秀教育工作者"的奖章和证书由国务院教育行政部门统一制作。

［拓展阅读］
《教师和教育工作者奖励规定》

💬 **问题探讨**

请扫码阅读《教师法（修订草案）（征求意见稿）》第7章，探讨并提出关于教师奖惩和申诉规定的立法建议。

［拓展阅读］
《教师法（修订草案）（征求意见稿）》第7章

7. 教师保障待遇制度

教师保障待遇制度是指教师在工资、津贴、住房、医疗、退休等方面享有保障的制度。《教师法》第6章专门对教师保障待遇作了具体规定。

（1）工资

《教师法》第25条规定：教师的平均工资水平应当不低于或者高于国家公务员的平均工资水平，并逐步提高。建立正常的晋级增薪制度，具体办法由国务院规定。这一规定体现了教师工资应提高的目标。国家以具有较高水平的最稳定的国家公务员工资为参照依据，可见国家对改善教师工资待遇的决心和行动，建立正常的晋级增薪制度，可以改变长期以来教师晋级增薪不正常、不定期的状况，为提高教师待遇提供法律保障。此外，国家还规定，教师应享受教龄津贴、班主任津贴、特殊教育津贴等。

（2）住房

《教师法》第 28 条规定：地方各级人民政府和国务院有关部门，对城市教师住房的建设、租赁、出售实行优先、优惠。县、乡两级人民政府应当为农村中小学教师解决住房提供方便。《教师法》《教育法》将解决教师住房问题的政策上升为法律，体现了国家解决教师住房困难的决心，也为各级政府和主管部门提供了执行教师住房优惠方面的法律依据。

（3）医疗保健

《教师法》第 29 条规定：教师的医疗同当地国家公务员享受同等的待遇；定期对教师进行身体健康检查，并因地制宜安排教师进行休养。医疗机构应当对当地教师的医疗提供方便。医疗保健是教师生命健康的重要保证。法律将教师的医疗保健规定为同当地国家公务员享受同等的待遇，从而使教师的医疗保健得到了法律的保障。

（4）养老保险

《教师法》第 30 条规定：教师退休或者退职后，享受国家规定的退休或者退职待遇。县级以上地方人民政府可以适当提高长期从事教育教学工作的中小学退休教师的退休金比例。教师在其退休离职后，国家将给予其良好的安置，这是社会对教师的尊敬和回报，并对稳定教师队伍、解决教师退休后的生活待遇问题提供了法律保障。

[拓展阅读]
《教师法（修订草案）（征求意见稿）》第 6 章

💬 问题探讨

请扫码阅读《教师法（修订草案）（征求意见稿）》第 6 章，探讨并提出关于教师保障待遇规定的立法建议。

（五）法律责任

违反《教师法》主要包括两种情形：一种是除教师外的他方违反《教师法》的法律责任；另一种是教师自身违反《教师法》的法律责任。

1. 除教师外的他方违反《教师法》的法律责任

（1）侮辱、殴打、报复教师的法律责任

《教师法》第 35 条规定：侮辱、殴打教师的，根据不同情况，分别给予行政处分或者行政处罚；造成损害的，责令赔偿损失；情节严重，构成犯罪的，依法追究刑事责任。教师的职业特点决定了教师应当维护学校的规章制度和学生的合法权益。在实践中，当教师在开展教学工作时，有时会因抵制社会不良现象或他人干扰而遭受人身侵害，因此，当教师的权益被侵犯时，应拿起法律武器保护自己。《教师法》第 36 条规定：对依法提出申诉、控告、检举的教师进行打击报复的，由其所在单位或者上级机关责令改正；情节严重的，可以根据具体情况给予行政处分。国家工作人员对教师打击报复构成犯罪的，依照刑法有关规定追究刑事责任。

（2）拖欠教师工资、克扣教育经费的法律责任

《教师法》第38条规定：地方人民政府对违反本法规定，拖欠教师工资或者侵犯教师其他合法权益的，应当责令其限期改正。违反国家财政制度、财务制度，挪用国家财政用于教育的经费，严重妨碍教育教学工作，拖欠教师工资，损害教师合法权益的，由上级机关责令限期归还被挪用的经费，并对直接责任人员给予行政处分；情节严重，构成犯罪的，依法追究刑事责任。教育经费和教师工资是教育工作正常进行的重要保障，挪用、克扣教育经费，拖欠教师工资和损害教师合法权益的行为，都必须承担相应的法律责任。

2. 教师自身违反《教师法》的法律责任

《教师法》第37条规定，教师有下列情形之一的，由所在学校、其他教育机构或者教育行政部门给予行政处分或者解聘：

① 故意不完成教育教学任务给教育教学工作造成损失的；

② 体罚学生，经教育不改的；

③ 品行不良、侮辱学生，影响恶劣的。

教师有前款第②项、第③项所列情形之一，情节严重，构成犯罪的，依法追究刑事责任。

《教师法》第37条规定的"故意不完成教育教学任务"的情形有两层含义：一是教师存在着主观故意，即教师没完成教育教学任务是其主观故意造成的，这排除了教师由于失误或其他不可抗力原因所造成的未完成教育教学任务的情形；二是教师的主观故意造成了完不成教育教学任务的事实，通常这种事实给正常的教育教学秩序带来了危害，造成了不良后果，破坏了正常的教育教学秩序。因此，对故意不完成教育教学任务的教师，学校可以给予行政处分甚至解聘。

体罚是指通过对人身体的责罚，特别是造成疼痛，来进行惩罚或教育的行为。教师体罚是指教师对学生的身体进行惩罚，企图达到教育目的的手段。《中小学教育惩戒规则（试行）》对教师体罚学生的边界作出界定。教师侵权行为承担的法律责任形式，遵从民法典的相关规定，这类侵权行为引发的民事责任包括赔偿损失、停止侵害、消除影响、赔礼道歉和恢复名誉等。对体罚学生未造成严重后果的教师，经教育后仍不改正的教师，以及品行不良、侮辱学生的教师，要给予行政处分或解聘。情节严重的，应当予以开除并追究其刑事责任。

💬 **问题探讨**

请扫码阅读《教师法（修订草案）（征求意见稿）》第8章，探讨并提出关于法律责任规定的立法建议。

［拓展阅读］
《教师法（修订草案）（征求意见稿）》第8章

二、《中小学班主任工作规定》

中小学班主任作为中小学教师队伍的重要组成部分，是班级工作的组织者、班集体建设的指导者、中小学生健康成长的引领者，是中小学思想道德教育的骨干，也是加强和改进未成年人思想道德建设、全面实施素质教育的重要力量。为发挥班主任的重要作用，保障班主任的合法权益，全面推进素质教育，教育部于 2009 年 8 月制定了《中小学班主任工作规定》（以下简称《规定》），并自发布之日起施行。

📋 案例链接

一位学生在班里丢了 10 元钱，班主任气不打一处来，让全班 32 名学生投票选"贼"，结果有 2 名学生入选，当 2 名学生要求拿出证据来时，班主任举起手中的选票说："这就是证据！"

—　案例讨论

1. 班主任的做法对不对？为什么？
2. 遇到案例中的情形，班主任的正确做法有哪些？
3. 请扫描二维码观看视频"一块失而复得的手表"，并对两位班主任的行为进行评析。

—　案例解析

案例中班主任的做法不对。班主任既没有了解情况，也没有采取恰当的方法和手段来正确处理班级的失窃现象。如果这 2 名学生真的拿了 10 元钱，这种选举方式既对他们没有说服力，不能以理服人，同时又会产生负面影响；如果这 2 名学生受到错误指认，则有可能会对其一生产生负面影响，同时还侵犯了其人格尊严权。

[微课视频]
一块失而复得
的手表

班主任在工作中遇到类似问题时，要向视频中的秦老师学习，找出学生偷窃的原因。只有找出原因，因势利导，采取恰当的方法和手段才能予以纠正，同时对学生要进行适当的教育，帮助学生解决问题。班主任要花更多的时间和精力了解学生，分析学生学习、生活、成长的情况，以真挚的爱心和科学的方法教育、引导、帮助学生成长进步。

学校教育是以班集体为单位来进行的，学校教育的各项工作，都与班主任密切相关。班主任既要关心学生的学习状况，又要了解每个学生的身体、心理和思想状况，开展有针对性的教育，做每一位学生成长的引路人。对教师而言，做班主任工作和教学工作一样都是主业；对学校而言，班主任队伍建设与任课教师队伍建设同等重要。

（一）班主任的地位

《规定》强调了班主任在学校中的重要地位，使教师有更多的信心来做班主任工作。《规定》第 2 条要求：班主任是中小学日常思想道德教育和学生管理工作的主要实施者，是中小学生健康成长的引领者，班主任要努力成为中小学生的人生导师。班主任是中小学的重要岗位，从事班主任工作是中小学教师的重要职责。教师担任班主任期间应将班主任工作作为主业。

《规定》从班主任的职业发展、职务晋升、参与学校管理、待遇保障、表彰奖励等多个方面强调了班主任在学校教育中的重要地位，充分体现了对班主任工作的尊重和认可，对广大班主任是一个极大的鼓舞和激励，对于加强班主任队伍建设，促进班主任专业成长，鼓励广大班主任能长期、深入、细致地开展工作具有积极的意义。《规定》第21条要求各地可根据本规定，结合当地实际情况，制定中小学班主任工作的具体实施办法。

（二）班主任的配备与选聘

《规定》第4条要求：中小学每个班级应当配备一名班主任。

《规定》第5条要求：班主任由学校从班级任课教师中选聘，聘期由学校确定，担任一个班级的班主任时间一般应连续1学年以上。

《规定》第6条要求：教师初次担任班主任应接受岗前培训，符合选聘条件后学校方可聘用。

《规定》第7条要求：选聘班主任应当在教师任职条件的基础上突出考查以下条件：（1）作风正派，心理健康，为人师表；（2）热爱学生，善于与学生、学生家长及其他任课教师沟通；（3）爱岗敬业，具有较强的教育引导和组织管理能力。

各级教育行政部门和广大中小学校要依据《规定》，把班主任工作作为学校教育的一项重要工作来抓。要制订切实可行的办法来加强班主任工作，认真做好班主任的选聘工作，从思想道德素质和业务水平较高、身心健康、乐于奉献的优秀教师中选聘班主任。

（三）班主任的职责与任务

班主任工作是一项复杂、细致，需要付出爱心、耐心和责任心，对学生健康成长起着重要作用的工作，要求班主任具有良好的思想道德品质、较高的教育理论素养和专业知识水平，身心健康，富有人格魅力，善于做思想教育工作。班主任要适应新时期教育工作中出现的变化，及时改进班主任工作，努力在学校育人工作中发挥更大的作用。依据《规定》，班主任要履行如下职责与任务：

1. 班主任要坚持育人为本、德育为先的目标导向

《规定》第3条要求：加强班主任队伍建设是坚持育人为本、德育为先的重要体现。政府有关部门和学校应为班主任开展工作创造有利条件，保障其享有的待遇与权利。班主任要把学校教育目标落实到班级日常管理工作过程中，切实把德育放在首位，注重培养学生正确的世界观、人生观、价值观，培养学生健全、独立的人格。引导学生培养学习兴趣，树立正确的学习目标，促进学生全面发展。

2. 班主任要注重公平，面向班集体的每一个学生

《规定》第8条要求班主任：全面了解班级内每一个学生，深入分析学生思想、心理、学习、生活状况。关心爱护全体学生，平等对待每一个学生，尊重学生人格。班主任要关心每一个学生，了解他们的内心世界，根据每个学生的特点，遵

循学生的身心发展规律，精心设计相应的教育方案，引导、帮助每一个学生健康成长，要特别关注学生中的弱势群体和边缘群体，为每一个学生的终身发展奠定基础。班主任要主动积极建立平等互信的新型师生关系。尊重学生，注重与学生交流沟通的方式，做学生成长路上的良师益友。

3. 班主任要关心学生的全面发展

《规定》第 8 条要求班主任：采取多种方式与学生沟通，有针对性地进行思想道德教育，促进学生德智体美劳全面发展。班主任要坚持以人为本，以学生的全面发展为工作的根本出发点，不仅要关心学生的学习，而且要关心学生的思想道德、身体、心理等各方面的发展状况。培养学生各方面的能力，提高学生各方面的素质，发挥学生的个性特长，充分发掘学生的潜能。

4. 班主任要建立、完善班级管理制度

《规定》第 9 条要求班主任：认真做好班级的日常管理工作，维护班级良好秩序，促进学生的规则意识、责任意识和集体荣誉感，营造民主和谐、团结互助、健康向上的集体氛围。指导班委会和团队工作。通过建立科学合理的班级日常管理规范，培养学生良好习惯的养成。从小事、细微处着手，积极开展行为规范教育。加强学生自主管理，增进学生民主意识，培养学生独立处理问题的能力。

5. 班主任要积极进行班集体文化建设

《规定》第 10 条要求班主任：组织、指导开展班会、团队会（日）、文体娱乐、社会实践、春（秋）游等形式多样的班级活动，注重调动学生的积极性和主动性，并做好安全防护工作。班主任要指导班集体通过开展班会、团队会、各种主题教育活动和文体活动，丰富学生的生活，弘扬爱国主义、集体主义和民族精神，形成健康向上、积极进取的班风和有特色的班级文化，营造良好的育人环境。班主任要指导和组织学生积极参加社会实践活动，充分开发社区、学校和班级的各种教育资源，组织学生积极参加有益于身心发展和道德养成的各种社会实践活动，增强道德体验，培养学生正确的劳动观念和劳动习惯。

6. 班主任要大胆创新工作方式

《规定》第 11 条要求班主任：组织做好学生的综合素质评价工作，指导学生认真记载成长记录，实事求是地评定学生操行，向学校提出奖惩建议。班主任要认真做好学生的综合素质评价工作，积极探索建立学生良好行为习惯的动态管理模式和综合考评制度，建立并填好学生成长档案记录袋。在此基础上，积极探索深化教育改革背景下班主任工作的新特点、新要求，创新班级管理和建设的有效模式。

7. 班主任要充分发挥纽带作用

《规定》第 12 条要求班主任：经常与任课教师和其他教职员工沟通，主动与学生家长、学生所在社区联系，努力形成教育合力。班主任要积极主动地与其他课程任课教师、少先队、团委等人员和部门沟通，充分发挥集体教育的作用，形成教育合力。加强与家长的沟通交流，积极建立与家长沟通和交流的有效渠道，实现学校教育和家庭教育的有机结合。加强与社会、社区的联系，善于利用各种资源让学生了解社会、参与社会、适应社会、服务社会；也让全社会都来了解教育、关心教育、支持教育，营造社会良好的育人环境。

（四）班主任的待遇与权利

1.《规定》明确了班主任的工作量

为了使教师有更多的时间来做班主任工作，《规定》第 2 条强调了班主任是中小学的重要岗位，从事班主任工作是中小学教师的重要职责。教师担任班主任期间应将班主任工作作为主业。所以，教师应当把教学工作和班主任工作都视为主业，要拿出时间和精力来做班主任工作，关心每个学生的思想道德、身心健康及其他各方面的发展状况。

《规定》第 13 条要求：学校在教育管理工作中应充分发挥班主任的骨干作用，注重听取班主任意见。

《规定》第 14 条要求：班主任工作量按当地教师标准课时工作量的一半计入教师基本工作量。各地要合理安排班主任的课时工作量，确保班主任做好班级管理工作。

2.《规定》提高了班主任的经济待遇

长期以来，广大中小学班主任辛勤工作在育人第一线，而享受的班主任津贴标准却一直很低，已经远不适应现代经济社会发展的要求。为了使教师有更多的热情来做班主任工作，《规定》第 15 条要求：班主任津贴纳入绩效工资管理。在绩效工资分配中要向班主任倾斜。对于班主任承担超课时工作量的，以超课时补贴发放班主任津贴。

3.《规定》保证了班主任教育学生的权利

《规定》第 16 条要求：班主任在日常教育教学管理中，有采取适当方式对学生进行批评教育的权利。这保证和维护了班主任教育学生的合法权利，使班主任在教育学生的过程中，在坚持正面教育为主的同时，不再缩手缩脚，可以适当采取批评等方式教育和管理学生。

（五）班主任的培养与培训

《规定》第 17 条要求：教育行政部门和学校应制订班主任培养培训规划，有组织地开展班主任岗位培训。

《规定》第 18 条要求：教师教育机构应承担班主任培训任务，教育硕士专业学位教育中应设立中小学班主任工作培养方向。

各级教育行政部门和中小学校要依据《规定》，将中小学班主任培训纳入教师教育计划，有组织地开展岗前和岗位培训，定期组织教师交流班主任工作经验，组织班主任进行社会考察，提高班主任的政治素质、业务素质、心理素质和工作及研究能力。教师教育机构要承担班主任的培训任务，班主任培训所需经费在教师培训专项经费中列支。

（六）班主任的考核与奖惩

《规定》第 19 条要求：教育行政部门建立科学的班主任工作评价体系和奖惩制度。对长期从事班主任工作或在班主任岗位上做出突出贡献的教师定期予以表彰奖励。选拔学校管理干部应优先考虑长期从事班主任工作的优秀班主任。

《规定》第 20 条要求：学校建立班主任工作档案，定期组织对班主任的考核工作。考核结果作为教师聘任、奖励和职务晋升的重要依据。对不能履行班主任职责的，应调离班主任岗位。

各级教育行政部门和中小学校要依据《规定》，完善班主任的奖励制度，将优秀班主任的表彰奖励纳入教师、教育工作者的表彰奖励体系之中，定期表彰优秀班主任。要建立科学的班主任工作评价体系，规范管理，鼓励、支持班主任开展工作。应积极发展优秀班主任加入党组织，优秀班主任应列入学校党政后备干部培养范围。要树立一批班主任先进典型和重视班主任工作的学校先进典型，鼓励广大中小学校普遍重视和加强班主任队伍建设，充分发挥班主任在学校教育工作中的重要作用，使班主任成为广大教师踊跃担当的光荣而重要的岗位。

三、《中小学教师违反职业道德行为处理办法（2018 年修订）》

为进一步加强师德师风建设，教育部对 2014 年印发的《中小学教师违反职业道德行为处理办法》进行了修订，于 2018 年 11 月 8 日印发《中小学教师违反职业道德行为处理办法（2018 年修订）》（以下简称《办法》）的通知，自发布之日起施行。

（一）制定目的与适用对象

《办法》第 1 条规定：为规范教师职业行为，保障教师、学生的合法权益，根据《中华人民共和国教育法》《中华人民共和国未成年人保护法》《中华人民共和国教师法》《教师资格条例》和《新时代中小学教师职业行为十项准则》等法律法规和制度规范，制定本办法。

《办法》第 2 条规定：本办法所称中小学教师是指普通中小学、中等职业学校（含技工学校）、特殊教育机构、少年宫以及地方教研室、电化教育等机构的教师。前款所称中小学教师包括民办学校教师。

（二）教师违反职业道德行为

《办法》第 4 条规定，应予处理的教师违反职业道德行为如下：

① 在教育教学活动中及其他场合有损害党中央权威、违背党的路线方针政策的言行。

② 损害国家利益、社会公共利益，或违背社会公序良俗。

③ 通过课堂、论坛、讲座、信息网络及其他渠道发表、转发错误观点，或编造散布虚假信息、不良信息。

④ 违反教学纪律，敷衍教学，或擅自从事影响教育教学本职工作的兼职兼薪行为。

⑤ 歧视、侮辱学生，虐待、伤害学生。

⑥ 在教育教学活动中遇突发事件、面临危险时，不顾学生安危，擅离职守，自行逃离。

⑦ 与学生发生不正当关系，有任何形式的猥亵、性骚扰行为。

⑧ 在招生、考试、推优、保送及绩效考核、岗位聘用、职称评聘、评优评奖等工作中徇私舞弊、弄虚作假。

⑨ 索要、收受学生及家长财物或参加由学生及家长付费的宴请、旅游、娱乐休闲等活动，向学生推销图书报刊、教辅材料、社会保险或利用家长资源谋取私利。

⑩ 组织、参与有偿补课，或为校外培训机构和他人介绍生源、提供相关信息。

⑪ 其他违反职业道德的行为。

（三）教师违反职业道德行为的处理

1. 处理种类

《办法》第3条规定：本办法所称处理包括处分和其他处理。处分包括警告、记过、降低岗位等级或撤职、开除。警告期限为6个月，记过期限为12个月，降低岗位等级或撤职期限为24个月。是中共党员的，同时给予党纪处分。其他处理包括给予批评教育、诫勉谈话、责令检查、通报批评，以及取消在评奖评优、职务晋升、职称评定、岗位聘用、工资晋级、申报人才计划等方面的资格。取消相关资格的处理执行期限不得少于24个月。教师涉嫌违法犯罪的，及时移送司法机关依法处理。

2. 处理原则

《办法》第6条规定：给予教师处理，应当坚持公平公正、教育与惩处相结合的原则；应当与其违反职业道德行为的性质、情节、危害程度相适应；应当事实清楚、证据确凿、定性准确、处理恰当、程序合法、手续完备。

3. 处理权限

《办法》第7条规定，给予教师处理按照以下权限决定：

① 警告和记过处分，公办学校教师由所在学校提出建议，学校主管教育部门决定。民办学校教师由所在学校决定，报主管教育部门备案。

② 降低岗位等级或撤职处分，由教师所在学校提出建议，学校主管教育部门决定并报同级人事部门备案。

③ 开除处分，公办学校教师由所在学校提出建议，学校主管教育部门决定并报同级人事部门备案。民办学校教师或者未纳入人事编制管理的教师由所在学校决定并解除其聘任合同，报主管教育部门备案。

④ 给予批评教育、诫勉谈话、责令检查、通报批评，以及取消在评奖评优、职务晋升、职称评定、岗位聘用、工资晋级、申报人才计划等方面资格的其他处理，按照管理权限，由教师所在学校或主管部门视其情节轻重作出决定。

4. 处理程序

《办法》第5条规定：学校及学校主管教育部门发现教师存在违反第四条列举行为的，应当及时组织调查核实，视情节轻重给予相应处理。作出处理决定前，应当听取教师的陈述和申辩，听取学生、其他教师、家长委员会或者家长代表意见，并告知教师有要求举行听证的权利。对于拟给予降低岗位等级以上的处分，教师要求听证的，拟作出处理决定的部门应当组织听证。

《办法》第 8 条规定：处理决定应当书面通知教师本人并载明认定的事实、理由、依据、期限及申诉途径等内容。

5. 救济程序

《办法》第 9 条规定：教师不服处理决定的，可以向学校主管教育部门申请复核。对复核结果不服的，可以向学校主管教育部门的上一级行政部门提出申诉。对教师的处理，在期满后根据悔改表现予以延期或解除，处理决定和处理解除决定都应完整存入人事档案及教师管理信息系统。

6. 处理后果

《办法》第 10 条规定：教师受到处分的，符合《教师资格条例》第 19 条规定的，由县级以上教育行政部门依法撤销其教师资格。教师受处分期间暂缓教师资格定期注册。依据《教师法》第 14 条规定丧失教师资格的，不能重新取得教师资格。教师受记过以上处分期间不能参加专业技术职务任职资格评审。

《办法》第 11 条规定：教师被依法判处刑罚的，依据《事业单位工作人员处分暂行规定》给予降低岗位等级或者撤职以上处分。其中，被依法判处有期徒刑以上刑罚的，给予开除处分。教师受到剥夺政治权利或者故意犯罪受到有期徒刑以上刑事处罚的，丧失教师资格。

（四）教师违反职业道德行为的问责与落实

1. 领导责任

《办法》第 12 条规定：学校及主管教育部门不履行或不正确履行师德师风建设管理职责，有下列情形的，上一级行政部门应当视情节轻重采取约谈、诫勉谈话、通报批评、纪律处分和组织处理等方式严肃追究主要负责人、分管负责人和直接责任人的责任。

① 师德师风长效机制建设、日常教育督导不到位；

② 师德失范问题排查发现不及时；

③ 对已发现的师德失范行为处置不力、方式不当或拒不处分、拖延处分、推诿隐瞒的；

④ 已作出的师德失范行为处理决定落实不到位，师德失范行为整改不彻底；

⑤ 多次出现师德失范问题或因师德失范行为引起不良社会影响；

⑥ 其他应当问责的失职失责情形。

2. 地方落实

《办法》第 13 条规定：省级教育行政部门应当结合当地实际情况制定实施细则，并报国务院教育行政部门备案。

答案

💬 思考与练习

一、简答题

1. 简述教师的权利与义务。

2. 简述教师申诉制度。

3. 简述《中小学班主任工作规定》明确的班主任职责与任务。

4. 简述《中小学教师违反职业道德行为处理办法（2018 年修订）》规定应予以处理的教师违反职业道德的行为。

二、单项选择题

请你扫描二维码，查看本章的单项选择题，测一测学习效果。

单项选择题

三、案例分析题

请你扫描二维码，查看本章的案例分析题，测一测学习效果。

案例分析题

📄 推荐阅读

第七章推荐
阅读书目

第八章　学生的权利与保护

广大教师要严爱相济、润己泽人，以人格魅力呵护学生心灵，以学术造诣开启学生智慧，把自己的温暖和情感倾注到每一个学生身上，让每一个学生都健康成长，让每一个孩子都有人生出彩的机会。[①]

——习近平

---

① 习近平在中国人民大学考察时强调：坚持党的领导传承红色基因扎根中国大地　走出一条建设中国特色世界一流大学新路［N］. 人民日报，2022-04-26（1）.

学习目标

1. 掌握相关政策与法规对学生权利与义务的基本要求。

2. 理解学生权利保护的重要意义，掌握学生权利保护的常见形式。

3. 通过观摩和实践，学会运用法治思维分析和解决教育教学中的学生权利保护问题，提升依法治教、依法执教的能力。

知识导图

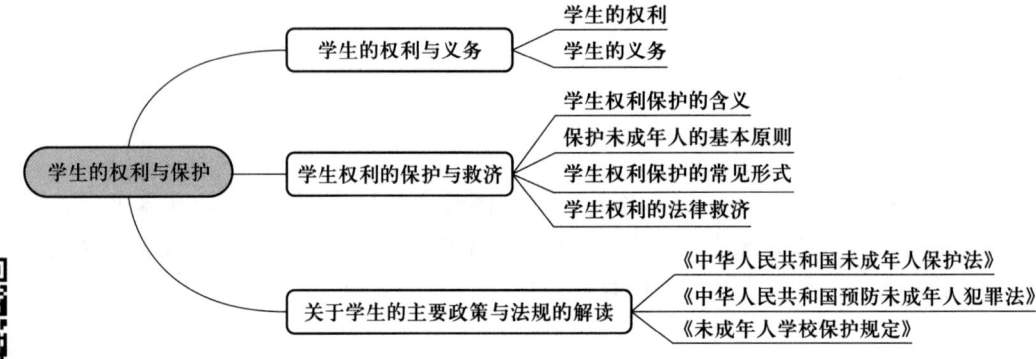

[考纲链接]
学生权利保护

第一节　学生的权利与义务

　　从教育学意义上讲，学生是以学习为主要任务的人。从法学角度来看，学生是在依法成立的学校及其他教育机构中取得学籍，并在其中接受教育的公民。本教材中所述的学生，主要是指在中小学、幼儿园取得学籍，并正在学习的受教育者。学生是中小学、幼儿园教育活动的重要主体之一，依法保护学生的合法权益是学校和教师的基本职责。

一、学生的权利

　　学生的权利是指学生在教育教学活动中享有的各种权益。学生作为具有独立个性和主体意识的公民，同其他公民一样享有宪法等法律规定的基本权利。同时，学生作为受教育者，又享有教育法律法规规定的不同于其他公民的权利。此外，未成年学生作为特殊年龄阶段的社会群体，越来越成为社会共同关注、干预和援助的对象。我国于1990年8月29日正式签署《联合国儿童权利公约》，同时《未成年人保护法》《未成年人学校保护规定》等一系列法律法规都对未成年人在家庭保护、学校保护、社会保护、网络保护、政府保护、司法保护等方面作出了具体的规定。

（一）学生的公民权利

　　学生具有双重身份：其一，他们是国家公民；其二，他们是正在接受教育的公民。基于《宪法》《民法典》等法律，我国公民拥有一系列实体性权利和程序性权利，学校和教师不能剥夺学生的这些权利。同时，未成年学生的身心发展尚未成熟，行为能力受限，其合法权益容易受到侵害，需要更多、更全面的法律保护。

（二）学生的特定权利

　　《教育法》中特别规定了学生的特定权利。《教育法》第37条规定：受教育者在入学、升学、就业等方面依法享有平等权利。学校和有关行政部门应当按照国家有关规定，保障女子在入学、升学、就业、授予学位、派出留学等方面享有同男子平等的权利。

　　《教育法》第43条规定受教育者享有下列权利：

　　① 参加教育教学计划安排的各种活动，使用教育教学设施、设备、图书资料；

　　② 按照国家有关规定获得奖学金、贷学金、助学金；

　　③ 在学业成绩和品行上获得公正评价，完成规定的学业后获得相应的学业证书、学位证书；

　　④ 对学校给予的处分不服向有关部门提出申诉，对学校、教师侵犯其人身权、财产权等合法权益，提出申诉或者依法提起诉讼；

　　⑤ 法律、法规规定的其他权利。

［拓展阅读］《宪法》《民法典》中关于公民权利的规定

位于《教育法》之下的其他具有法律效力的教育法律、教育行政法规、教育行政规章、地方性教育法规、地方性教育规章等，也有保护学生受教育权的相应规定。例如，《义务教育法》第2条规定：国家实行九年义务教育制度。国家、社会、学校、家庭依法保障适龄儿童、少年接受义务教育。

我国《宪法》《教育法》明确规定，公民享有平等的受教育权利。对女子受教育权的法律保障，对家庭经济困难和残疾的适龄儿童、少年受教育权的法律保障，对有违法犯罪行为的未成年人受教育权的法律保障，对流动人口子女受教育权的法律保障等都有明确规定。

（三）未成年学生的权利

《未成年人保护法》第3条规定：国家保障未成年人的生存权、发展权、受保护权、参与权等权利。未成年人依法平等地享有各项权利，不因本人及其父母或者其他监护人的民族、种族、性别、户籍、职业、宗教信仰、教育程度、家庭状况、身心健康状况等受到歧视。

《联合国儿童权利公约》中关于儿童权利的规定包括：姓名权、国籍权、受教育权、健康权、医疗保健权、受父母照料权、娱乐权、闲暇权、隐私权、表达权等。其最基本的权利可概括为4种：

① 生存权——每个儿童都有其固有的生命权和健康权。包括儿童有权接受可达到的最高标准的医疗保健服务。

② 受保护权——不受危害自身发展影响的、被保护的权利。包括保护儿童免受歧视、剥削、酷刑、虐待或疏忽照料，以及对失去家庭的儿童和难民儿童的基本保证。

③ 发展权——充分发展其全部体能和智能的权利。儿童有权接受正规和非正规的教育，以及儿童有权享有促进其身体、心理、精神、道德和社会发展的生活条件。

④ 参与权——参与家庭、文化和社会生活的权利。儿童有参与社会生活的权利，有权对影响他们的一切事项发表自己的意见（表达权）。

《未成年人学校保护规定》第6条至第17条规定，学校应当保护每个学生的平等权、人身安全（生命健康权）、人身自由权、人格尊严权、个人信息和隐私权、受教育权、休息权、财产权、知识产权和肖像权、参与权和表达权、申诉权等。具体分析参见本章第三节。

二、学生的义务

学生的义务是指学生依照教育法及其他有关法律法规，在参加教育活动中必须履行的义务，表现为学生在教育活动中必须实施一定的作为或不作为。

（一）《宪法》规定的公民基本义务

1. 劳动的义务

《宪法》第42条规定：中华人民共和国公民有劳动的权利和义务。国家通过各种途径，创造劳动就业条件，加强劳动保护，改善劳动条件，并在发展生产的基

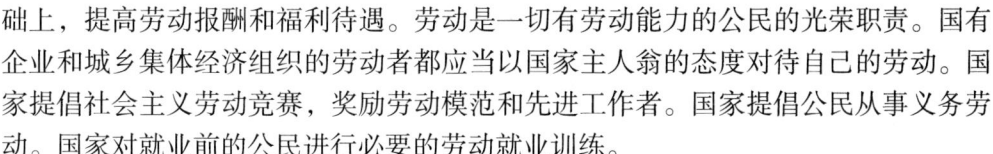

础上，提高劳动报酬和福利待遇。劳动是一切有劳动能力的公民的光荣职责。国有企业和城乡集体经济组织的劳动者都应当以国家主人翁的态度对待自己的劳动。国家提倡社会主义劳动竞赛，奖励劳动模范和先进工作者。国家提倡公民从事义务劳动。国家对就业前的公民进行必要的劳动就业训练。

2. 受教育的义务

《宪法》第46条规定：中华人民共和国公民有受教育的权利和义务。国家培养青年、少年、儿童在品德、智力、体质等方面全面发展。

3. 抚养赡养的义务

《宪法》第49条规定：父母有抚养教育未成年子女的义务，成年子女有赡养扶助父母的义务。

4. 不得损害合法的自由和权利

《宪法》第51条规定：中华人民共和国公民在行使自由和权利的时候，不得损害国家的、社会的、集体的利益和其他公民的合法的自由和权利。

5. 维护国家统一和民族团结的义务

《宪法》第52条规定：中华人民共和国公民有维护国家统一和全国各民族团结的义务。

6. 遵守宪法和法律，保守国家秘密的义务

《宪法》第53条规定：中华人民共和国公民必须遵守宪法和法律，保守国家秘密，爱护公共财产，遵守劳动纪律，遵守公共秩序，尊重社会公德。

7. 维护祖国的安全、荣誉和利益的义务

《宪法》第54条规定：中华人民共和国公民有维护祖国的安全、荣誉和利益的义务，不得有危害祖国的安全、荣誉和利益的行为。

8. 保卫祖国、抵抗侵略的义务

《宪法》第55条第1款规定：保卫祖国、抵抗侵略是中华人民共和国每一个公民的神圣职责。

9. 依照法律服兵役义务

《宪法》第55条第2款规定：依照法律服兵役和参加民兵组织是中华人民共和国公民的光荣义务。

10. 依法纳税的义务

《宪法》第56条规定：中华人民共和国公民有依照法律纳税的义务。

（二）《教育法》规定的学生义务

学生是教育法律关系中的重要主体，享有法律规定的权利，同时为了保证正常的社会秩序和教育教学活动的顺利进行，提高教育教学质量，学生必须履行相应的义务。《教育法》第44条对各级各类学校及其他教育机构的学生的基本义务作了专门规定。

1. 遵守法律、法规的义务

《教育法》第44条第1项规定，学生有"遵守法律、法规"的义务。作为国家公民，学生首先要遵守国家的法律、法规，这是学生必须履行的基本义务。法律、

法规是国家、社会组织和公民一切活动的基本准则，任何组织和公民都必须遵守。此处的"法律、法规"是指宪法、法律、行政法规和依据法律、法规制定的规章。

2. 遵规尊师养德的义务

根据《教育法》第44条第2项规定，学生应当履行"遵守学生行为规范，尊敬师长，养成良好的思想品德和行为习惯"的义务。这是我国培养学生成为德智体美劳全面发展的社会主义建设者和接班人的教育方针的具体要求。

3. 努力学习的义务

《教育法》第44条第3项规定，学生应当履行"努力学习，完成规定的学习任务"的义务。这也是学生区别于其他公民的一项特定义务。其具体内容主要是指学生应该明确学习目的，刻苦认真学习；遵守课堂纪律，按时到校，不迟到，不早退，不无故缺课；上课专心听讲，勇于提出问题，敢于发表自己的见解，积极回答教师的提问；认真复习，按时独立完成各科作业；遵守考试纪律，考试不作弊；完成各个阶段的必修课程，努力取得优良成绩等。不同层次和类型学校的学生的相关义务有所不同。

4. 遵守校规的义务

《教育法》第44条第4项规定，学生应当履行"遵守所在学校或者其他教育机构的管理制度"的义务。学校为了保证教育教学工作的顺利进行，需要制定有关的管理制度。学校管理制度包括学校教学、科研、德育、体育、美育、劳动教育等各项工作的管理制度。学生遵守学校管理制度，与遵守国家法律法规在实质上是一致的。从广义上讲，学校管理制度是国家法律法规的具体化。学生违反其所在学校的管理制度会受到批评教育或相应的处分。

第二节　学生权利的保护与救济

尊重未成年学生的权利，依法保护学生的合法权益是教育者以及其他社会主体应尽的职责与义务。权利的赋予和权利的救济如同鸟之双翼，二者同等重要。在教育活动中，学生是弱势群体，其合法权益受到侵犯的现象经常发生。加强对学生权利的保护与救济，对学生身心健康发展意义深远。

📋 **案例链接**

2018年8月30日上午，某学校十多名初一学生家长来到教育局投诉，称学校在初一新生分班时未按照市教育局规定平行分班，而是将成绩好的学生以及此前在该校小学奥数班的学生集中分在了两个班。

一　案例讨论

该学校的初一分班是否公正？学校应当如何处理家长的投诉？

一　案例解析

《义务教育法》第22条规定：县级以上人民政府及其教育行政部门应当促进学校均衡发展，缩小学校之间办学条件的差距，不得将学校分为重点学校和非重点学校。学校不得分设重点班和非重点班。

教育部早在2006年就出台了《关于贯彻〈义务教育法〉进一步规范义务教育办学行为的若干意见》，在该文件中明确提出，学校要均衡编班，均衡配置校内教育教学资源，不能以各种名义在校内分设重点班和非重点班。

因此，该校家长反映的分班情况若属实，则学校违背了均衡分班的相关规定。若存在重点班与非重点班的情况，则违反了《义务教育法》。

一　案例启示

学校管理权的行使不仅要实体上合法，而且要体现程序正义。

一、学生权利保护的含义

学生权利保护是指以学生为群体，家庭、学校和教师、国家和社会及其他社会成员要履行各自的职责和义务，对学生的各项权利实施保护，使其合法权益免受损害。

二、保护未成年人的基本原则

《未成年人保护法》第4条规定：保护未成年人，应当坚持最有利于未成年人的原则。处理涉及未成年人事项，应当符合下列要求：

① 给予未成年人特殊、优先保护；
② 尊重未成年人人格尊严；
③ 保护未成年人隐私权和个人信息；
④ 适应未成年人身心健康发展的规律和特点；
⑤ 听取未成年人的意见；
⑥ 保护与教育相结合。

三、学生权利保护的常见形式

《未成年人保护法》第6条至第14条规定了社会中各主体对未成年人保护的基本要求。《未成年人保护法》第15条至第116条分别基于家庭保护、学校保护、社会保护、网络保护、政府保护、司法保护提出了具体要求。

《未成年人学校保护规定》基于学校对未成年人的一般保护、专项保护、管理要求、保护机制、支持与监督、责任与处理进行了规定。

上述学生权利保护常见形式的具体分析参见本章第三节。

四、学生权利的法律救济

（一）学生权利法律救济的途径

学生权利的法律救济是指当学生的相关权益受到损害时，特定主体通过一定的程序和途径对其利益进行恢复和补救的一种法律制度。按照法律救济的途径和程序，法律救济可以分为司法救济和非司法救济：司法救济又称诉讼救济，是指由人民法院通过司法程序为受害人提供的救济，主要包括行政诉讼救济和民事诉讼救济；非司法救济是指通过诉讼程序以外的途径，由行政机关和学校提供的救济，主要包括调解、申诉和行政复议。

《教育法》第 43 条第 4 项规定，受教育者对学校给予的处分不服向有关部门提出申诉，对学校、教师侵犯其人身权、财产权等合法权益，提出申诉或者依法提起诉讼。

《中小学教育惩戒规则（试行）》第 17 条对教育惩戒的法律救济进行了规定。学生及其家长可以向学校提起申诉，学校应当成立由学校相关负责人、教师、学生以及家长、法治副校长等校外有关方面代表组成的学生申诉委员会，受理申诉申请，组织复查。学生或者家长可以向学校主管教育部门申请复核、行政复议或者行政诉讼。

（二）学生申诉制度

1. 学生申诉制度的含义

学生申诉制度是指学生在其合法权益受到损害时，依照《教育法》及其他法律的规定，向主管行政机关申诉理由，请求处理的制度。

《全面推进依法治校实施纲要》明确规定：完善学生申诉机制。学校应当建立相对独立的学生申诉处理机构，其人员组成、受理及处理规则，应当符合正当程序原则的要求，并允许学生聘请代理人参加申诉。学校处理教师、学生申诉或纠纷，应当建立并积极运用听证方式，保证处理程序的公开、公正。

2. 学生申诉的范围

学生申诉的范围依据申诉对象和内容可分为如下 6 种：① 学生对学校给予的处理不服的，包括学籍管理、考试、校规等方面，有权申诉；② 学生对学校侵犯其合法财产可以提出申诉；③ 学生对学校侵犯其人身权利可以提出申诉；④ 学生对教师侵犯其合法财产可以提出申诉；⑤ 学生对教师侵犯其人身权利可以提出申诉；⑥ 学生对学校或教师侵犯其知识产权可以提出申诉。

3. 学生申诉的对象

学生对学校或者其他教育机构所给予的处理不服提出申诉，则被申诉人限于该学校或者其他教育机构。如果是学校、学校工作人员或教师侵犯学生的人身权、财产权等合法权益，则学校、学校工作人员或教师将作为侵权主体成为被申诉人。

4. 学生申诉的程序

学生申诉的程序一般是：提出申诉；等待学校或主管机关的受理审查；听取对申诉的处理结果。学生提出申诉可以采用口头或书面两种形式。

5. 对学生申诉的处理

主管机关受理申诉后，应该对事件进行调查核实，根据实际情况作出正确处理。学生对申诉的处理结果不服的，可依法向人民法院起诉。

学生申诉能否被受理的 4 种情况如下：① 受理机关对属于自己主管业务领域的申诉，予以受理；② 受理机关对不属于自己主管业务领域的申诉，告知学生向其他部门申诉或驳回申诉；③ 受理机关对虽属于本部门主管业务领域，但不符合申诉条件的申诉，告知学生不能申诉；④ 受理机关对未说明申诉理由和要求的申诉，可要求其再次说明或重新提交申诉书。

主管机关对口头申诉应在当时或规定时间内作出是否受理的答复；对书面申诉则应在规定时间内给予是否受理的正式通知。

学生提出申诉后的 5 种处理情况如下：① 学校、教师的行为或决定符合法定权限或程序，适用法律规定正确，将维持原来的处理决定和结果；② 处理或决定违反了相关的法律法规，损害了申诉人的合法权益，将被撤销原处理决定并限期改正；③ 处理或决定部分适用法律、法规错误，或事实不清，将责令退回重新处理或部分撤销原决定；④ 处理或决定所依据的校纪校规如果与法律、法规相抵触，将撤销原处理或决定；⑤ 学校、教师的确有侵犯学生人身权、财产权的，将责令侵权学校、教师赔礼道歉或赔偿损失。学生如对处理结果不服，还可依法向人民法院起诉。

第三节　关于学生的主要政策与法规的解读

学生是中小学教育教学活动的重要主体之一，是教育法律关系中的重要主体。学生的受教育活动是学校教育教学的中心，没有学生，学校、教育机构、教师及相关的行政机关就失去了其存在的价值。未成年学生是国家和民族的未来与希望。对未成年学生来讲，他们的身体正处在发育过程中，他们的心理正日趋成熟，他们的知识正不断增长。受身心发育程度所限，多数未成年学生不具备自身发展成长所必需的自我生存和自我保护能力，所以，对他们的保护往往是家庭、学校和社会来完成的。当前，无论是发达国家还是发展中国家，都非常重视对儿童的优先保护和保障。1948 年，联合国大会通过的《世界人权宣言》承认儿童必须受到特殊的照顾和协助。之后，联合国在一般性的国际条约如《国际人权公约》和专门针对儿童权利的文件如《儿童权利宣言》中始终强调保护儿童的权利，提升儿童福利。儿童福利最大化是学生政策制定和立法的出发点和追求的根本目标。基于儿童福利最大化的基本出发点，我国构建了一套未成年学生权利的政策法律保护框架，既包括国际法层面的相关规定，如《儿童权利公约》，也包括国内法层面的政策与法规。加强关于学生政策与法规的学习与研究具有重要意义。本节重点解读《未成年人保护法》《预防未成年人犯罪法》《未成年人学校保护规定》等与中小学学生密切相关的政策与法规。

一、《中华人民共和国未成年人保护法》

《未成年人保护法》是一部单行法，1991 年 9 月 4 日通过，2006 年 12 月 29 日第一次修订，2012 年 10 月 26 日修正，2020 年 10 月 17 日，第十三届全国人民代表大会常务委员会第二十二次会议第二次修订，自 2021 年 6 月 1 日起施行。《未成年人保护法》分为总则、家庭保护、学校保护、社会保护、网络保护、政府保护、司法保护、法律责任和附则，共 9 章 132 条。

（一）立法宗旨

《未成年人保护法》第 1 章总则，主要就立法宗旨（第 1 条），国家保障未成年人的权利（第 3 条），保护未成年人应当坚持的原则（第 4 条），社会中各主体对未成年人保护的基本要求（第 6 条至第 14 条）进行了规定。

《未成年人保护法》第 1 条明确提出立法宗旨：为了保护未成年人身心健康，保障未成年人合法权益，促进未成年人德智体美劳全面发展，培养有理想、有道德、有文化、有纪律的社会主义建设者和接班人，培养担当民族复兴大任的时代新人，根据宪法，制定本法。

（二）未成年人教育内容

《未成年人保护法》第 5 条对未成年人的教育内容提出了基本要求：国家、社会、学校和家庭应当对未成年人进行理想教育、道德教育、科学教育、文化教育、法治教育、国家安全教育、健康教育、劳动教育，加强爱国主义、集体主义和中国特色社会主义的教育，培养爱祖国、爱人民、爱劳动、爱科学、爱社会主义的公德，抵制资本主义、封建主义和其他腐朽思想的侵蚀，引导未成年人树立和践行社会主义核心价值观。

💬 **问题探讨**

> 请扫描二维码阅读习近平总书记的文章《思政课是落实立德树人根本任务的关键课程》。结合《未成年人保护法》第 5 条的规定，思考"什么是思政课程""什么是课程思政""为什么要开展课程思政"和"如何推进课程思政"。

［拓展阅读］
思政课是落实
立德树人根本
任务的关键
课程

（三）家庭保护

《未成年人保护法》第 2 章第 15 条至第 24 条专门对家庭保护作出了明确的规定。

1. 监护人的监护职责

《未成年人保护法》第 7 条规定：未成年人的父母或者其他监护人依法对未成年人承担监护职责。国家采取措施指导、支持、帮助和监督未成年人的父母或者其他监护人履行监护职责。

《未成年人保护法》第 16 条规定，未成年人的父母或者其他监护人应当履行下列监护职责：

① 为未成年人提供生活、健康、安全等方面的保障；

② 关注未成年人的生理、心理状况和情感需求；

③ 教育和引导未成年人遵纪守法、勤俭节约，养成良好的思想品德和行为习惯；

④ 对未成年人进行安全教育，提高未成年人的自我保护意识和能力；

⑤ 尊重未成年人受教育的权利，保障适龄未成年人依法接受并完成义务教育；

⑥ 保障未成年人休息、娱乐和体育锻炼的时间，引导未成年人进行有益身心健康的活动；

⑦ 妥善管理和保护未成年人的财产；

⑧ 依法代理未成年人实施民事法律行为；

⑨ 预防和制止未成年人的不良行为和违法犯罪行为，并进行合理管教；

⑩ 其他应当履行的监护职责。

2. 监护人监护行为的负面清单

《未成年人保护法》第 17 条规定，未成年人的父母或者其他监护人不得实施下列行为：

① 虐待、遗弃、非法送养未成年人或者对未成年人实施家庭暴力；

② 放任、教唆或者利用未成年人实施违法犯罪行为；

③ 放任、唆使未成年人参与邪教、迷信活动或者接受恐怖主义、分裂主义、极端主义等侵害；

④ 放任、唆使未成年人吸烟（含电子烟，下同）、饮酒、赌博、流浪乞讨或者欺凌他人；

⑤ 放任或者迫使应当接受义务教育的未成年人失学、辍学；

⑥ 放任未成年人沉迷网络，接触危害或者可能影响其身心健康的图书、报刊、电影、广播电视节目、音像制品、电子出版物和网络信息等；

⑦ 放任未成年人进入营业性娱乐场所、酒吧、互联网上网服务营业场所等不适宜未成年人活动的场所；

⑧ 允许或者迫使未成年人从事国家规定以外的劳动；

⑨ 允许、迫使未成年人结婚或者为未成年人订立婚约；

⑩ 违法处分、侵吞未成年人的财产或者利用未成年人牟取不正当利益；

⑪ 其他侵犯未成年人身心健康、财产权益或者不依法履行未成年人保护义务的行为。

3. 监护人家庭教育的义务

《未成年人保护法》第 15 条规定：未成年人的父母或者其他监护人应当学习家庭教育知识，接受家庭教育指导，创造良好、和睦、文明的家庭环境。共同生活的其他成年家庭成员应当协助未成年人的父母或者其他监护人抚养、教育和保护未成年人。

4. 监护人对未成年人的安全保护义务

《未成年人保护法》第 18 条规定：未成年人的父母或者其他监护人应当为未

成年人提供安全的家庭生活环境，及时排除引发触电、烫伤、跌落等伤害的安全隐患；采取配备儿童安全座椅、教育未成年人遵守交通规则等措施，防止未成年人受到交通事故的伤害；提高户外安全保护意识，避免未成年人发生溺水、动物伤害等事故。

5. 监护人听取未成年人意见的义务

《未成年人保护法》第 19 条规定：未成年人的父母或者其他监护人应当根据未成年人的年龄和智力发展状况，在作出与未成年人权益有关的决定前，听取未成年人的意见，充分考虑其真实意愿。

6. 监护人制止对未成年人不法侵害的义务

《未成年人保护法》第 20 条规定：未成年人的父母或者其他监护人发现未成年人身心健康受到侵害、疑似受到侵害或者其他合法权益受到侵犯的，应当及时了解情况并采取保护措施；情况严重的，应当立即向公安、民政、教育等部门报告。

7. 监护人不得使未成年人处于无人看护状态的义务

《未成年人保护法》第 21 条规定：未成年人的父母或者其他监护人不得使未满八周岁或者由于身体、心理原因需要特别照顾的未成年人处于无人看护状态，或者将其交由无民事行为能力、限制民事行为能力、患有严重传染性疾病或者其他不适宜的人员临时照护。未成年人的父母或者其他监护人不得使未满十六周岁的未成年人脱离监护单独生活。

8. 外出务工的监护人对未成年人的义务

《未成年人保护法》第 22 条规定：未成年人的父母或者其他监护人因外出务工等原因在一定期限内不能完全履行监护职责的，应当委托具有照护能力的完全民事行为能力人代为照护；无正当理由的，不得委托他人代为照护。未成年人的父母或者其他监护人在确定被委托人时，应当综合考虑其道德品质、家庭状况、身心健康状况、与未成年人生活情感上的联系等情况，并听取有表达意愿能力未成年人的意见。

具有下列情形之一的，不得作为被委托人：

① 曾实施性侵害、虐待、遗弃、拐卖、暴力伤害等违法犯罪行为；

② 有吸毒、酗酒、赌博等恶习；

③ 曾拒不履行或者长期怠于履行监护、照护职责；

④ 其他不适宜担任被委托人的情形。

《未成年人保护法》第 23 条规定：未成年人的父母或者其他监护人应当及时将委托照护情况书面告知未成年人所在学校、幼儿园和实际居住地的居民委员会、村民委员会，加强和未成年人所在学校、幼儿园的沟通；与未成年人、被委托人至少每周联系和交流一次，了解未成年人的生活、学习、心理等情况，并给予未成年人亲情关爱。未成年人的父母或者其他监护人接到被委托人、居民委员会、村民委员会、学校、幼儿园等关于未成年人心理、行为异常的通知后，应当及时采取干预措施。

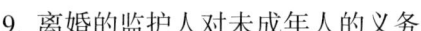

9. 离婚的监护人对未成年人的义务

《未成年人保护法》第 24 条规定：未成年人的父母离婚时，应当妥善处理未成年子女的抚养、教育、探望、财产等事宜，听取有表达意愿能力未成年人的意见。不得以抢夺、藏匿未成年子女等方式争夺抚养权。未成年人的父母离婚后，不直接抚养未成年子女的一方应当依照协议、人民法院判决或者调解确定的时间和方式，在不影响未成年人学习、生活的情况下探望未成年子女，直接抚养的一方应当配合，但被人民法院依法中止探望权的除外。

（四）学校保护

《未成年人保护法》第 3 章第 25 条至第 41 条专门对学校保护作出了明确的规定。

1. 全面贯彻教育方针，健全保护机制

《未成年人保护法》第 25 条规定：学校应当全面贯彻国家教育方针，坚持立德树人，实施素质教育，提高教育质量，注重培养未成年学生认知能力、合作能力、创新能力和实践能力，促进未成年学生全面发展。学校应当建立未成年学生保护工作制度，健全学生行为规范，培养未成年学生遵纪守法的良好行为习惯。

2. 幼儿园应当做好保育、教育工作

《未成年人保护法》第 26 条规定：幼儿园应当做好保育、教育工作，遵循幼儿身心发展规律，实施启蒙教育，促进幼儿在体质、智力、品德等方面和谐发展。

3. 学校、幼儿园的教职员工应当尊重未成年人人格尊严

《未成年人保护法》第 27 条规定：学校、幼儿园的教职员工应当尊重未成年人人格尊严，不得对未成年人实施体罚、变相体罚或者其他侮辱人格尊严的行为。

4. 保障未成年学生受教育的权利

《未成年人保护法》第 28 条规定：学校应当保障未成年学生受教育的权利，不得违反国家规定开除、变相开除未成年学生。学校应当对尚未完成义务教育的辍学未成年学生进行登记并劝返复学；劝返无效的，应当及时向教育行政部门书面报告。

5. 不得歧视学生

《未成年人保护法》第 29 条规定：学校应当关心、爱护未成年学生，不得因家庭、身体、心理、学习能力等情况歧视学生。对家庭困难、身心有障碍的学生，应当提供关爱；对行为异常、学习有困难的学生，应当耐心帮助。

学校应当配合政府有关部门建立留守未成年学生、困境未成年学生的信息档案，开展关爱帮扶工作。

6. 根据未成年学生身心发展特点实施教育指导

《未成年人保护法》第 30 条规定：学校应当根据未成年学生身心发展特点，进行社会生活指导、心理健康辅导、青春期教育和生命教育。

7. 重视未成年学生的劳动教育

《未成年人保护法》第 31 条规定：学校应当组织未成年学生参加与其年龄相适应的日常生活劳动、生产劳动和服务性劳动，帮助未成年学生掌握必要的劳动知识

和技能，养成良好的劳动习惯。

8. 开展勤俭节约等教育活动

《未成年人保护法》第 32 条规定：学校、幼儿园应当开展勤俭节约、反对浪费、珍惜粮食、文明饮食等宣传教育活动，帮助未成年人树立浪费可耻、节约为荣的意识，养成文明健康、绿色环保的生活习惯。

9. 合理安排未成年学生的学习时间和学习内容

《未成年人保护法》第 33 条规定：学校应当与未成年学生的父母或者其他监护人互相配合，合理安排未成年学生的学习时间，保障其休息、娱乐和体育锻炼的时间。学校不得占用国家法定节假日、休息日及寒暑假期，组织义务教育阶段的未成年学生集体补课，加重其学习负担。

幼儿园、校外培训机构不得对学龄前未成年人进行小学课程教育。

10. 做好卫生保健工作

《未成年人保护法》第 34 条规定：学校、幼儿园应当提供必要的卫生保健条件，协助卫生健康部门做好在校、在园未成年人的卫生保健工作。

11. 建立安全管理制度，进行安全教育

《未成年人保护法》第 35 条规定：学校、幼儿园应当建立安全管理制度，对未成年人进行安全教育，完善安保设施、配备安保人员，保障未成年人在校、在园期间的人身和财产安全。

学校、幼儿园不得在危及未成年人人身安全、身心健康的校舍和其他设施、场所中进行教育教学活动。

学校、幼儿园安排未成年人参加文化娱乐、社会实践等集体活动，应当保护未成年人的身心健康，防止发生人身伤害事故。

12. 建立健全校车安全管理制度

《未成年人保护法》第 36 条规定：使用校车的学校、幼儿园应当建立健全校车安全管理制度，配备安全管理人员，定期对校车进行安全检查，对校车驾驶人进行安全教育，并向未成年人讲解校车安全乘坐知识，培养未成年人校车安全事故应急处理技能。

13. 制定应急预案定期演练

《未成年人保护法》第 37 条规定：学校、幼儿园应当根据需要，制定应对自然灾害、事故灾难、公共卫生事件等突发事件和意外伤害的预案，配备相应设施并定期进行必要的演练。

未成年人在校内、园内或者本校、本园组织的校外、园外活动中发生人身伤害事故的，学校、幼儿园应当立即救护，妥善处理，及时通知未成年人的父母或者其他监护人，并向有关部门报告。

14. 不得安排未成年人参加商业性活动

《未成年人保护法》第 38 条规定：学校、幼儿园不得安排未成年人参加商业性活动，不得向未成年人及其父母或者其他监护人推销或者要求其购买指定的商品和服务。学校、幼儿园不得与校外培训机构合作为未成年人提供有偿课程辅导。

15. 建立学生欺凌防控工作机制

《未成年人保护法》第 39 条规定：学校应当建立学生欺凌防控工作制度，对教职员工、学生等开展防治学生欺凌的教育和培训。

学校对学生欺凌行为应当立即制止，通知实施欺凌和被欺凌未成年学生的父母或者其他监护人参与欺凌行为的认定和处理；对相关未成年学生及时给予心理辅导、教育和引导；对相关未成年学生的父母或者其他监护人给予必要的家庭教育指导。

对实施欺凌的未成年学生，学校应当根据欺凌行为的性质和程度，依法加强管教。对严重的欺凌行为，学校不得隐瞒，应当及时向公安机关、教育行政部门报告，并配合相关部门依法处理。

16. 建立预防性侵害、性骚扰未成年人工作机制

《未成年人保护法》第 40 条规定：学校、幼儿园应当建立预防性侵害、性骚扰未成年人工作制度。对性侵害、性骚扰未成年人等违法犯罪行为，学校、幼儿园不得隐瞒，应当及时向公安机关、教育行政部门报告，并配合相关部门依法处理。

学校、幼儿园应当对未成年人开展适合其年龄的性教育，提高未成年人防范性侵害、性骚扰的自我保护意识和能力。对遭受性侵害、性骚扰的未成年人，学校、幼儿园应当及时采取相关的保护措施。

17. 其他教育机构的未成年人保护工作

《未成年人保护法》第 41 条规定：婴幼儿照护服务机构、早期教育服务机构、校外培训机构、校外托管机构等应当参照本章有关规定，根据不同年龄阶段未成年人的成长特点和规律，做好未成年人保护工作。

（五）社会保护

未成年人保护工作是一项系统工程，不仅涉及家庭、学校，而且涉及社会这一大环境。《未成年人保护法》第 4 章第 42 条至第 63 条专门对社会保护作出了明确的规定。

1. 树立关心未成年人的良好风尚

《未成年人保护法》第 6 条规定：保护未成年人，是国家机关、武装力量、政党、人民团体、企业事业单位、社会组织、城乡基层群众性自治组织、未成年人的监护人以及其他成年人的共同责任。

《未成年人保护法》第 42 条规定：全社会应当树立关心、爱护未成年人的良好风尚。

国家鼓励、支持和引导人民团体、企业事业单位、社会组织以及其他组织和个人，开展有利于未成年人健康成长的社会活动和服务。

2. 居民委员会、村民委员会的未成年人保护职责

《未成年人保护法》第 43 条规定：居民委员会、村民委员会应当设置专人专岗负责未成年人保护工作，协助政府有关部门宣传未成年人保护方面的法律法规，指导、帮助和监督未成年人的父母或者其他监护人依法履行监护职责，建立留守未成年人、困境未成年人的信息档案并给予关爱帮扶。

居民委员会、村民委员会应当协助政府有关部门监督未成年人委托照护情况，发现被委托人缺乏照护能力、怠于履行照护职责等情况，应当及时向政府有关部门报告，并告知未成年人的父母或者其他监护人，帮助、督促被委托人履行照护职责。

3. 对未成年人免费或者优惠场所

《未成年人保护法》第44条规定：爱国主义教育基地、图书馆、青少年宫、儿童活动中心、儿童之家应当对未成年人免费开放；博物馆、纪念馆、科技馆、展览馆、美术馆、文化馆、社区公益性互联网上网服务场所以及影剧院、体育场馆、动物园、植物园、公园等场所，应当按照有关规定对未成年人免费或者优惠开放。

国家鼓励爱国主义教育基地、博物馆、科技馆、美术馆等公共场馆开设未成年人专场，为未成年人提供有针对性的服务。

国家鼓励国家机关、企业事业单位、部队等开发自身教育资源，设立未成年人开放日，为未成年人主题教育、社会实践、职业体验等提供支持。

国家鼓励科研机构和科技类社会组织对未成年人开展科学普及活动。

《未成年人保护法》第45条规定：城市公共交通以及公路、铁路、水路、航空客运等应当按照有关规定对未成年人实施免费或者优惠票价。

《未成年人保护法》第46条规定：国家鼓励大型公共场所、公共交通工具、旅游景区景点等设置母婴室、婴儿护理台以及方便幼儿使用的坐便器、洗手台等卫生设施，为未成年人提供便利。

《未成年人保护法》第47条规定：任何组织或者个人不得违反有关规定，限制未成年人应当享有的照顾或者优惠。

4. 社会媒体的未成年人保护职责

《未成年人保护法》第48条规定：国家鼓励创作、出版、制作和传播有利于未成年人健康成长的图书、报刊、电影、广播电视节目、舞台艺术作品、音像制品、电子出版物和网络信息等。

《未成年人保护法》第49条规定：新闻媒体应当加强未成年人保护方面的宣传，对侵犯未成年人合法权益的行为进行舆论监督。新闻媒体采访报道涉及未成年人事件应当客观、审慎和适度，不得侵犯未成年人的名誉、隐私和其他合法权益。

《未成年人保护法》第50条规定：禁止制作、复制、出版、发布、传播含有宣扬淫秽、色情、暴力、邪教、迷信、赌博、引诱自杀、恐怖主义、分裂主义、极端主义等危害未成年人身心健康内容的图书、报刊、电影、广播电视节目、舞台艺术作品、音像制品、电子出版物和网络信息等。

《未成年人保护法》第51条规定：任何组织或者个人出版、发布、传播的图书、报刊、电影、广播电视节目、舞台艺术作品、音像制品、电子出版物或者网络信息，包含可能影响未成年人身心健康内容的，应当以显著方式作出提示。

《未成年人保护法》第52条规定：禁止制作、复制、发布、传播或者持有有关未成年人的淫秽色情物品和网络信息。

《未成年人保护法》第53条规定：任何组织或者个人不得刊登、播放、张贴或者散发含有危害未成年人身心健康内容的广告；不得在学校、幼儿园播放、张贴或者散发商业广告；不得利用校服、教材等发布或者变相发布商业广告。

5. 禁止侵害未成年人

《未成年人保护法》第54条规定：禁止拐卖、绑架、虐待、非法收养未成年人，禁止对未成年人实施性侵害、性骚扰。

禁止胁迫、引诱、教唆未成年人参加黑社会性质组织或者从事违法犯罪活动。

禁止胁迫、诱骗、利用未成年人乞讨。

6. 社会对未成年人的安全保护

《未成年人保护法》第55条规定：生产、销售用于未成年人的食品、药品、玩具、用具和游戏游艺设备、游乐设施等，应当符合国家或者行业标准，不得危害未成年人的人身安全和身心健康。上述产品的生产者应当在显著位置标明注意事项，未标明注意事项的不得销售。

《未成年人保护法》第56条规定：未成年人集中活动的公共场所应当符合国家或者行业安全标准，并采取相应安全保护措施。对可能存在安全风险的设施，应当定期进行维护，在显著位置设置安全警示标志并标明适龄范围和注意事项；必要时应当安排专门人员看管。

大型的商场、超市、医院、图书馆、博物馆、科技馆、游乐场、车站、码头、机场、旅游景区景点等场所运营单位应当设置搜寻走失未成年人的安全警报系统。场所运营单位接到求助后，应当立即启动安全警报系统，组织人员进行搜寻并向公安机关报告。

公共场所发生突发事件时，应当优先救护未成年人。

《未成年人保护法》第57条规定：旅馆、宾馆、酒店等住宿经营者接待未成年人入住，或者接待未成年人和成年人共同入住时，应当询问父母或者其他监护人的联系方式、入住人员的身份关系等有关情况；发现有违法犯罪嫌疑的，应当立即向公安机关报告，并及时联系未成年人的父母或者其他监护人。

7. 学校、幼儿园周边的安全保护

《未成年人保护法》第58条规定：学校、幼儿园周边不得设置营业性娱乐场所、酒吧、互联网上网服务营业场所等不适宜未成年人活动的场所。营业性歌舞娱乐场所、酒吧、互联网上网服务营业场所等不适宜未成年人活动场所的经营者，不得允许未成年人进入；游艺娱乐场所设置的电子游戏设备，除国家法定节假日外，不得向未成年人提供。经营者应当在显著位置设置未成年人禁入、限入标志；对难以判明是否是未成年人的，应当要求其出示身份证件。

《未成年人保护法》第59条规定：学校、幼儿园周边不得设置烟、酒、彩票销售网点。禁止向未成年人销售烟、酒、彩票或者兑付彩票奖金。烟、酒和彩票经营者应当在显著位置设置不向未成年人销售烟、酒或者彩票的标志；对难以判明是否是未成年人的，应当要求其出示身份证件。任何人不得在学校、幼儿园和其他未成年人集中活动的公共场所吸烟、饮酒。

《未成年人保护法》第60条规定：禁止向未成年人提供、销售管制刀具或者其他可能致人严重伤害的器具等物品。经营者难以判明购买者是否是未成年人的，应当要求其出示身份证件。

8. 禁止违法招用未成年人

《未成年人保护法》第61条规定：任何组织或者个人不得招用未满十六周岁未成年人，国家另有规定的除外。

营业性娱乐场所、酒吧、互联网上网服务营业场所等不适宜未成年人活动的场所不得招用已满十六周岁的未成年人。

招用已满十六周岁未成年人的单位和个人应当执行国家在工种、劳动时间、劳动强度和保护措施等方面的规定，不得安排其从事过重、有毒、有害等危害未成年人身心健康的劳动或者危险作业。

任何组织或者个人不得组织未成年人进行危害其身心健康的表演等活动。经未成年人的父母或者其他监护人同意，未成年人参与演出、节目制作等活动，活动组织方应当根据国家有关规定，保障未成年人合法权益。

9. 密切接触未成年人的单位应当审慎聘用工作人员

《未成年人保护法》第62条规定：密切接触未成年人的单位招聘工作人员时，应当向公安机关、人民检察院查询应聘者是否具有性侵害、虐待、拐卖、暴力伤害等违法犯罪记录；发现其具有前述行为记录的，不得录用。

密切接触未成年人的单位应当每年定期对工作人员是否具有上述违法犯罪记录进行查询。通过查询或者其他方式发现其工作人员具有上述行为的，应当及时解聘。

10. 未成年人的通信保护

《未成年人保护法》第63条规定：任何组织或者个人不得隐匿、毁弃、非法删除未成年人的信件、日记、电子邮件或者其他网络通讯内容。

除下列情形外，任何组织或者个人不得开拆、查阅未成年人的信件、日记、电子邮件或者其他网络通讯内容：

① 无民事行为能力未成年人的父母或者其他监护人代未成年人开拆、查阅；

② 因国家安全或者追查刑事犯罪依法进行检查；

③ 紧急情况下为了保护未成年人本人的人身安全。

（六）网络保护

《未成年人保护法》第5章第64条至第80条专门对网络保护作出了明确的规定。

1. 加强未成年人网络素养宣传教育

《未成年人保护法》第64条规定：国家、社会、学校和家庭应当加强未成年人网络素养宣传教育，培养和提高未成年人的网络素养，增强未成年人科学、文明、安全、合理使用网络的意识和能力，保障未成年人在网络空间的合法权益。

2. 鼓励和支持有利于未成年人健康成长的网络作品

《未成年人保护法》第65条规定：国家鼓励和支持有利于未成年人健康成长的网络内容的创作与传播，鼓励和支持专门以未成年人为服务对象、适合未成年人身心健康特点的网络技术、产品、服务的研发、生产和使用。

3. 加强对未成年人网络保护工作的监督检查

《未成年人保护法》第 66 条规定：网信部门及其他有关部门应当加强对未成年人网络保护工作的监督检查，依法惩处利用网络从事危害未成年人身心健康的活动，为未成年人提供安全、健康的网络环境。

《未成年人保护法》第 67 条规定：网信部门会同公安、文化和旅游、新闻出版、电影、广播电视等部门根据保护不同年龄阶段未成年人的需要，确定可能影响未成年人身心健康网络信息的种类、范围和判断标准。

《未成年人保护法》第 68 条规定：新闻出版、教育、卫生健康、文化和旅游、网信等部门应当定期开展预防未成年人沉迷网络的宣传教育，监督网络产品和服务提供者履行预防未成年人沉迷网络的义务，指导家庭、学校、社会组织互相配合，采取科学、合理的方式对未成年人沉迷网络进行预防和干预。任何组织或者个人不得以侵害未成年人身心健康的方式对未成年人沉迷网络进行干预。

4. 未成年学生网络保护的学校职责

《未成年人保护法》第 69 条规定：学校、社区、图书馆、文化馆、青少年宫等场所为未成年人提供的互联网上网服务设施，应当安装未成年人网络保护软件或者采取其他安全保护技术措施。智能终端产品的制造者、销售者应当在产品上安装未成年人网络保护软件，或者以显著方式告知用户未成年人网络保护软件的安装渠道和方法。

《未成年人保护法》第 70 条规定：学校应当合理使用网络开展教学活动。未经学校允许，未成年学生不得将手机等智能终端产品带入课堂，带入学校的应当统一管理。

学校发现未成年学生沉迷网络的，应当及时告知其父母或者其他监护人，共同对未成年学生进行教育和引导，帮助其恢复正常的学习生活。

5. 未成年学生网络保护的监护人职责

《未成年人保护法》第 71 条规定：未成年人的父母或者其他监护人应当提高网络素养，规范自身使用网络的行为，加强对未成年人使用网络行为的引导和监督。

未成年人的父母或者其他监护人应当通过在智能终端产品上安装未成年人网络保护软件、选择适合未成年人的服务模式和管理功能等方式，避免未成年人接触危害或者可能影响其身心健康的网络信息，合理安排未成年人使用网络的时间，有效预防未成年人沉迷网络。

6. 未成年学生网络保护的信息处理者职责

《未成年人保护法》第 72 条规定：信息处理者通过网络处理未成年人个人信息的，应当遵循合法、正当和必要的原则。处理不满十四周岁未成年人个人信息的，应当征得未成年人的父母或者其他监护人同意，但法律、行政法规另有规定的除外。

未成年人、父母或者其他监护人要求信息处理者更正、删除未成年人个人信息的，信息处理者应当及时采取措施予以更正、删除，但法律、行政法规另有规定的除外。

7. 未成年学生网络保护的网络游戏服务提供者职责

《未成年人保护法》第 75 条规定：网络游戏经依法审批后方可运营。国家建立统一的未成年人网络游戏电子身份认证系统。网络游戏服务提供者应当要求未成年人以真实身份信息注册并登录网络游戏。

网络游戏服务提供者应当按照国家有关规定和标准，对游戏产品进行分类，作出适龄提示，并采取技术措施，不得让未成年人接触不适宜的游戏或者游戏功能。网络游戏服务提供者不得在每日 22 时至次日 8 时向未成年人提供网络游戏服务。

8. 为未成年人提供网络直播的要求

《未成年人保护法》第 76 条规定：网络直播服务提供者不得为未满十六周岁的未成年人提供网络直播发布者账号注册服务；为年满十六周岁的未成年人提供网络直播发布者账号注册服务时，应当对其身份信息进行认证，并征得其父母或者其他监护人同意。

9. 未成年人网络欺凌保护

《未成年人保护法》第 77 条规定：任何组织或者个人不得通过网络以文字、图片、音视频等形式，对未成年人实施侮辱、诽谤、威胁或者恶意损害形象等网络欺凌行为。

遭受网络欺凌的未成年人及其父母或者其他监护人有权通知网络服务提供者采取删除、屏蔽、断开链接等措施。网络服务提供者接到通知后，应当及时采取必要的措施制止网络欺凌行为，防止信息扩散。

10. 网络产品和服务提供者的未成年人保护职责

《未成年人保护法》第 73 条规定：网络服务提供者发现未成年人通过网络发布私密信息的，应当及时提示，并采取必要的保护措施。

《未成年人保护法》第 74 条规定：网络产品和服务提供者不得向未成年人提供诱导其沉迷的产品和服务。网络游戏、网络直播、网络音视频、网络社交等网络服务提供者应当针对未成年人使用其服务设置相应的时间管理、权限管理、消费管理等功能。以未成年人为服务对象的在线教育网络产品和服务，不得插入网络游戏链接，不得推送广告等与教学无关的信息。

《未成年人保护法》第 78 条规定：网络产品和服务提供者应当建立便捷、合理、有效的投诉和举报渠道，公开投诉、举报方式等信息，及时受理并处理涉及未成年人的投诉、举报。

《未成年人保护法》第 79 条规定：任何组织或者个人发现网络产品、服务含有危害未成年人身心健康的信息，有权向网络产品和服务提供者或者网信、公安等部门投诉、举报。

《未成年人保护法》第 80 条规定：网络服务提供者发现用户发布、传播可能影响未成年人身心健康的信息且未作显著提示的，应当作出提示或者通知用户予以提示；未作出提示的，不得传输相关信息。

网络服务提供者发现用户发布、传播含有危害未成年人身心健康内容的信息的，应当立即停止传输相关信息，采取删除、屏蔽、断开链接等处置措施，保存有关记录，并向网信、公安等部门报告。

网络服务提供者发现用户利用其网络服务对未成年人实施违法犯罪行为的，应当立即停止向该用户提供网络服务，保存有关记录，并向公安机关报告。

（七）政府保护

《未成年人保护法》第6章第81条至第99条专门对政府保护作出了明确的规定。

1. 设立未成年人保护的专门机构或专门人员

《未成年人保护法》第81条规定：县级以上人民政府承担未成年人保护协调机制具体工作的职能部门应当明确相关内设机构或者专门人员，负责承担未成年人保护工作。乡镇人民政府和街道办事处应当设立未成年人保护工作站或者指定专门人员，及时办理未成年人相关事务；支持、指导居民委员会、村民委员会设立专人专岗，做好未成年人保护工作。

2. 将家庭教育指导服务纳入城乡公共服务体系

《未成年人保护法》第82条规定：各级人民政府应当将家庭教育指导服务纳入城乡公共服务体系，开展家庭教育知识宣传，鼓励和支持有关人民团体、企业事业单位、社会组织开展家庭教育指导服务。

3. 保障未成年人受教育的权利

《未成年人保护法》第83条规定：各级人民政府应当保障未成年人受教育的权利，并采取措施保障留守未成年人、困境未成年人、残疾未成年人接受义务教育。

对尚未完成义务教育的辍学未成年学生，教育行政部门应当责令父母或者其他监护人将其送入学校接受义务教育。

《未成年人保护法》第84条规定：各级人民政府应当发展托育、学前教育事业，办好婴幼儿照护服务机构、幼儿园，支持社会力量依法兴办母婴室、婴幼儿照护服务机构、幼儿园。

县级以上地方人民政府及其有关部门应当培养和培训婴幼儿照护服务机构、幼儿园的保教人员，提高其职业道德素质和业务能力。

《未成年人保护法》第85条规定：各级人民政府应当发展职业教育，保障未成年人接受职业教育或者职业技能培训，鼓励和支持人民团体、企业事业单位、社会组织为未成年人提供职业技能培训服务。

《未成年人保护法》第86条规定：各级人民政府应当保障具有接受普通教育能力、能适应校园生活的残疾未成年人就近在普通学校、幼儿园接受教育；保障不具有接受普通教育能力的残疾未成年人在特殊教育学校、幼儿园接受学前教育、义务教育和职业教育。

各级人民政府应当保障特殊教育学校、幼儿园的办学、办园条件，鼓励和支持社会力量举办特殊教育学校、幼儿园。

4. 保障校园安全

《未成年人保护法》第87条规定：地方人民政府及其有关部门应当保障校园安

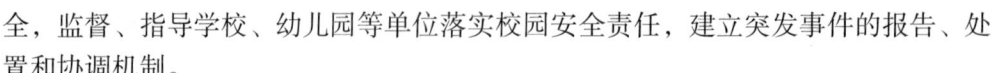

全，监督、指导学校、幼儿园等单位落实校园安全责任，建立突发事件的报告、处置和协调机制。

《未成年人保护法》第88条规定：公安机关和其他有关部门应当依法维护校园周边的治安和交通秩序，设置监控设备和交通安全设施，预防和制止侵害未成年人的违法犯罪行为。

《未成年人保护法》第89条规定：地方人民政府应当建立和改善适合未成年人的活动场所和设施，支持公益性未成年人活动场所和设施的建设和运行，鼓励社会力量兴办适合未成年人的活动场所和设施，并加强管理。

地方人民政府应当采取措施，鼓励和支持学校在国家法定节假日、休息日及寒暑假期将文化体育设施对未成年人免费或者优惠开放。

地方人民政府应当采取措施，防止任何组织或者个人侵占、破坏学校、幼儿园、婴幼儿照护服务机构等未成年人活动场所的场地、房屋和设施。

5. 对未成年人的卫生保健职责

《未成年人保护法》第90条规定：各级人民政府及其有关部门应当对未成年人进行卫生保健和营养指导，提供卫生保健服务。

卫生健康部门应当依法对未成年人的疫苗预防接种进行规范，防治未成年人常见病、多发病，加强传染病防治和监督管理，做好伤害预防和干预，指导和监督学校、幼儿园、婴幼儿照护服务机构开展卫生保健工作。

教育行政部门应当加强未成年人的心理健康教育，建立未成年人心理问题的早期发现和及时干预机制。卫生健康部门应当做好未成年人心理治疗、心理危机干预以及精神障碍早期识别和诊断治疗等工作。

《未成年人保护法》第91条规定：各级人民政府及其有关部门对困境未成年人实施分类保障，采取措施满足其生活、教育、安全、医疗康复、住房等方面的基本需要。

6. 民政部门对未成年人进行临时监护的情形

《未成年人保护法》第92条规定，具有下列情形之一的，民政部门应当依法对未成年人进行临时监护：

① 未成年人流浪乞讨或者身份不明，暂时查找不到父母或者其他监护人；

② 监护人下落不明且无其他人可以担任监护人；

③ 监护人因自身客观原因或者因发生自然灾害、事故灾难、公共卫生事件等突发事件不能履行监护职责，导致未成年人监护缺失；

④ 监护人拒绝或者怠于履行监护职责，导致未成年人处于无人照料的状态；

⑤ 监护人教唆、利用未成年人实施违法犯罪行为，未成年人需要被带离安置；

⑥ 未成年人遭受监护人严重伤害或者面临人身安全威胁，需要被紧急安置；

⑦ 法律规定的其他情形。

《未成年人保护法》第93条规定：对临时监护的未成年人，民政部门可以采取委托亲属抚养、家庭寄养等方式进行安置，也可以交由未成年人救助保护机构或者儿童福利机构进行收留、抚养。临时监护期间，经民政部门评估，监护人重新具备履行监护职责条件的，民政部门可以将未成年人送回监护人抚养。

7. 民政部门对未成年人进行长期监护的情形

《未成年人保护法》第 94 条规定，具有下列情形之一的，民政部门应当依法对未成年人进行长期监护：

① 查找不到未成年人的父母或者其他监护人；

② 监护人死亡或者被宣告死亡且无其他人可以担任监护人；

③ 监护人丧失监护能力且无其他人可以担任监护人；

④ 人民法院判决撤销监护人资格并指定由民政部门担任监护人；

⑤ 法律规定的其他情形。

《未成年人保护法》第 95 条规定：民政部门进行收养评估后，可以依法将其长期监护的未成年人交由符合条件的申请人收养。收养关系成立后，民政部门与未成年人的监护关系终止。

《未成年人保护法》第 96 条规定：民政部门承担临时监护或者长期监护职责的，财政、教育、卫生健康、公安等部门应当根据各自职责予以配合。县级以上人民政府及其民政部门应当根据需要设立未成年人救助保护机构、儿童福利机构，负责收留、抚养由民政部门监护的未成年人。

8. 开通全国统一的未成年人保护热线

《未成年人保护法》第 97 条规定：县级以上人民政府应当开通全国统一的未成年人保护热线，及时受理、转介侵犯未成年人合法权益的投诉、举报；鼓励和支持人民团体、企业事业单位、社会组织参与建设未成年人保护服务平台、服务热线、服务站点，提供未成年人保护方面的咨询、帮助。

9. 国家建立相关违法犯罪人员信息查询系统

《未成年人保护法》第 98 条规定：国家建立性侵害、虐待、拐卖、暴力伤害等违法犯罪人员信息查询系统，向密切接触未成年人的单位提供免费查询服务。

10. 规范未成年人保护的有关社会专业服务

《未成年人保护法》第 99 条规定：地方人民政府应当培育、引导和规范有关社会组织、社会工作者参与未成年人保护工作，开展家庭教育指导服务，为未成年人的心理辅导、康复救助、监护及收养评估等提供专业服务。

（八）司法保护

司法保护是指公安机关、人民检察院、人民法院和司法行政部门应当依法履行职责，在司法活动中保护未成年人的合法权益。《未成年人保护法》第 7 章第 100 条至第 116 条专门对司法保护作出了明确的规定。

（九）法律责任

《未成年人保护法》第 8 章第 117 条至第 129 条专门对法律责任作出了明确的规定。

1. 未履行报告义务造成严重后果的法律责任

《未成年人保护法》第 117 条规定：违反本法第 11 条第 2 款规定，未履行报告义务造成严重后果的，由上级主管部门或者所在单位对直接负责的主管人员和其他

［拓展阅读］
《未成年人保护法》关于司法保护的有关规定

直接责任人员依法给予处分。

2. 未成年人监护人违法的法律责任

《未成年人保护法》第118条规定：未成年人的父母或者其他监护人不依法履行监护职责或者侵犯未成年人合法权益的，由其居住地的居民委员会、村民委员会予以劝诫、制止；情节严重的，居民委员会、村民委员会应当及时向公安机关报告。

公安机关接到报告或者公安机关、人民检察院、人民法院在办理案件过程中发现未成年人的父母或者其他监护人存在上述情形的，应当予以训诫，并可以责令其接受家庭教育指导。

3. 学校或者其他教育机构及其教职员工违法的法律责任

《未成年人保护法》第119条规定：学校、幼儿园、婴幼儿照护服务等机构及其教职员工违反本法第27条、第28条、第39条规定的，由公安、教育、卫生健康、市场监督管理等部门按照职责分工责令改正；拒不改正或者情节严重的，对直接负责的主管人员和其他直接责任人员依法给予处分。

4. 未给予未成年人免费或者优惠待遇的法律责任

《未成年人保护法》第120条规定：违反本法第44条、第45条、第47条规定，未给予未成年人免费或者优惠待遇的，由市场监督管理、文化和旅游、交通运输等部门按照职责分工责令限期改正，给予警告；拒不改正的，处一万元以上十万元以下罚款。

5. 网络传媒部门违法的法律责任

《未成年人保护法》第121条规定：违反本法第50条、第51条规定的，由新闻出版、广播电视、电影、网信等部门按照职责分工责令限期改正，给予警告，没收违法所得，可以并处十万元以下罚款；拒不改正或者情节严重的，责令暂停相关业务、停产停业或者吊销营业执照、吊销相关许可证，违法所得一百万元以上的，并处违法所得一倍以上十倍以下的罚款，没有违法所得或者违法所得不足一百万元的，并处十万元以上一百万元以下罚款。

6. 场所运营单位违法的法律责任

《未成年人保护法》第122条规定：场所运营单位违反本法第56条第2款规定、住宿经营者违反本法第57条规定的，由市场监督管理、应急管理、公安等部门按照职责分工责令限期改正，给予警告；拒不改正或者造成严重后果的，责令停业整顿或者吊销营业执照、吊销相关许可证，并处一万元以上十万元以下罚款。

7. 相关经营者违法的法律责任

《未成年人保护法》第123条规定：相关经营者违反本法第58条、第59条第1款、第60条规定的，由文化和旅游、市场监督管理、烟草专卖、公安等部门按照职责分工责令限期改正，给予警告，没收违法所得，可以并处五万元以下罚款；拒不改正或者情节严重的，责令停业整顿或者吊销营业执照、吊销相关许可证，可以并处五万元以上五十万元以下罚款。

8. 违法吸烟饮酒的法律责任

《未成年人保护法》第 124 条规定：违反本法第 59 条第 2 款规定，在学校、幼儿园和其他未成年人集中活动的公共场所吸烟、饮酒的，由卫生健康、教育、市场监督管理等部门按照职责分工责令改正，给予警告，可以并处五百元以下罚款；场所管理者未及时制止的，由卫生健康、教育、市场监督管理等部门按照职责分工给予警告，并处一万元以下罚款。

9. 违法招用未成年人的法律责任

《未成年人保护法》第 125 条规定：违反本法第 61 条规定的，由文化和旅游、人力资源和社会保障、市场监督管理等部门按照职责分工责令限期改正，给予警告，没收违法所得，可以并处十万元以下罚款；拒不改正或者情节严重的，责令停产停业或者吊销营业执照、吊销相关许可证，并处十万元以上一百万元以下罚款。

10. 密切接触未成年人单位违法的法律责任

《未成年人保护法》第 126 条规定：密切接触未成年人的单位违反本法第 62 条规定，未履行查询义务，或者招用、继续聘用具有相关违法犯罪记录人员的，由教育、人力资源和社会保障、市场监督管理等部门按照职责分工责令限期改正，给予警告，并处五万元以下罚款；拒不改正或者造成严重后果的，责令停业整顿或者吊销营业执照、吊销相关许可证，并处五万元以上五十万元以下罚款，对直接负责的主管人员和其他直接责任人员依法给予处分。

11. 信息处理者违法的法律责任

《未成年人保护法》第 127 条规定：信息处理者违反本法第 72 条规定，或者网络产品和服务提供者违反本法第 73 条、第 74 条、第 75 条、第 76 条、第 77 条、第 80 条规定的，由公安、网信、电信、新闻出版、广播电视、文化和旅游等有关部门按照职责分工责令改正，给予警告，没收违法所得，违法所得一百万元以上的，并处违法所得一倍以上十倍以下罚款，没有违法所得或者违法所得不足一百万元的，并处十万元以上一百万元以下罚款，对直接负责的主管人员和其他责任人员处一万元以上十万元以下罚款；拒不改正或者情节严重的，并可以责令暂停相关业务、停业整顿、关闭网站、吊销营业执照或者吊销相关许可证。

12. 国家机关工作人员违法的法律责任

《未成年人保护法》第 128 条规定：国家机关工作人员玩忽职守、滥用职权、徇私舞弊，损害未成年人合法权益的，依法给予处分。

13. 民事责任与刑事责任

《未成年人保护法》第 129 条规定：违反本法规定，侵犯未成年人合法权益，造成人身、财产或者其他损害的，依法承担民事责任。违反本法规定，构成违反治安管理行为的，依法给予治安管理处罚；构成犯罪的，依法追究刑事责任。

二、《中华人民共和国预防未成年人犯罪法》

1999 年 6 月 28 日，第九届全国人民代表大会常务委员会第十次会议通过《中华人民共和国预防未成年人犯罪法》，2012 年 10 月 26 日修正，2020 年 12 月 26 日修订，自 2021 年 6 月 1 日起施行。《预防未成年人犯罪法》是我国第一部预防犯罪的专门立法，其内容非常全面，分为总则、预防犯罪的教育、对不良行为的干预、对严重不良行为的矫治、对重新犯罪的预防、法律责任和附则，共 7 章 68 条。

（一）立法宗旨

《预防未成年人犯罪法》第 1 条阐述了立法宗旨：为了保障未成年人身心健康，培养未成年人良好品行，有效预防未成年人违法犯罪，制定本法。

（二）预防未成年人犯罪的基本原则

1. 教育与保护相结合原则

《预防未成年人犯罪法》第 2 条规定：预防未成年人犯罪，立足于教育和保护未成年人相结合，坚持预防为主、提前干预，对未成年人的不良行为和严重不良行为及时进行分级预防、干预和矫治。

2. 合法性原则

《预防未成年人犯罪法》第 3 条规定：开展预防未成年人犯罪工作，应当尊重未成年人人格尊严，保护未成年人的名誉权、隐私权和个人信息等合法权益。

3. 综合治理原则

《预防未成年人犯罪法》第 4 条规定：预防未成年人犯罪，在各级人民政府组织下，实行综合治理。国家机关、人民团体、社会组织、企业事业单位、居民委员会、村民委员会、学校、家庭等各负其责、相互配合，共同做好预防未成年人犯罪工作，及时消除滋生未成年人违法犯罪行为的各种消极因素，为未成年人身心健康发展创造良好的社会环境。

4. 科学性原则

《预防未成年人犯罪法》第 12 条规定：预防未成年人犯罪，应当结合未成年人不同年龄的生理、心理特点，加强青春期教育、心理关爱、心理矫治和预防犯罪对策的研究。

（三）各社会主体在预防未成年人犯罪方面的职责

1. 各级人民政府在预防未成年人犯罪方面的职责

《预防未成年人犯罪法》第 5 条规定了各级人民政府在预防未成年人犯罪方面的职责：

① 制定预防未成年人犯罪工作规划；

② 组织公安、教育、民政、文化和旅游、市场监督管理、网信、卫生健康、新闻出版、电影、广播电视、司法行政等有关部门开展预防未成年人犯罪工作；

③ 为预防未成年人犯罪工作提供政策支持和经费保障；

④ 对本法的实施情况和工作规划的执行情况进行检查；

⑤ 组织开展预防未成年人犯罪宣传教育；

⑥ 其他预防未成年人犯罪工作职责。

2. 国家加强专门学校建设

《预防未成年人犯罪法》第 6 条规定：国家加强专门学校建设，对有严重不良行为的未成年人进行专门教育。专门教育是国民教育体系的组成部分，是对有严重不良行为的未成年人进行教育和矫治的重要保护处分措施。

省级人民政府应当将专门教育发展和专门学校建设纳入经济社会发展规划。县级以上地方人民政府成立专门教育指导委员会，根据需要合理设置专门学校。

专门教育指导委员会由教育、民政、财政、人力资源社会保障、公安、司法行政、人民检察院、人民法院、共产主义青年团、妇女联合会、关心下一代工作委员会、专门学校等单位，以及律师、社会工作者等人员组成，研究确定专门学校教学、管理等相关工作。

专门学校建设和专门教育具体办法，由国务院规定。

3. 各部门组织及个人预防未成年人犯罪的工作要求

《预防未成年人犯罪法》第7条规定：公安机关、人民检察院、人民法院、司法行政部门应当由专门机构或者经过专业培训、熟悉未成年人身心特点的专门人员负责预防未成年人犯罪工作。

《预防未成年人犯罪法》第8条规定：共产主义青年团、妇女联合会、工会、残疾人联合会、关心下一代工作委员会、青年联合会、学生联合会、少年先锋队以及有关社会组织，应当协助各级人民政府及其有关部门、人民检察院和人民法院做好预防未成年人犯罪工作，为预防未成年人犯罪培育社会力量，提供支持服务。

《预防未成年人犯罪法》第9条规定：国家鼓励、支持和指导社会工作服务机构等社会组织参与预防未成年人犯罪相关工作，并加强监督。

《预防未成年人犯罪法》第10条规定：任何组织或者个人不得教唆、胁迫、引诱未成年人实施不良行为或者严重不良行为，以及为未成年人实施上述行为提供条件。

《预防未成年人犯罪法》第11条规定：未成年人应当遵守法律法规及社会公共道德规范，树立自尊、自律、自强意识，增强辨别是非和自我保护的能力，自觉抵制各种不良行为以及违法犯罪行为的引诱和侵害。

《预防未成年人犯罪法》第13条规定：国家鼓励和支持预防未成年人犯罪相关学科建设、专业设置、人才培养及科学研究，开展国际交流与合作。

《预防未成年人犯罪法》第14条规定：国家对预防未成年人犯罪工作有显著成绩的组织和个人，给予表彰和奖励。

（四）预防未成年人犯罪的教育

《预防未成年人犯罪法》第2章第15条至第27条专门对预防未成年人犯罪的教育作出了明确的规定。

1. 对未成年人应当加强预防犯罪教育

《预防未成年人犯罪法》第15条规定：国家、社会、学校和家庭应当对未成年人加强社会主义核心价值观教育，开展预防犯罪教育，增强未成年人的法治观念，使未成年人树立遵纪守法和防范违法犯罪的意识，提高自我管控能力。

2. 监护人对未成年人的预防犯罪教育负有直接责任

《预防未成年人犯罪法》第16条规定：未成年人的父母或者其他监护人对未成年人的预防犯罪教育负有直接责任，应当依法履行监护职责，树立优良家风，培养未成年人良好品行；发现未成年人心理或者行为异常的，应当及时了解情况并进行教育、引导和劝诫，不得拒绝或者怠于履行监护职责。

3. 教育行政部门、学校对未成年人的预防犯罪教育责任

（1）将预防犯罪教育纳入学校教学计划

《预防未成年人犯罪法》第 17 条规定：教育行政部门、学校应当将预防犯罪教育纳入学校教学计划，指导教职员工结合未成年人的特点，采取多种方式对未成年学生进行有针对性的预防犯罪教育。

（2）聘任从事法治教育的专职或者兼职教师

《预防未成年人犯罪法》第 18 条规定：学校应当聘任从事法治教育的专职或者兼职教师，并可以从司法和执法机关、法学教育和法律服务机构等单位聘请法治副校长、校外法治辅导员。

（3）配备专职或者兼职的心理健康教育教师

《预防未成年人犯罪法》第 19 条规定：学校应当配备专职或者兼职的心理健康教育教师，开展心理健康教育。学校可以根据实际情况与专业心理健康机构合作，建立心理健康筛查和早期干预机制，预防和解决学生心理、行为异常问题。

学校应当与未成年学生的父母或者其他监护人加强沟通，共同做好未成年学生心理健康教育；发现未成年学生可能患有精神障碍的，应当立即告知其父母或者其他监护人送相关专业机构诊治。

（4）建立学生欺凌防控制度

《预防未成年人犯罪法》第 20 条规定：教育行政部门应当会同有关部门建立学生欺凌防控制度。学校应当加强日常安全管理，完善学生欺凌发现和处置的工作流程，严格排查并及时消除可能导致学生欺凌行为的各种隐患。

（5）鼓励和支持学校聘请社会工作者长期或者定期进驻学校

《预防未成年人犯罪法》第 21 条规定：教育行政部门鼓励和支持学校聘请社会工作者长期或者定期进驻学校，协助开展道德教育、法治教育、生命教育和心理健康教育，参与预防和处理学生欺凌等行为。

（6）加强预防未成年人犯罪指导教育

《预防未成年人犯罪法》第 22 条规定：教育行政部门、学校应当通过举办讲座、座谈、培训等活动，介绍科学合理的教育方法，指导教职员工、未成年学生的父母或者其他监护人有效预防未成年人犯罪。

学校应当将预防犯罪教育计划告知未成年学生的父母或者其他监护人。未成年学生的父母或者其他监护人应当配合学校对未成年学生进行有针对性的预防犯罪教育。

（7）将预防犯罪教育纳入学校年度考核内容

《预防未成年人犯罪法》第 23 条规定：教育行政部门应当将预防犯罪教育的工作效果纳入学校年度考核内容。

4. 其他部门组织对未成年人预防犯罪教育的责任

《预防未成年人犯罪法》第 24 条规定：各级人民政府及其有关部门、人民检

察院、人民法院、共产主义青年团、少年先锋队、妇女联合会、残疾人联合会、关心下一代工作委员会等应当结合实际，组织、举办多种形式的预防未成年人犯罪宣传教育活动。有条件的地方可以建立青少年法治教育基地，对未成年人开展法治教育。

《预防未成年人犯罪法》第 25 条规定：居民委员会、村民委员会应当积极开展有针对性的预防未成年人犯罪宣传活动，协助公安机关维护学校周围治安，及时掌握本辖区内未成年人的监护、就学和就业情况，组织、引导社区社会组织参与预防未成年人犯罪工作。

《预防未成年人犯罪法》第 26 条规定：青少年宫、儿童活动中心等校外活动场所应当把预防犯罪教育作为一项重要的工作内容，开展多种形式的宣传教育活动。

《预防未成年人犯罪法》第 27 条规定：职业培训机构、用人单位在对已满十六周岁准备就业的未成年人进行职业培训时，应当将预防犯罪教育纳入培训内容。

（五）对未成年人不良行为的干预

《预防未成年人犯罪法》第 3 章第 28 条至第 37 条专门对未成年人不良行为的干预作出了明确的规定。

1. 未成年人不良行为的情形

《预防未成年人犯罪法》第 28 条规定，本法所称不良行为，是指未成年人实施的不利于其健康成长的下列行为：

① 吸烟、饮酒；

② 多次旷课、逃学；

③ 无故夜不归宿、离家出走；

④ 沉迷网络；

⑤ 与社会上具有不良习性的人交往，组织或者参加实施不良行为的团伙；

⑥ 进入法律法规规定未成年人不宜进入的场所；

⑦ 参与赌博、变相赌博，或者参加封建迷信、邪教等活动；

⑧ 阅览、观看或者收听宣扬淫秽、色情、暴力、恐怖、极端等内容的读物、音像制品或者网络信息等；

⑨ 其他不利于未成年人身心健康成长的不良行为。

2. 监护人对未成年人不良行为的干预

《预防未成年人犯罪法》第 29 条规定：未成年人的父母或者其他监护人发现未成年人有不良行为的，应当及时制止并加强管教。

《预防未成年人犯罪法》第 30 条规定：公安机关、居民委员会、村民委员会发现本辖区内未成年人有不良行为的，应当及时制止，并督促其父母或者其他监护人依法履行监护职责。

3. 学校对有不良行为的未成年学生的干预措施

《预防未成年人犯罪法》第 31 条规定，学校对有不良行为的未成年学生，应当加强管理教育，不得歧视；对拒不改正或者情节严重的，学校可以根据情况予以处分或者采取以下管理教育措施：

① 予以训导；

② 要求遵守特定的行为规范；

③ 要求参加特定的专题教育；

④ 要求参加校内服务活动；

⑤ 要求接受社会工作者或者其他专业人员的心理辅导和行为干预；

⑥ 其他适当的管理教育措施。

学校应当建立家校合作机制。《预防未成年人犯罪法》第 32 条规定：学校和家庭应当加强沟通，建立家校合作机制。学校决定对未成年学生采取管理教育措施的，应当及时告知其父母或者其他监护人；未成年学生的父母或者其他监护人应当支持、配合学校进行管理教育。

未成年学生有情节轻微的偷窃欺凌行为的干预措施。《预防未成年人犯罪法》第 33 条规定：未成年学生偷窃少量财物，或者有殴打、辱骂、恐吓、强行索要财物等学生欺凌行为，情节轻微的，可以由学校依照本法第 31 条规定采取相应的管理教育措施。

未成年学生旷课逃学行为的干预措施。《预防未成年人犯罪法》第 34 条规定：未成年学生旷课、逃学的，学校应当及时联系其父母或者其他监护人，了解有关情况；无正当理由的，学校和未成年学生的父母或者其他监护人应当督促其返校学习。

4. 未成年人无故夜不归宿、离家出走的干预措施

《预防未成年人犯罪法》第 35 条规定：未成年人无故夜不归宿、离家出走的，父母或者其他监护人、所在的寄宿制学校应当及时查找，必要时向公安机关报告。

收留夜不归宿、离家出走未成年人的，应当及时联系其父母或者其他监护人、所在学校；无法取得联系的，应当及时向公安机关报告。

《预防未成年人犯罪法》第 36 条规定：对夜不归宿、离家出走或者流落街头的未成年人，公安机关、公共场所管理机构等发现或者接到报告后，应当及时采取有效保护措施，并通知其父母或者其他监护人、所在的寄宿制学校，必要时应当护送其返回住所、学校；无法与其父母或者其他监护人、学校取得联系的，应当护送未成年人到救助保护机构接受救助。

5. 及时制止未成年人组织或者参加实施不良行为的团伙

《预防未成年人犯罪法》第 37 条规定：未成年人的父母或者其他监护人、学校发现未成年人组织或者参加实施不良行为的团伙，应当及时制止；发现该团伙有违法犯罪嫌疑的，应当立即向公安机关报告。

（六）对未成年人严重不良行为的矫治

《预防未成年人犯罪法》第 4 章第 38 条至第 49 条专门对未成年人不良行为的干预作出了明确的规定。

1. 未成年人严重不良行为的情形

《预防未成年人犯罪法》第 38 条规定，本法所称严重不良行为，是指未成年人实施的有刑法规定、因不满法定刑事责任年龄不予刑事处罚的行为，以及严重危害

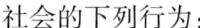

社会的下列行为：

① 结伙斗殴，追逐、拦截他人，强拿硬要或者任意损毁、占用公私财物等寻衅滋事行为；

② 非法携带枪支、弹药或者弩、匕首等国家规定的管制器具；

③ 殴打、辱骂、恐吓，或者故意伤害他人身体；

④ 盗窃、哄抢、抢夺或者故意损毁公私财物；

⑤ 传播淫秽的读物、音像制品或者信息等；

⑥ 卖淫、嫖娼，或者进行淫秽表演；

⑦ 吸食、注射毒品，或者向他人提供毒品；

⑧ 参与赌博赌资较大；

⑨ 其他严重危害社会的行为。

2. 公安机关对有严重不良行为的未成年人的矫治措施

《预防未成年人犯罪法》第 39 条规定：未成年人的父母或者其他监护人、学校、居民委员会、村民委员会发现有人教唆、胁迫、引诱未成年人实施严重不良行为的，应当立即向公安机关报告。公安机关接到报告或者发现有上述情形的，应当及时依法查处；对人身安全受到威胁的未成年人，应当立即采取有效保护措施。

《预防未成年人犯罪法》第 40 条规定：公安机关接到举报或者发现未成年人有严重不良行为的，应当及时制止，依法调查处理，并可以责令其父母或者其他监护人消除或者减轻违法后果，采取措施严加管教。

《预防未成年人犯罪法》第 41 条规定，对有严重不良行为的未成年人，公安机关可以根据具体情况，采取以下矫治教育措施：

① 予以训诫；

② 责令赔礼道歉、赔偿损失；

③ 责令具结悔过；

④ 责令定期报告活动情况；

⑤ 责令遵守特定的行为规范，不得实施特定行为、接触特定人员或者进入特定场所；

⑥ 责令接受心理辅导、行为矫治；

⑦ 责令参加社会服务活动；

⑧ 责令接受社会观护，由社会组织、有关机构在适当场所对未成年人进行教育、监督和管束；

⑨ 其他适当的矫治教育措施。

《预防未成年人犯罪法》第 42 条规定：公安机关在对未成年人进行矫治教育时，可以根据需要邀请学校、居民委员会、村民委员会以及社会工作服务机构等社会组织参与。

未成年人的父母或者其他监护人应当积极配合矫治教育措施的实施，不得妨碍阻挠或者放任不管。

3. 送入专门学校接受专门教育的情形

《预防未成年人犯罪法》第 43 条规定：对有严重不良行为的未成年人，未成年人的父母或者其他监护人、所在学校无力管教或者管教无效的，可以向教育行政部门提出申请，经专门教育指导委员会评估同意后，由教育行政部门决定送入专门学校接受专门教育。

《预防未成年人犯罪法》第 44 条规定，未成年人有下列情形之一的，经专门教育指导委员会评估同意，教育行政部门会同公安机关可以决定将其送入专门学校接受专门教育：

① 实施严重危害社会的行为，情节恶劣或者造成严重后果；

② 多次实施严重危害社会的行为；

③ 拒不接受或者配合本法第 41 条规定的矫治教育措施；

④ 法律、行政法规规定的其他情形。

《预防未成年人犯罪法》第 45 条规定：未成年人实施刑法规定的行为、因不满法定刑事责任年龄不予刑事处罚的，经专门教育指导委员会评估同意，教育行政部门会同公安机关可以决定对其进行专门矫治教育。

省级人民政府应当结合本地的实际情况，至少确定一所专门学校按照分校区、分班级等方式设置专门场所，对前款规定的未成年人进行专门矫治教育。

前款规定的专门场所实行闭环管理，公安机关、司法行政部门负责未成年人的矫治工作，教育行政部门承担未成年人的教育工作。

《预防未成年人犯罪法》第 46 条规定：专门学校应当在每个学期适时提请专门教育指导委员会对接受专门教育的未成年学生的情况进行评估。对经评估适合转回普通学校就读的，专门教育指导委员会应当向原决定机关提出书面建议，由原决定机关决定是否将未成年学生转回普通学校就读。

原决定机关决定将未成年学生转回普通学校的，其原所在学校不得拒绝接收；因特殊情况，不适宜转回原所在学校的，由教育行政部门安排转学。

《预防未成年人犯罪法》第 47 条规定：专门学校应当对接受专门教育的未成年人分级分类进行教育和矫治，有针对性地开展道德教育、法治教育、心理健康教育，并根据实际情况进行职业教育；对没有完成义务教育的未成年人，应当保证其继续接受义务教育。

专门学校的未成年学生的学籍保留在原学校，符合毕业条件的，原学校应当颁发毕业证书。

《预防未成年人犯罪法》第 48 条规定：专门学校应当与接受专门教育的未成年人的父母或者其他监护人加强联系，定期向其反馈未成年人的矫治和教育情况，为父母或者其他监护人、亲属等看望未成年人提供便利。

《预防未成年人犯罪法》第 49 条规定：未成年人及其父母或者其他监护人对本章规定的行政决定不服的，可以依法提起行政复议或者行政诉讼。

（七）对未成年人重新犯罪的预防

《预防未成年人犯罪法》第 5 章第 50 条至第 60 条专门对未成年人重新犯罪的

［拓展阅读］
《预防未成年人犯罪法》第50—60 条

预防作出了明确的规定。

（八）法律责任

《预防未成年人犯罪法》第 6 章第 61 条至第 67 条就违反《预防未成年人犯罪法》的法律责任作出了明确的规定。

［拓展阅读］
《预防未成年人犯罪法》第 61—67 条

三、《未成年人学校保护规定》

为贯彻落实新修订的《未成年人保护法》，在广泛调研、公开征求意见的基础上，根据《教育法》《未成年人保护法》等法律法规，教育部制定了《未成年人学校保护规定》（以下简称《规定》），自 2021 年 9 月 1 日起施行。《规定》落实《未成年人保护法》中关于学校保护的规定，系统整合、创新完善了学校未成年人保护制度，全面构建了学校保护制度体系，就社会关注的热点问题，如学生欺凌、校园性侵害等建立完善了相应的专门制度。《规定》共 8 章 63 条。

（一）适用范围

《规定》第 1 章总则，主要就宗旨、适用对象、总要求和总原则进行了规定。

《规定》第 2 条规定：普通中小学、中等职业学校（以下简称学校）对本校未成年人（以下统称学生）在校学习、生活期间合法权益的保护，适用本规定。

《规定》第 62 条规定：幼儿园、特殊教育学校应当根据未成年人身心特点，依据本规定有针对性地加强在园、在校未成年人合法权益的保护，并参照本规定、结合实际建立保护制度。幼儿园、特殊教育学校及其教职工违反保护职责，侵害在园、在校未成年人合法权益的，应当适用本规定从重处理。

《规定》主要针对学校这一特定组织构建全面保护体系，而培训机构、托育机构等不具备学校的组织架构，因此并未规定其适用《规定》。但有关机构仍应当落实《未成年人保护法》的规定，可参考《规定》健全内部的管理制度。

📋 **案例链接**

　　影片《少年的你》从一名高三女生因不堪校园欺凌而跳楼开始，这名女生是主角陈念的朋友，陈念性格内向，因被警方询问过而成为施暴者的新目标。而陈念母亲欠了很多债，为躲债常年在外地。因此，独自居住的陈念在被施暴者欺负孤立无援时认识了另一名主角刘北山。刘北山是个小混混，父亲抛妻弃子，母亲再婚，他独自靠倒卖组装机和其他合法兼职生活。刘北山一直保护陈念正常上学。但在一次意外中陈念被欺凌，之后她失手杀人，刘北山为其顶罪，最终警察郑易认为陈念有重大嫌疑，经其劝说，陈念完成高考后选择自首。

一　案例讨论

1. 影片中校园暴力事件的发生早有预兆，对此家长及学校，尤其是班主任应该承担怎样的责任？

2. 校园欺凌产生的原因何在？结合《规定》的相关要求谈谈教育行政部门、学校及教职工应该如何有效保护未成年学生？

> **一　案例解析**
>
> 　　教师应当关注每一名学生的状态，及时发现并制止校园欺凌行为，关爱每一名学生的身心健康。同时，教师也应当加强学生的思想、道德、法治和爱国主义、集体主义、社会主义教育以及预防犯罪的教育。

　　《规定》系统构建了未成年人学校保护的制度体系，对学校管理提出了许多要求，涉及学校治校办学理念的更新、制度的重构和能力的提升。要准确理解《规定》的精神，准确把握工作要求，不断提升未成年人学校保护工作的能力和水平。

　　（二）一般保护

　　《规定》遵循全面保护的原则，依据《宪法》《民法典》《未成年人保护法》《教育法》等法律法规，专设"一般保护"章系统规定学校应当尊重和保护未成年人的基本权利，包括其在校园内的平等权、生命健康权、人身自由权、人格尊严权、个人信息和隐私权、受教育权、休息权、财产权、知识产权和肖像权、参与权和表达权、申诉权等。《规定》第2章第6条至第17条对学校的一般保护进行了明确规定。

　　1. 保护学生的平等权

　　《规定》第6条规定：学校应当平等对待每个学生，不得因学生及其父母或者其他监护人（以下统称家长）的民族、种族、性别、户籍、职业、宗教信仰、教育程度、家庭状况、身心健康情况等歧视学生或者对学生进行区别对待。

　　2. 保护学生的生命健康权

　　《规定》第7条规定：学校应当落实安全管理职责，保护学生在校期间人身安全。学校不得组织、安排学生从事抢险救灾、参与危险性工作，不得安排学生参加商业性活动及其他不宜学生参加的活动。学生在校内或者本校组织的校外活动中发生人身伤害事故的，学校应当依据有关规定妥善处理，及时通知学生家长；情形严重的，应当按规定向有关部门报告。

　　3. 保护学生的人身自由权

　　《规定》第8条规定：学校不得设置侵犯学生人身自由的管理措施，不得对学生在课间及其他非教学时间的正当交流、游戏、出教室活动等言行自由设置不必要的约束。

　　4. 保护学生的人格尊严权

　　《规定》第9条规定：学校应当尊重和保护学生的人格尊严，尊重学生名誉，保护和培育学生的荣誉感、责任感，表彰、奖励学生做到公开、公平、公正；在教育、管理中不得使用任何贬损、侮辱学生及其家长或者所属特定群体的言行、方式。

　　5. 保护学生的个人信息和隐私权

　　《规定》第10条规定：学校采集学生个人信息，应当告知学生及其家长，并对所获得的学生及其家庭信息负有管理、保密义务，不得毁弃以及非法删除、泄露、公开、买卖。

学校在奖励、资助、申请贫困救助等工作中，不得泄露学生个人及其家庭隐私；学生的考试成绩、名次等学业信息，学校应当便利学生本人和家长知晓，但不得公开，不得宣传升学情况；除因法定事由，不得查阅学生的信件、日记、电子邮件或者其他网络通讯内容。

6. 保护学生的受教育权

《规定》第 11 条规定：学校应当尊重和保护学生的受教育权利，保障学生平等使用教育教学设施设备、参加教育教学计划安排的各种活动，并在学业成绩和品行上获得公正评价。

对身心有障碍的学生，应当提供合理便利，实施融合教育，给予特别支持；对学习困难、行为异常的学生，应当以适当方式教育、帮助，必要时，可以通过安排教师或者专业人员课后辅导等方式给予帮助或者支持。

学校应当建立留守学生、困境学生档案，配合政府有关部门做好关爱帮扶工作，避免学生因家庭因素失学、辍学。

《规定》第 12 条规定：义务教育学校不得开除或者变相开除学生，不得以长期停课、劝退等方式，剥夺学生在校接受并完成义务教育的权利；对转入专门学校的学生，应当保留学籍，原决定机关决定转回的学生，不得拒绝接收。

义务教育学校应当落实学籍管理制度，健全辍学或者休学、长期请假学生的报告备案制度，对辍学学生应当及时进行劝返，劝返无效的，应当报告有关主管部门。

7. 保护学生的休息权

《规定》第 13 条规定：学校应当按规定科学合理安排学生在校作息时间，保证学生有休息、参加文娱活动和体育锻炼的机会和时间，不得统一要求学生在规定的上课时间前到校参加课程教学活动。

义务教育学校不得占用国家法定节假日、休息日及寒暑假，组织学生集体补课；不得以集体补课等形式侵占学生休息时间。

8. 保护学生的财产权

《规定》第 14 条规定：学校不得采用毁坏财物的方式对学生进行教育管理，对学生携带进入校园的违法违规物品，按规定予以暂扣的，应当统一管理，并依照有关规定予以处理。

学校不得违反规定向学生收费，不得强制要求或者设置条件要求学生及家长捐款捐物、购买商品或者服务，或者要求家长提供物质帮助、需支付费用的服务等。

9. 保护学生的知识产权和肖像权

《规定》第 15 条规定：学校以发布、汇编、出版等方式使用学生作品，对外宣传或者公开使用学生个体肖像的，应当取得学生及其家长许可，并依法保护学生的权利。

10. 尊重学生的参与权和表达权

《规定》第 16 条规定：学校应当尊重学生的参与权和表达权，指导、支持学生

［拓展阅读］
《教育部办公厅关于进一步加强中小学生睡眠管理工作的通知》

参与学校章程、校规校纪、班级公约的制定，处理与学生权益相关的事务时，应当以适当方式听取学生意见。

11. 保护学生的申诉权

《规定》第17条规定：学校对学生实施教育惩戒或者处分学生的，应当依据有关规定，听取学生的陈述、申辩，遵循审慎、公平、公正的原则作出决定。

除开除学籍处分以外，处分学生应当设置期限，对受到处分的学生应当跟踪观察、有针对性地实施教育，确有改正的，到期应当予以解除。解除处分后，学生获得表彰、奖励及其他权益，不再受原处分影响。

（三）专项保护

《规定》按照《未成年人保护法》的规定，针对学生欺凌、校园性侵害等社会关注度高、对学生合法权益损害重大的问题构建了专项保护制度，完善了相应的防治工作机制。构建防治学生欺凌的规则体系，明确从预防、教育、干预制止到认定调查、处置等方面的防控具体要求，特别细化了构成学生欺凌的情形和认定规则，便于学校把握、运用。同时，完善校园性侵害、性骚扰的防治规定，要求学校建立健全管理制度，建立预防、报告、处置性侵害工作机制，明确了禁止教职工与学生谈恋爱等行为"红线"。《规定》第3章第18条至第24条构建了防治学生欺凌、性侵害、性骚扰的规则体系，将有关要求进一步具体化，进行了科学的制度设计。

1. 建立学生欺凌预防机制

《规定》第18条规定：学校应当落实法律规定建立学生欺凌防控和预防性侵害、性骚扰等专项制度，建立对学生欺凌、性侵害、性骚扰行为的零容忍处理机制和受伤害学生的关爱、帮扶机制。

2. 成立学生欺凌治理组织

《规定》第19条第1款规定：学校应当成立由校内相关人员、法治副校长、法律顾问、有关专家、家长代表、学生代表等参与的学生欺凌治理组织，负责学生欺凌行为的预防和宣传教育、组织认定、实施矫治、提供援助等。

3. 建立学生欺凌调查评估制度

《规定》第19条第2款规定：学校应当定期针对全体学生开展防治欺凌专项调查，对学校是否存在欺凌等情形进行评估。

4. 建立学生欺凌教育制度

《规定》第20条规定：学校应当教育、引导学生建立平等、友善、互助的同学关系，组织教职工学习预防、处理学生欺凌的相关政策、措施和方法，对学生开展相应的专题教育，并且应当根据情况给予相关学生家长必要的家庭教育指导。

5. 教职工及时制止学生欺凌

《规定》明确学生欺凌的行为表现，归纳了侵犯身体、侮辱人格、侵犯财产、恶意排斥、网络诽谤或传播隐私等5类欺凌行为，为欺凌认定和处理提供了具体参照。

《规定》第21条规定，教职工发现学生实施下列行为的，应当及时制止：

① 殴打、脚踢、掌掴、抓咬、推撞、拉扯等侵犯他人身体或者恐吓威胁他人；

② 以辱骂、讥讽、嘲弄、挖苦、起侮辱性绰号等方式侵犯他人人格尊严；

③ 抢夺、强拿硬要或者故意毁坏他人财物；

④ 恶意排斥、孤立他人，影响他人参加学校活动或者社会交往；

⑤ 通过网络或者其他信息传播方式捏造事实诽谤他人、散布谣言或者错误信息诋毁他人、恶意传播他人隐私。

《规定》明确了学生欺凌的概念。《规定》第 21 条第 2 款提出：学生之间，在年龄、身体或者人数等方面占优势的一方蓄意或者恶意对另一方实施前款行为，或者以其他方式欺压、侮辱另一方，造成人身伤害、财产损失或者精神损害的，可以认定为构成欺凌。这一概念强调了主体的特定性、主观的故意性、后果的伤害性，有助于把学生欺凌和校园暴力、学生间正常的嬉闹等区别开来。

6. 建立学生欺凌关注、干预和制止机制

《规定》第 22 条规定：教职工应当关注因身体条件、家庭背景或者学习成绩等可能处于弱势或者特殊地位的学生，发现学生存在被孤立、排挤等情形的，应当及时干预。教职工发现学生有明显的情绪反常、身体损伤等情形，应当及时沟通了解情况，可能存在被欺凌情形的，应当及时向学校报告。学校应当教育、支持学生主动、及时报告所发现的欺凌情形，保护自身和他人的合法权益。

7. 建立学生欺凌认定和处置机制

《规定》第 23 条规定：学校接到关于学生欺凌报告的，应当立即开展调查，认为可能构成欺凌的，应当及时提交学生欺凌治理组织认定和处置，并通知相关学生的家长参与欺凌行为的认定和处理。认定构成欺凌的，应当对实施或者参与欺凌行为的学生作出教育惩戒或者纪律处分，并对其家长提出加强管教的要求，必要时，可以由法治副校长、辅导员对学生及其家长进行训导、教育。

对违反治安管理或者涉嫌犯罪等严重欺凌行为，学校不得隐瞒，应当及时向公安机关、教育行政部门报告，并配合相关部门依法处理。

不同学校学生之间发生的学生欺凌事件，应当在主管教育行政部门的指导下建立联合调查机制，进行认定和处理。

8. 建立防治性侵害、性骚扰工作机制

教职工当中存在极个别的害群之马对学生实施性骚扰、性侵害等行为，严重侵害学生权益，性质恶劣、影响极坏，严重违背法律和师德红线，严重冲击社会道德底线。针对这一问题，《规定》将防治性侵害、性骚扰纳入专项保护，《规定》第 24 条第 1 款规定：学校应当建立健全教职工与学生交往行为准则、学生宿舍安全管理规定、视频监控管理规定等制度，建立预防、报告、处置性侵害、性骚扰工作机制。

9. 预防并制止性侵害、性骚扰行为

《规定》第 24 条第 2 款规定，学校应当采取必要措施预防并制止教职工以及其他进入校园的人员实施以下行为：

① 与学生发生恋爱关系、性关系；

② 抚摸、故意触碰学生身体特定部位等猥亵行为；

③ 对学生作出调戏、挑逗或者具有性暗示的言行；

④ 向学生展示传播包含色情、淫秽内容的信息、书刊、影片、音像、图片或者其他淫秽物品；

⑤ 持有包含淫秽、色情内容的视听、图文资料；

⑥ 其他构成性骚扰、性侵害的违法犯罪行为。

（四）管理要求

近年来，教育部和地方教育行政部门不断加强和改进中小学管理，出台了一系列文件，教育部 2021 年下发的关于手机管理、睡眠时间管理、课外读物管理、作业管理、体质健康管理等五项管理办法，取得了明显成效。《规定》结合学校未成年人保护特点和需要，全面规定了学校应当建立实施的管理制度，包括校规校纪、课程管理、作业管理、课外读物管理、校园文化环境管理、安全管理、药品管理、体质管理、心理健康管理、手机管理和网络管理、禁烟禁酒、教职工准入管理、聘用管理、教职工日常管理、校车安全管理、校园及周边环境管理等具体制度，划清学校管理的制度框架与要求。《规定》第 4 章第 25 条至第 40 条对未成年人学校保护的管理要求进行了明确规定。

1. 制定规范教职工、学生行为的校规校纪

《规定》第 25 条规定：学校应当制定规范教职工、学生行为的校规校纪。校规校纪应当内容合法、合理，制定程序完备，向学生及其家长公开，并按照要求报学校主管部门备案。

2. 加强课程管理

《规定》第 26 条规定：学校应当严格执行国家课程方案，按照要求开齐开足课程、选用教材和教学辅助资料。学校开发的校本课程或者引进的课程应当经过科学论证，并报主管教育行政部门备案。学校不得与校外培训机构合作向学生提供有偿的课程或者课程辅导。

3. 加强作业管理

《规定》第 27 条规定：学校应当加强作业管理，指导和监督教师按照规定科学适度布置家庭作业，不得超出规定增加作业量，加重学生学习负担。

4. 加强课外读物和校园文化环境管理

《规定》第 28 条规定：学校应当按照规定设置图书馆、班级图书角，配备适合学生认知特点、内容积极向上的课外读物，营造良好阅读环境，培养学生阅读习惯，提升阅读质量。

学校应当加强读物和校园文化环境管理，禁止含有淫秽、色情、暴力、邪教、迷信、赌博、恐怖主义、分裂主义、极端主义等危害未成年人身心健康内容的读物、图片、视听作品等，以及商业广告、有悖于社会主义核心价值观的文化现象进入校园。

5. 加强学生安全管理

《规定》第 29 条规定：学校应当建立健全安全风险防控体系，按照有关规定完善安全、卫生、食品等管理制度，提供符合标准的教育教学设施、设备等，制定自

［拓展阅读］
《教育部办公厅关于加强义务教育学校作业管理的通知》

［拓展阅读］
《教育部办公厅关于印发〈中小学生课外读物进校园管理办法〉的通知》

然灾害、突发事件、极端天气和意外伤害应急预案，配备相应设施并定期组织必要的演练。学生在校期间学校应当对校园实行封闭管理，禁止无关人员进入校园。

6. 加强学生药品管理

《规定》第 30 条规定：学校应当以适当方式教育、提醒学生及家长，避免学生使用兴奋剂或者镇静催眠药、镇痛剂等成瘾性药物；发现学生使用的，应当予以制止、向主管部门或者公安机关报告，并应当及时通知家长，但学生因治疗需要并经执业医师诊断同意使用的除外。

7. 加强学生体质管理

《规定》第 31 条规定：学校应当建立学生体质监测制度，发现学生出现营养不良、近视、肥胖、龋齿等倾向或者有导致体质下降的不良行为习惯，应当进行必要的管理、干预，并通知家长，督促、指导家长实施矫治。

学校应当完善管理制度，保障学生在课间、课后使用学校的体育运动场地、设施开展体育锻炼；在周末和节假日期间，按规定向学生和周边未成年人免费或者优惠开放。

［拓展阅读］《教育部办公厅关于进一步加强中小学生体质健康管理工作的通知》

8. 加强学生心理健康管理

《规定》第 32 条规定：学校应当建立学生心理健康教育管理制度，建立学生心理健康问题的早期发现和及时干预机制，按照规定配备专职或者兼职心理健康教育教师、建设心理辅导室，或者通过购买专业社工服务等多种方式为学生提供专业化、个性化的指导和服务。

有条件的学校，可以定期组织教职工进行心理健康状况测评，指导、帮助教职工以积极、乐观的心态对待学生。

9. 加强学生手机管理和网络管理

《规定》第 33 条规定：学校可以禁止学生携带手机等智能终端产品进入学校或者在校园内使用；对经允许带入的，应当统一管理，除教学需要外，禁止带入课堂。

《规定》第 34 条规定：学校应当将科学、文明、安全、合理使用网络纳入课程内容，对学生进行网络安全、网络文明和防止沉迷网络的教育，预防和干预学生过度使用网络。

学校为学生提供的上网设施，应当安装未成年人上网保护软件或者采取其他安全保护技术措施，避免学生接触不适宜未成年人接触的信息；发现网络产品、服务、信息有危害学生身心健康内容的，或者学生利用网络实施违法活动的，应当立即采取措施并向有关主管部门报告。

10. 任何人不得在校园内吸烟、饮酒

《规定》第 35 条规定：任何人不得在校园内吸烟、饮酒。学校应当设置明显的禁止吸烟、饮酒的标识，并不得以烟草制品、酒精饮料的品牌冠名学校、教学楼、设施设备及各类教学、竞赛活动。

11. 学校不得聘用教职工或引入校外人员的情形

《规定》第 36 条规定，学校应当严格执行入职报告和准入查询制度，不得聘用有下列情形的人员：

［拓展阅读］《教育部办公厅关于加强中小学生手机管理工作的通知》

① 受到剥夺政治权利或者因故意犯罪受到有期徒刑以上刑事处罚的；

② 因卖淫、嫖娼、吸毒、赌博等违法行为受到治安管理处罚的；

③ 因虐待、性骚扰、体罚或者侮辱学生等情形被开除或者解聘的；

④ 实施其他被纳入教育领域从业禁止范围的行为的。

学校在聘用教职工或引入志愿者、社工等校外人员时，应当要求相关人员提交承诺书；对在聘人员应当按照规定定期开展核查，发现存在前款规定情形的人员应当及时解聘。

12. 学校教职工的从业禁止依据

《规定》第 37 条规定，学校发现拟聘人员或者在职教职工存在下列情形的，应当对有关人员是否符合相应岗位要求进行评估，必要时可以安排有专业资质的第三方机构进行评估，并将相关结论作为是否聘用或者调整工作岗位、解聘的依据：

① 有精神病史的；

② 有严重酗酒、滥用精神类药物史的；

③ 有其他可能危害未成年人身心健康或者可能造成不良影响的身心疾病的。

13. 学校及教职工行为的禁止性要求

教师承担着教书育人的重要使命和塑造灵魂、塑造生命、塑造新人的神圣职责。教职工的一言一行会对学生产生直接的、重要的影响。教职工利用职务便利谋取利益，不仅侵犯学生权益，而且严重损害教师形象，甚至构成违法犯罪。为规范教师行为，保护学生权益，《规定》第 38 条规定，学校应当加强对教职工的管理，预防和制止教职工实施法律、法规、规章以及师德规范禁止的行为。学校及教职工不得实施下列行为：

① 利用管理学生的职务便利或者招生考试、评奖评优、推荐评价等机会，以任何形式向学生及其家长索取、收受财物或者接受宴请、其他利益；

② 以牟取利益为目的，向学生推销或者要求、指定学生购买特定辅导书、练习册等教辅材料或者其他商品、服务；

③ 组织、要求学生参加校外有偿补课，或者与校外机构、个人合作向学生提供其他有偿服务；

④ 诱导、组织或者要求学生及其家长登录特定经营性网站，参与视频直播、网络购物、网络投票、刷票等活动；

⑤ 非法提供、泄露学生信息或者利用所掌握的学生信息牟取利益；

⑥ 其他利用管理学生的职权牟取不正当利益的行为。

14. 加强校车安全管理

《规定》第 39 条规定：学校根据《校车安全管理条例》配备、使用校车的，应当依法建立健全校车安全管理制度，向学生讲解校车安全乘坐知识，培养学生校车安全事故应急处理技能。

15. 加强校园及周边环境管理

《规定》第 40 条规定：学校应当定期巡查校园及周边环境，发现存在法律禁止在学校周边设立的营业场所、销售网点的，应当及时采取应对措施，并报告主管教育部门或者其他有关主管部门。

学校及其教职工不得安排或者诱导、组织学生进入营业性娱乐场所、互联网上网服务营业场所、电子游戏场所、酒吧等不适宜未成年人活动的场所；发现学生进入上述场所的，应当及时予以制止、教育，并向上述场所的主管部门反映。

（五）保护机制

健全完善的工作机制是未成年人学校保护各项制度能够有效实施的关键。《规定》创新和完善了学校未成年人保护工作机制，明确了教育等部门的支持监督措施，补齐短板弱项，提出了首问负责制、指定学生保护专兼职监察员等机制，为学校未成年人保护工作提供了有力的支撑。规定了教育部门、学校及教职工不履行责任的具体处理办法，细化和完善法律责任，为下一步加强管理问责提供了更为明确的依据。《规定》第 5 章第 41 条至第 49 条构建了未成年人学校保护的 8 项工作机制。

1. 领导机制和组织机制

《规定》第 41 条规定：校长是学生学校保护的第一责任人。学校应当指定一名校领导直接负责学生保护工作，并明确具体的工作机构，有条件的，可以设立学生保护专员开展学生保护工作。学校应当为从事学生保护工作的人员接受相关法律、理论和技能的培训提供条件和支持，对教职工开展未成年人保护专项培训。

有条件的学校可以整合欺凌防治、纪律处分等组织、工作机制，组建学生保护委员会，统筹负责学生权益保护及相关制度建设。

2. 教育机制

（1）积极开展以生命关怀为核心的专题教育

《规定》第 42 条规定：学校要树立以生命关怀为核心的教育理念，利用安全教育、心理健康教育、环境保护教育、健康教育、禁毒和预防艾滋病教育等专题教育，引导学生热爱生命、尊重生命；要有针对性地开展青春期教育、性教育，使学生了解生理健康知识，提高防范性侵害、性骚扰的自我保护意识和能力。

（2）积极开展法治教育

《规定》第 43 条规定：学校应当结合相关课程要求，根据学生的身心特点和成长需求开展以宪法教育为核心、以权利与义务教育为重点的法治教育，培养学生树立正确的权利观念，并开展有针对性的预防犯罪教育。

3. 专业合作机制

《规定》第 44 条规定：学校可以根据实际组成由学校相关负责人、教师、法治副校长（辅导员）、司法和心理等方面专业人员参加的专业辅导工作机制，对有不良行为的学生进行矫治和帮扶；对有严重不良行为的学生，学校应当配合有关部门进行管教，无力管教或者管教无效的，可以依法向教育行政部门提出申请送专门学校接受专门教育。

4. 民主参与机制

《规定》第 45 条规定：学校在作出与学生权益有关的决定前，应当告知学生及其家长，听取意见并酌情采纳。

学校应当发挥学生会、少代会、共青团等学生组织的作用，指导、支持学生参与权益保护，对于情节轻微的学生纠纷或者其他侵害学生权益的情形，可以安排学生代表参与调解。

5. 家校沟通机制

《规定》第46条规定：学校应当建立与家长有效联系机制，利用家访、家长课堂、家长会等多种方式与学生家长建立日常沟通。

学校应当建立学生重大生理、心理疾病报告制度，向家长及时告知学生身体及心理健康状况；学校发现学生身体状况或者情绪反应明显异常、突发疾病或者受到伤害的，应当及时通知学生家长。

6. 强制报告机制

《规定》第47条规定：学校和教职工发现学生遭受或疑似遭受家庭暴力、虐待、遗弃、长期无人照料、失踪等不法侵害以及面临不法侵害危险的，应当依照规定及时向公安、民政、教育等有关部门报告。学校应当积极参与、配合有关部门做好侵害学生权利案件的调查处理工作。

7. 首问负责机制

《规定》第48条规定：教职员工发现学生权益受到侵害，属于本职工作范围的，应当及时处理；不属于本职工作范围或者不能处理的，应当及时报告班主任或学校负责人；必要时可以直接向主管教育行政部门或者公安机关报告。

8. 帮扶救助机制

《规定》第49条规定：学生因遭受遗弃、虐待向学校请求保护的，学校不得拒绝、推诿，需要采取救助措施的，应当先行救助。

学校应当关心爱护学生，为身体或者心理受到伤害的学生提供相应的心理健康辅导、帮扶教育。对因欺凌造成身体或者心理伤害，无法在原班级就读的学生，学生家长提出调整班级请求，学校经评估认为有必要的，应当予以支持。

（六）支持与监督

未成年学校保护不仅是学校的职责，还需要政府给予支持保障和加强监督指导。《规定》第6章第50条至第56条对未成年人学校保护教育行政部门的支持与监督机制进行了明确规定。

1. 建立协同机制

《规定》第50条规定：教育行政部门应当积极探索与人民检察院、人民法院、公安、司法、民政、应急管理等部门以及从事未成年人保护工作的相关群团组织的协同机制，加强对学校学生保护工作的指导与监督。

2. 落实从业禁止机制

《规定》第51条规定：教育行政部门应当会同有关部门健全教职工从业禁止人员名单和查询机制，指导、监督学校健全准入和定期查询制度。

3. 提供专业服务

《规定》第52条规定：教育行政部门可以通过政府购买服务的方式，组织具有相应资质的社会组织、专业机构及其他社会力量，为学校提供法律咨询、心理辅导、行为矫正等专业服务，为预防和处理学生权益受侵害的案件提供支持。

教育行政部门、学校在与有关部门、机构、社会组织及个人合作进行学生保护专业服务与支持过程中，应当与相关人员签订保密协议，保护学生个人及家庭隐私。

4. 建立专门的机构队伍

《规定》第 53 条规定：教育行政部门应当指定专门机构或者人员承担学生保护的监督职责，有条件的，可以设立学生保护专兼职监察员负责学生保护工作，处理或者指导处理学生欺凌、性侵害、性骚扰以及其他侵害学生权益的事件，会同有关部门落实学校安全区域制度，健全依法处理涉校纠纷的工作机制。

负责学生保护职责的人员应当接受专门业务培训，具备学生保护的必要知识与能力。

5. 建立投诉渠道

《规定》第 54 条规定：教育行政部门应当通过建立投诉举报电话、邮箱或其他途径，受理对学校或者教职工违反本规定或者其他法律法规、侵害学生权利的投诉、举报；处理过程中发现有关人员行为涉嫌违法犯罪的，应当及时向公安机关报案或者移送司法机关。

6. 发展社会组织

《规定》第 55 条规定：县级教育行政部门应当会同民政部门，推动设立未成年人保护社会组织，协助受理涉及学生权益的投诉举报、开展侵害学生权益案件的调查和处理，指导、支持学校、教职工、家长开展学生保护工作。

7. 加强考核评估

《规定》第 56 条第 1 款规定：地方教育行政部门应当建立学生保护工作评估制度，定期组织或者委托第三方对管辖区域内学校履行保护学生法定职责情况进行评估，评估结果作为学校管理水平评价、校长考评考核的依据。

8. 各级教育督导机构强化督导问责

《规定》第 56 条第 2 款规定：各级教育督导机构应当将学校学生保护工作情况纳入政府履行教育职责评价和学校督导评估的内容。

（七）责任与处理

《规定》第 7 章第 57 条至第 61 条对未成年人学校保护的责任与处理进行了明确规定。

1. 明确学校侵权责任

《规定》第 57 条规定：学校未履行未成年人保护法规定的职责，违反本规定侵犯学生合法权利的，主管教育行政部门应当责令改正，并视情节和后果，依照有关规定和权限分别对学校的主要负责人、直接责任人或者其他责任人员进行诫勉谈话、通报批评、给予处分或者责令学校给予处分；同时，可以给予学校 1 至 3 年不得参与相应评奖评优，不得获评各类示范、标兵单位等荣誉的处理。

2. 明确学校监督责任

《规定》第 58 条规定：学校未履行对教职工的管理、监督责任，致使发生教职工严重侵害学生身心健康的违法犯罪行为，或者有包庇、隐瞒不报，威胁、阻拦报案，妨碍调查、对学生打击报复等行为的，主管教育部门应当对主要负责人和直接责任人给予处分或者责令学校给予处分；情节严重的，应当移送有关部门查处，构成违法犯罪的，依法追究相应法律责任。因监管不力、造成严重后果而承担领导责任的校长，5 年内不得再担任校长职务。

3. 明确学校管理责任

《规定》第 59 条规定：学校未按本规定建立学生权利保护机制，或者制定的校规违反法律法规和本规定，由主管教育部门责令限期改正、给予通报批评；情节严重、影响较大或者逾期不改正的，可以对学校主要负责人和直接负责人给予处分或者责令学校给予处分。

4. 明确教职工侵权责任

《规定》第 60 条规定：教职工违反本规定的，由学校或者主管教育部门依照事业单位人员管理、中小学教师管理的规定予以处理。

教职工实施第 24 条第 2 款禁止行为的，应当依法予以开除或者解聘；有教师资格的，由主管教育行政部门撤销教师资格，纳入从业禁止人员名单；涉嫌犯罪的，移送有关部门依法追究责任。

教职工违反第 38 条规定牟取不当利益的，应当责令退还所收费用或者所获利益，给学生造成经济损失的，应当依法予以赔偿，并视情节给予处分，涉嫌违法犯罪的移送有关部门依法追究责任。

学校应当根据实际，建立健全校内其他工作人员聘用和管理制度，对其他人员违反本规定的，根据情节轻重予以校内纪律处分直至予以解聘，涉嫌违反治安管理或者犯罪的，移送有关部门依法追究责任。

5. 明确教育行政部门失职责任

《规定》第 61 条规定：教育行政部门未履行对学校的指导、监督职责，管辖区域内学校出现严重侵害学生权益情形的，由上级教育行政部门、教育督导机构责令改正、予以通报批评，情节严重的依法追究主要负责人或者直接责任人的责任。

💬 思考与练习

答案

一、简答题

1. 简述学生的权利与义务。

2. 简述保护未成年人的基本原则。

3. 简述学生申诉制度。

4. 简述《预防未成年人犯罪法》规定的未成年人不良行为的情形。

5. 简述《预防未成年人犯罪法》规定的未成年人严重不良行为的情形。

6. 列举《未成年人学校保护规定》对学生的一般保护规定。

7. 简述教职工应当及时制止的学生欺凌情形。

8. 简述学校应当预防并制止的性侵害、性骚扰行为。

9. 简述学校不得聘用教职工或引入校外人员的情形。

10. 简述《未成年人学校保护规定》规定的学校及教职工不得实施的行为。

二、单项选择题

请你扫描二维码，查看本章的单项选择题，测一测学习效果。

单项选择题

三、案例分析题

请你扫描二维码，查看本章的案例分析题，测一测学习效果。

案例分析题

📑 推荐阅读

第八章推荐
阅读书目

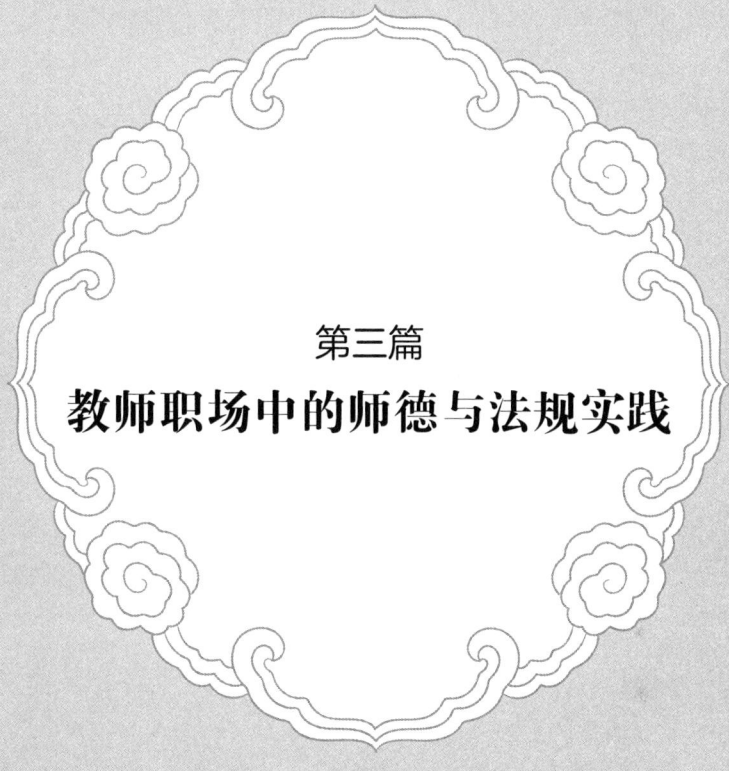

第三篇

教师职场中的师德与法规实践

［考纲链接］

教师职业行为

第九章　教育教学中的师德与法规实践

　　人民教师无上光荣，每个教师都要珍惜这份光荣，爱惜这份职业，严格要求自己，不断完善自己……做老师就要执着于教书育人，有热爱教育的定力、淡泊名利的坚守。①

——习近平

---

① 习近平. 论教育［M］. 北京：中央文献出版社，2024：14-15.

学习目标

1. 理解从"教书育人"到"立德树人"，教育肩负着道德培养的使命。

2. 通过了解教育教学中的师德与法规实践要求，形成对教育教学正确的态度与行为。

3. 通过观摩和参与实践，体会学科育人、教学公平和课比天大的重要性和必要性，从而更好地理解、分析和评价教育教学实践中的教师职业行为，形成对教师的教育教学行为正确的态度与教育情怀。

知识导图

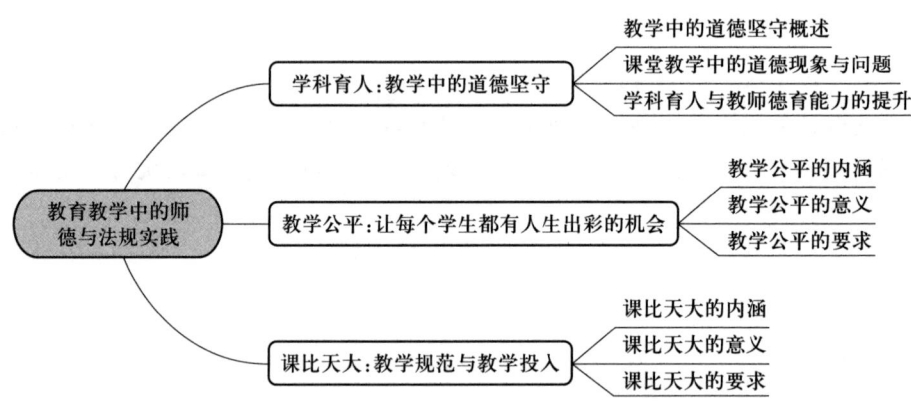

第一节　学科育人：教学中的道德坚守

人的道德不是天生就有的，而是通过接受教育培养的。教育作为培养人的活动，必然包含道德的内容。从"教书育人"到"立德树人"，教育肩负着道德培养的使命。教学是在教师"教"的引领下的学生"学"的共同活动，因而也是一种伦理活动，即充满道德的活动。在教学活动的各个方面和环节，都存在着道德判断和选择。如何理解教育的根本任务"立德树人"？教学中的道德坚守是指什么？在教育教学活动中有哪些违反教学道德的现象？教师应遵循怎样的教学道德？学科育人是怎样的含义？如何提升教师的德育能力？希望通过本节课的学习，引发你对教学道德现象的关注，理解教学道德的含义，知道课堂教学中的道德问题及其原因所在，了解与教学相关的职业道德规范与教育政策法规，并在此基础上为提升教师自身的德育能力做好准备。

一、教学中的道德坚守概述

（一）从教育、教学的含义看"道德"

道德不是与生俱来的。教育作为培养人的活动，必然包含着道德的内容。我国学者陈桂生指出，"教育"作为规范词，是同"善"相联系的——"善"为"教育"的原本之义。[①] 由此可见，教育内涵的道德意义，即教育肩负着培养个体道德的使命。德国教育家赫尔巴特认为，从教育的本质来看，统一的教育目的是不可能产生的。但是，"我们可以将教育唯一的任务和全部的任务概括为这样一个概念：道德"。"道德，普遍被认为是人类的最高目标，因此也是教育的最高目标。"[②] 赫尔巴特在《一般实践哲学》中系统阐述了内心自由、完美性、友善、法和公正五种道德观念，并在《教育学讲授纲要》中将培养五种道德观念视为教育的目的，也就是教育的最高目的。也可以说，教育的终极意义是关心人的道德培养，关心完整的人的发展，回到人本身，使人成为人。"人只有通过人，通过同样是受过教育的人，才能被教育。"[③] 因为教育具有道德意义的内涵，教师作为教育活动中的人，从事"教育人"的活动，所以，教师无疑是学校教育中重要的道德教育资源。

教学是在教师"教"的引领下的学生"学"的共同活动，也是一种伦理活动，即充满道德的活动。在教学活动的各个方面和环节，都存在着道德判断和选择。教学不仅是一种追求最大程度的、实现教学目标的"认识"活动，还是一项"至善"的事业，旨在培养人格健全、身心健康的学生。

---

① 陈桂生. 学校教育原理［M］. 长沙：湖南教育出版社，2000：95.
② 赫尔巴特. 赫尔巴特文集4：教育学卷2［M］. 郭官义，李其龙，等译. 杭州：浙江教育出版社，2002：177.
③ 康德. 论教育学［M］. 赵鹏，等译. 上海：上海人民出版社，2005：5.

（二）教学道德的维度与内容

周建平指出，教学道德可分为两个方面，即外生道德和内生道德。[①] 外生道德是指人类教学活动所体现的特定的社会伦理价值，是对教学的一种道义论约束，主要包括人道、平等、自由等；内生道德是指教学作为人类文明的一项创造和发明而必然体现的人类道德精神或伦理要求，是教学活动方式的内在性要求，是保证教学活动正常开展的内在因素，主要包括发展、合作、自主等。由此，教师在教学工作中，具体的教学道德应涵盖以下方面：是否尊重学生，肯定人的价值，促进人的发展；是否做到人格平等；是否给予学生充分的自由；是否充分促进学生真正的发展；是否关心和促进学生的合作；是否为学生提供了创造与超越的可能；等等。

📋 案例链接

一位教龄十几年的初中教师任教两个班级的主要学科，在历次考试成绩中，其所任班主任班级的平均分总是比另一个任教班级的平均分高出八九分。平均分较低的班级，一般情况下总分在年级前十名的学生有两三人，平均分较高的班级总分在年级前十名的学生却几乎没有。八年级的一次期末考试，这两个班级的平均分又差了 10 多分，校长终于认识到了这个问题的严重性，在教学总结会上严肃批评了这种现象。在接下来的一段时间里，这种现象似乎得到了有效的控制。

这位教师是如何使自己所教学科的成绩居高不下的？首先他具有天生的"管理优势"，那就是性格比较暴躁，生气时令人毛骨悚然，管理强势。其次，他采用了如下多种提高成绩的方式方法：

① 说服学生及其家长，想办法在课外补习自己所教学科的课程。

② 利用自习、班会，音乐、美术、心理课等一切可以挤占、利用的时间进行自己所教学科的教学。

③ 学生不完成自己所教学科的作业就不能上其他学科的课，要到办公室或在走廊里补自己所教学科的作业。

④ 学生每天必须首先完成自己所教学科的作业，并尽量在学校完成。

⑤ 三两天一小考，两三周一大考。大考试要占用其他科目的早读时间。

⑥ 学生 7：20 到校，比其他班级早 30 分钟。到校后，小组长辅导组员学习，小组长为了能够教好组员和轻松回答组员的提问，要天天认真备课。

⑦ 每学期必上几次公开课，每次都是让学生讲课。教师要提前两三天开始辅导学生像教师一样备课、讲课。

一　案例讨论

"煞费苦心，教学狂人"的教师背后是什么？

---

① 周建平. 追寻教学道德：当代中国教学道德价值问题研究［M］. 北京：教育科学出版社，2006：79.

一　案例解析

此类案例中的教师，可能还没有意识到自己为了提高学生的学习成绩会有什么错误，更对呕心沥血之后还被扣上"师德有问题"的帽子百思不得其解。殊不知"物极必反"的道理，这种为了达到一定目的而不择手段，一般都会适得其反。因为从教师个人眼前的利益来看，可能是损人利己的，但从师生乃至教育的发展前景来看，一定是既损人又不利己的。"教学狂人"的"雅号"就是由这些提高成绩的"妙招"得来的。具体来说，这类案例主要反映出以下问题：第一，激进的教学纪律与教学管理方式忽视了人性，违背了学生身心发展的规律特征。第二，表面上提高了学生的学习成绩，实际上则体现了教师的功利性目的，而不是为了学生的发展，偏离了教育本质。第三，教师利用班主任的身份和角色，实际上是一种以权谋私、以职谋私的做法，违反了相应的法律法规。

长期以来，我国教学在改革发展的同时，也存在着一些异化——分数、体罚、灌输、负担等，忽视了教育中的人性和育人要素，因此有必要认真审视教育教学中的道德伦理问题。

二、课堂教学中的道德现象与问题

无论是古人强调的传道、授业、解惑，还是今天的育人使命，在很大程度上都有赖于师生面对面的教学活动来实现。换言之，教学要履行"传道"及"价值塑造"的职能。

课堂教学中的道德现象一般可以看作两个层面：第一是教学层面，和教学本身的内在要素有关，如教学目的的价值、教学内容的选择与组织、教学方式与手段的合适性与应当性等。第二是管理层面，即与教学关系、教学纪律、教学管理有关的道德，如师生关系、纪律规范与课堂管理等。

当然，教学与管理不是彼此孤立的，而是相互作用的。教学与管理贯穿在完整的教学活动中。积极有效的课堂管理能鼓励学生发展他们的自我控制能力，鼓励学生养成责任意识和自我管理能力，通过良好的教学顺序和学习体验提高学生参与活动的能力，增强学生之间的相互作用，发展学生积极的体验等。反之，消极专制的纪律措施与管理则会增加学生的负面情绪，压抑学生的个性，不利于学生的发展。

当前，在我国课堂教学实践中普遍存在以下教学道德失范的现象。

（一）专制—服从

教学中专制—服从的管理模式有诸多表现，如课堂教学的时间管理、学习任务、作业布置等完全由教师控制，学生的学习进度整齐划一，课堂上学生必须听话、守规矩，甚至课余时间都被限制活动内容和活动范围。在这样的管理模式中，教师拥有绝对的权利，学生的主体性和人格自由受到忽视，成为无条件的服从者和被管理者。专制—服从的课堂管理模式过于简单，会导致教学、管理和学习的低效，甚至使学生在学习活动中丧失创造性。

（二）纪律—惩罚

课堂纪律是指为保障或促进学生的学习能够正常进行而设置的行为标准及施加的控制。良好的课堂纪律是课堂教学得以顺利进行的重要保障条件，有助于维持课堂秩序，减少学习干扰，也有利于稳定学生的情绪和加强学生行为的自我控制，促进学生的社会化，以及良好个性品质的形成。

一般来说，纪律有三种基本含义：第一，纪律是指惩罚，是典型的规训。第二，纪律是外在约束并纠正行为的手段，具有强制性和公益性。第三，纪律是自身内在的约束力，是一种道德约束力。在中小学教学实践中，往往出现一种问题，即将课堂纪律与惩罚联系在一起。纪律也有惩罚的意义，但将纪律等同于惩罚则明显存在不足，因为它忽略了纪律在维系师生关系、实现教学任务方面的功能，而在课堂中，如果教师完全依赖惩罚来维持课堂秩序，则是教师无能的表现。[①]

纪律—惩罚模式与现代教育所倡导的责任模式，即强调形成学生的自我指导能力的责任感显然是背道而驰的。而且，惩罚导致的对学生情绪的负面影响可能会带来更多、更严重的纪律问题。因此，教师要重视纪律的第三种含义，即把纪律看作自身内在的约束力，是一种道德约束力。

（三）冷暴力—淡漠

冷暴力是指以冷漠、疏远、放任或漠不关心的方式对他人精神和心理实施伤害。例如，教师用挖苦、讽刺的话语中伤学生，给学生贴标签，或过度揣测学生心理的现象，从而带给学生一定的心理创伤。除此之外，另一种典型的课堂冷暴力就是在课堂交往中师生地位的不平等，导致师生情感疏离，关系淡漠。

语言暴力是师德违规行为中较为普遍的一种行为，因其具有一定的隐匿性，对学生的伤害往往是心理上或精神上的。例如，某教师在课堂上发现学生拿着书挡住了脸，于是说："把书放下来，遮着脸是在遮羞吗？你还有什么见不得人的？"当学生回答不出问题时，教师说："你可真行啊！脑子进水了，书都白读了。"教师直接或间接地对学生使用谩骂、诋毁、蔑视、嘲笑等侮辱、歧视性的语言，产生的语言暴力危害极大。

📋 **案例链接**

　　某班因为纪律问题在语文教学进度上落后于其他班，语文老师为了解决这个问题，借助周五班会，针对语文课上不守纪律学生的惩罚措施发布了一次民主投票，最终全体学生民主决定以背诵课外古诗、讲课外故事的形式作为"惩罚"，这一结果既达成了纪律教育，又积累了语文知识。

一　案例讨论

　　如何合理解决课堂纪律问题？

---

① 刘家访. 课堂管理中纪律的问题与运用［J］. 教育理论与实践，2002（4）：49-52.

一　案例解析

教学管理规范应当公平、公正、公开，让全体学生掌握规范并监督规范的平等实施。长此以往，可以促进学生高层次的自律发展，也能够长久保持学生的主动性，激发学生的创造精神。

三、学科育人与教师德育能力的提升

（一）学科育人概述

学科通常是知识体系和价值体系的统一。学科育人是指通过具体的某一学科或者某一学科的类群，对学生进行思想政治教育或道德教育。学科育人的本质是通过学科教育教学的发展性，促进学生作为人的社会本质、文化本质和精神本质的生成，发展学生新时代所必需的学科核心素养。[①] 学科育人是我国教书育人开展的主要模式，学科教学不仅承载着传递学科知识、培养学科能力的重任，还承载着更为重要的育人功能。成尚荣指出，铸魂育人是立德树人根本任务的具体化，具有深刻性、生动性；"铸魂"之"魂"就包括学科教学之魂。[②] 因此，落实立德树人根本任务要落实在学科教学中。

2014 年，教育部印发的《关于全面深化课程改革落实立德树人根本任务的意见》中明确提及学科育人这一概念，指出改进学科教学的育人功能，要在发挥各学科独特育人功能的基础上，充分发挥学科间综合育人功能。因此，学科育人是学科本质的应有之义，是从学科的文化土壤里萌发、生长出来的，而不是外加的。[③]

中小学各个学科都有完整的知识体系，是一套学科知识传播的架构；每个学科都代表着人类在这一领域的文化的凝练，是人类智慧的累积和沉淀，代表着每个领域人类文明的发展渊源。学校落实立德树人根本任务，必须以学科课程为主，发挥各学科的育人功能。例如，语文课程性质的核心是工具性与人文性的统一。以语文学科为例，成尚荣从特级教师窦桂梅的《葡萄沟》教学案例中分析了学科教学的重大转向，指出学科育人应当是教学改革的风向标和准绳。[④] 数学学科的育人价值包括数学文化体验、滋养理性、尊重与合作、创新思维培养等。学科和育人不是简单的任务叠加，而是在教学活动中融为一体。

随着新课程标准的颁布，学科核心素养成为新的焦点。中国学生发展核心素养应以培养"全面发展的人"为核心，紧紧围绕落实立德树人根本任务要求，坚持以人为本，遵循学生身心发展规律和教育规律。各个学科的核心素养凝结着学科具体知识的本质、特定的学科思想、问题解决的方法论，以及学习者在具体学科领域所应具备的能力表现与体验。学科教学要切实发挥育人功能，需要把握学科核心素养

① 郭元祥. 论学科育人的逻辑起点、内在条件与实践诉求 [J]. 教育研究，2020（4）：4-15.
② 成尚荣. 上有灵魂的课：学科教学如何实现铸魂育人 [J]. 中小学管理，2019（11）：5-8.
③ 成尚荣. 上有灵魂的课：学科教学如何实现铸魂育人 [J]. 中小学管理，2019（11）：5-8.
④ 成尚荣. 学科育人：教学改革的指南针和准绳 [J]. 课程·教材·教法，2019（10）：82-89.

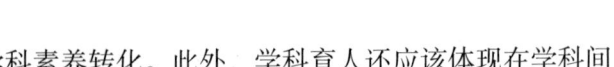

的内在要素，促进学科知识向学科素养转化。此外，学科育人还应该体现在学科间的统整育人，以促进人的完整性、连续性和全面性发展。

（二）教师德育能力的提升

2021 年，教育部印发《中学教育专业师范生教师职业能力标准（试行）》等五个文件，分别明确了中学教育、小学教育、学前教育、中等职业教育和特殊教育专业师范生教师职业基本能力，即师德践行能力、教学实践能力、综合育人能力和自主发展能力。其中，综合育人能力主要从开展班级指导、实施课程育人、组织活动育人等方面强调"育人为本"，落实立德树人根本任务。

教师德育能力是教师专业能力的重要组成部分，既包含教师自身的品德修养，又包含教师在育人过程中的方法和能力上的特征。教育过程是复杂的，一个教师"为了学生好"而严厉批评，在教育效果上可能会让学生从错误中反思，从而获得进步，但是也有可能适得其反，伤害学生的自尊，影响学生的学习兴趣，甚至使学生对学习失去自信。教师严厉的方式和手段是否合乎道德，要看对学生产生了怎样的影响，换句话说，这就是一种育人的能力。现实中不乏教师动机善而行为恶的现象，归根到底是教师德育能力的缺失。

提升教师的德育能力，要在教师培养和培训上做好课程设计。要明晰教师德育能力在师范生和在职教师专业素养中的重要性，加强教育培养和实践锻炼，帮助他们理解教育工作的专业性和复杂性。

新时代中小学教师应该具备怎样的德育意识和能力呢？一是借助任教学科开展"教育性教学"的意识和能力，二是巧用学校整体生活涵养学生德性的意识和能力，三是引导学生进行自主道德学习的意识和能力。[①] 师范生应意识到教师德育能力是一种指向职场的能力。这就要求广大师范生和教师首先要重视理论学习，如教育理论知识、道德伦理知识以及教育政策与法规等，增强德育意识；其次要注重教育经验总结，在实践中交流、反思，在教学研究中提升学科素养。

第二节　教学公平：让每个学生都有人生出彩的机会

习近平总书记多次强调："努力让每个孩子都能享有公平而有质量的教育。"[②] 作为一个伦理学范畴，公平同公道、公正、正义等范畴相近，含有从公正的角度出发，平等地善待每一个与之相关的对象的意义。教学公平是教育公平的直接延伸、具体体现与核心内容；教育公平又是社会公平的重要基础。实现教育公平，直接关系到最广大人民群众的切身利益，关系到办好人民满意的教育，关系到社会公平的实现。公平、尊重和关爱是学校教育的主题词，更是教学公平的关键词。实现教学

---

① 章乐. 论新时代中小学教师的德育意识和能力培养 [J]. 中国教育学刊，2020（6）：1-7.
② 教育部课题组. 深入学习习近平关于教育的重要论述 [M]. 北京：人民出版社，2019：164.

公平就是实现教育公平，就是奠基社会公平。

一、教学公平的内涵

教学公平是指教师遵循《教师法》等法律法规与职业道德要求，在教学过程中公正合理地提供教学资源和教学服务，用同一原则和标准对待、处理教学中出现的相同情况下的人和事，使所有学生都能自由、平等地选择、分享教师提供的公共教育教学资源与服务。教学公平既是一种道德要求和品质，又是利益分配的道德原则。

（一）面向全体学生已有基础的教学目标

对于一个完整的教学过程来说，确定一个公平的教学目标是教学公平的起点和首要任务。其公平的含义包括：一是指面向全体学生，而不是部分学生，更不是少数学生；二是指面向学生的已有基础，教学目标是针对学生的已有基础而设定的。这个基础是学生真实的基础而不是臆测的基础，是现有的基础而不是过去的基础。

在实际教学过程中，学生的学习差异会直接影响教学目标的拟定。因此，针对不同学生的差异，教学目标必须是尊重学生差异基础上的统整拟定，是契合全体学生实际的最大公约数。

教师在具体确立目标时，要把针对全体学生的教学目标列入一般性目标，把针对学生差异的教学目标列为个性化目标，或称目标的个性化。这样一般与特殊相结合，能较好地解决教学目标公平设定问题。

教材是教学目标设定的前提，采用什么样的教材，对教材作怎样的处理，直接关系教学目标的设定。教材说到底是学生的学习材料，教师的教学不是教教材，而是把教材作为学材。对学材作必要的取舍，是教学目标设定的前置性任务。叶圣陶曾说过，"教材无非就是个例子""教是为了不教"。这是对教材处理精辟深刻的论述，值得教师体会践行。

（二）引导全体学生主动参与的教学实施

教师围绕已经设定的教学目标，公平地组织教学，这是教学公平的过程要义。教学实施的公平在于按照预设的教学目标，教师积极引导全体学生主动参与学习，努力达成教学目标。其公平的含义包括两个方面：一是教师的积极引导是面向全体学生的，尤其是那些在学习过程中遇到困难的学生，更应该得到教师的关爱、激励和引导，从而促使他们主动参与学习；二是检验教师的教学是否公平的标志是学生的主动参与，而非被动应付。只有学生主动参与的教学过程才是教学公平的生动过程。教学过程中学生的主动参与是检验教学实施是否公平的重要标志。学生的主动参与在教学实施过程中体现为：一是主动参与的积极性，二是主动参与的有效性，三是主动参与的拓展性。

（三）促进全体学生素养提升的教学评价

一个完整的教学过程的终点是对教学效果的评价。基于教学公平的教学评价应是：评价对象是全体学生；评价导向是促进学生素养的全面提升；评价工具应该客观、科学、有效。

面向全体学生、促进全体学生发展是教学评价的前提，也是教学公平对评价的必然要求。促进学生素养的全面提升是教学公平的目标。以评促建，以建促评，评价的导向性在于让所有学生在评价过程中都有所思、有所得、有所获。评价手段和工具努力做到客观、科学、有效，这是评价公平的重要条件。评价的科学性在于一切从实际出发，实事求是地评价每一个学生的发展进步，从而为每一个学生绘制个性化的发展蓝图。

在真实的教学评价环境中，评价需要时效，只有即时反馈，才能最大限度地发挥评价的导向激励作用。同时，除了来自教师的评价，还需要学生自身的自我评价，需要学生之间的相互评价。自评与互评的有机结合将会更有效地发挥评价的聚集效应，从而更有利于学生的发展成长。

（四）教学公平的空间诉求

教学作为一个独特的时空连续体，除了有过程的起承转合，还有空间的上下关联、左右链接。在师生全员参与的大空间中，教学公平意味着教学活动的所有参与者都拥有共享的学习空间，而不是少数人的学习场所。在小组成员共同学习的空间中，教学公平意味着小组全体成员共同拥有合作的探究空间，而不是教师的一言堂。在教师个别指导学生学习的小空间中，教学公平意味着教师的指导与学生的自主学习形成契合无间的互动空间，而不是任何一方的自说自话。

教师只有在关注教学过程的同时，关注学生的学习发展空间，才能在时空一体的框架下，让学生拥有更好、更优的发展成长时空，真正使教学公平逐一落到实处。

二、教学公平的意义

教学公平的实现是教育公平的落地，也是社会公平的彰显。关注教学公平就是关注教育公平和社会公平。实施教学公平就是落实教育公平和社会公平。教学公平的意义在于时代性与发展性的统一，职业性与人民性的统一，价值观与道德观的融合，规范性与操作性的协同。

（一）教学公平是时代性与发展性的统一

公平是当代社会的重要特征。公平既是人性意识觉醒的反映，也是当代社会发展追求的价值目标。教育公平是社会公平的重要基础，要不断促进教育发展成果更多更公平惠及全体人民，以教育公平促进社会公平正义。[①] 作为教育系统构成的课堂教学是公平存在之域，它是彰显和维护社会公平的重要维度。从根本上讲，每一个学生都是作为个体生命存在的，理应具有平等性。学校倡导、追求教学公平的根本动因在于对人性的敬畏和对平等人格的尊重，希望通过教学公平，每个学生都享有同等发展。从教学观的发展来看，教学公平最初的形成可以追溯至古代，孔子早在两千多年前就提出了"有教无类"，之后徐干的"导人必因其性"，孔颖达的"教人之法，当随其年才"成为公平施教的重要思想。当教育发展到当代，教育公平已

---

① 习近平. 习近平谈治国理政：第 2 卷［M］. 北京：外文出版社，2017：365-366.

经成为社会普遍追求的价值。党的二十大报告指出：坚持以人民为中心发展教育，加快建设高质量教育体系，发展素质教育，促进教育公平。面临新时代教育公平发展问题，教学公平的实践具有更大的意义。它不仅是课堂教学改革的指向，决定着教育公平的实现，也是培育学生的社会公平意识、践行社会公平能力的重要途径。所以，教学公平是教育时代性与发展性的统一。

（二）教学公平是职业性与人民性的统一

党的二十大报告指出：必须坚持人民至上。人民性是马克思主义的本质属性，党的理论是来自人民、为了人民、造福人民的理论，人民的创造性实践是理论创新的不竭源泉。一切脱离人民的理论都是苍白无力的，一切不为人民造福的理论都是没有生命力的。我们要站稳人民立场、把握人民愿望、尊重人民创造、集中人民智慧，形成为人民所喜爱、所认同、所拥有的理论，使之成为指导人民认识世界和改造世界的强大思想武器。

《教师法》第3条明确了教师的专业地位，"教师是履行教育教学职责的专业人员，承担教书育人，培养社会主义事业建设者和接班人、提高民族素质的使命"。教书育人是教师的本职工作。这是教师特定的义务，一方面是指对学生个体的培养责任，另一方面是指帮助学生树立正确的人生观，懂得做人的道理，促使其形成健康的心理，最终使学生以健全的人格在社会上安身立业，成为国家和社会的有用人才。教师的权利、义务与其职业性密切相关，法律规定的教师专业地位确认了教师的职业性和专业性。

正是这种职业性要求教师的教学公平，反过来，也正是教师的教学公平体现了教师的职业性。只有真正的教学公平，才是教师职业性的真实体现。

教育公平和教学公平是社会主义教育的本质属性，是中国共产党执政为民的本质体现。中国共产党的宗旨是全心全意为人民服务，办好人民满意的教育需要落地生根，逐一落到实处。这是教育公平和教学公平的人民性的内在要求。人民性是教育公平和教学公平的出发点和落脚点。教学公平通过真实、具体、生动、活泼的教育教学活动，展示了教师对全体学生的关爱、尊重与平等对待，为学生的未来奠基，为家长的未来助力，从而体现了教育教学的人民性。

党的二十大报告指出，要坚持以人民为中心的发展思想。维护人民根本利益，增进民生福祉，不断实现发展为了人民、发展依靠人民、发展成果由人民共享，让现代化建设成果更多更公平惠及全体人民。教师的职业性与教育教学的人民性的和谐统一，要求达成起点与过程的教育公平和教学公平，从而彰显教师的职业性和专业性，彰显教育教学的人民性。教学公平由此获得践行教师的职业性与教育教学的人民性相统一的重要意义。

（三）教学公平是价值观与道德观的融合

党的二十大报告指出，要广泛践行社会主义核心价值观。社会主义核心价值观是凝聚人心、汇聚民力的强大力量。弘扬以伟大建党精神为源头的中国共产党人精神谱系，用好红色资源，深入开展社会主义核心价值观宣传教育，深化爱国主义、集体主义、社会主义教育，着力培养担当民族复兴大任的时代新人。推动理想信念教育常态化制度化，持续抓好党史、新中国史、改革开放史、社会主义发展史宣传教育，引导人民知史爱党、知史爱国，不断坚定中国特色社会主义共同理想。用社会主义核心价值观铸魂育人，完善思想政治工作体系，推进大中小学思想政治教育一体化建设。坚持依法治国和以德治国相结合，把社会主义核心价值观融入法治建设、融入社会发展、融入日常生活。

社会主义核心价值观的基本内容包括富强、民主、文明、和谐、自由、平等、公正、法治、爱国、敬业、诚信、友善。其中，富强、民主、文明、和谐是国家层面的价值目标，自由、平等、公正、法治是社会层面的价值取向，爱国、敬业、诚信、友善是公民个人层面的价值准则。教学公平正是自由、平等、公正、法治的社会层面价值取向在教育教学中的直接投射与具体体现。

北宋政治家司马光说："才者，德之资也；德者，才之帅也。"教学公平隐含的道德价值引领表现为道德所起的"帅"的作用，即道德所产生的对人的发展的影响。道德作为调整人与人之间以及个人与社会之间关系的行为规范，道德准则是依靠社会舆论、人们的内心信念和传统习惯的力量来实现的。在教育教学过程中，教学公平通过公正平等地对待所有学生，从而在思想信念上对学生产生正面引领、积极影响的作用。

马克思指出："人的本质不是单个人所固有的抽象物，在其现实性上，它是一切社会关系的总和。"[1] 教学公平触及并影响师生关系、生生关系，为每一个学生的健康成长奠定了公正、平等的社会关系基石。这是学生一生成长的宝贵财富。

社会主义核心价值观与道德观是融合无间的。价值作为一种关系现象，其客观基础是人类生命活动及社会实践所特有的对象性关系——主客体关系，价值是这种关系的基本内容和要素；价值产生于人按照自己的尺度去认识世界、改造世界的现实活动；价值的本质是客体属性同人的主体尺度之间的一种统一，是"世界对人的意义"[2]。正是在人是一切社会关系的总和的意义上，教学公平拥有了自身不可替代的重要意义。

（四）教学公平是规范性与操作性的协同

教师作为法律规定的"履行教育教学职责的专业人员"，其所承担的教书育人，培养社会主义事业建设者和接班人，提高民族素质的使命，需要依据法律的规定，行使与自身职责相关的权利与义务。当教师以教育者的身份出现在教育教学中时，其与职责相关的权利与义务从某种意义上说是代表国家和社会利益的，是不可以随意更改甚至放弃的。这种带有约束性的规范要求，是教育公平和教学公平的基础与前提。换言之，教育公平和教学公平本身就蕴含着法律的约束性、规范性要求。这也是教育公平和教学公平的意义所在、价值所在。

"衡之于左右，无私轻重，故可以为平。绳之于内外，无私曲直，故可以为正。"意思是考察左右的人，任用没有偏私，才可以算作公平；监督朝廷内外，判

①　马克思，恩格斯. 马克思恩格斯文集：第 1 卷［M］. 北京：人民出版社，2009：501.
②　李德顺. 价值论：一种主体性的研究［M］. 3 版. 北京：中国人民大学出版社，2020：29.

别是非没有偏颇，才可以算作正直。《淮南子》中的这句话虽然指的是君主的治国之道，但是证之于公平，证之于教育公平，证之于教学公平，仍有其借鉴意义。教学公平说到底是需要人去实现的。

在教育教学过程中，教学公平需要通过教师的操作性活动来体现。无论是面向全体学生已有基础的教学目标，引导全体学生主动参与的教学实施，还是促进全体学生素养提升的教学评价，整个教育教学过程都是由前后贯通的操作性活动，在师生共有、共享的教育教学空间中完成的。从这个意义上说，没有教育教学的操作性，就没有教育教学的公平。也正是在这个意义上，教育教学公平以法律法规的约束性、规范性与具体实施的实践性、操作性的协同，彰显了自身独特的价值与意义。

三、教学公平的要求

只有通过具体实施操作，才能让教学公平落到实处，其中关键是明确教学公平的相关要求。明确教学公平的要求，就是给教师绘制一幅教学"施工图"，让理论的教学公平变成实践的教学公平，让愿景的教学公平变成实景的教学公平，让"纸上"的教学公平变成鲜活的教学公平。

（一）坚守公平，关注效率

教学公平的实施，首先要求教师在教学过程中始终坚守公平，同时关注效率。

坚守公平，教师要做到教学中的全员、全程、全面、全人。全员，指教学始终面向全体学生，切实做到不放弃任何一个学生。无论是学优生，还是学困生，都在教师的关注之中。

全程，指整个教学从起点到终点，从开始到结束，要始终以过程公平的观念应对教学。如同恩格斯针对黑格尔的过程思想指出的那样，这是"一个伟大的基本思想，即认为世界不是一成不变的事物的集合体，而是过程的集合体"[1]。教师与学生是教学的直接关联者，是教学过程集合体的核心要素。这也是教学得以进行的根基与前提。只有过程公平，才能实现真正的教学公平。

全面，指教学涉及的所有内容都在教学公平的视野之中。学科的、活动的，课内的、课外的，都是教师教、学生学的内容；各学科都是促进学生全面发展的必修内容，不能厚此薄彼。

全人，指教学必须关注学生作为一个独立、完整的人的身心、情意、知能等多方面的和谐发展、全面发展。

教师教学受到时间的限制，如何在给定的时间内完成既定的教学任务，这就是教学效率。特别是教师必须控制自己的讲授时间，确保学生有思考和活动的时间；讲课内容紧扣重难点；点拨精准恰当，凸显启迪性。[2] 更为关键的是，分数面前人人平等的公平性，也有其局限性。说到底，分数面前人人平等的公平性和局限性的

① 马克思，恩格斯. 马克思恩格斯全集：第 21 卷［M］. 北京：人民出版社，1965：337.
② 陈杰，等. 立学课堂的区域建构［M］. 南京：南京师范大学出版社，2022：98.

矛盾是教学效率和教学平等的矛盾。消除这一矛盾，既要肯定分数面前人人平等的现实公平性，又不能把分数面前人人平等绝对化，必须清醒认识其局限性，努力消除造成分数差距背后的经济、文化、制度等的根源性问题，实现真正全面的教育公平。[①]教学公平与教学效率在关注其矛盾性的同时，要努力做到两者的共赢。

（二）言传身教，育人为本

教学公平需要教师言传身教，育人为本。在传统教育教学中，孔子十分关注并重视言传身教。他重视道德教育，以仁为最高的道德准则，鼓励人们提高道德水平。他要求教师具有良好的职业道德，学而不厌，诲人不倦，以身作则。孔子认真总结教育经验，提出了不少创见，成为中华民族珍贵的教育遗产，产生了重大的历史影响。对中国教师来说，教师的言传身教具有悠久的历史传统。

今天教师的言传身教在教学公平的视域下，不仅有其独特的价值意义，而且对教学公平的最终落地有着重要的助力作用。言传身教最重要的是充满爱心、保持宽容、一视同仁。"亲其师，信其道"的前提是亲其师，学生"亲其师"既要听教师怎么说，也要看教师怎么做。如果教师关爱学生、宽容平等，言行一致、以身作则，学生就会信任教师、亲近教师，进而追随教师，按照教师引导的方向去努力践行。这样的教学公平就会在润物无声的教学过程中得到充分体现，"言传""身教"相辅相成、相得益彰，使立德树人的育人目标较好地落实达成。

（三）以学定教，教学相长

明确学生在教学中的主体地位，是教学公平的又一项要求。以学生为中心，突出学生在教学中的主体地位，对教师来说就是要做到以学定教。以学生为主体、以学习为中心要求教师一切从学生立场出发，由此观察学生知识的获得、方法的掌握、思维的激活、能力的锻炼、情意的发动等，并以此为依据进行教学设计、教学实施、教学评价。以学生为主体、以学习为中心要求教师以学生的学习为中心。在学生作为学习活动主体的基础上，以学习任务作为课堂教学的基本构件，以学情分析作为教学指导的前提依据，以促进学生进行有意义的学习与高质量的思考作为课堂学习的主要目的，以有质量的主动积极参与作为学生有效学习的重要标志。

"是故学然后知不足，教然后知困。知不足，然后能自反也。知困，然后能自强也。故曰，教学相长也。"《学记》揭示的这一教育教学规律在今天显得更为紧要。以学定教，无论是立足学情分析，设计可供学生使用的支撑性构件、平台性阶梯，还是进行与学生学习过程相匹配的过程性评价，继而跟进反思对教学过程作出必要的调整，都需要教师始终坚守学生立场，突出学习者中心，从而知道自身的困惑与欠缺，以生为师，刻苦钻研。"教""学"同源，要使教师的教与学生的学相互影响，相互促进，使教师的主导性与学生的主体性统一于教学过程中，促进师生个体生命价值的共同提高，在教学领域实现真正的教学公平。

（四）自主合作，共同探究

对于学习本质，李松林认为，"学习即建构""学习即持续的建构""学习即持

---

①　郝文武. 教育哲学研究［M］. 北京：教育科学出版社，2009：159.

续的自主建构"。^①这里的建构是指学生的自主建构。学生的自主建构不是凭空建构、任意建构，而是必须建立在学生已有的生活经验、认知结构和文化背景基础上，在教师的引导下，学生通过自身的积极建构，实现知识的运用和迁移，知识的内化和转化、进而外化。教师的教学公平体现在教师的工作并非只是传授信息，甚至也不是传授知识，而是以陈述问题的方式介绍这些知识，把它们置于某种条件中，并把各种问题置于未来的情景中，从而使学生能在答案和更广泛的问题之间建立一种联系。^②

"独学而无友，则孤陋而寡闻。"对学生的学习来说，通过与同学合作、共同探究，一是使传统的班级授课制在课堂组织结构上有了新的变化，有效地克服了传统班级授课制的不足；二是使学生的学习活动从个体到团队，学生的学习方式发生了变化；三是使传统的"教为中心"的课堂文化向"学为中心"的课堂文化转变。这些深刻的变化凸显了课堂教学中的民主化、科学化、开放性、合作性，最终逐步形成课堂教学的合作文化。这正是教学公平的魅力所在、要义所在。

（五）多元评价，知行合一

教学公平的课堂教学评价是多元的，包括对教学目标、教学实施、教学结果的评价，对教师的价值引领与教学组织、教学交往、教学方式的评价，对学生的文化基础、自主发展、社会参与的评价。评价可以是量化的，也可以是质性的，评价方式包括自评、他评、互评等。其要点在于评价促进发展，评价基于核心素养，又回归核心素养，从而有利于培养适应社会发展和自身全面发展的人。

多元评价体现了教学公平的要求，教师不是唯一的裁判员，学生既是课堂教学的参与者，又应该成为课堂教学效率、效益的评判者。学生除了得到来自教师的评价之外，还得到来自同学的评价，还有参与活动的社会评价。更为重要的是，学生还有自我评价。这样的多元评价，既有评价主体的多元，又有评价工具、评价方式的多元，从而使课堂教学评价丰富多彩、真实有效。

多元评价最终指向学生核心素养的提升与教师基于课堂教学的立德树人能力的提升。而这两方面的提升，归根结底是需要知行合一予以验证的。

（六）一个都不能少，警惕教学歧视

教学歧视作为一个隐蔽而又复杂的社会现象，其产生有着诸多的历史和现实因素。深究教学歧视产生的根源，其中既有由应试教育向素质教育转轨过程中教育体制存在的不完善因素；又有以班级授课制为主要教学组织形式的过程中存在的痼疾。在学生的个体才能、禀赋差异、家庭社会经济地位存在差异的情况下，教学资源在提供和分配过程中也必然会产生差异；教师职业道德缺失，使得教学歧视现象存在于教育教学之中，并对学生的发展产生消极影响。

此外，功利性的教育为教学歧视提供了现实的滋生土壤。功利教育主导下的

① 李松林. 培育学科核心素养的三个教学问题［J］. 教育科学研究，2017（8）：5-9.
② 联合国教科文组织. 教育：财富蕴藏其中［M］. 联合国教科文组织总部中文科，译. 2 版. 北京：教育科学出版社，2014：106.

"唯分数论"和"一切向成绩看"的评价机制依旧严重束缚学生的发展。这种功利化的教育已经扭曲了学校管理者和教师的内心价值诉求。以片面追求升学率为核心的应试教育模式，由于单纯以学生考分和学校升学率为衡量一切的标准，不仅加大了学生的课业负担，压抑了学生的兴趣爱好，而且无形中在学校、学生、家长和教师当中形成了"歧视差生、拒绝弱校"等的恶性循环。在这种教育环境下，成绩作为判定学生的主要衡量标准，对成绩不好的学生来说，同学的远离和教师的歧视，极易让其对自己的身份产生怀疑态度，从而忽视了个体独特性和个性发展。在这些因素下形成的教学歧视，有悖教育伦理价值和公正原则，制约着学生自我身份的认同，损害了学生的人格尊严，使学生个性发展的诉求流于表面。同时，教学歧视会造成教育资源享有的不平等，甚至造成等级歧视和校园暴力事件。

📋 案例链接

　　2019 年 1 月 28 日，有家长在网上发帖称：某小学教师在得知班里一女生家长在殡仪馆工作后，先提出希望家长换工作，后又借口"看到你女儿就会害怕"，要求家长给孩子换班级。该家长拒绝后，该教师要求全班同学不得与该学生说话，并带头孤立该学生。同时，该教师还被反映有体罚学生、私下向家长兜售商品、受贿等行为。1 月 28 日，教育局发布通报称，家长所反映的问题基本属实，该教师已被暂停班主任职务，具体情况还需进一步核查。1 月 31 日，区委、区政府公布事件进一步处理结果，将该教师调离教师队伍，并给予留党察看两年的处分。

━　案例讨论

　　教师歧视家长工作、孤立学生的做法违反了哪些规定？

━　案例解析

　　我国宪法保障公民依法享有受教育的权利。这一内容包括：一是主体人格和尊严平等，即教育实践主体的人格尊严应受到同等的保护。二是教育权利平等，宪法和法律确认并保护每一个人的受教育权。受教育权，简单地说，就是接受教育的权利。学校教育阶段学生的受教育权主要包括三个方面：受教育的自由权、受教育的要求权和受教育的福利权。

　　根据《教师法》第 37 条规定，教师品行不良、侮辱学生，影响恶劣的，由所在学校、其他教育机构或者教育行政部门给予行政处分或者解聘。根据《教师资格条例》第 19 条规定，教师品行不良、侮辱学生，影响恶劣的，由县级以上人民政府教育行政部门撤销其教师资格。根据《中小学班主任工作规定》第 7 条规定，选聘班主任应当在教师任职条件的基础上突出考察作风正派、心理健康、为人师表；同时第 20 条要求，对不能履行班主任职责的，应调离班主任岗位。

　　教学歧视是指教师在教学工作中借助优势地位，在情感、动作、语言方面对学生采取无视、蔑视、排斥的态度。具体表现在：

1. 教师对学生的歧视

教师平时重视对"尖子生"的培养，放弃对"差等生"的关爱。例如，在课堂提问时存在歧视，喜欢提问成绩好的"尖子生"而忽略成绩差的学生，甚至在课堂教学时放任自流；在座位安排上依据考试名次，成绩突出的学生对座位有优先选择权；在对犯错误学生的处理上，教师对优等生往往手下留情、"法外开恩"，而对后进生却严格"依法办事"，甚至"从重处理"。

学生在学校内所受到的竞争不仅局限于教育个体，还会辐射到家庭的社会地位、经济状况。这种差异性很可能导致校内学生被差异化对待，优势群体的子女能够获取更多的教育资源，而弱势群体的子女则很难获得硬件、软件方面充足的教育资源；特别是教师在情感上的差异性，会严重影响弱势群体子女的心理健康。例如，教师在班干部任用方面存在歧视性，注重学生的家庭背景和社会关系，给予条件好的学生更多关照。

2. 学生之间的歧视

同学间相互攀比，攀比不仅局限于学习方面，同时也包括物质方面的攀比。同学间成群结伙，欺负弱势同学，孤立个别同学。学生被孤立的原因有很多，可能因为成绩优异而被孤立，也可能因为个人性格而被孤立等。

每位学生都渴望被平等对待，若教师不能科学合理地分配情感，很容易导致学习成绩较差的学生成为被歧视的对象。教师在教学实践活动中，通过分配提问对象、眼神、情感等能够直接影响学生的心理状态，进而引发教学歧视。与此同时，中小学生尚未形成完善的价值体系，具有很强的向师性。一旦教师对某位学生产生歧视，其他学生也会一同歧视该学生，这会加剧被歧视学生的不平等待遇，给学生带来多重创伤。

由于学校和教师所营造出的歧视氛围，使得优等生有很强的优越感，而后进生常被同学鄙夷，感到抬不起头。优等生往往很不情愿将知识讲给中等生，更不愿和后进生做朋友。

3. 学校对学生的歧视

学校对学生的歧视表现为学校为了提高升学率，将学生按成绩的优劣划分层次。对优等生主抓学习成绩，对后进生仅抓纪律；优等生理所当然地与各种荣誉挂钩。学校不按照平行分班原则分班，并且安排任课教师时优先考虑优等生集中的班级，这些班级任课教师的教学水平和整体素质相对较高。

倡导教学公平，首先学校要一视同仁，平等考虑。即没有任何歧视，平等对待学生的基本权利和均等的发展机会。教学公平的实现，首先是平等对待学生的基本权利，即学生的生存权与发展权。其次是机会均等，即让每个学生有相同的机会获得发展资源。教学机会均等就是要克服明显的人为歧视，让每个学生都有相同的机会去获得教师所提供的资源。最后应差别对待，因材施教。即在对待每个学生时注意平等中的因材施教，以满足学生不同学习方式的特殊要求；教学进度满足不同学生的不同需要。对学生的区别对待应是互惠的，只有处于不利地位的学生的发展和其他学生的发展同时得到考虑的资源分配方式，才是最公平的教学。由此可见，在教学活动中，教师应平等对待不同个性的学生，并根据每个学生的特点，采用适合其个性发展的教学方式，无歧视地对待学生之间的差异，从而促进全体学生的全面发展。

　　教师不能把学生分为三六九等，必须一视同仁，公平、公正地对待每一个学生。教师不能因为学生的家庭社会经济地位等的差异以及学生自身能力、性格等方面的差异而对其有所不同或者歧视。教师公平地对待学生，更应该倾注在每一个细微的环节之中，比如，课堂请学生回答问题，要做到经常轮换提问对象，尽量让人人参与；找学生谈话，要做到好、中、差面面俱到；编排学生座位时也要公正公平，不能让成绩差的、表现不好的学生始终坐在角落，也不能对成绩好的学生就特别照顾，绝对不能带有"特殊"的感情色彩，厚此薄彼。

　　师生之间的相处需要建立在平等的基础之上，是以爱为桥梁，相互沟通感染、共同进步的过程。《中小学教师职业道德规范（2008年修订）》中的"关爱学生"，要求教师关心、爱护全体学生，尊重学生人格，平等公正对待学生。教师作为太阳底下最光辉、最崇高的职业，必须具有一种无差别的、公正平等的"大爱"精神。

（七）人民至上，让每个学生都有人生出彩的机会

　　党和政府为增强人民群众的教育获得感所做出的不懈努力，鲜明地体现了发展教育以人民为中心的价值立场。保障人民群众的教育获得感，重在顺应民意、落到实处。习近平总书记指出："以人民为中心的发展思想，不是一个抽象的、玄奥的概念，不能只停留在口头上、止步于思想环节，而要体现在经济社会发展各个环节。"[①]

　　1. 努力让每个孩子都能享有公平而有质量的教育

　　党的二十大报告指出，高质量发展是全面建设社会主义现代化国家的首要任务。2013年9月，习近平总书记在致联合国"教育第一"全球倡议行动一周年纪念活动的贺词中指出，努力发展全民教育、终身教育，建设学习型社会，努力让每个孩子享有受教育的机会，努力让全体人民享有更好更公平的教育。[②] 教育公平与教育质量是有机统一的整体，公平是有质量的公平，质量是充分体现公平的质量。党的十八大以来，国家大力推进教育公平，注重教育发展从量的增长到质的提升的转变，推进教育内涵式发展，满足人民群众日益增长的多样化教育需要，推动教育公平迈出了重大步伐。

　　教育公平是实现社会公平的重要手段，随着经济社会发展，受教育程度和水平已经成为影响个人职业选择、收入待遇乃至社会成就的重要因素。推进教育公平，保证人民平等参与、平等发展的权利，是实现社会公平正义的重要途径和手段。但教育教学发展的不平衡不充分问题依然存在，制约着我国教育公平的实现程度。教育教学在区域、城乡、学校、教师之间的发展差距还比较大。新时代推进教育公平，要把促进社会公平正义、增进人民福祉作为一面镜子，审视教育领域的一切。教师要优化教育教学公平环境，在更大程度上实现教育公平。教师做到教学公平是贯彻人民至上理念，扎实推进以人民为中心的发展思想的落实落地。要努力让每个

---

① 习近平. 习近平著作选读：第1卷［M］. 北京：人民出版社，2023：438.
② 习近平. 习近平谈治国理政：第1卷［M］. 2版. 北京：外文出版社，2018：191.

孩子都能享有公平而有质量的教育，这是每一位教师的使命和责任。

2. 努力让每个孩子及其家庭有教育获得感

中国共产党人的初心和使命，就是为中国人民谋幸福，为中华民族谋复兴。人民对美好生活的向往，就是我们的奋斗目标。我们的人民热爱生活，期盼有更好的教育。2018 年，在全国教育大会上，习近平总书记提出要坚持以人民为中心发展教育。这一论断彰显了我们党全心全意为人民服务的根本宗旨，饱含着深厚的人民情怀，是我国教育事业改革发展的出发点和落脚点，也是办好人民满意的教育的根本遵循。人民是真正的英雄，是决定党和国家前途命运的根本力量。习近平总书记反复强调，要着力践行以人民为中心的发展思想，发展为了人民，发展依靠人民，发展成果由人民共享。在教育方面，教师要坚守人民至上的价值立场，不断满足人民对更好教育的期待，使全体人民在共建共享发展中有更多教育获得感，获得发展自身、奉献社会、造福人民的能力。

教育是人民获得发展自身、奉献社会的机会和能力的重要前提。国家坚持大力推进教育公平政策，通过教育努力帮助个体实现自我发展，帮扶贫困地区脱贫致富，促进社会纵向流动，增强人民的教育获得感。统筹均衡教育资源分配，全面改善贫困地区义务教育薄弱学校基本办学条件，缩小城乡教育差距；实施国家农村和贫困地区定向招生专项计划，缩小区域教育差距；实施中西部高等教育振兴计划、国家支援中西部地区招生协作计划，加快发展民族教育，缩小校际教育差距。进一步健全覆盖各级各类教育的家庭经济困难学生资助体系，免除普通高中建档立卡家庭经济困难学生的学杂费，不断扩大残疾人的受教育机会，完善进城务工人员随迁子女就学保障和农村留守儿童关爱服务体系，缩小群体教育差距，等等。这些措施都是在落实坚持以人民为中心发展教育的思想，确保全体人民都有实实在在的教育获得感。教师在履行教育教学职责的过程中，要让每个学生及每个学生所在的家庭有教育获得感，这也是每一位教师的使命和责任。

3. 努力让每个学生都有人生出彩的机会

在社会主义社会，人人享有平等的受教育权，生活在社会主义大家庭中的每个人，都有通过接受各类教育而获得人生出彩的机会。习近平总书记指出："生活在我们伟大祖国和伟大时代的中国人民，共同享有人生出彩的机会，共同享有梦想成真的机会，共同享有同祖国和时代一起成长与进步的机会。"[①] 要帮助人民群众提高身体素质、文化素质、就业能力，打开孩子们通过学习改变命运、青壮年通过多渠道就业改变命运的扎实通道，为他们实现人生出彩搭建舞台。他还特别强调，要切实保障进城务工人员随迁子女、农村留守儿童和残疾儿童的受教育权利，让每个孩子都能接受公平而有质量的教育，成为国家有用之才。

教师的教育教学要营造人人皆可成才、人人尽展其才的良好环境。在亿万中国人民前行的伟大征程上，人人成才正当其时、圆梦适得其势。社会中的每个人都是普通劳动者，都要靠自己的劳动创造出彩人生。社会要树立正确的人才观，拓展每

---

① 习近平. 习近平谈治国理政：第 1 卷［M］. 2 版. 北京：外文出版社，2018：40.

个人的成长成才空间，着力提高人才培养质量，为人人出彩构建各种体制机制。教师更要与历史同向、与祖国同行、与人民同在，成就学生的出彩人生。社会主义教育是属于全体人民的事业，每个人都要关心教育事业，教师更要投身新时代中国特色社会主义教育实践，与人民同呼吸，与时代共命运，最大限度地实现人生价值。人民是历史的创造者，是国家的主人，教师要成为能够担当民族复兴大任的时代引领人。志之所趋，无远弗届，穷山距海，不能限也。每位教师都应担当起新时代赋予的使命和责任，立足本职、埋头苦干，从自身做起，从点滴做起，用勤劳的双手、一流的业绩成就属于自己的人生精彩。习近平总书记提出，通过知识改变命运，不让贫困家庭的孩子输在人生起跑线上，就是强调通过教育首先保障人生起点的公平，进而为每个人实现人生出彩奠基。所以，教师在自己的教育教学人生中，要坚守教学公平，努力让每个学生都有人生出彩的机会。

第三节　课比天大：教学规范与教学投入

"课比天大"是一种夸张的说法，但说的却是实情。课在学校教育教学中的地位和作用，怎么强调都不为过。尤其对教师来说，职业生涯就是与课打交道，就是在上课中度过的。这时候的课就不是一种外在的强制与要求，而是源自内心的自觉与自然。因此，课需要从教育学、教学论来梳理，更需要从道德论、价值论来认识。

一、课比天大的内涵

在中华优秀传统文化中，"天"是比人的品质更高尚和能力更强大的存在。"课比天大"，即教师要以对教育的信仰为天，怀揣对教学的敬畏与对学生的爱意。课堂，乃是承载人类文明、成全人性光辉的场域。"课比天大"是教师职业道德的必然要求，教师不仅要把教育事业当成自己人生中最重大的事情，更要把教学工作放在教师工作的核心位置。于漪说："课如果只教在课堂上，教在黑板上，就会随着你声波的消逝而销声匿迹。课要教到学生身上，教到学生心中，成为他优良素质的因子，才算尽到了责任。"[①]

（一）社会主义教育的底线要求

《教育法》第 3 条规定：国家坚持中国共产党的领导，坚持以马克思列宁主义、毛泽东思想、邓小平理论、"三个代表"重要思想、科学发展观、习近平新时代中国特色社会主义思想为指导，遵循宪法确定的基本原则，发展社会主义的教育事业。《教育法》确立了我国教育的社会主义性质。课堂作为学校教育教学的载体，本身就承载着"发展社会主义的教育事业"的光荣使命。"课比天大"体现了社会

---

① 谈永康. 课比天大［J］. 小学语文教师，2021（5）：1.

主义教育的底线要求。

（二）学校教育教学常态运行的标志

《说文解字》中将"课"解释为："课，试也，从言，果声。"课的本义是按规定的标准考核、考验；后引申为按规定的内容分段教学或学习，如"昼课赋，夜课书"；又引申为教学的时间单位，如每天 6 节课，每堂课 45 分钟；之后还引申为教学的科目，如语文课、必修课等。时至今日，任何学校教育教学都是以"课"作为教学的时间单位。"课比天大"的"课"，是学校教育教学常态运行的标志。

（三）教师本职工作的理性回归

早期学校教育的目标是单一的，只有教学。随着社会的发展与教育的进步，学校教育目标的内涵得到补充。科研、社会服务、文化传承与创新等功能逐渐丰富，并成为教师工作的有机组成部分。随着教师工作任务的增多，非教学任务会分散教师的精力，但回归教育的本质要看到，教育最基本、最重要的任务在于教书育人。而教书育人最主要、最直接的方式是课堂教学。"课比天大"强调，教学工作才是教师工作的核心。

（四）教师职业道德的教学诉求

教师是知识的传授者，是学生理想信念的塑造者，还是学生学习过程中的引导者与支持者。"课比天大"是将课堂作为"比天更大"、承载人类文明的场域，不断为之奋斗。"课比天大"是教师职业道德的教学诉求。教师不仅要把教育事业当成自己人生中最重大的事情，更要把教学工作放在教师工作的核心位置。

（五）学生权益保护的直接体现

学生作为受教育者的最重要、最核心的权利是受教育权。受教育权按照其产生、发展的顺序，可以划分为三个阶段的"子权利"，即开始阶段的"学习机会权"，过程阶段的"学习条件权"，结束阶段的"学习成功权"。对在校学生来说，他们享有的受教育权是处于过程阶段的"学习条件权"。《教育法》第 43 条规定，受教育者享有参加教育教学计划安排的各种活动，使用教育教学设施、设备、图书资料的权利。课作为学生享有受教育权的特定时空，"课比天大"是学生权益保护的直接体现。

二、课比天大的意义

（一）践行"教育为民"的庄严承诺

"教育为民"不是一句漂亮的空话，而是需要实实在在践行的庄严承诺。"课比天大"正是"教育为民"最直观、最生动、最鲜活的体现与回应。学生家长和社会各界只要看到学校里教师在认真地教、学生在认真地学，他们就放心了。因为课堂教学生态是看得见、摸得着的。教师的专业性也许不能在短时间内被感知，但教师的敬业精神肯定能被感受到。这就是"课比天大"践行"教育为民"的价值所系、意义所在。

（二）实施教育教学的兜底要求

社会的发展，时代的进步，使得教育的广泛性、专业性、深刻性获得了前所未有的提升。教育教学比过去任何时候，理念更为先进，策略更为有效，内容更为广泛，形式更为多样，但教育教学必须通过时空载体的课堂来实施。"课比天大"一方面是教育教学神圣殿堂的呼唤，另一方面是实施教育教学的兜底要求。从这个意义上来说，"课比天大"就是教育教学的崇高目标，就是人民至上的重要价值。

（三）铸就教师人格的奠基工程

"课比天大"是铸就教师人格的基础。一方面，这是人的社会性的体现。在社会分工中，每个人都通过工作服务社会，同时也享受着社会为自己提供的服务。我为人人，人人为我。把自己的本职工作当成比天还大的事情，以良好的职业态度、职业操守面对社会中的他人，是我为人人的出发点。由此，"课比天大"成为教师人格建构的基石。另一方面，这也是人的发展性的体现。在实现人与社会的进步、发展的道路上，总会遇到一些干扰和阻碍。唯有以一定的价值目标为尺度，才能克服困难，有所进步。"课比天大"作为教师人生的最高境界之一，是教师专业成长的动力源泉，有力地推动着个体价值的实现与社会整体的发展。

📋 案例链接

　　程翔[1]自述：几十年来，我要求自己在上课铃响前必须站在教室门口，用微笑面对每一个学生。管理工作会议多，但我从未因临时开会而中途丢下学生不管。有人问："地球离了谁都照转，你何必这样坚持？"我说："我懂，但我过不去良知这道坎儿。"课堂上，我也曾出过错：写错字，读错音，讲错题。学生给我指出后，我诚恳道谢；学生没指出来，我自己发现后也一定找时间在课上纠正致歉。常有人来听我的课，有一次学生打瞌睡，课后学生找我说："老师，给您丢人了。"我说："不丢人，上课不是演戏。"我理解他们作业多，睡眠少。我理解学生，学生也就喜欢我，进而喜欢我的课。有一年，学校想中途给我调班，一个学生知道后写了一张字条给我："谁把程老师调走，我就和他拼命！"后来我跟学校领导商量，不调换，我多教一个班就是了。[2]

— **案例讨论**

教师树立"课比天大"价值观的意蕴何在？

— **案例解析**

"师者，所以传道受业解惑也。"教学是学校的基本职能，也是教师工作的核心内容。教师以课堂为教学的中心舞台，只有当教师视课堂为生命，在课堂中完成有活力、有温度的教化，才能使教学焕发出勃勃生机，助力学生的生命成长。

（四）保障教学质量的核心平台

"我要做什么样的教师？"是走上教师岗位的每个教师必须明晰并回答的问题。

---

① 程翔，语文特级教师，正高级教师，全国优秀教师，国家"万人计划"教学名师。
② 程翔. 课比天大［N］. 中国教育报，2021-03-26（8）.

"课比天大"是教师最基本的职业信仰与操守，是教师丈量自己整个职业生涯的道德之尺。"课比天大"要求教师把自己所从事的教育教学当成自己人生中最大、最重要、最不容怠慢的事情。强调"课比天大"不仅是敬业态度、职业操守层面的外在要求，还是教师专业精神、专业情怀、专业素养层面的内在要求。当处于道德约束中的教师直接作用于教学实践时，学校的课堂教学便不能突击、不能敷衍、不能马虎、不能随意调整、不能偷工减料。教学质量只有在这样的核心平台上，才能从内部与外部均得到有效保障。

（五）影响学生成长的生命接力

课堂的本质可以理解为一种关系的建立。课堂连接了学生与书本、学生与教师、学生与学生，构建了一个整体性的发展场域。"课比天大"不仅有利于学生在认知上有所收获，帮助学生习得掌握生存与发展的基础性知识，更能让人与人之间形成一种良好的人际关系，给学生以熏陶和濡染。"课比天大"首先约束教师使其努力成为更称职的教师，其次又能通过教师的"身教"在整个教育教学过程中发挥不可忽视的独特作用。教师是人类灵魂的工程师，是知识与文明的传播者。教师肩上所担负的责任既有传授知识，更有塑造灵魂。这样的双重性，既使学生与知识形成稳定的连接，同时更对学生的个性发展、社会性发展产生影响终身的奠基作用。教师在一课接着一课的辛勤耕耘中，给学生以恒久的引导与影响，组合形成学生成长的生命接力。只有当教师重视一课又一课的课堂力量，规范自己的一言一行时，传承给学生、引导学生的才会是美好的事物、温暖的感受。

"课比天大"是对教师教学道德的要求。教师不仅是知识的传授者，还是理想信念的塑造者，更是学生学习过程中的引导者与支持者。对教师来说，没有比上课更重要的事情了。敬畏讲台、为国育才，是天底下所有为人师者的共同理想和价值追求。

三、课比天大的要求

（一）恪尽职守，依规循范

教师教学规范是对教师从事教学工作的基本要求，是教师教学行为的基本准则。教师在教学过程中要恪尽职守、依规循范、尽职尽责，严格按教学规范做好教学工作。

教学规范通常是指在一定时期内，教师在课堂教学中所共同依据的教学理论，遵循的教学规律、原则、模式，以及自身的教学经验。一般而言，教学规范有两类：一类是各学校为了保证基本的教学秩序和教学效率，按照相关依据制定的规范教师教学行为的规章制度；另一类是教师的自我规范，即教师在长期的教学实践中的反思及经验的总结等。教学规范是长期以来世界各国专家、学者、教师在教学探索中的智慧结晶，是教师从事教学活动所必须遵循的，也是教师教学实践的路向指引。当然，教学规范不是亘古不变的，它会随着时代的发展和教育价值取向的进化而与时俱进。所以对教学规范的重新审视是必要的，但这种重新审视是为了进一步了解和明确其时代意义和实践价值，而不是有规不依、有范不循。

（二）爱心满满，全力以赴

教书育人需要教师的仁爱之心。教师之爱是超越功利的人间大爱。有了这种满满的爱心，教师的课堂教学才有了积极向上的绚丽底色，学生的成长才有了润物无声的滋润雨露。教师全力以赴，全身心地投入课堂这个师生共同成长的生命场中，需要用爱心来唤起爱心，用真心来激发真情，用敬畏生命来点亮生命。

教师全力以赴，全身心投入教育教学。一方面，这种全身心投入教育教学体现在课堂教学的数量上，即教师不缺勤，出满勤，不随意调停课，兢兢业业，言传身教，上好每节课，讲好每门课。教学是教师的关键职责，坚守教学岗位是教师职业道德的表现，也是学校校风的基本要求。另一方面，这种全身心地投入教育教学中也表现在课堂教学的质量上。教师要关注每一个教学环节，关爱每一个学生，切切实实地让自己的教育教学达成预期目标，促进学生更好、更快、更主动、更生动地成长。

（三）学生主体，以学定教

"课比天大"的出发点和落脚点都是学生的成长与发展。在这样的背景下，教学必然以学生主体和学生学习为依归。以人为本落实到课堂教学中，就是要站在学生的立场思考教育教学，实施尊重的教育。尊重教育规律，尊重人才成长规律，尊重学生的人格个性。

在课堂教学中，以学定教首先关注学生是如何思考、理解的，要尊重学生的认知规律。比如，低年级学生还不具备抽象思维能力，教师就不能只讲授概念、公式，让学生不知所云，而要尽量贴近学生实际，有的放矢地引导学生去感悟。

学生主体应该是全体学生都是学习的主体，以学定教应该是全体学生的学最终决定教师的教。只有这样的学生主体、以学定教，才是"课比天大"的真实要求。

（四）素养核心，生命课堂

学生核心素养的培养必须落实到学科核心素养。课堂教学是学生核心素养培养的主要阵地、重要阵地。绝对不能离开人、离开学生来谈核心素养。马克思说过："全部人类历史的第一个前提无疑是有生命的个人的存在。"[①]就像康德指出的那样，人永远是目的，不是手段，不是工具。核心素养是关于人、为了人、通过人的，是人自己培育发展起来的。聚焦核心素养，就要以人为中心，促进学生的全面发展。而不是囿于知识授受、分数为王的应试教育桎梏之中。从基础知识、基本技能到基本思想、基本活动经验，都是学生学科核心素养的重要组成部分，是学生关于学科的思维品质和关键能力。一个人成功的基础，包括知识的掌握、思维方法和经验积累。在日常的课堂教学中，教师要牢牢把握学科核心素养，用把握知识本质的教学与关注思维品质的评价来培养学生，帮助他们形成学科核心素养，进而融入根基性、支撑性、生成性的人的核心素养之中，最终完成立德树人的光荣任务。

教师在这样的生命课堂教学中，是以自己的生命去唤醒另一个生命，以自己的生命去陪伴另一个生命，以自己的生命去培育另一个生命。教师在这样的生命课堂中，不仅只有专业的成就感，更有人生的获得感、幸福感。

---

① 马克思，恩格斯. 马克思恩格斯文集：第 1 卷［M］. 北京：人民出版社，2009：519.

（五）信念坚定，持之以恒

"课比天大"是以教师一生作为尺度的。教师在校一天，就是"课比天大"的践行一时；从教一日，就是"课比天大"的践行一刻。"课比天大"绝不是百米冲刺的短跑，而是教师幸福人生的马拉松，需要教师付出毕生的精力和智慧。正如荀子在《劝学》中所讲的那样，"故不积跬步，无以至千里；不积小流，无以成江海。骐骥一跃，不能十步；驽马十驾，功在不舍。锲而舍之，朽木不折；锲而不舍，金石可镂"。

教师必须坚定立德树人的崇高信念，坚守课堂教学主渠道，持之以恒，久久为功。每日每时的教育教学，教师都是脚踏实地的，同时又不忘仰望星空。只有这样才能"观古今于须臾"，"笼天地于形内"。

💬 思考与练习

一、简答题
1. 列举教师教学中的道德失范现象。
2. 结合学校教学歧视现象，谈谈教学公平的基本要求。
3. 简述"课比天大"的内涵、意义与要求。

答案

二、单项选择题
请你扫描二维码，查看本章的单项选择题，测一测学习效果。

单项选择题

三、案例分析题
请你扫描二维码，查看本章的案例分析题，测一测学习效果。

案例分析题

📄 推荐阅读

第九章推荐
阅读书目

第十章　教师人际交往中的师德与法规实践

　　评价教师队伍素质的第一标准应该是师德师风。师德师风建设应该是每一所学校常抓不懈的工作，既要有严格制度规定，也要有日常教育督导。要引导教师把教书育人和自我修养结合起来，做到以德立身、以德立学、以德施教。[①]

——习近平

---

① 习近平. 在北京大学师生座谈会上的讲话 [M]. 北京：人民出版社，2018：9.

学习目标

1. 理解师生有别，掌握教师与学生交往的规范。
2. 理解团结互助的重要性，掌握教师与同事交往的规范。
3. 理解家校合作的重要性，掌握教师与家长交往的规范。
4. 了解教师与学校领导交往的规范要求，形成与学校领导交往的正确态度和行为。

知识导图

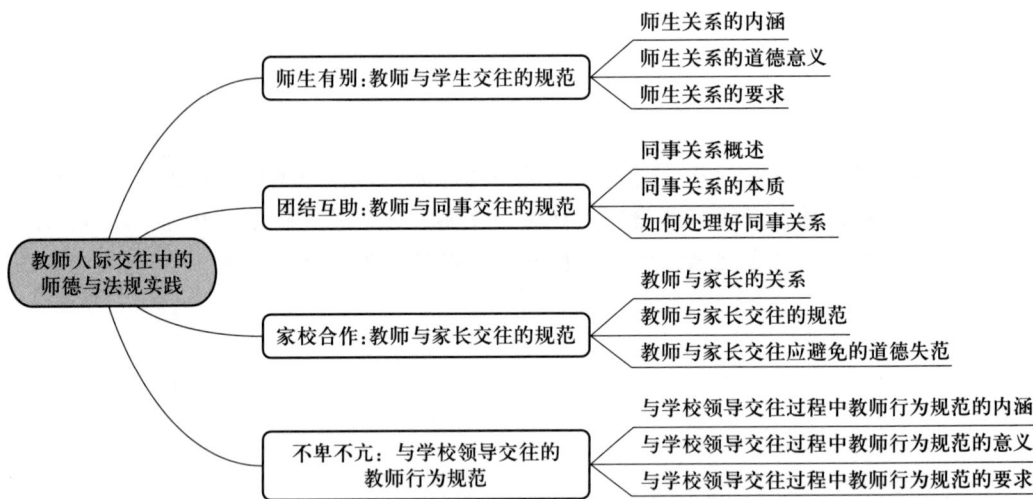

第一节　师生有别：教师与学生交往的规范

每个人的一生都要与各种各样的人发生这样或那样的联系，相互交往、沟通合作，从而形成了各种各样的人际关系。在学校里，人际交往也是必不可少的一部分，其中最主要的人际关系就是师生交往和生生交往。师生和谐交往非常重要。

一、师生关系的内涵

师生关系是指教师和学生为实现教育目标，以特有的身份、地位、思想、情感和行为形成的社会角色，通过教与学的直接交流活动而形成多层次、多内涵、多性质的相互融合、相互影响的关系体系。教师有自然人和角色人两种社会角色，因此，师生关系也存在着自然人之间的交往关系和角色人之间的交往关系。其中，自然人之间的交往关系更为基础。

二、师生关系的道德意义

在教育教学活动中，师生关系的质量是决定性因素，比教师教什么、怎么教以及教给谁都更具决定性。[①] 因为学生是人，人的各类活动深受其心理状况、精神状态的影响，而心理状况、精神状态又与师生关系密切相关。具体言之，师生关系的价值体现在三方面。

（一）提供安全舒适的生长空间，有助于学生的身心健康发展

花草树木的成长需要阳光雨露等良好的外部环境，每个学生的成长，也需要安全舒适的生长空间。当师生关系良好时，学生感受到的是教师的爱与信任等积极情感所构成的安全空间。这种空间有家的感觉，让学生感受到安全、惬意、放松。在这样的人际环境中，学生不仅不容易产生焦虑、抑郁等不良情绪，而且能够更好地进行观察、思维、想象等心智活动，还能够促进学生将教师的给予转化为给予他人的意识与能力，即促进学生的道德生长。

（二）提供人际交往的示范，有助于学生其他人际关系的形成

人类是群居的动物，但是人与他人的交往能力并不是靠本能获得的，人际交往能力的提升需要个体不断学习、实践。对学生而言，通过与教师的交往，学生不仅感受到良好的人际关系带给自己的温暖，还学会了与成人交往的技巧。

（三）亲其师信其道，有助于学生的学业进步

少年时代的苏步青上小学时，曾经一连三个学期成绩倒数第一，后来来了一位陈老师，上第一堂地理课时，陈老师就征服了苏步青的好奇心。他觉得能在课堂

---

① 戈登. T.E.T. 教师效能训练：一个已被证明能让所有年龄学生做到最好的培训项目［M］. 李明霞，译. 30 周年纪念版. 北京：中国青年出版社，2015：19.

上跟陈老师周游世界，兴奋得眼睛都不眨一下。他迷上了地理课，也特别喜欢陈老师。他喜欢陈老师，因此能听进去陈老师对他的教育，而陈老师对他的教育也转化为他日后成为科学家的动力。[①] 这个故事说明，良好的师生关系能够激发学生强大的学习动力，促进学生的学业进步。

三、师生关系的要求

对教师而言，建立良好的师生关系需要遵循一些规范，主要包括四个方面：关怀、尊重、公正、民主。

（一）关怀

1. 关怀的含义

关怀，即教师对学生的牵挂、关心与照顾，也称为关爱。教师不仅是教育教学活动的组织者、实施者、评价者，同时还是学生的"精神关怀者"。具体而言，教师的关怀通过承认、喜欢、给予、赏识等方式，唤起、增强学生的生命力，促进学生健康成长。

2. 教师关怀的意义

（1）是学生健康成长的"阳光"

对学生而言，教师的关怀犹如花草树木等植物生长所需要的阳光。离开阳光，植物将无法生存，离开教师的关怀，学生的内心世界将失去温暖。如果一个孩子在家庭中缺乏关怀，在学校中缺乏关爱，那么这个孩子的内心世界基本上是灰色的、阴冷的，其身心健康很容易受损。在学生心理健康问题日益增多的今天，班主任的关怀将会更加散发出哺育生命的能量。

（2）促进学生形成良好的道德品质

只有受到外界持续关爱的学生，才能发展出对同学、家长、班级、学校、社会的爱心；这一爱心是各种道德品质的基础。因为学生有关怀之心，所以懂得尊敬他人、热爱国家、保护自然。反之，如果一个孩子的世界中没有得到过关怀，那么就可能发展出其对同学、家长、班级、学校、社会的仇视，最终他们常常会以破坏这个世界作为自己的努力方向。

3. 教师关怀的基本要求

（1）具有成熟性

教师的关怀一般具有成熟性，主要表现在两个方面：独立性和理性。所谓独立性，是指教师对学生的关怀不是一种高高在上的恩赐或占有式的付出，而是在充分尊重学生生命独立性的基础上给予学生的生命关怀。就学生的体验而言，这种关怀能够给学生带来安全、惬意与放松。教师关怀的理性是指关怀的发生与过程，不仅是教师出于成人对儿童的自然怜爱之情，还是具有教育理想的自觉行动，是具有教育目的指向的行动。或者说，是教师在对学生身心发展规律有了充分理解、对教育本质有了深刻领悟、对教师角色与职能有了清晰定位的基础上形成的关怀行动。

① 王翠萍. 老师：学生对你认同吗？[J]. 当代教育科学，2003（2）：10.

（2）彰显教育性

根据教育伦理学家诺丁斯的观点，教师的关怀不是目的，教育的目的是通过教师的关怀，让学生获得成长、发展，进而培养学生也成为关怀者。当前，很多教师会关怀学生、家长会关怀学生，但是一些学生却以自我为中心，只知接受，不懂感恩，不知回报。对此，教师需要反思自身的教育行为。教师如果不能够将学生培养成关怀者（即具有关怀他人意识和关怀他人能力的人），则说明教育是不到位的。就此而言，教师的关怀具有超越一般的教育目的性，旨在促进学生成为关怀者，让学生懂得去关怀他人、关怀社会、关怀自然。

（3）符合道德性

教师的关怀过程要特别注意道德性。首先，教师不是在"讲"关怀，而是在"行"关怀，不是在履行硬性规范，而是基于自己内心的真诚行动。其次，这种关怀是在充分理解学生内心需要的情况下发出的，或者说是为了满足学生的需要。如果教师不了解学生，自以为付出了某种关怀，比如班主任对学生进行物质关怀，但是学生迫切需要的是精神关怀，这时的关怀就无法满足学生的需要，也就失去了教育价值。最后，关怀是一个连续性的过程，只有在持续的关怀行动中，学生才能最终成为关怀者。

（二）尊重

1. 尊重的含义

尊重即敬重、重视。一般而言，教师对学生的尊重是指教师对学生的观点、感受，对学生独立解决问题的能力，尤其是对学生人格的尊重。根据马斯洛的观点，人有着强烈渴望被尊重的需要。班主任只有尊重学生，才能充分帮助学生发展。

2. 教师尊重的意义

（1）让学生学会自尊

每个学生都有一种不断寻求自尊满足的欲望。心理学研究表明，人的自尊需要在自我意识成熟以前就已经存在。个体总是在不同的自我意识条件下维护或发展着自我价值。[①]在低年级的课堂中，很多学生会非常踊跃地举手回答问题，而当教师让他站起来回答时，学生却不知从何说起，这其实就是一种满足自尊的表现。对学生来说，别人都举手，我不举手，那就失去自我价值了。潜在自我尊重是人在心底对尊重的向往，是人活于世不可缺少的条件。自尊成为人追求的最高价值。[②]学生的自尊是依赖外界，尤其是家长和教师及其他重要他人的尊重表达而获得的。学生感受到了被尊重，于是逐渐确立自己的价值，自尊便得以形成。

（2）保障教育效果

教师尊重学生是教师所需具备的品质中最重要的方面。当一个人受到尊重的时候，他就会生发出一种报答尊重者的潜在动力。于是，教师的教育努力就容易被学生所接受，从而使教育效果能够得以保障。如果学生感受到教师不尊重他，那么学

---

① 李晓文. 学生自我发展之心理学探究［M］. 北京：教育科学出版社，2001：9.

② 张向葵，高智军，吴晓义. 自我尊重的心理解读［J］. 中国教育学刊，2004（7）：36-38，52.

生就会以各种方法来抵制教师的教育努力，相应的，教师的教育活动效果就会大打折扣。

3. 教师如何尊重学生

教师对学生的尊重，不仅会让学生认识到自己是有价值的人，而且会在学生的心中播下尊重自己、尊重他人的种子。那么，教师对学生的尊重具体该怎么做呢？

（1）关注学生

在《现代汉语词典》（第7版）中，"尊重"的第二个含义是"重视并严肃对待"。也就是说，尊重意味着注意或关注对象，包含着以特定的方式感知或认识对方。教师尊重学生，意味着关注学生，意识到他们的存在。具体而言，就是指教师要通过真诚的语言、动作、眼神等来表达对学生的重视。同时关注还意味着教师能看到每个学生的个性差异，了解他们不同的禀赋、爱好等，即教师尽其所能地看清楚学生。每个学生在教师的心中都不是普遍性的存在，而是特殊性的存在。或者说，每个学生都感觉到"教师的眼眸中有我"。

（2）遵从学生

很多时候，家长或者教师会关爱学生，是因为孩子弱小，所以成人会产生一种同情和关怀之心，但是尊重就很不一样了。从字面意思来看，尊重是尊敬重要的人，是对比自己重要的人产生的敬意。学生比教师年幼，教师对学生表达敬意就显得困难。所谓遵从，就是不侵犯他人的权益，承认对方的内部法则和特有属性，不以取消对方的独立性为出发点，不将对方吸纳为自己的附属物，而去改变对方的自主性。换句话说，教师遵从学生不是顺从学生，而是懂得学生的身心发展规律，懂得学生的内在需求，能够根据学生的现有特点提出适合其"最近发展区"的教育要求。

（3）积极评价学生

教师要向学生表达尊重，就要认可和赏识学生，或者说要积极评价。对于一个成绩好、有礼貌的学生，教师的评价往往是积极的，但对于一个成绩差、很难找出优点，甚至对教师缺乏尊重的学生，教师一般是很难对其做出积极评价的。然而，教师必须善于发现学生的优点，给予积极评价。有经验的教师就具有一种敏感地发现学生优点的能力，在这些教师的眼中，所有的学生都具有其重要性和独特性。正是这种积极评价，保证了教师可以始终尊重每一个学生。

（三）公正

1. 公正的含义

教师的公正是指教师在教育活动中，根据公正的原则处理各种关系的善的行为，尤其是根据公正原则处理师生关系的善的行为。

📄 **案例链接**

新学期伊始，班主任根据学生的成绩排座位，让学生按照成绩的高低自由选择想要坐的位置。其间，班主任一直和学生说这是最公平的方法，完全按照你们的意愿来选择座位。

一 案例讨论

你认为该班主任这样的排座方式公正吗？

2. 教师公正的意义

（1）是学生接受教育的必要条件

公正是人所追求的最基本的生存状态。如果教师是公正的，那么学生就愿意接受他的教育；反之，如果教师是不公正的，那么学生就会对教师的教育行为产生抵触情绪，甚至反抗。

（2）是建立良好师生关系的道德因素

在现实的教育实践和具体的师生交往中，由于教师偏爱某些学生，或者无视某些学生，学生认为教师是不公正的，于是就会采取心理和行为方面的抵制，这就很难建立良好的师生关系。要建立良好的师生关系，教师就一定要重视在处理各种事件、对待不同学生时，做到真正的公正。

（3）是负向影响的缓冲剂

学生处于社会环境中，社会因素导致学生产生的不公正感受，会对学生的心灵造成一定的负向影响，而教师的公正，则可以缓冲这种负向影响。很多优秀教师特别能够发现和关怀那些在家庭或社会中感觉自己受到不公正待遇的学生，教师的公正可以帮助这些学生消解迷茫、走出困惑，获得积极发展的力量。

3. 教师如何持守公正

（1）平等性

平等常常是公正的代名词，也是教师公正的主要特征，其主要表现为：一是对不同家庭出身的学生一视同仁，教师不会因学生家庭条件的差异而对学生的关爱不均。二是平等地对待不同类型的学生，如班干部与普通学生、不同性格的学生等。三是能够给学生提供平等的发展机会。比如，班级中的班委竞选或者班级的展示活动等，每个学生都能够以均等的机会参与其中。

（2）补偿性

公正不是绝对的平等，罗尔斯在《正义论》中提出，对于弱者的补偿，恰恰体现了公正。在融合教育的今天，班级里常常有学习困难的学生、家庭经济困难的学生等，对于这些学生，教师要给予更多的关怀与帮助，这不是一种不公正，而恰恰是一种合理的公正。

（四）民主

1. 民主的含义

教育教学中的教师民主是指教师在实施教育教学活动时，充分尊重学生的主体地位，充分发挥学生参与管理的主动性和积极性，同时将自己视为与学生具有同等地位的一员，与学生公平对话、相互尊重，重视学生对教育教学活动和班级事务做出的评价和反馈。

2. 教师民主的意义

（1）提高学生的自我教育能力

在师生交往活动中，教师具有一定的权威性。学生由于其未成熟性很容易依附、依赖教师，若学生依附教师，显然不利于学生的自我计划、自我监督与自我评价能力的提升。如果教师充分尊重学生，发挥民主作风，学生就可以充分敞开自我、发现自我、发展自我。

（2）有助于建立良好的师生关系

对学生而言，一个能够充分听取他们的意见，使其充分展现能力的教师，肯定是一个令其喜爱与认可的教师，这样的教师自然很容易与学生建立起良好的师生关系。

（3）有助于良好班风的形成

班风是班级个体长期互动而形成的相对稳定的班级氛围。一个具有民主管理意识、能够充分指导学生开展民主管理的教师，自然能够营造一种开放、上进、有规则的班级氛围，形成良好的班级风气。而一旦形成了良好的班风，这种强大的氛围会让学生自然卷入，从而发挥良好环境的积极教育力量。

3. 教师民主的具体要求

（1）充分尊重学生的主体性

教师在与学生交往、处理教育教学和班级事务时，要注意不搞一言堂，而是充分听取每个学生的意见和建议，让每个学生都有发言权或者发表意见的机会。只有让每个学生都感受到自己在班级中存在的价值，感受到归属感和价值感，学生才能真正投入到班级管理的具体事务中，充分发挥自己的聪明才智。

（2）遵守班级管理规则

在班级管理中，班主任是平等中的首席。班主任不是凌驾于学生之上的特权者，而是与学生一样都是班级规则的制定者和执行者。一旦制定了班级规则，班主任也要严格执行。学生能够做到的，班主任也要能够做到，而且要比学生做得更好，成为学生的示范。如果班主任自身不能尊重班级规则，那么班级规则的权威性就难以保持。

（3）给予充分的指导

师生交往中的教师民主，并非教师自身功能的放逐，而是通过民主育成学生能力，尤其是自我教育能力的提升。而能力的形成并非一个自然的过程，需要班主任的悉心指导。比如，班级规定每个学生都可以轮流担任班长职务，这有助于调动每个学生的积极性和主动性，让每个学生都得到充分的锻炼，但是部分学生缺乏管理经验，会出现不会管、不能管等情况，他们若担任班长，就很容易产生工作挫折感。于是，此类管理制度的施行，就需要教师尤其是班主任做好充分的指导工作。

第二节　团结互助：教师与同事交往的规范

教师与教师之间的同事关系，是复杂的社会关系的组成部分。教师是在为国家培养人才，教师之间没有根本的利益冲突。教育目标的实现，单凭教师的个人劳动是不能达成的，需要集体的共同努力。

一、同事关系概述

在学校中，同事关系主要分为两种形式：一种是工作中较为正式的交往关系。比如，老教师指导新教师所形成的师徒关系；各个学科教师之间以及与班主任之间形成的合作关系；教师与学校各部门的工作人员之间形成的交流沟通关系等。另一种是工作之外较为私人的交往关系。比如，教师在校外自发组织的聚餐出游活动；兴趣相投的教师在工作闲暇之余深入交往成为多年挚友等。本教材所讨论的同事关系主要是指第一种：工作中较为正式的交往关系。

二、同事关系的本质

教师间同事关系的本质主要体现在三个方面：

（一）合作关系

教育是一门团结合作的艺术。新课程改革提出要深化教育改革，全面推进素质教育，培养德智体美劳全面发展的社会主义建设者和接班人必须是全体教师共同努力的结果，这就决定了教师之间的关系首先是合作关系。具体来说，教师之间的合作具有四点意义：

第一，对国家来说，教师之间的通力合作，可以为国家培养新时代发展所需要的全面发展的人才；

第二，对学校来说，教师之间的团结合作，可以让学校朝着积极健康的方向发展；

第三，对学生来说，教师之间相互支持、相互理解、团结合作的优良道德品质将给学生带来最直接的影响，为学生树立榜样；

第四，对教师自身来说，教师之间交流合作、取长补短有利于教师的专业发展。教师之间可以相互学习，收获积极的职业体验，成就幸福人生。

（二）共生关系

学校不仅是教师教育教学的工作场域，也是教师的精神家园。教师间的共生关系是指教师间相互鼓励、相互借鉴、相互提携，营造良性竞争、互利互助的氛围，共同提高学校的教育教学质量，促进教育教学改革，推动教育事业的高质量发展。具体来说，教师间的共生关系具有两点意义：

第一，在实际工作中，教师贡献自己的聪明才智和创造力，促进学校发展，同时，学校发展也会给每位教师创造自我发展的平台；

第二，优秀和谐的教师团队，不仅有利于教师专业成长，还有利于教师的心理健康，有利于教师获得成就感、归属感和职业幸福感。专业优秀的教师会充分调动可能因素实现教育的理想抱负，同时带动身边教师共同发展，形成良好的"共生"教育环境。有职业幸福感的教师，其工作品质也会有所提升，从而提高学校整体的教育教学质量。

（三）文化关系

教师群体是人类文明、社会文化、知识技能的传承者和传播者，他们在工作中自然形成的一种特殊关系就是文化关系。建立良好的文化关系具有两点意义：

第一，教师群体认同中华优秀传统文化、教育文化、学校文化等，能给学生树立榜样，传播符合社会发展要求的文化信息，增强学生的文化自信，形成正确的价值观；

第二，良好的教师精神文化将促进教师更加热爱自己的工作，提高教育教学质量。教师有良好的精神文化引领，能更好地为社会发展培育人才。

三、如何处理好同事关系

（一）尊重同事，维护威信

教师之间要提倡相互尊重、理解和支持，要实事求是、恰当地维护其他教师的教育威信。比如，向学生介绍任课教师的特长和先进事迹，召开"尊师爱生"的主题班会等。

📋 **案例链接**

张老师和李老师是某校新入职的两位教师，他们的教学能力都很优秀，并有一定的教学经验。张老师性格温和，为人友善，而李老师更为外向，为人开朗一些。两位教师在老教师的带领下工作起来越来越得心应手。尤其是李老师，与其他教师打成一片，甚至在学生面前称呼一位资历较深的王老师为"老王"，学生由此也学着称呼起来。王老师善意地提醒李老师要注意在学生面前的称呼，但李老师却不以为然。而张老师一直都平易近人，虚心请教老教师各种教学问题，并多次在学生面前公开表达对王老师的钦佩。一学期下来，越来越多的老教师对张老师的教学能力持肯定的态度。而李老师看到张老师受到这样的评价，开始心理不平衡，不再与张老师交流互助，甚至在学生中随意对张老师的教学评头论足。李老师逐渐被同事孤立。

— **案例讨论**

两位教师的做法带给我们什么启示？

— **案例解析**

在社会生活中，每个人都希望得到他人的尊重，只有尊重他人，才能赢得他人的尊重。在教师群体中，互相尊重是顺利开展教育教学工作、建立良好的同事关系的基石。在该案例中，关于教师之间的称呼问题，李老师存在不妥之处。在教师内部或在闲暇时间，互相可称"老王""小张"等较随意的称呼以示亲切。但在正式的工作场合，特别是在学生面前，要互称"王老师""张老师"以示尊重，也有利于维护教师在学生中的威信。此外，面对进步较快的张老师，李老师应虚心向其学习，保持"见贤思齐"的心态。如果教师看不到别人的优点和长处，听不得不同的意见，其结果很可能导致同事关系不融洽，甚至阻碍自身的专业成长。反观张老师，通过向学生介绍其他教师的优点和长处，既有利于教师之间的团结，又有利于帮助其他教师树立威信。

（二）精诚合作，和谐共处

毫无疑问，教师之间只有建立团结、和谐的合作关系，才能获得更大的成就。新课程改革对教育教学工作提出了更高的要求，教师之间的关系也面临着新的转型。教师要改变彼此孤立的现象，学会与他人合作，与不同学科的同事打交道。比如，科任教师在完成自己的教学任务的同时，还可以主动配合班主任的工作，及时反映学生的思想动态和学习情况，为班主任出谋划策。

📋 **案例链接**

李婷（化名）研究生毕业后顺利入职一所高中成为一名英语教师。由于她学历高，又是名校毕业，科组长及同事们对她寄予厚望，希望她能对科组发展起积极推动作用，但最终却事与愿违。

经过半学期的观察和接触，同事们发现李婷性格内向，甚至有些孤傲，不善交流，在学校里除了上课，就是独自活动。科组长主动问她在教学或科研上有没有遇到困难或问题，她只是简单地说"没问题"；同事就某一问题问起她的意见，她也是简单地说"没意见"。

比较封闭的李婷，在学生面前也很严肃，缺乏与学生的沟通、互动，加上教学经验不足，所带班级的学生英语成绩一落千丈，年级倒数。科组长、班主任对此非常着急，他们经常主动给学生做思想工作，鼓励学生加强英语学习，李婷知道这件事后很生气，认为同事们这样做不是帮助她，而是干涉她的教学工作。这样一来，同事关系更加紧张，李婷也更加封闭自己。

— **案例讨论**
同事之间为什么要精诚合作？教师在教育教学工作中如何进行合作？

— **案例解析**
这是一个典型的新手教师对现代教育需要精诚合作缺乏深刻认识的案例。每个学校都是一个有组织的集体，教师是这个集体中的一员。在该案例中，李婷的问题在于：第一，缺乏角色转变意识。李婷过去是优秀学生，但成为教师后，角色已经发生了转变，意味着一切要从"零"开始。李婷没有充分意识到她从学生角色转变为教师角色，两种角色的本质不同。第二，自我中心，不善合作。对待教学和科研工作，李婷缺乏集体意识，回避教研组内的意见交流。对自己存在的教学问题，不懂得通过合作来改进自己的教学方式。第三，缺乏主动求变。案例中的李婷，既然选择做一名教师，就不能故步自封、随心所欲。

对于李婷所面临的问题，解决办法是：第一，改变自我，积极适应环境。教师在生活中喜欢独处，但在学校工作中，必须要改变自己，主动适应环境，积极有效地与同事交流沟通教育教学中遇到的各种情况。第二，主动交往，及时反思。应积极参与教学和科研工作的讨论，与同事分享自己的宝贵经验和意见，向老教师多请教处理问题的方法和教学经验。第三，合作互动，不断提高。在班级教学中，还应当主动和班主任对接、相互配合，与其他学科教师通力合作，这样才能使自己所讲授的课程取得更好的教学效果。

（三）公平竞争，共同进步

现代意义上的教育教学工作一方面需要教师间的精诚合作，但另一方面也必然存在竞争。在良性竞争中，自己努力上进，并以开放的心态接纳别人超越自己，以此学习他人的长处，弥补自身的不足，当其他教师奋发向上并超越自己的时候，要对他人持一种欣赏的正确态度，并且满腔热忱地帮助同事成长、勉励自身进步，从而实现共同发展。

📋 案例链接

新学期王老师和李老师都教初一数学，开始的时候大家都各自做好分内的事情，遇到教学问题会互相交流探讨，同事关系比较和谐。但是，在学校即将选拔优秀教师团队任教初三年级时，这样和谐的局面开始发生变化。

两位教师都希望自己能任教初三，开始暗暗使劲。在给学生印发资料时互相隐瞒，甚至将各自的资料锁在抽屉里，也不再给对方班里的学生解答问题。更为严重的是，在评卷时对自己的学生手下留情，对对方的学生加倍严格，好使自己在教学成绩上战胜对方。两位教师或明或暗的竞争，不仅同事看在眼里，连学生也对此产生了反感。然而，竞争的结果并没有往他们想象中的方向发展，由于不当竞争，最后两位教师都被安排继续任教初一年级。

— **案例讨论**

同事之间如何合理竞争，促进教师共同发展？

— **案例解析**

竞争是把"双刃剑"，教师间采用合理的手段竞争对教师业务成长、学生学业水平、个性品质和学校发展都有重要的意义。反之，破坏性、诋毁性的不合理竞争会激化教师群体矛盾，不利于教师专业发展，对学生发展产生负面影响。案例中的两位教师存在的问题是：第一，没有树立正确的竞争观。案例中的两位教师之间开展的竞争不是积极的良性竞争，他们的竞争目的不是互相促进、提升能力、共同进步，而是带有强烈的功利性，他们只顾自己的利益，甚至不惜伤害学生的利益。第二，没有使用正确的竞争手段。案例中的两位教师为了争取高分，给学生分数"注水"，这是严重违背教师职业道德的做法。这样的竞争心态必然影响正常的教育教学工作，甚至影响教师人格的完善。第三，为了达到竞争目的，不考虑后果，不顾教师形象。两位教师各种不合理、不道德的行为被领导、同事、学生看在眼里，记在心里，这种不良竞争不仅不会给他们加分，反而给他们的业务能力、人格魅力大幅减分。

针对案例中的不良竞争现象，建议如下：第一，树立正确的竞争意识。教育过程中的竞争，要敢于"冒尖""取胜"，不断提升自己的教育水平和工作效率。但竞争不等于敌对，教师要正确对待他人，做到不仅教好本学科的知识，还要关心配合其他教师的工作，做到既各司其职，又相互坚持。第二，坚守教师职业道德。教师要始终坚持以身作则，给学生树立正确的竞争榜样，教学成绩的竞争绝不能弄虚作假，否则将会给学生的世界观、人生观、价值观造成极大的负面影响。第三，学校营造和谐的竞争氛围。学校将教师的教学成绩作为评价教师是否优秀的主要标准，会使教师倍感压力。学校需要建立客观公正的评价机制，营造良性竞争的氛围，只有这样，教师的教学水平才能得到提高，学校才能长效发展。

（四）相互学习，谦虚谨慎

学校教育事业的发展，既需要有一批老教师的示范引领，也需要有新教师的赓续接力。因此，新老教师之间良好关系的建立尤为重要。特别要强调的是，新教师要主动虚心向老教师学习，老教师要认真做好"传帮带"。谦虚谨慎，并不是提倡人人都成为谨小慎微的谦谦君子，而是要坚持实事求是、一分为二地认识自己的长处和不足，并以正确的态度对待它们。

📋 **案例链接**

某教师介绍他的一位同事：此教师最初在教研组表现十分出色，深受教师和学生的喜爱，每次评优都有他。然而在鲜花和掌声中，他开始恃才傲物，不把别人放在眼里，贬低同事，与领导、同事的争吵次数也逐渐多起来，同事们开始回避他。教研组的其他同事开始暗下决心——大家一定要互相帮助，提高自己，超越他。当他清醒过来才发现自己已形单影只。这时他才真正懂得了"骄傲使人落后，虚心使人进步"的道理。在此之后，他开始积极主动地修复与领导、同事的关系，经过一段时间后，他又回到了温暖的集体。

— **案例讨论**

教师之间为什么要谦虚谨慎？

— **案例解析**

在现代教育中，教学工作不是教师耕耘"自留地"，教师需要虚心与同事进行交流、分享、互助，以此提高自己的业务水平。该教师在鲜花和掌声中，逐渐迷失自我，成为一个骄傲自满、清高孤傲的人，变得鲁莽卑俗，也降低了自己的人格，使得自己与同事的关系变得紧张。好在他最后发现了这一问题，及时止损，明白了同在一个单位，每位教师都要善于学习他人的长处，弥补自己的不足。谦虚谨慎是教师职业道德规范中的要求，只有做到谦虚谨慎，虚心求教，弥补自身的不足，才会赢得别人的赏识，成为一个受同事、学生、家长欢迎的好老师。

第三节　家校合作：教师与家长交往的规范

家校合作是现代学校教育制度的重要组成部分。学校教育离不开社会的推动发展，也离不开家庭教育的重要支撑。由于家校合作关系的存在，教师与家长的交往意识、沟通意愿和互动行为就变得十分重要。那么，家校之间如何更好地沟通？如何避免家校纠纷？教师与家长之间的纠纷又该如何解决？通过本节的学习，你能够了解教师与家长的关系对学生成长的重要意义，理解引发教师与家长的交往冲突的原因，懂得教师与家长交往应遵循的职业道德规范，以及应用教师与家长的交往规范，从而共同维护交往中的道德和法律底线。

一、教师与家长的关系

（一）教师与家长的社会关系

作为两种社会角色，教师与家长因为学生走到一起。怎样看待教师与家长的关系？首先，两者的关系是社会的产物，是一种社会关系。它遵循社会关系的一般原则，如相互尊重、平等互助等，具有社会关系的一般特点。但以孩子的健康成长为目的的教师与家长的关系，终究属于一个特殊领域的人际关系，它有着自身的特殊性，其核心表征是：以孩子的健康成长为中心。

教师与家长，作为关系的双方，可以说，没有孩子的受教育，就没有这一层关系的存在。在孩子未接受特定的教师的教育之前，两者的关系是不存在的。两者关系的建立，是在孩子接受教育的历程中自然发展出来的一种社会关系。就教师而言，其从事教育工作，一切都是为了孩子的健康成长。就家长来说，其选择让孩子接受教育，目的也只有一个：为了孩子的健康成长。在这一点上，教师与家长的关系离不开孩子的健康成长。

（二）教师与家长的育人关系

教师与家长在根本利益上具有一致性，具体表现在以下方面：在政治上，教师与家长作为国家公民，其政治和法律地位是平等的，只是由于社会分工的不同，才扮演了不同的社会角色，承担着不同的社会责任；在经济上，他们都是社会生产资料的共同所有者，在社会生产过程中具有相互合作、密切联系的利益关系。在文化上，教师与家长都具有中华文明的血脉基因，对教育的认识有着共同的思想观念基础。

教师与家长在教育目标上也具有一致性。这种教育目标的一致性主要表现为五个方面：

一是学生思想品德培养方面的一致性。学生的思想品德不是先天固有的，也不是自发形成的，而是在学校、家庭和社会各方面的综合影响下，通过个人的实践活动形成和发展起来的。教师与家长都殷切期望学生形成良好的思想品德，两者共同负有教育责任，即根据国家和社会的需要，为学生树立正确的政治思想意识，用高尚的道德情操熏陶学生，防范不良思想和行为的影响，帮助学生在思想、品格方面健康成长。

二是学生智慧能力培养方面的一致性。社会需要造就为社会主义现代化建设服务、为人民服务的德智体美劳全面发展的社会主义建设者和接班人。学校教育和社会实践锻炼，目的是让学生掌握系统的科学文化知识，掌握必要的基本技能，发展学生的智力和能力，这是教师与家长共同承担的社会责任。教师与家长都希望学生成绩优异、知识丰富、本领高强，并以此为荣。

三是学生良好的身体素质和生活习惯培养方面的一致性。青少年学生正处在生理发育逐步成熟的过程中，是否具有良好的生活习惯和健康的体质，既关系到他们能否健康成长、顺利完成学业，也关系到他们今后能否担负起国家建设的重任。因此，保证学生有足够的营养、卫生保健设施以及良好的学习条件和生活条件，引导学生养成良好的生活习惯，也是教师与家长的共同心愿。

四是学生审美情趣培养方面的一致性。培养学生具有正确的审美观和鉴赏能力，是学生全面发展的必要组成部分。随着社会的发展，广大教师与家长日益认识到培养学生正确的审美情趣的重要性，并逐步加大了在学生审美情趣培养方面的投入。

五是学生养成劳动习惯、培养正确劳动情感方面的一致性。劳动教育是中国特色社会主义教育的重要内容。教师和家长认识到劳动教育能让学生树立正确的劳动观念，懂得劳动的伟大意义，培养学生热爱劳动和劳动人民的情感。学生劳动习惯的养成，有助于抵制好逸恶劳、贪图享受、不劳而获、奢侈浪费等恶习的影响。

在教育目标上，教师与家长存在着高度的一致性。教师希望学生得到良好的发展，而给予必要的投入。家长也会对孩子的成长给予高度的关注和积极的配合。教师与家长在根本利益和教育目标上的一致性，是两者建立良好关系的客观基础。

（三）教师与家长的交往关系

交往关系是一种互相渗透性活动。从行为与目的来看，交往是教师与家长在相互依赖的关系中实现配合、支持及协调的双向活动，使得彼此能共同创造互利的结果。从过程来看，交往关系始于彼此的共识，是一种产生叠加影响的连续性动态过程。

苏联教育家苏霍姆林斯基说："教育的效果取决于学校和家庭教育影响的一致性。如果没有这种一致性，那么学校的教学和教育过程就像纸做的房子一样倒塌下来。"首先，伴随终身教育的提出，教育功能已经发生变化，它不再是终结性的教育。在信息化时代，学习者获取知识的途径尤其便捷。基于无线通信技术和网络技术出现的媒体形态，越来越多地成为学生接收信息和知识的渠道。然而对身心还未完全成熟的学生来说，他们往往无法有效地区分、把握、辨别哪些是优质信息；同时，新媒体环境也存在着不良影响，不利于学生的身心健康发展。其次，从学生的生活空间看，在城市化进程中，家庭生活方式逐步由开放式（院落结构）走向封闭式（单元结构），致使学生难以广泛体验各种社会关系。最后，学校的教育决策容易引起家长的疑虑，教师需要向家长征集有关学校发展、管理、教学、活动方面的建议，并及时向家长反馈。因此，家长在教育中对学生成长或学校教育产生的种种困惑，需要正确的引导。这些问题的存在，使得教师与家长的交往关系越来越受到重视。发展教师与家长的交往关系，互相交流教育信息，形成教育合力，对孩子的健康成长意义深远。

二、教师与家长交往的规范

（一）呼唤平等合作的人际关系

学校和家庭之间存在不以任何一方意志为转移的客观关系，准确把握这种关系，对教师与家长的和谐相处十分必要。教师与家长有着相同的教育对象、共同的教育目标、一致的社会责任，教师与家长的关系存在，必然要求两者形成深度的互动与交往。

从教师与家长的交往关系来看，双方的地位及作用存在两种情况：一种称为"主动—被动"（或"主角—配角"）关系，另一种称为"我—你"关系。如果一方处于主动地位，起主导作用，而另一方处于被动地位，只起辅助作用，这种关系就属于"主动—被动"（或"主角—配角"）关系。如果双方都以开放的心态，密切配合，那就是"我—你"关系，即一种平等合作、良性互动的关系。

在"主动—被动"（"主角—配角"）关系中，教师始终处于主动的地位，起着主导作用。在如何教育孩子这一问题上，教师说了算，家长在其中只起一些辅助性的作用。人们倾向认为教师在教育学生方面有着巨大的优势，例如，教师普遍受过专门的师范教育，储备了系统的科学文化知识和学科知识，他们更懂教育理论，更有教育经验；教师还是国家法律规定的行使教育权利的专职人员。这样的认识容易巩固、强化教师相比于家长的"优势地位"。

在"我—你"关系中，追求的是自主、互动和开放的关系。教师与家长双方是平等的，他们在教育方面有很多共同语言。基于这一关系，作为学生的教育者，教师能以开放的心态接纳家长，吸收家长参与学校管理或学校决策，允许家长对学校工作提出合理建议，引荐家长参与班级管理和参加班级活动。家长能抱着教育孩子的强烈愿望，以积极的态度和主人翁的姿态，与教师为了共同的教育目标，为学校教育、教学或管理等献计献策。

教师与家长确立一种平等合作的人际关系是教育所期待的，这种人际关系要求双方的社会地位平等、互相尊重，在教育过程中互相配合。因此，在教育实践场域中，教师与家长的平等合作有三方面的职业道德规范：一是不应将家长定位于从属地位，而是将家长看作具有主体地位的合作者，在家校关系中，使家长由被动转变为主动；二是要从学校、教师单向的居高临下的指导，转变为教师、家长双向互动、互相学习，教师在家校关系中由绝对权威转变为相对权威；三是要从学校和教师出发要求家长配合的认识，转变为从学生出发的个性化教育实施。

（二）教师要树立正确的家长观

教师与家长交往首先要求教师树立正确的家长观，其核心就是双方关系的平等性。教师的教育学理论基础与知识储备往往比家长多一些，但这不是绝对的。特别是随着我国人口中接受高等教育的比例快速上升和教育学知识的普及，家长的知识层次和教育学知识储备也在不断提高。这一变化在我国的大中城市中表现得尤为突出。同时，教师与家长都是社会的职业劳动者，都具有一定的社会地位，在人格上是平等的，不存在领导与被领导、支配与被支配的关系。因此，教师在与家长的交往中应该互相尊重，在对学生的教育过程中应该互相配合、协商。教师与家长在人格上的完全平等，决定了教师与家长的关系具有以下特点：一是由于教育学生是教师必须承担的社会责任，所以无论家长的社会背景如何，教师都要和所教学生的家长建立公平、公正的人际关系；二是在交往的过程中，教师要以主动协调的态度促进与家长的平等合作。

（三）教师与家长交往中的情绪调控

一般来说，在教育活动进行得比较顺利时，教师与家长发生矛盾的可能性较小。然而当学生犯错误时，尤其是当学生反复犯同一错误或相似的错误，使得教育过程不是很顺利时，教师如果不注意控制自己的情绪，就容易出现不尊重家长的言行，从而导致家长对教师心生怨意，甚至导致两者间的矛盾冲突。在遇到此类情况时，教师为避免自己的不当言行给家长带来伤害，应该在以下方面多加注意：其一，教师要反思学生所犯的错误是否是一种错误，还是学生心理需求的自然表露，抑或是学生身心发展过程中的正常现象。其二，教师要探讨学生犯错误的原因究竟是什么。在一些情况下，错误是学生犯的，但原因可能不在于学生本人，而是在于其他同学，或者家庭和社会，甚至是教师。只有找准了学生犯错误的原因，才能有效地纠正和教育学生。其三，即使是学生本人的原因，学生犯了不小的错误甚至是严重的错误，教师也不能将学生犯错归结到家长身上。在这种情况下，教师必须格外注意及时调控个人情绪，不能与家长交往时显得情绪冲动，而造成自己对家长的不尊重或不愉快。

（四）教师要培养与家长的沟通能力

教师要热爱学生，了解学生的家庭情况。通过家庭教育指导，提高家长进行教育活动的能力。在教师与家长的沟通过程中，较好的方式是：学会倾听家长对学生的情况分析，创造和谐相处的气氛共商家"事"；加强与家长的联系，改变"纠错"式的联系；与家长讨论学生时要先说优点，再指出问题，促进家庭和学校的和谐相处。

三、教师与家长交往应避免的道德失范

道德失范是指在学校教育活动中，教师职业道德规范约束力的失去或弱化，表现为教师在学校教育活动中不遵守职业道德规范，丢失道德良心的行为现象。教师在与家长的交往过程中出现的一些值得警示的问题需要引起关注，避免教师与家长交往中的道德失范。

（一）教师利用家长办私事

在教师队伍中，存在极个别的教师会利用纯洁的师生关系，让家长出面帮助其办私事。如教师要外出办事，借用家长的汽车。还有利用师生关系向家长借钱、托家长向银行贷款、安排子女就业等。

（二）借学生向家长索要礼品

个别教师一到节日，总是不忘提醒学生"某某节到了，你们准备给老师送什么礼物呀？"学生把这句话带回家，家长一听，无可奈何，只好硬着头皮准备礼物。

（三）借学生向家长强行推销

一般来说，每个家长都望子成龙、望女成凤，希望孩子在学校里能遇到好老师，受到好的教育和管理，因此，家长都希望和教师搞好关系，愿意协助教师做好孩子的教育工作。然而，有些教师出于私利，利用家长对孩子成长的教育期望，找寻各种借口，向学生推销书籍、文具等，这不仅影响了教师在学生、家长乃至在社会上的形象，而且是严重违反教师职业道德规范与教育政策法规的行为。

📋 **案例链接**

某中学生在中考后得到教师的"奖励"——购书券，但是实则是家长之前给教师的红包，尽管购书券的金额比家长给教师的红包大，但却引起学生的思考：教师这样的行为属于违法吗？

— **案例讨论**

教师收取红包的行为正确吗？教师应该如何对待家长的红包？

— **案例解析**

在本案例中，教师的做法违反了《教师法》第 8 条、《中小学教师职业道德规范（2008 年修订）》第 5 项、《新时代中小学教师职业行为十项准则》第 9 项、《中小学教师违反职业道德行为处理办法（2018 年修订）》第 4 条，以及教育部印发的《严禁教师违规收受学生及家长礼品礼金等行为的规定》等政策法规的规定。虽然教师在之后又给学生"购书券"，但由于没有拒绝收取红包，或及时返还家长的红包，没有向组织报备相关事宜，也没有廉洁自律，因此理应受到相关处理。

一 案例启示

教师在与家长的交往中，应坚守自己的道德底线和法律边界，明确自己职业的崇高性，始终严于律己，以身作则，作风正派，廉洁自律，不索要、收受学生家长财物，不参加由学生及家长付费的宴请、旅游、娱乐休闲等活动，不利用职务之便谋取私利。

第四节 不卑不亢：与学校领导交往的教师行为规范

不卑不亢是一种得体的交际姿态，它有着丰富的内涵，既能展示自己友好的交际态度，又能表现出胸有成竹的风格，还是一种进退自如的交际策略。教师在与学校领导交往中的不卑不亢，不是故作姿态，而是一种尊重他人与自尊相统一的态度，是理智的、有节制的交往姿态。做到彬彬有礼而不虚伪客套，热情友好而不谄媚讨好，体现出恰到好处的分寸，既能实现与他人交往的目的，又能保持自身的人格尊严，展现得体自如的交际风采。

一、与学校领导交往过程中教师行为规范的内涵

在教育过程中，教师和学校领导都是教育集体中的一分子，但同时又存在着上下级的领导与被领导的关系。由于职务、地位、考虑问题的角度不同，教师与学校领导交往过程中难免会出现分歧。

教师在与学校领导交往中行为规范的核心是不卑不亢。不卑不亢，即不偏不倚地定位自己，保持适宜的态度和行为。教师在与学校领导交往中的不卑不亢，是教师对学校领导情感上的尊重、组织上的服从与行为上的支持。尊重领导是对下级在处理上下级关系时所提出的基本要求。尊重领导，是对领导意志的尊重，是相处时的得体与礼貌。教师在工作岗位上应当自觉服从学校领导的组织与管理，同时身为下属的教师，应当全力支持并配合学校领导工作。

二、与学校领导交往过程中教师行为规范的意义

教师行为规范对维护教师职业形象和学校声誉、提高沟通效率、促进教育教学工作的顺利开展、营造和谐健康的校园氛围等都具有重要意义。

（一）维护教师职业形象和学校声誉

每一个人都生活在一定的社会关系中，要与他人发生一定的交往，要以一定的身份参加各种不同内容和形式的公共活动，出现于各种不同的公众场合中的表现以及给公众留下的印象，就是自身的公众形象。良好的公众形象不仅是公民尊严和修养的体现，也是进一步发展各种社会关系的重要条件。要树立良好的公众形象，就

必须讲求礼仪、举止得体、以礼待人，这样才能给人留下良好的印象，赢得公众的好感和尊重。

身为教师，不仅需要专门的知识和特别的技术，还需要专业理念和师德。教师的专业理念和师德对教师个人的行为规范提出了明确的要求。教师在人际交往中的行为规范带有强烈的职业形象性。在与学校领导交往的过程中，教师的行为规范体现了个人良好的品质素养，也体现了学校的形象和价值观。教师的行为规范，能够维护教师的职业形象和学校声誉，影响着社会对学校的评价和信任，有利于增强社会对学校的认可和支持。

（二）提高沟通效率

沟通在人际关系中起到很重要的作用。一方面，人们通过沟通传递和获取信息，开展生活中的大小事务。掌握低成本的沟通技巧、了解如何有效地传递信息能提高办事效率，而积极地获取信息更会提高个体的竞争优势。另一方面，沟通可以缩短人与人之间的距离，是人际关系的基础。通过沟通，人与人之间可以交换信息、相互了解并建立彼此信任的关系。人际交往中有时也会因为沟通不畅而导致信息传递不准确、不及时，甚至产生误解和冲突。

教师行为规范能够促进与学校领导的有效沟通，提高沟通效率。有效沟通是指双方在交流过程中，能够清晰、准确地表达自己的想法和感受，能够倾听和理解对方的观点和需求，从而达到共同理解和解决问题的目的。教师规范的行为举止能够让学校领导感受到教师的专业素养和合作精神，从而更加愿意与教师进行交流和沟通，主要体现在以下方面：一是建立信任关系。教师遵守行为规范，展现出专业素养和道德风范，能够赢得学校领导的尊重和信任。在交往过程中，学校领导会更加愿意与这样的教师进行交流和沟通，因为他们认为教师具备合作精神和诚信品质。二是增强沟通能力。教师遵守行为规范，能够提高自身的沟通能力。在与学校领导的交流中，教师能够以清晰、准确、简练的语言表达自己的意见和建议，避免模糊不清或偏离主题的情况发生。这有助于增强教师的沟通能力和交流效果，也提高了与学校领导的沟通效率。

（三）促进教育教学工作的顺利开展

在现代社会中，人际关系日益复杂，教师与学校领导在处理学校中发生的各种事务的时候，由于立场和观点不同、经历不同，因此在人际交往中发生一些矛盾和纷争是不可避免的。人类社会实质上是一个由种种复杂的社会关系所构成的体系。每一个组织或个人都需要经常面对和处理各种不同的社会关系。从一定意义上讲，能否妥善处理好这些关系，直接决定着事业的兴衰成败，大至国家大事，小至个人生活，无不如此。而交往中的行为规范正是建立、巩固和改善各种关系的基本要素之一。相反，若不注重行为规范问题，犯了"规矩"，就可能使人反感，甚至会使关系恶化，导致事情朝坏的方向发展。

教师的工作内容繁杂丰富，既要着眼于为学生提供适宜的课程，又要做好学校领导要求的各项工作，促进学校活动的顺利开展。在与学校领导交往的过程中，教师良好的行为规范非常必要。良好的行为规范有助于教师与学校领导的各项沟通，教师认真听取学校领导对教育教学活动的要求与反馈，能够站在学校领导的角度，理解他们的责任。如此一来，教育中的问题能够及时解决，学校的各项工作也能顺利开展。

（四）营造和谐健康的校园氛围

互动是一种普遍的社会现象，广泛存在于人与人之间的交往活动中。在学校中，学校领导与教师、教师与教师、教师与家长、教师与学生之间的良好互动，注重交往中的行为规范，有利于建立融洽的校园氛围以及学校工作的顺利开展。在大多数场合下施礼并非纯粹的礼仪之举，而是借以表达情意。在交往过程中，人们常常有意或无意地由他人对自己的礼遇来分析和判定其中折射出的对方的感情意向，产生一定的情绪体验。

在交往过程中，社交行为规范能够产生"情感共鸣"的情绪体验。当教师与学校领导对所交流的信息有相同的情绪体验，交往对象感到符合自己的心理趋向，彼此之间感到双方是互相尊重的时候，就产生了情感共鸣。在最初的印象中，如果教师注意自己的仪表整洁、仪态端庄、举止文雅、语言文明，就能够与学校领导产生良好的"人际气候"，促进良好和谐的人际关系的建立和发展。反之，如果教师在与学校领导的交往中衣冠不整、精神不振、举止粗俗、傲慢无礼，就可能导致感情排斥，被对方视为骄傲自负、缺乏教养，从而对其产生反感、形成排斥，并拒绝与之交往。在校园环境中，如果教师都能掌握良好的交往行为规范，得体有度，就能够与学校领导之间形成一种共同的、积极的情绪体验和情感联结，从而营造出和谐健康的校园氛围。

三、与学校领导交往过程中教师行为规范的要求

（一）尊重学校领导，不卑不亢

尊重领导是下级在处理上下级关系时的基本规范。教师在心里、眼里都要有学校领导。无论教师自己在日常生活里与学校领导的关系如何，在工作岗位上都必须公事公办。尊重领导体现在对领导的意志要尊重，命令要服从，相处之时讲究礼貌。不在背后议论对方，或者是当面跟其乱开玩笑。尤其在工作中，与领导不分彼此、当"哥们儿"是不合适的。

《易传·系辞传下》中有这样两句话："上交不谄，下交不渎。"与领导交往，既不要献媚讨好，也不要避而远之，更不要傲慢蛮横。上下级相处的方法是：不卑不亢，平等相处。教师不能因为自卑或者害怕的心理，在上级面前显得唯唯诺诺，过分地谦卑在别人看来可能就是一种浅薄，会使别人小看你。同时，也不能恃才傲物，看不起学校领导。教师对学校领导要尊重，工作上要积极、主动，以自己踏实认真的工作作风赢得学校领导的认可，切忌以逢迎巴结的方式去亲近学校领导。同时对待各级学校领导要一视同仁，不能对较高级别的学校领导毕恭毕敬，点头哈腰，面对级别较低的学校领导则不放在眼里，低看一等。一个有修养、综合素质高的人，对任何人都应该平等对待。

（二）服从管理，换位思考

处于学校领导地位的人员是通过长期考核，经过层层选拔、竞聘、任命等程序而担任领导职务的。学校领导本身有指挥下属的权力，也承担对组织负责的义务。所以作为下级的教师应该恪守本分，服从命令。切不可目无领导，当众顶撞，背后议论。特别是在外人面前，对领导一定要以礼相待，不能嚣张放肆。要以实际行动维护领导的威信。那种对领导的安排阳奉阴违，甚至有意抵制的做法，是任何学校所不容的。就工作纪律而言，也要做到下级服从上级，听从指挥，加强执行力。

在处理学校中发生的各种事务的时候，由于立场和观点不同，经历不同，因此处事方法不同也是正常的。面对与自己心中所想有分歧的处理结果，教师要能够学会换位思考，站在别人的角度考虑问题。切不可将其作为拒绝服从领导的一个借口，在公共场合指责领导，甚至出口谩骂。这种做法不仅无法赢得他人对你意见的采纳，还会使自己的形象大损。在遇到这种情况时，教师要能够学会忍耐，领导也是人，也会犯错误，如果领导犯了错误，则要学会体谅领导。对工作中的不同意见，应以适当的方式向上反映，或加以保留，可以在事后找领导进行沟通，从而使问题得到更好的解决。如果领导的错误涉及道德、纪律、法律等方面的问题时，可以采取合法措施。

（三）支持领导，讲究方式

"一个篱笆三个桩，一个好汉三个帮。"任何领导都需要有人支持。身为下属，教师应当尊重领导，支持领导，这也是为了更好地开展教育教学工作。身为下属的教师，应当全力支持和配合领导，使其做好管理，更好地开展工作。同时，教师只有恪尽职守，尽全力做好本职工作，认真完成教育教学任务，使各个教学组织正常运行，教师的自身利益才能得到保证和维护。

遇到来自非直属领导的委托时，要先取得直属领导的同意后再做。有时候是些紧急突发事件，有时候是些简单的工作，希望提供援助。但不管怎么说，总是学校里的高层人员所拜托的，不能够轻易拒绝。在遇到这种情况时，为了避免事后发生问题，教师最好向直属领导打声招呼后再去做。如果一时找不到直属领导，在不影响本单位利益的前提下，教师应在执行后及时向直属领导汇报，避免产生误会。

领导有时对一些问题考虑不周，工作布置有不当之处，作为下属，此时不要显示自己能干，"喧宾夺主"当众指出领导的错误。而应当个别找领导交换意见，坦陈自己经过深思熟虑后的看法，供领导参考，这样做更有利于改进工作。

（四）注重细节，得体自然

首先，下级对上级的称呼要得当。不管自己与领导的私下关系多么密切，在工作场合不要和领导过于随便、亲近，不可直呼其名或绰号、小名等，而应以其职务或姓氏加职务相称。

其次，到领导办公室，要先轻轻敲门，得到允许后方可进入。如遇领导正在与他人交谈，应在一旁耐心等候或过后再来，除非有紧急事项，方可打断谈话；进入办公室后未经允许不要乱翻桌上的文件资料或其他物品；碰上领导正在批阅文件时，不能探头探脑加以窥视。

再次，与领导交谈时，教师应尽量简明扼要地说明问题和要求，不要过多耽误领导的时间；假若领导有更重要的事项要处理、不便在场时，要主动退出，待领导处理完毕后再进入。

最后，当领导主动找教师谈话时，若此时教师坐着，应站起来接待，待领导就座后再坐下。领导在交代工作时，要认真倾听，作好记录。当领导离开时，应主动开门相送，并说"再见"。

（五）指正领导，讲究技巧

领导也是一个普通人，所以在平时的工作中难免有失误发生。作为下级，怎样指正领导的错误就需要有一定的方法和技巧。

首先，要注意选择适当的时机和地点。在领导的方案或指示刚一出口时就立即表示反对，会使领导产生逆反心理；不要当众指出领导的错误，也不要当场迫使领导表态，可以在与领导单独相处的时候提出不同意见。

其次，要注意指正的方法。如果对领导的意见有更好的建议，就要先引述、认同领导的某些观点，然后再发表自己的看法。如："王校长，您刚才讲的意见有一定的道理，我表示理解，但我认为是不是这样更好？"有些人指正领导的错误，往往一下子跳出来对领导的意思全盘否定，这种过激的做法容易引起领导的不满和反感。

最后，要注意指正的态度。遇有不接受批评或对自己不理解的领导时应耐心解释，不可消极怠工，背后散布不满情绪，甚至肆意谩骂。遇到比较固执的领导时，还可向有关部门反映，请上级主管部门给予妥善解决。

💬 思考与练习

一、简答题

1. 简述师生关系的内涵、意义与基本要求。
2. 教师如何处理好同事关系？
3. 列举教师与家长交往应避免出现的道德失范现象。
4. 简述与学校领导交往中教师行为规范的基本要求。

答案

二、单项选择题

请你扫描二维码，查看本章的单项选择题，测一测学习效果。

单项选择题

三、案例分析题

请你扫描二维码，查看本章的案例分析题，测一测学习效果。

案例分析题

推荐阅读

第十章推荐
阅读书目

主要参考文献

1. 习近平. 思政课是落实立德树人根本任务的关键课程 [M]. 北京：人民出版社，2020.

2. 教育部课题组. 深入学习习近平关于教育的重要论述 [M]. 北京：人民出版社，2019.

3. 本书编写组. 习近平总书记教育重要论述讲义 [M]. 北京：高等教育出版社，2020.

4. 中共中央党史和文献研究院，中央学习贯彻习近平新时代中国特色社会主义思想主题教育领导小组办公室. 习近平新时代中国特色社会主义思想专题摘编 [M]. 北京：中央文献出版社，2023.

5.《习近平法治思想概论》编写组. 习近平法治思想概论 [M]. 2 版. 北京：高等教育出版社，2024.

6.《伦理学》编写组. 伦理学 [M]. 2 版. 北京：高等教育出版社，2021.

7.《思想道德与法治（2023年版）》编写组. 思想道德与法治：2023 年版 [M]. 2 版. 北京：高等教育出版社，2023.

8. 林崇德. 师魂：新时代师德八讲 [M]. 杭州：浙江教育出版社，2022.

9. 刘铁芳. 什么是好的教育：学校教育的哲学阐释 [M]. 北京：高等教育出版社，2014.

10.《法理学》编写组. 法理学 [M]. 2 版. 北京：人民出版社，2020.

11.《教育哲学》编写组. 教育哲学 [M]. 北京：高等教育出版社，2019.

12.《教育学原理》编写组. 教育学原理 [M]. 北京：高等教育出版社，2019.

13.《中国伦理思想史》编写组. 中国伦理思想史 [M]. 2 版. 北京：高等教育出版社，2018.

14. 苏霍姆林斯基. 我所理解的师德 [M]. 魏禾，译. 武汉：长江文艺出版社，2021.

15. 叶澜，白益民，王枬，等. 教师角色与教师发展新探 [M]. 北京：教育科学出版社，2001.

16. 成尚荣. 做中国立德树人好教师 [M]. 上海：华东师范大学出版社，2023.

17. 陶行知. 陶行知教育名篇 [M]. 方明，编. 北京：教育科学出版社，2013.

18. 教育部教师工作司，中国教育科学研究院. 新时代中国教师队伍建设改革发展报告：2012—2022[M]．北京：知识产权出版社，2023．

19．教育部政策法规司，中国教育科学研究院．学校安全事故预防与处理指导手册[M]．北京：教育科学出版社，2022．

20．钱焕琦．教师职业道德[M]．4版．上海：华东师范大学出版社，2020．

21．陈大伟．教师职业道德[M]．2版．北京：高等教育出版社，2022．

22．檀传宝．教师职业道德[M]．2版．北京：北京师范大学出版社，2023．

23．杨芷英．教师职业道德[M]．3版．北京：高等教育出版社，2022．

24．王晓明．教育思维与教师行为研究[M]．长春：吉林出版集团股份有限公司，2022．

25．成尚荣．核心素养的中国表达[M]．上海：华东师范大学出版社，2018．

26．唐凯麟，刘铁芳．教师成长与师德修养[M]．北京：教育科学出版社，2007．

27．叶小媚．中国师德手册[M]．北京：中央文献出版社，2009．

28．顾昭明，张剑．坚持把立德树人作为根本任务[M]．北京：中国人民大学出版社，2021．

29．王淑芹．教师职业道德新编[M]．2版．北京：高等教育出版社，2023．

30．许映建．教育政策与法律教程[M]．慕课版．南京：南京大学出版社，2018．

31．丁锦宏．教育学基础[M]．北京：高等教育出版社，2009．

32．丁锦宏．学校教育发展[M]．北京：高等教育出版社，2015．

33．丁锦宏．品格教育论[M]．北京：人民教育出版社，2005．

34．陈玉祥，丁锦宏．高校教师职业道德规范[M]．南京：南京大学出版社，2017．

35．陈玉祥，胡兰．教师职业道德[M]．2版．南京：南京大学出版社，2020．

36．吴延溢．中国特色合宪性审查的逻辑、规范与经验[M]．北京：九州出版社，2019．

37．陈杰，等．立学课堂的区域建构[M]．南京：南京师范大学出版社，2022．

38．朱小蔓．关注心灵成长的教育：道德与情感教育的哲思[M]．北京：北京师范大学出版社，2012．

39．公丕祥．法理学[M]．上海：复旦大学出版社，2016．

40．夏锦文．法学概论[M]．5版．北京：中国人民大学出版社，2022．

41．季秀平．民事诉讼法简明教程[M]．南京：南京大学出版社，2016．

42．孙霄兵，马雷军．教育法理学[M]．北京：教育科学出版社，2017．

43．劳凯声，蒋建华．教育政策与法律概论[M]．北京：北京师范大学出版社，2015．

44．李晓燕．教育法学[M]．3版．北京：高等教育出版社，2023．

45．尹力．教育法学[M]．2版．北京：人民教育出版社，2015．

46．叶芸．教育法学[M]．北京：北京师范大学出版社，2015．

47. 王太高，陈建. 高等教育政策与法规 [M]. 2 版. 南京：南京大学出版社，2020.

48. 劳凯声. 中国教育改革 30 年：政策与法律卷 [M]. 北京：北京师范大学出版社，2009.

49. 褚宏启，等. 论教育法的精神：为了人的自由而全面的发展 [M]. 北京：教育科学出版社，2013.

50. 袁振国，翟博，杨银付. 共和国教育公平之路 [M]. 上海：华东师范大学出版社，2019.

51. 雷思明. 给教师的 60 条法律建议 [M]. 上海：华东师范大学出版社，2010.

52. 任海涛，晋涛. 中小学教育惩戒裁量基准及案例式解读 [M]. 上海：华东师范大学出版社，2021.

53. 褚宏启. 教育政策学 [M]. 北京：北京师范大学出版社，2011.

54. 湛中乐. 教师权利及其法律保障 [M]. 北京：中国法制出版社，2015.

55. 杨颖秀. 教育法学 [M]. 4 版. 北京：中国人民大学出版社，2019.

56. 申素平. 教育法学：原理、规范与应用 [M]. 北京：教育科学出版社，2009.

57. 余雅风. 学生权利概论 [M]. 北京：北京师范大学出版社，2009.

58. 申素平. 从法制到法治：教育法治建设之路 [M]. 上海：华东师范大学出版社，2018.

59. 佟丽华. 教师法治教育手册 [M]. 北京：中国法制出版社，2022.

60. 王利明. 人格权法研究 [M]. 2 版. 北京：中国人民大学出版社，2012.

61. 王利明. 法治：良法与善治 [M]. 北京：北京大学出版社，2015.

62. 杜威. 民主主义与教育 [M]. 王承绪，译. 2 版. 北京：人民教育出版社，2001.

附 录

标题	二维码
附录一　教师职场中的道德典范	
附录二　中小学主要政策与法规	
附录三　幼儿园主要政策与法规	
附录四　中小学幼儿园教师职业道德与教育政策法规研究参考文献	
附录五　教育部公开曝光的违反职业行为十项准则典型案例	

读者意见反馈

为收集对教材的意见建议，进一步完善教材编写并做好服务工作，读者可将对本教材的意见建议通过如下渠道反馈至我社。

咨询电话　400-810-0598

反馈邮箱　gjdzfwb@pub.hep.cn

通信地址　北京市朝阳区惠新东街 4 号富盛大厦 1 座
　　　　　高等教育出版社总编辑办公室

邮政编码　100029